Brett für die Welt

Titus Dittmann
mit Michael Matthiass und Leo Linder

Brett für die Welt

COPPENRATH

Co-Autor Michael Matthiass (Kapitel 1 bis 19), geboren 1965, stieg nach dem Musikstudium in die Werbung ein und zehn Jahre später als international preisgekrönter Kreativdirektor wieder aus. Seitdem arbeitet er als Autor, Kreativdirektor und Dozent für Text in Hamburg und Zürich.
Co-Autor bei den Kapiteln 20 bis 23 war Leo Linder aus Düsseldorf.

Print-ISBN 978-3-649-64941-0, E-Book-ISBN 978-3-649-65020-1
1. Auflage, Quadriga Verlag, Berlin, 2012
2. Auflage, Waxmann Verlag, Münster/New York, 2015
3. Auflage, Coppenrath Verlag, Münster 2024
Copyright © 2024 by Titus Dittmann GmbH, www.titus-dittmann.com

Sämtliche Abbildungen in diesem Band, die keinen separaten Copyright-Vermerk tragen, stammen aus dem Privatarchiv von Titus Dittmann.

Umschlaggestaltung: toepferschumann.de und Guido Lehmköster
Umschlagfoto (vorn): titus GmbH/Rieke Cofalla
Gestaltung und Satz: Schneider Visuelle Kommunikation, Frankfurt a.M.,
für Kapitel 20 bis 23: Jan van der Most, Düsseldorf, und FSM, Münster
Gesetzt aus der Plantin

Alle Rechte vorbehalten. Nachdruck, auch auszugsweise, verboten.
Kein Teil dieses Werkes darf ohne schriftliche Genehmigung des Verlages in irgendeiner Form reproduziert oder unter Verwendung elektronischer Systeme verarbeitet, vervielfältigt oder verbreitet werden.

Inhalt

	Vorwort von Hajo Schumacher	7
	Prolog *14. Januar 2011, 800 Kilometer westlich von Kabul*	10

Erster Teil 1948–1977: Anlauf nehmen

Kapitel 1	Von Müttern und Menschen *Kirchen an der Sieg, 1948–1960*	16
Kapitel 2	Schussversuche *Internat in Bad Neuenahr, 1960–1969*	43
Kapitel 3	Immer an der Grenze *Bundesgrenzschutz in Bonn, 1969–1971*	67
Kapitel 4	Campieren geht über Studieren *Pädagogikstudium in Münster, 1971–1977*	76

Zweiter Teil 1977–1984: Titus-Flip

Kapitel 5	Der Prophet zum Berg *Aasee-Hügel, Münster, Juni 1977*	102
Kapitel 6	Brett im Kopf *Münster, 1978*	110
Kapitel 7	Rampen und Rollen *Münster, 1978–1982*	117
Kapitel 8	Enter next level *Münster, 1982–1984*	139

Dritter Teil 1984–1999: Rampensau

Kapitel 9	Aufwärtsspirale *Münster, ab Frühjahr 1984*	166
Kapitel 10	Monstermäßige Masterships *Münster und Dortmund, ab 1982*	187
Kapitel 11	Roffi, Titus und das Snowboard-Ding *Im Schnee, 1989–1994*	210
Kapitel 12	Freund & Feind *Münster, Januar 1991*	222

Vierter Teil 1999–2008: Flat Bottom

Kapitel 13	Halfpipe der Eitelkeiten	236
	In der Dotcom-Blase, 1999–2000	
Kapitel 14	Sinkflug	251
	Münster, 2001–2003	
Kapitel 15	Beraten und beklaut	255
	Münster, 2003–2006	
Kapitel 16	Back to Omelette	273
	Münster, November 2006	
Kapitel 17	Zurück an Board	282
	Münster, 2006–2008	

Fünfter Teil 2008–2011: Brett für die Welt

Kapitel 18	Der Sinn vom Ganzen	292
	Münster, Sommer 2008	
Kapitel 19	Stiften gehen	305
	Deutschland/Afghanistan, ab 2010	
	Epilog	317
	Südwestlich von Karokh, 14. Januar 2011	

Sechster Teil 2011-2023 Appendix

Kapitel 20	Internationale skate-aid-Projekte	322
	Die wichtigsten: Uganda, Tansania,	
	Kenia, Namibia, Palästina, Syrien, Nepal	
Kapitel 21	Nationale skate-aid-Projekte	342
	Lernen muss nicht scheiße sein,	
	Across the bo(a)rders, Skate & Create,	
	Skate-aid@school, Girls Skate,	
	Skaten statt Ritalin	
Kapitel 22	Wo die Kohle herkommt	359
	Klassische Spende, Ehrenamt, Charity,	
	Festival, »Wir rollen für skate-aid«,	
	Doppelte Gemeinnützigkeit	
Kapitel 23	Dieses Brett kann mehr als Rollen	374

Vorwort von Hajo Schumacher

Auf meinem Weg zum Handballtraining musste ich mit meinem Fahrrad jeden Donnerstag am Parkplatz vom Hallenbad Ost entlang, wo diese merkwürdigen Jungs mit ihren Rollbrettern herumstolperten. Richtiger Sport ist das nicht, dachte ich, schließlich hatten die ja gar keine Trainingsanzüge an und ordentliche Turnschuhe auch nicht. Dafür fielen sie häufig hin und lungerten ansonsten um einen weinroten alten Citroën-Bus herum. Diese Reste aus der Hippiezeit passten eigentlich nicht ins ordentliche Münster.

Der alte Bus gehörte Titus Dittmann, der Anfang der Achtzigerjahre seinen Job als Lehrer geschmissen hatte, um sich fortan nur noch mit einem »Brett vorm Kopp« und unter den Füßen um seine Schüler zu kümmern. Aus Kalifornien importierte er Achsen und Bretter, er veranstaltete Skate-Wettbewerbe und gab eine total unverständliche Illustrierte heraus, das *Münster Monster Magazin*. Unvorstellbar, dass aus diesem merkwürdigen Vogel später ein Vorzeigebürger seiner Stadt werden würde, dekoriert mit Orden, Urkunden und einem Lehrauftrag an der Uni Münster.

Doch das Wunder begann: Was wie die Spinnerei von einigen Bekifften ausgesehen hatte, wurde mit den Jahren richtig wichtig. Weltweit beachtete Skateboard-Events fanden nicht in Venice Beach statt, sondern in Münster. Aus dem Kellerlokal von einst hatte der verrückte Dittmann tatsächlich ein Handelsunternehmen für Skateboard-Bedarf aufgebaut. Unter dem egomanischen Label TITUS entstand ein Lifestyle-Imperium, das schon bald jeder Jugendliche in Deutschland kannte.

Plötzlich aber schien TITUS wieder verschwunden zu sein. Denn in der Euphorie um den Neuen Markt lieferte Dittmann sich Finanzinvestoren aus, die das Unternehmen beinahe ruinierten. Heldenhaft jedoch verpfändete er all seinen Besitz – mit Ausnahme seiner Oldtimer natürlich. Titus Dittmann kaufte die eigene Firma zurück und führte sie zu neuer Blüte. Selbst die in vielen Familienbetrieben problematische Übergabe an den Junior funktioniert – bislang jedenfalls – reibungslos. »Der ist bekloppter als ich früher«, sagt Titus über seinen Sohn Julius. Ein größeres Kompliment gibt es nicht.

Bis heute ist Titus der einzige deutsche Senior, der peinliche Mützen mit Würde tragen kann. Er hat sich nie den herrschenden Konventionen unterworfen und ist sich selbst stets treu geblieben. Dittmann ist mit dem Drachenflieger abgestürzt und hat Rennwagen zu Schrott gefahren, sein kostbarstes Gut aber hat er bewahrt: Glaubwürdigkeit. Was Joschka Fischer für die deutsche Politik war, das ist Titus Dittmann für die deutsche Wirtschaft – ein einstiger Rebellenführer und vom Bürgertum kritisch beäugter Outlaw, der inzwischen in der Mitte der Gesellschaft angekommen ist.

Wegen seines Instinkts, aber auch wegen seiner Zähigkeit gilt Dittmann heute als Musterunternehmer. Immer unangepasst, dafür zielstrebig repräsentiert der einst als Freak Belächelte den Prototyp des modernen Entrepreneurs, der seiner Intuition vertraut und sich nicht unterkriegen lässt. Er wird bewundert und beneidet. Das muss man sich erarbeiten.

Titus war schon aus Langeweile mutig, weil er den geraden Weg stets als Unterforderung empfand – am wohlsten fühlte er sich im Grenzbereich, wenn er was riskieren konnte, gern auch mal sein Leben. Aber immer bekam er die Kurve. »Ich brauche Adrenalin«, sagt Dittmann. Das holt er sich beispielsweise in Afghanistan, wo er gemeinsam mit Rupert Neudeck (Cap Anamur und Grünhelme e.V.) und der Hilfe des Politikers Ruprecht Polenz Skateboard-Pisten an Schulen baut.

Was ist das Geheimnis dieses Dittmanns? Er kommt zwar aus dem Siegerland, verfügt aber unverkennbar über zwei wesentliche westfälische Züge: Der Münsteraner ist erstens unglaublich spießig und sicherheitsbewusst, zweitens aber ist er ein großer Abenteurer, der auf Druck der Familie zwar jedes Jahr wieder nach Norderney fährt, viel lieber aber mit Krokodilen im Amazonas tauchen und den Rest der Welt erobern würde.

Diese zweite Seite lebt der Durchschnitts-Münsteraner kaum aus, weil die erste es ihm verbietet. Aber Titus lässt sich nichts verbieten. Der Mann besitzt die Fähigkeit, in ein und demselben Moment spießig und abenteuerlustig zu sein, risikofreudig und sicherheitsversessen. Wie sonst kommt einer dazu, im Kugelhagel von Afghanistan zu überlegen, bei welchen Geschäftsleuten er Spendengelder für Skateboard-Schulen lockermachen kann?

Drei weitere Charaktermerkmale kommen hinzu: Titus ist erstens ein sturer Bock, auch auf die Gefahr hin, einmal mehr vor die Wand zu laufen. Was ihn nicht umbringt, macht ihn härter. Titus ist zweitens begeisterungsfähig bis hin zur Seniorenpubertät. Und drittens ist er hartnäckig wie westfälischer Landregen. Wer ihn am Telefon hat, ihm beim Kaffee begegnet oder sonst wo in seinen Fängen gelandet ist, der darf davon ausgehen: Es gibt kein Entkommen, ohne vorher irgendein Versprechen zugunsten von skate-aid abgegeben zu haben.

Gratis dazu gibt es dafür Lebensweisheiten wie diese:
- Liebe die Krise – es gibt kein Wachstum ohne Schmerzen.
- Teile den Erfolg – es kommt immer das Doppelte zurück.
- Suche den Abgrund – Gefahren sind zum Lernen da.
- Vertraue dir – denn in der Not hast du sonst keinen Freund.
- Lass dir nicht reinquatschen, aber übernimm auch die Verantwortung, wenn's schiefgeht.

Ein Erfolgsgeheimnis dieses Mannes fehlt noch. Titus hat sehr früh begriffen, welche Frau ihm zum einen guttut und zum anderen die Geduld mitbringt, mit einem Chaoten dauerhaft zusammenzuleben und ihm auch noch das Ärgste vom Hals zu halten. Ohne Brigitta gäbe es keinen Titus. So viel ist mal klar.

Titus Dittmann eignet sich nicht für eine lobhudelnde Biografie, das weiß er selbst, jedenfalls tut er so, in seiner bisweilen ins Narzisstische spielenden Bescheidenheit. Titus will vielmehr seine Philosophie offenlegen, die er natürlich für die größte und beste der Welt hält, er will heiter, aber auch schonungslos erklären, wie locker man die Widersprüche des Lebens in sein Leben integrieren kann: harter Entscheider und mitfühlender Helfer, bodenständiger Westfale und unsteter Risiko-Junkie, mutiger Pionier und abwartender Taktiker – das sind keine Gegensätze, sondern das ist Titus Dittmann.

Michael Matthiass hat die entscheidenden, dramatischen, euphorischen und vor allem die schonungslos ehrlichen Momente im Leben des Titus Dittmann mit viel Verstand und Gefühl aufgeschrieben. Entstanden ist ein Buch, das die Welt so dringend braucht wie Skateboards.

Berlin, im August 2012　　　　　　　　　　　　　　　　　　Hajo Schumacher

Prolog

14. Januar 2011, 800 Kilometer westlich von Kabul

Der Kampfhubschrauber dreht wieder ab. Er macht eine scharfe Wende zurück zu der zweiten Maschine, die ihm aus einiger Entfernung Deckung gegeben hat. Die Sonne blitzt im Glas der Pilotenkanzel auf, aus der offenen Kabinentür ragt ein schweres Maschinengewehr, dahinter der Schemen eines GI. Augenblicke später sind die beiden Militärmaschinen hinter dem nächsten Bergkamm verschwunden. Unsere kleine Zusammenrottung wurde als *non-threatening* eingestuft, nicht bedrohlich.

Recht haben sie.

Ich halte ein kleines tadschikisches Mädchen an den Händen, sie kichert und juchzt, während sie versucht, sich auf dem Skateboard zurechtzufinden, und ich hoffe, dass es nicht mein ungeschickt gebundener Turban oder meine Tombon, die superleichte, geräumige Hose mit dem Peron darüber, ist, die das Mädchen so zum Lachen bringen. Für die Verhältnisse hier ist der mit der Hand geebnete Ortbeton unter meinen Gummilatschen perfekt geworden, auch wenn kein deutscher TÜV das als genormte Skateboard-Bahn abnehmen würde. Egal, es ist kein deutscher Prüfer in Sicht und das hier eben nicht Münster/Westfalen, wir sind hier in Karokh/Afghanistan.

Um uns herum auf der frisch eingeweihten Skateboard-Bahn johlen und kreischen an die 400 Mädchen, die alle eins der 20 vorhandenen Skateboards ergattern wollen. Der Schuldirektor hat diesen Ausnahmezustand genehmigt, weil Uli Gack vom ZDF da ist, um diese für Afghanistan extrem ungewöhnliche Situation für das *Auslandsjournal* festzuhalten. Das allein schon ist etwas Besonderes in einem Land, das Jugendlichen eigentlich nur Armut, Fanatismus, Krieg oder Drogenanbau bietet – gern auch mal alles auf einmal. Zu einem lupenreinen Wunder wird das Gewimmel dann nach Schulschluss aber aus einem anderen Grund:

Hier skaten Jungen und Mädchen, Paschtunen und Tadschiken, Sunniten und Schiiten, Kinder aus armen und Kinder aus reichen Familien einträchtig nebeneinander – normalerweise undenkbar, wird hierzulande ansonsten doch extrem auf eine saubere Trennung zwischen Geschlechtern, Volksgruppen und Glaubensrichtungen geachtet.

An den Rändern der Anlage hocken die Lehrer, bärtige Männer mit stechendem Blick, die jetzt allerdings eher erstaunt bis ratlos dreingucken:

»Was machen die vielen Kinder nur mit diesen Mäuseautos?«

Hinter ihnen, an der nahe gelegenen Nachbarschule, fehlen etliche Scheiben, bei einem Teil der Gebäude sind die Lehmdächer eingefallen, und ein halbes Dutzend Fenster sind nur noch rußgeschwärzte Höhlen. All das ist nach Karokher Maßstäben nicht ungewöhnlich, aber die Kinder lachen und toben, als lägen hinter der zwei Meter hohen Umgrenzungsmauer keine ärmlichen Lehmhütten ohne fließendes Wasser und Strom, sondern vielmehr schnuckelige Villen auf sonnigen Wiesen am Fuß des Hindukusch.

Plötzlich sind meine Hände leer. Das Mädchen hat losgelassen. Es steht zwar etwas kippelig, aber es hält seine Balance, richtet sich auf, steht auf eigenen Rollen. Ein kleines, stolzes Lächeln macht sich auf seinen Lippen breit. Wenn alles läuft wie geplant, werden ihm noch viele weitere folgen.

Ich gehe wieder hinüber zu Rupert Neudeck, dem Mann, mit dem ich nach Afghanistan gekommen bin und mit dessen Grünhelmen wir diese Bahn realisiert haben. Er spricht noch mit seinem afghanischen Bauleiter, Zobair Akhi, einem freundlichen, zurückhaltenden Mann, ohne dessen Einfühlungsvermögen und eisernen Durchsetzungswillen hier nichts funktionieren würde.

Während ich warte, sehe ich den Kindern zu, wie sie unter Anleitung von Marc Zanger und Maurice Ressel – zwei deutsche Skateboarder, die monatelang das Projekt vor Ort unterstützt haben – mit jedem Pushen mutiger werden, mit jedem kleinen Trick mehr Selbstbewusstsein gewinnen. Kaum klappt etwas, sehen sie stolz zu ihren Lehrern, Freunden, Eltern und Verwandten hinüber, die gekommen sind, um diese seltsame Anlage der Deutschen in Augenschein zu nehmen. Auch der Mullah ist da, den wir vorsichtig beäugen; aber der weise alte Herr mit dem typischen Bart nickt wohlwollend. Die anderen Erwachsenen registrieren das genau, die Stimmung wird zusehends gelöster. Karokh ist nicht nur nach afghanischen Maßstäben eine Idylle und ein krasser Gegensatz zur Großstadt Herat, aus der wir am Morgen gekommen sind.

In Herat ist alles fremd in einem Maße, dass man es kaum beschreiben kann. Allein die Gerüche von Dieselabgasen, offenen Kloaken, verwesendem Müll und frisch geschlachteten, noch ausblutenden Ziegen am Straßenrand vermischt mit den leckeren Aromen der Garküchen und Gewürzstände – atemberaubend wäre eine echte Untertreibung. Und dazu die Geräusche, diese Mixtur aus Autohupen, Marktschreiern, Muezzingesängen und immer wieder vorbeilärmenden Polizei- oder Militärkonvois. Sogar der Himmel mit seinem endlosen Hellblau über Hauswänden voller Einschusslöcher ist anders als alles, was ich je über dem Westerwald gesehen habe. Es wäre so einfach, sich hier komplett als Alien zu fühlen:

»Falscher Planet, ab zurück ins Raumschiff, Jungs!«

Aber genau das Gegenteil ist der Fall. In den vergangenen sechzig Jahren habe ich in Deutschland ein Unternehmen gegründet und fast wieder ruiniert, bin mit dem Drachen abgestürzt und vom Nürburgring geflogen, habe Auszeichnungen bekommen, einen Sohn und das schönste Mädchen der Kirchener Disco, wurde zum Skateboard-Papst gehypt und als Geschäftemacher beschimpft, in der Westfalenhalle umjubelt und von Bankern erniedrigt, habe Halfpipes entworfen, vor meinem Lamborghini geposed und mit Tony Hawk gefrühstückt, habe genug Triumphe und Niederlagen für drei Leben erlebt – aber hier, in den kargen Bergen Nordwestafghanistans, fühle ich mich mehr zu Hause, als jemals in meinem Heimatort Kirchen im Siegerland.

Und ich brauche nicht lange zu grübeln, warum das so ist:

Um mich herum skatet alles, und ich spüre wieder diese wahnwitzige Mischung aus Lebensfreude und Schürfwunden, aus zusammengebissenen Zähnen und stolzem Lachen, aus Individualist-Sein und zum coolsten Clan der Welt gehören. Diese Mischung gibt es nur beim Skateboarden. Ich bin genau da, wo ich hingehöre.

Aber wie zum Teufel bin ich hierhergekommen?

Erster Teil

1948 – 1977
Anlauf nehmen

Kapitel 1

Von Müttern und Menschen
Kirchen an der Sieg, 1948–1960

Kohle machen

Ein staubiger, spärlich beleuchteter Raum, vor mir ein Berg von Briketts, auf meiner Zunge der Geschmack von Ruß – das ist eine meiner frühesten Kindheitserinnerungen. Ich hocke im Kohlenkeller unseres Hauses am Südosthang über Kirchen und freue mich wie Bolle, denn ich weiß: Für ein paar Tage habe ich eine wunderbare, selbst gestellte Aufgabe: Briketts stapeln.

Vor einer guten halben Stunde ist wie jeden Frühherbst der Kohlenhändler aus Kirchen mit seinem Laster zu uns den Hang heraufgekeucht. Mit leuchtenden Augen stand ich an der Straße, als der alte Opel Blitz aus Wehrmachtsbeständen endlich vor unserem Haus hielt, verrußte Männer Sack um Sack voller Briketts von der offenen Pritsche wuchteten und sie in unseren Kohlenschacht leerten. Es müssen so an die fünf Tonnen gewesen sein, ungefähr 5000 Briketts, unser gesamter Jahresvorrat. Ich konnte es kaum abwarten, dass die Rußmänner endlich fertig waren und ich meine Arbeit im Keller beginnen konnte. Für die nächsten drei Tage würde ich wie vom Erdboden verschluckt sein.

Den Grund dafür, dass sich Klein Eberhard – noch hat mich mein Bruder nicht ungemein erfolgreich, wenn auch ungefragt, in »Titus« umgetauft – voller Enthusiasmus die Kellertreppe hinunterstürzt, ahnen die Erwachsenen natürlich nicht. Für Oma Klara bin ich der einzige hilfsbereite »Mann« im Haus, für meine Mutter bin ich »ihr Sonnenschein« und mein Vater ist einfach nur froh, es nicht selbst machen zu müssen.

Die Wahrheit ist: Noch bevor sich der Kohlenstaub gelegt hat, flitze ich in den Keller, weil ich da unten etwas machen kann, wozu ich ansonsten fast nie die Chance habe – ganz allein zu schalten und zu walten. Keiner stört mich, keiner redet mir rein, keiner weiß alles besser, während ich austüftele, wie aus dem unordentlichen Brikettghaufen ein sorgfältig geschichteter, sauber ausgerichteter Brikettstapel wird. Geduldet wird nur Opa Zimdas von nebenan, der sich einmal am Tag als verständnisvoller Berater sehen lässt, schließlich ist dieses Stapeln gar nicht so einfach: Die Briketts liegen ja so da, wie die Rußmänner sie hineingeschüttet haben, und 5000 Stück sind buchstäblich eine Menge Kohle, nicht nur für einen Fünfjährigen. Aber mich schreckt das nicht, im Gegenteil, für mich ist der Keller ein ungewohnter, kostbarer Freiraum. Und das hat viel mit Kirchen zu tun.

In den frühen 50ern in einem Ort am Fuße des Westerwalds groß zu werden ist keine ganz einfach Sache. Zum einen ist da der allgemeine Nachkriegsmief Adenauer-Deutschlands, multipliziert mit der geistigen Enge eines Ortes, der seine besten Zeiten längst hinter sich hat. Dazu kommt eine Elterngeneration, die in Weltkriegen und Wirtschaftskrisen Härte gegen sich selbst und andere gelernt hatte – und dies fast ungefiltert weitergibt. Krönung und dritte Bremse beim Großwerden für uns Kinder in Kirchen aber sind die zwei Kirchen, die dem Ort seinen Namen gegeben haben. Hier, in der Abgeschiedenheit von Sauerland und Westerwald, zwischen den Fronten des evangelischen Siegerlandes und des katholischen Rheinlandes, thronen eine evangelische und eine katholische Kirche einträchtig nebeneinander in der Ortsmitte und bilden so etwas wie eine heilige Doppelspitze, die dafür sorgt, dass Moral und Anstand im Ort nicht zu kurz kommen.

Im Gegensatz zu uns.

Zeitgeist und Religion haben uns buchstäblich in der Zange – und lassen wenig Platz für Individualität oder Selbstbewusstsein. Eigene Meinungen? Eigene Ideen? Eigener Wille? Die Antwort hörte sich immer gleich an: »Halt den Mund, wenn die Erwachsenen reden.« Und vor allem: »Werd du erst mal groß!« Beides in tausend Varianten. »Ja, wie denn?«, hätten wir zurückfragen müssen. Aber natürlich ist uns damals überhaupt nicht klar, wie systematisch uns Selbstvertrauen und Selbstbewusstsein vorenthalten werden. Und selbst wenn wir gefragt hätten – die einzige handfeste Antwort wäre sowieso nur eine der damals handelsüblichen Backpfeifen gewesen.

Im Kohlenkeller gab es so etwas nicht. Im Kohlenkeller habe ich mir mein Ziel selbst gesucht, konnte meine Ideen ausprobieren, scheitern, neu starten, wieder scheitern, wieder neu starten, mein Ding durchziehen. Im Grunde war es wie skaten, nur ohne Board. Das stolze Gefühl, als ich am Ende vor dem gar nicht mal so üblen Stapel stand, war so umwerfend, dass ich es mein Leben lang immer wieder gesucht habe, egal ob ich Drachenfliegen lernte, den ersten Titus-Flip stand oder auf den Kilimandscharo gekraxelt bin. Es ist das gleiche Gefühl, das ich über 50 Jahre später in Karokh wieder spüren werde, während ich unter all den aufgeregten afghanischen Kids im Schulhof stehe und eine Skateboard-Anlage einweihe, von der viele zuvor gesagt haben, es werde sie nie geben.

Heimweg von der Sonntagsschule

Manchmal denke ich, alles, was dazwischen passiert ist, die ganze aufregende, urkomische, unglaubliche Achterbahn meines Lebens zwischen Kirchen und Karokh, hat mich auf genau das hier vorbereitet: darauf, Kindern in einem bettelarmen, kriegsgeplagten Land ohne Chance auf Kindheit etwas zu geben, was sie groß und stark macht. So gesehen bin ich fast dankbar für all die Hürden, für jedes »Das kannst du nicht!«, das mir in den Weg gelegt worden ist. Ich habe es geschafft, diese Hürden zu überwinden, und genau deshalb kann ich diesen Kindern jetzt helfen, das Gleiche zu tun. Mit dem Skateboard.

Ich, zappelnd auf Klaras Schoß, Werner dahinter – noch ohne Tolle, aber schon cool

Denn Niederlagen wegstecken, im Triumph locker bleiben – das ist nicht nur der Kern von Skateboarden, diese Fähigkeit ist auch kein schlechter Anfang, wenn man ein halb zerstörtes Land wieder aufbauen will.

Und Skaten trainiert noch zwei weitere Charakterzüge, die außerhalb des Skate-Parks enorm wertvoll sind, egal ob man in Kirchen lebt oder in Karokh: Wahnsinn und Hingabe. Der Wahnsinn, scheinbar Unmögliches anzupacken, und die Hingabe, es bis zum Schluss durchzuhalten.

Der kleine Junge damals im Kohlenkeller in Kirchen hatte von beidem schon eine Menge im Blut, bevor es Skateboards überhaupt gab: Irgendwann nachmittags klingelt es an unserer Haustür. Mein bester Freund Mischa Frost will mich wie so oft zum Spielen abholen. Schwarz bestäubt und ziemlich unwillig komme ich nach oben und bescheide ihn mit einem knappen »Eberhard hat keine Zeit. Eberhard muss arbeiten.« Dann verschwinde ich wieder nach unten, Brikettstapel austüfteln.

Groß-Mutter

Zähigkeit ist in unserer Familie fester Bestandteil des Gencodes, vor allem bei den Frauen. Oma Klara ist das beste Beispiel dafür.

Sie wurde 1914 nur acht Wochen nach Kriegsbeginn Witwe und stand plötzlich allein mit zwei Kindern da. Die Witwenrente reichte vorn und hinten nicht, also ging sie zusätzlich in den damals noch zahlreichen Villen der Kirchener Honoratioren putzen. In der Zeit nach dem Ersten Weltkrieg dann reichte selbst das nicht mehr – und Kirchen kehrte seine besten Seiten hervor: Eines Morgens fand Klara einen Laib Brot auf der Türschwelle. Sie wusste weder, woher er kam, noch von wem – aber das war ihr in der Not auch egal. Von da an geschah das immer mal wieder, hier war es eine Flasche Milch, dort ein paar Münzen, oft genau dann, wenn die Not am größten war. Vielleicht gab es einen geheimen Wohltäter, vielleicht hatten sich auch mehrere Nachbarn zusammengetan und legten reihum etwas hin; im Grunde war das unwichtig, denn dieses Geben und Nehmen war Teil des Kirchener Lebens.

Auch Klara half, wie und wo sie nur konnte. Viele Jahre später ließ sie lange eine verarmte Familie mit zwei Kindern im Untergeschoss unseres Hauses wohnen, wo mein Vater einmal seinen Laden einrichten sollte. Diese Familie war so arm, dass Klara immer wieder auf die Miete verzichtete oder mit Lebensmitteln aushalf, wenn die Untermieter nicht mehr klarkamen. Der älteste Sohn dieser Familie hat sich später als Kirchens erster Fernsehmechaniker selbstständig gemacht. Und als irgendwann Klaras Fernsehgerät kaputt war, brachte sie es zu ihm. Es war der erste Fernseher des Dorfes gewesen und hatte lange als Kirchener »Public Viewing«-Apparat bei uns im Schaufenster gestanden. Statt eines reparierten Gerätes bekam sie aber zwei andere Dinge zurück: einen nagelneuen Fernseher ohne Rechnung und eine Bemerkung ihres alten »Untermieters«: »Frau Dittmann zahlt bei mir überhaupt nichts.«

Dührschen maachen

Meine Liebe zu Autos habe ich bestimmt auch von ihr. Weil mein Vater für seine Meisterwerkstatt einen Firmenwagen brauchte, gehörten wir zu den ersten Autobesitzern im Dorf. Klara war völlig autofrei auf dem Brühlhof groß geworden und entsprechend scharf aufs Autofahren, wollte ihren eigenen Sohn aber nicht ständig um eine Ausfahrt bitten. Und so kam es am samstäglichen Badetag immer wieder zu folgender Szene:

Mein Vater verschwindet irgendwann am frühen Nachmittag in der Badewanne, während wir das Auto putzen und polieren. Sobald Klara das Rauschen im Badezimmer hört, hängt sie sich aus dem Fenster im ersten Stock und fragt uns:

»Na, Jungs, wommern Dührschen maachen?«, was im »Kierscher« Slang so viel hieß wie: »Wollen wir eine kleine Tour machen?«

Die Antwort wartet sie meist gar nicht ab, sodass wir Augenblicke später zu dritt im Auto sitzen und mit dem stolzen, wenn auch noch führerscheinlosen Werner am Steuer durch Kirchen kurven. Manchmal erwischt uns der Dorfsheriff dabei, guckt streng und droht mit dem Finger – und alles ist in Ordnung. Passiert das allerdings zu oft nacheinander, wird sein Blick wirklich böse und wir wissen, dass es nun an der Zeit für eine »Dührschen«-Pause ist, so viel Respekt vor der Obrigkeit muss schon sein.

Mein Vater hat davon nie etwas mitbekommen, wir kamen immer rechtzeitig zurück, bevor das laute Singen aus dem Badezimmer verstummte. Das einzig echte Risiko bestand in den verschwörerischen Blicken, die Klara uns dann am Abendbrottisch zuwarf, bis wir unsere Gesichtszüge kaum noch unter Kontrolle hatten. Aber selbst wenn mein Vater unsere Spritztouren spitzbekommen hätte, wirklicher Ärger drohte uns nicht. So aufbrausend er auch sonst sein konnte, so schnell war sein Zorn auch wieder verraucht.

Wenn wir auf seinem samstäglich frisch polierten Auto eine Schmutzschliere, einen sogenannten Feiertag, hinterlassen hatten und freche Widerworte gaben, wenn er das entdeckte, jagte er uns schon mal wutentbrannt und Drohungen ausstoßend die Straße hinunter, bis ihm Zorn und Luft mehr oder weniger gleichzeitig ausgingen. Das war es aber auch schon.

Vor Oma Klara hatte mein Vater dagegen einen gesunden Respekt. Sie hatte eine Art, ihre Meinung zu sagen, die auch die Männer, damals ja die nominellen Familien-Oberhäupter, durchaus zum Schlucken brachte. Sie wohnte oben im dritten Stock unseres Hauses direkt unter dem Dach. Da es damals noch keine Zentralheizung gab, mussten in jedem Stockwerk die Öfen einzeln befeuert werden. Die nötigen Briketts dafür konnte Klara irgendwann nicht mehr aus dem

Keller nach oben schleppen, also rief sie den Treppenaufgang hinunter, ob ihr jemand Kohlen bringen könne.

Die Antwort war meistens: »Ja, warte mal einen Augenblick.« Oder, auf Kierscher Platt: »Johh, waademoh.«

Es dauerte nicht lange, bis Klara den Rest der Hausbewohner nur noch als Firma Waademoh titulierte, denn natürlich war es mit nur einem Bittruf allein nicht getan. Am Ende musste sie erst richtig sauer werden und lauthals »Firma Waademoh!« ins Treppenhaus schimpfen, bis sich schließlich jemand der frierenden Großmutter erbarmte und Briketts nach oben schleppte. Irgendwann war das fast immer ich. Mir machte es Freude, etwas zu tun, das für mich als Knirps eigentlich zu schwierig war und mir im Gegenzug eine fette Portion Lob und Anerkennung garantierte. Zu dieser Zeit musste sie beschlossen haben, dass ich der einzige brauchbare Mann im Hause sei. In den unmittelbaren Genuss ihrer scharfen Zunge bin ich deshalb eigentlich nie gekommen.

Mit einer Ausnahme.

Lametta-Gewitter

Ich war ungefähr 19 und Weihnachten zu Hause mit – bis auf Klara – sturmfreier Bude. Natürlich hatte ich das für eine Party unter dem Tannenbaum genutzt, die ziemlich wild und gut gewesen sein muss, jedenfalls erinnere ich mich kaum noch an etwas außer jede Menge billigen Rotweins und ein zahlenmäßig ausgezeichnetes Verhältnis von Mädchen zu Jungen, jedenfalls aus Sicht von uns Jungs. Partys in sturmfreien Buden waren für uns damals im Winter die einzige Chance, den Mädels im »Warmen« an die Wäsche zu gehen, ohne uns den Arsch abzufrieren.

Gefeiert wurde, wie damals üblich, eine Bottleparty. Da keiner Geld hatte, um Getränke zu kaufen, hat einfach jeder etwas von zu Hause mitgebracht oder mitgehen lassen, je nachdem wie locker die Eltern waren. Das waren neben Bier oft Eierlikör, Underberg und andere, zeitgeistlich korrekte »Erwachsenen-Getränke«. Für Verpflegung haben wir dann die Vorratskammer des »Gasthauses« geplündert, für die Beschallung waren The Who, Blood, Sweat and Tears, Deep Purple, Iron Butterfly und Uriah Heep zuständig.

Als der Weihnachtsabend schon fortgeschritten war, hatte sich mein Freund Fancy mit seiner damaligen Freundin (und heutigen Ehefrau) in das Ehebett meiner Eltern im ersten Stock zurückgezogen und dann so laute Geräusche gemacht, dass meine Oma trotz ihrer Schwerhörigkeit nachschauen kam. Sie hatte keine Brille auf und vermutete, dass die verschlungenen Körper in den elterlichen Laken mir und irgendeinem Mädel gehörten. Entrüstet stand sie in der Schlafzimmertür, schüttelte den Kopf und sagte immer wieder vorwurfsvoll zu Fancy:

»Eberhard, näh wirklisch, Eberhard!« Sie hat sich als Einzige zeitlebens geweigert, mich Titus zu nennen.

Am nächsten Morgen, wir anderen liegen immer noch heftig alkoholisiert und übernächtigt im verwüsteten Wohnzimmer herum, kommt Klara hinunter, sieht die ganze Bescherung und hat nach den unmoralischen Vorkommnissen der letzten Nacht endgültig die Schnauze voll. Sie legt los, und eine wortgewaltigere Gardinenpredigt habe ich nie wieder gehört. Vom ersten Buch Mose bis zur nahenden Wiederkehr meiner Eltern ist alles vertreten, sie schimpft und zetert, dass die Wände wackeln. Und wir sitzen da wie vom Donner gerührt und starren sie an – erst mit Ehrfurcht, dann mit heiligem Schrecken und schließlich mit offener Panik.

Nicht wegen ihrer Predigt. Nicht weil sie bei jedem wichtigen Satz – und es sind fast nur wichtige Sätze dabei – mit ihrem Gehstock wütend auf den Boden stampft, sondern weil jedes Mal, wenn sie das tut, plötzlich die komplette elektrische Tannenbaumbeleuchtung aufblitzt.

»... wenn das eure Eltern erfahren!«

»Rums!« (der Stock)

»Blitz!« (der Tannenbaum)

»... denn gar keinen Anstand im Leib?«

»Rums!« (der Stock)

»Blitz!« (der Tannenbaum)

Und so weiter ...

Die stärkste Ansage hebt sie sich für den Schluss auf. Ihr »Am liebsten würde ich euch eine schallende Ohrfeige geben ...!« hört sich auf Kierscher Platt gleich noch einmal doppelt so eindrucksvoll an:

»Am leebsten würd isch üsch eenen schlahn, dat üsch de Zänn im Aasch rabbeln!«

»Rums!« (der Stock)

»Blitz!« (der Tannenbaum)

Bevor wir auch nur anfangen können, eine irdische Erklärung für ihre gottgleichen Kräfte zu finden, ist die Predigt vorüber und sie nach oben gerauscht, zufrieden wie Moses nach einer Predigt an sein sündiges Volk. Die jungen Leute waren so offensichtlich im Innersten angerührt, vielleicht besteht ja doch noch Hoffnung, den moralischen Verfall des Abendlandes aufzuhalten.

Und wir, nach einer langen Schreckminute, entdecken endlich den Grund für Klaras Lightshow: Es lag schlicht daran, dass an der neumodischen elektrischen Christbaumkerzen-Kettenbeleuchtung, die mein Vater als Dorfbeauftragter für den letzten elektrischen Schrei um unseren Baum drapiert hatte, eine Kerze locker gedreht war, um den ganzen, in Serie geschalteten Leuchtkrams auszumachen. Diese Kerze hatte bei jedem »Rums« von Klaras Stock für einen Moment wieder Kontakt bekommen.

Aber dennoch, da sind wir uns einig, die Show war großartig gewesen.

Links unser Elektroladen, rechts der Werkstatteingang,
in der Mitte der Firmenwagen mit mir auf dem Beifahrersitz.

Schwimmen lernen

Mein Vater Walter war als selbstständiger Elektromeister offiziell Unternehmer, womit wir zur erweiterten Kirchener High Society gehörten. Sein Unternehmertum bestand zwar vor allem in Selbstausbeutung, aber das wusste ja niemand. In den Augen des Dorfes standen die Dittmanns vor allem für das Neueste vom Neuen an der Innovationsfront: Wir hatten vor den meisten ein eigenes Auto und immer die allerneuesten Elektrogeräte im Haus oder Schaufenster. Der Übergang zwischen beidem war dabei fließend, was nicht selten dazu führte, dass etwa Teile der funkelnagelneuen Modelleisenbahn aus Weihnachtsverkaufsresten, die mein Bruder Werner oder ich Heiligabend unter dem Baum gefunden hatten, am zweiten Weihnachtstag doch noch an einen mit Bargeld beschenkten Kirchener Bürger verkauft wurden. Geschäft ging vor.

Den endgültigen Aufstieg in die oberste Liga – zumindest in den Augen meiner Freunde – markierte dann der Fernseher in unserem Schaufenster. Er war und blieb für eine ganze Weile der einzige Fernseher in ganz Kirchen, und so versammelten sich an warmen Abenden Nachbarn und Freunde auf ihren Küchenstühlen vor unserem Laden und sahen sich andächtig und ohne Ton die Sendungen der ARD an – andere Sender gab es damals nicht.

Elektrik prägte also unser Leben, selbst Schwimmen habe ich mithilfe eines Elektrokabels gelernt. Mein Vater war ein absoluter Stauseefan, deshalb wurde sonntags das Auto – zuerst ein Lloyd Alexander TS, später dann ein Fiat Neckar – mit allerlei Badeutensilien beladen, geputzt hatten wir das Familienschmuckstück ja schon am Samstag. Meine Mutter Marta packte »Knifften«, dünn belegte, doppelte Brote, in den Picknickkorb, dazu Obst aus unserem Garten, manchmal auch hart gekochte Eier, und ab ging es zum Dreifelder Weiher, zur Listertalsperre, zur Aggertalsperre oder einem der anderen Stauseen in der Gegend.

Einen echten Strand gab es dort wegen der steilen Hänge meistens nicht, und damit beim Schwimmenlernen nichts außer Kontrolle geriet, nahm Vater Walter immer eine Rolle Stromkabel aus der Werkstatt mit, band mir das Kabel als Schlinge um den nackten Bauch und hatte mich so buchstäblich an der langen Leine. Wenn ich ihm zu sehr spuckte oder auf andere Weise halbwegs glaubwürdig Ertrinken vortäuschen konnte, zog er mich zurück ans Ufer. War das Training überstanden, gab es zur Belohnung eine Runde Schlauchbootfahren. Überhaupt war mein Vater ein herzensguter Mensch, der gern mal fünf gerade sein ließ, wenn meine Mutter gerade nicht in der Nähe war. Sie, die wahre Herrscherin bei uns im Haus, hatte andere, genauer gesagt strengere Auffassungen von dem, was tolerabel war und was nicht. Das Nicht-Tolerable war dabei oft in der Mehrheit.

Familienkaffee, Werner jetzt mit Elvis-Tolle.

Gott ist groß!

Heute kann ich das zum Teil verstehen. Meine Mutter wurde 1918 mit fünf Jahren zur Vollwaise und wuchs als Pflegekind bei ihrem Onkel auf, der bereits fünf Kinder hatte. Immerhin: Sie war untergekommen und versorgt, und das war in den damaligen Zeiten schon sehr viel. Aber sie war eben kein leibliches Kind, sondern nur Gast, die Wärme einer eigenen Familie hat sie nie kennengelernt.

Aus Marta ist eine starke Frau geworden, tatkräftig und meist auch streng zu sich selbst. Und wer streng zu sich selbst ist, der ist es oft auch zu anderen. Sie gönnte sich keine Pause, war immer unter Dampf, und alles und jeder musste ihren hohen Ansprüchen genügen. Dabei hat es ihr an Fröhlichkeit und Herzenswärme nie gemangelt. Sie war eigentlich immer gut drauf, sogar das Auftischen des Mittagessens geriet bei ihr zu einem kleinen Event: »Riecht ihr, wie das duftet? Alles frische Ernte, Kinder!« – meine erste Lektion im Marketing. Als sie nach meinem Bruder Werner zum zweiten Mal schwanger wurde, wünschte sie sich sehr eine Tochter. Die bekam sie auch, aber meine kleine Schwester verstarb noch als Kleinkind.

Dann kam ich und war offensichtlich kein Mädchen. Als Zugeständnis an ihren Tochterwunsch erhielt ich – in krassem Gegensatz zum damals üblichen Bürstenschnitt – eine Prinz-Eisenherz-Frisur; mein Bruder bekam Prinz Eisenherz und römische Geschichte irgendwie nicht auf die Reihe und fing plötzlich an, mich »Titus« zu nennen. Keiner wusste, warum, aber alle machten mit, und Titus war geboren.

Mit meinen Geschwistern Ulrike und Werner

Sieben Jahre nach meiner Geburt bekamen meine Eltern dann doch noch die lang ersehnte Tochter, meine Schwester Ulrike, die, bevor sie dreißig wurde, langsam erblindete. Marta steuerte unsere Familie durch diese und andere schwere Zeiten mit ihrem schier unerschöpflichen Gottvertrauen. Sie managte den Haushalt, machte die Buchhaltung unserer kleinen Firma und war auch ansonsten die treibende Kraft der Dittmanns, immer mit einem Bibelspruch auf den Lippen und ansteckender Fröhlichkeit im Gesicht.

Sie hatte ein einfaches Geheimnis: Sie war eine Meisterin der Selbstkonditionierung. Was sie musste, das wollte sie auch, was nicht passte, wurde passend geredet, und jede Katastrophe hatte auch ihr Gutes. Aus dieser Haltung zog sie eine enorme Kraft. Diese Fähigkeit, sich alles schönzureden, habe ich von ihr geerbt und bin bis heute dankbar dafür. Solange man sich bewusst ist, dass man sich selbst überlistet, ist das eine wunderbare Technik, um positiv durchs Leben zu kommen.

Als Marta mit 90 Jahren eine ganze Etage die Treppe hinunterstürzt und auf den Steinboden prallt, sagt sie mir im Krankenhaus:

»Stell dir vor, ich habe alle Rippen gebrochen. Was ich für ein Glück gehabt habe, dass Gott mich bewahrt hat – ich hätte tot sein können!«

Der Arzt nimmt mich hinterher zur Seite:

»Die kommt hier nie wieder raus.«

Da kennt er meine Mutter aber schlecht.

Marta beschließt:

»Ich lebe noch, also hat der liebe Gott noch eine Aufgabe für mich.«

Drei Wochen später war sie wieder raus aus dem Krankenhaus.

Ihr intensiver Glaube an den lieben Gott in der verschärften evangelisch-freikirchlichen Version hatte allerdings auch seine anstrengenden Seiten. Bei den Katholiken ist das ja einfach: Alle paar Wochen beichtet man und die Sünden sind weg. Bei den Protestanten schleppt man sie im Prinzip bis zu seinem Tode mit sich herum. Und genau das wurde uns immer wieder klargemacht. Irgendwann kommt der Tag der Abrechnung und dann ist die Frage: Himmel oder Hölle? Direkt gedroht hat sie nie damit, das lief subtiler ab. Es war dieses gewisse Gefühl: »Oh scheiße, jetzt mach ich meine Mutter unglücklich.« Weil ich gerade sie oder den »Herrn« beleidigt hatte durch Tun oder Unterlassen. Und als Kind wollte man natürlich nicht, dass Mutter traurig war.

Auch nicht besser war, wenn pseudoverständnisvoll moralischer Druck aufgebaut wurde, besonders beim Thema Freundinnen. Da mir der Gedanke, unschuldig in die Ehe gehen zu müssen, eher Angst als Freude bereitete, lagen unsere Moralvorstellungen himmelweit auseinander. Solche Angelegenheiten wurden meistens in einem ernsten Gespräch geregelt, in dem mir auf christliche Art und Weise klargemacht wurde, dass »das mit den Mädchen« nicht o.k. war und entsprechende Konsequenzen haben würde – spätestens bei der großen Abrechnung an der Himmelspforte.

Mit dieser ständigen Präsenz des Heiligen Geistes und seiner Kollegen (manchmal wurde selbst der Abwasch von moralischen Unterweisungen geheiligt) konnte ich nicht viel anfangen. Das hielt mich natürlich nicht davon ab, ständig mit leicht schlechtem Gewissen herumzulaufen, auch wenn das be- stimmt nicht ihre Absicht war. Mochte schon sein, dass der Herr Jesus am

Ende gnädig war, aber auf dem Weg zu seiner Gnade hatte er mehr Fallstricke ausgelegt, als ein Zehnjähriger beim besten Willen ausweichen konnte. Und irgendwie beschlich mich manchmal das Gefühl, dass unser Heiland das nur deshalb so eingerichtet hatte, damit meine Mutter mir regelmäßig Predigten halten konnte.

Heute kann ich sehen, wie viel diese Art des Glaubens ihr und vielen anderen gibt. Damals allerdings hat sie das Dorf Kirchen noch enger gemacht, als es sowieso schon war. Aber es gab – Gott sei Dank! – ein Gegengewicht: Erlösung!

Zirkus im Zelt

Ein-, zweimal im Jahr zog die Zeltmission durch das Siegtal und baute in Kirchen oder Betzdorf oder wo immer gerade ein Dorfplatz frei war ihr Zirkuszelt auf, meistens eines von diesen großen ovalen Zelten mit Doppelspitze. Innen war es wie ein Kirchenraum geschmückt mit Blumen und bestickten Tüchern mit Kreuzen drauf, aber vorn am kurzen Ende befand sich kein typischer Altar, sondern eine erhöhte Fläche mit Rednerpult. Zusätzlich gab es noch eine Bühne für das Beiprogramm. Die Zeltmission musste sich ja auch verkaufen und dazu gehörte Entertainment. Es wurde zwar nicht gerade unsere Musik gespielt, aber immerhin, ein Mädchenchor sang oder ein Posaunenchor trötete sich durch fromme Lieder, eigentlich ganz wie in einer normalen Kirche, nur nicht so steif und orgelsatt. Bei diesen Zeltmissionen traten immer besondere Prediger auf, die sich in der Szene schon einen Namen gemacht hatten. Wenn die loslegten, war es mit der Lockerheit schnell wieder vorbei. Dann ging es zur Sache, und die Sache hieß: Bekehrung.

Mein »erstes Mal« werde ich nie vergessen: Ich sitze mit meinem Freund Mischa, den ich überredet hatte mitzukommen, in der hintersten Ecke des Zeltes, um nach diesem Pflichtaufenthalt schnell wieder rauszukommen. Bis jetzt war alles sehr interessant, die Gemeinschaft ist irgendwie intensiver als in einer normalen Kirche, man spürt, dass sich hier viele Leute gut kennen und sie von einem ganz besonderen Geist beseelt sind. Oder sollte ich sagen: von einer besonderen Selbstgewissheit? Arroganz? »Wir sind die Auserwählten. Es ist unsere Mission, möglichst viele Menschen von der Sünde zu befreien und ihnen dieses geile Gefühl zu geben, erlöst zu sein.« So hätten die das natürlich nicht formuliert, aber die Ausstrahlung, die Haltung ist unmissverständlich. Das ganze Zelt (abgesehen von ein paar verlorenen Seelen wie mir) ist voll von Hardcore-Evangelikalen.

Jahrzehnte später wird mir klar, dass diese bekehrten Christen im Grunde genauso drauf sind wie Hardcore-Skateboarder: Beide dulden keine Andersgläubigen neben sich, seien es Inlineskater oder Katholiken. Dass ich diese intolerante Haltung bei Skateboardern genauso unerträglich finde wie bei religiösen Fundamentalisten, hat mir später noch so einige Diskussionen eingebracht. Andererseits hat das den Vorteil, dass Skateboarder untereinander weder Grenzen noch Krieg, Hautfarbe oder Hass, Arm oder Reich kennen. Skateboarding verbindet, ist gemeinschaftsstiftend und Integration pur.

An diesem Samstagnachmittag aber bin ich erst mal hin- und hergerissen zwischen meiner jugendlichen Abneigung gegen Kirche einerseits und der vibrierenden Spannung im Zelt andererseits. Und dann kommt der Prediger auf die Bühne. Damals hätte ich schwören können, er hat irgendwelche verborgenen Lichteffekte benutzt – aber heute weiß ich, er hat mich einfach nur mit seiner Predigt umgehauen. Zuerst scheint es im Zelt immer dunkler zu werden. Es geht ums Angstmachen, und das kann der Mann wirklich: »Alle, die nicht gläubig sind, werden beim Jüngsten Gericht was ganz Schlimmes erleben, und nur diejenigen werden erlöst und vor der Hölle gerettet werden, die wahrhaft gläubig sind.« So weit kann ich folgen. Und dass es keinen anderen Ausweg aus der ewigen Verdammnis gibt als Jesus Christus, unseren Herrn und Heiland, das kenn ich auch schon. Niemand aber hat es jemals so verdammt überzeugend rübergebracht wie dieser Mann da vorn mit seinen Lichteffekten. Ich sinke immer tiefer in meinen Klappstuhl, scharre nervös auf dem mickrigen Rasen des Kirchener Festplatzes und weiß ganz genau: »Der meint mich. Mich! Der starrt auch andauernd hier rüber. Kaum auszuhalten.« Mein komplettes Sündenregister rast vor meinen Augen vorbei wie bei einem Sterbenden die Bilder seines Lebens. Die Stimme vorn am Pult donnert, tobt und wütet, und obwohl der Mann im Grunde nur die Theaterkarikatur eines Predigers ist, habe ich trotzdem – Angst. Echte, richtige, originale Scheißangst.

Aber plötzlich verwandelt sich die Stimme, wird weich, sanft, schmeichelnd. Im Zelt wird es immer heller. Wo verdammt sind nur diese Scheinwerfer versteckt? Zuerst verstehe ich nichts, aber dann dringt seine Stimme durch meine Panik: Jesus und Gott sind so was von großherzig, die nehmen jeden auf, wirklich jeden, und verzeihen alle Sünden, auch die richtig schlimmen.

»Auch Küssen?«, frage ich mich, aber es geht schon weiter: Man muss nur zu ihnen kommen, einfach überlaufen aus dem Lager der Sünde, und schon kann man, sozusagen als Wechselprämie, hinter seinem gesamten bisherigen Leben sündentechnisch einen Haken machen.

»Hammer!«, denke ich.

Und dann fragt der Mann laut in das Zelt, wer noch nicht bekehrt sei. Meine Eltern in der vordersten Reihe rühren sich nicht, die haben das schon längst hinter sich. Und ich? Ich denke: »Jetzt oder nie!«, und gehe mit zittrigen Knien nach vorn, bereue meine Sünden, spreche die Bußformel, bekenne meinen Glauben, bekomme die Hand aufgelegt, werde gesegnet, und der Prediger bekräftigt noch einmal, dass ich von jetzt an zu Gottes Elitetruppe gehöre. Das ganze Zelt klatscht Beifall.

Bis hierher ist das eine ganz normale Gehirnwäsche, nicht weiter schwierig, so etwas bei einem pubertierenden Zwölfjährigen hinzubekommen, der gerade händeringend nach Orientierung sucht. Doch dann kommt der gruselige Part: Ich bin wie vom Donner gerührt. Es ist ein unbeschreibliches Gefühl, bekehrt zu sein. Absoluter Wahnsinn. Orgiastisch. Obwohl, Orgasmus trifft es nicht, das ist zu physisch. Über beide Ohren verliebt, total besinnungslos vor Glück, das trifft es besser. Ich kann nicht mehr klar denken, grinse vor mich hin, gehe wie auf einer Wolke. Der Prediger hat mir gerade den Heiligen Geist gegeben, und ich spüre ihn tatsächlich! Von einer Sekunde auf die andere bin ich der glücklichste Mensch der Welt. Heute würde man sagen: Irgendjemand hat gerade das gesamte Arsenal meiner körpereigenen Drogen zum Abschuss gebracht; aber egal wie es zustande gekommen war – es fühlt sich gut an.

Als ich am nächsten Tag durch Kirchen gehe, spüre ich mit frisch erworbener Hellsichtigkeit, dass ich jetzt zu den Erleuchteten gehöre. Mir kann nichts mehr passieren. Die anderen, die ganzen Unbekehrten gehen alle unter, so viel ist schon mal sicher, aber ich, ich werde überleben. Und zwar im Himmel. Geil. So richtig lange hat dieses Gefühl allerdings nie angehalten. Nach ein paar Wochen war die Euphorie flöten, nach ein paar Monaten meine Erlösungsgewissheit proportional zu meinem wachsenden Sündenregister wieder gegen Null geschrumpft. Also bin ich später noch zwei-, dreimal hingegangen und hab mir das geile Gefühl wieder geholt.

Gangs of Kirchen

Neben diversen Möglichkeiten, Erleuchtung, Erlösung oder wenigstens einen kostenlosen Schluck Rotwein beim Abendmahl zu ergattern, bot die religiöse Überversorgung Kirchens noch einen weiteren Vorteil. Jedenfalls wenn man zu einer der Gangs gehörte. Es gab klare religiöse und geografische Demarkationslinien, die sich quer durch den Ort zogen. Katholischer Hang versus evangelischer Hang, diesseits der Sieg und der Bahnlinie gegen jenseits. Und selbst unsere Bergseite teilte sich noch mal in Brühlhof und Grindel, in unsere Waldseite gegen deren Waldseite. Zu welcher Gruppe man gehörte, war praktisch mit der Geburt abschließend geklärt. Und dann ging es los mit einem Revierverhalten, wie man es heute vielleicht noch aus den Pariser Banlieues kennt: Man ließ sich in bestimmten Ortsteilen besser nicht blicken, und wenn doch, dann ging man nicht allein ins Feindesland. Vor allem aber trafen wir uns so oft es ging in dem Wald zwischen unseren Ortsteilen Brühlhof und Grindel. Das war unser Schlachtfeld, das Terrain, das es in unseren Bandenkriegen zu erobern und zu verteidigen galt.

Die Schlachten allerdings haben wir extrem fair und zivilisiert durchgezogen. Wir verabredeten uns nachmittags im Wald und spielten die Westerwälder 1960er-Version von Gotcha: Erst haben wir uns die Taschen mit möglichst vielen kleinen Tannenzapfen vollgestopft und dann stürmten wir los und versuchten, unsere Gegner mit den »Dännegaggeln« zu treffen. Wer getroffen wurde, musste fairerweise von selbst ausscheiden, das war die Regel, und genauso passierte es auch. Fast immer jedenfalls.

Natürlich ging es verbal hoch her, da wurden »Kloppe« und »Fresse polieren« angedroht, was das Zeug hielt, aber passiert ist nie wirklich was. Das Spiel selbst war ja auch viel zu spannend: Nach dem ersten Aufeinanderprallen der beiden Banden wurde das Ganze schnell zu einer Katz-und-Maus-Nummer, nicht nur am Boden, sondern auch hoch oben in den Bäumen. Ich war klein und geschickt beim Klettern und hatte in den Wipfeln der Tannen sehr viel bessere Überlebenschancen als unten. Also bin ich auf eine der 10, 15 Meter hohen Tannen rauf, die Taschen voller Dännegaggeln, und wenn keiner geguckt hat, hab ich angefangen zu schaukeln, bis die nächste Krone in Reichweite war. Dann bin ich rübergesprungen und von dort zur nächsten und immer weiter. Den halben Wald konnte ich so tarzanmäßig durchqueren, ohne den Boden zu berühren – und zwischendurch noch einige gute Schüsse loswerden. Das war gar nicht so schwierig, weil die Baumkronen weich und erstaunlich tragfähig waren. Irgendwann hatte ich raus, wann ich abspringen musste, und dann brauchte ich nur noch den nächsten Baum zu packen. Aber selbst wenn ich mal danebengriff, war das Runterfallen nicht schlimm, ich bin ja nie ins Nichts gestürzt, musste nur alle viere von mir strecken und zugreifen, denn je tiefer ich fiel, desto mehr und dickere Äste kamen in Reichweite und konnten als Bremse benutzt werden. Nur die letzten ein, zwei Meter ging's im ungünstigsten Fall direkt auf den weichen Waldboden.

Wegen dieser Kletterei und der vielen Überraschungsangriffe aus der Höhe war ich schnell ein gern gesehener Teilnehmer auf unserer Seite. Dabei hatte mein Leben als »Gruppentier« gar nicht so gut angefangen.

Spielmops

In der Schule war ich ein echter Spätzünder. Mein Spieltrieb war größer als bei den anderen Kindern, aber vor allem hat er länger angehalten als gewöhnlich. Genau genommen bis heute, und ich bin froh, dass diese Seuche, unbequeme Kinder mit Ritalin vollzustopfen, damals noch nicht ausgebrochen war. Das machte mich in der Volksschule zu einem nur mäßigen Schüler. Das lag nicht daran, dass ich den Stoff nicht kapierte, sondern dass ich mich mangels Motivation nicht konzentrieren konnte oder wollte und nicht gerade ein Stillsitzer war. Aus meiner Sicht war es definitiv spannender, aus Lineal und Füller einen Kampfflieger aus dem Zweiten Weltkrieg zu bauen, statt dem Lehrer zu lauschen. Ich steckte das Lineal durch den Bügel und flog mit meiner Spitfire oder Me 109 waghalsige Luftkampfmanöver unter meinem Tisch. Nach wenigen Augenblicken war ich so konzentriert darauf, mit Rollen und Loopings in eine gute Schussposition hinter den Feindmaschinen zu gelangen, dass ich nichts mehr um mich herum mitbekam. Auch nicht, dass irgendwann der Lehrer, angelockt durch das Kichern meiner Klassenkameraden, hinter mir stand. Die saftige Ohrfeige, die unweigerlich folgte, holte mich zwar zurück in den Klassenraum, aber die körperliche Züchtigung war damals normal, viel ausgemacht hat sie mir nicht. Sie kam plötzlich, tat kurz weh und war fast genauso schnell wieder vergessen.

Selbst als der Lehrer meinen Kopf einmal so stark gegen eine Stahlsäule gedongt hat, dass mir zwei Tage lang der Kopf wehtat, war das irgendwie noch im Rahmen. Viel schlimmer war etwas anderes. Als der Lehrer sah, dass seine Ohrfeigen nicht viel nützten, versuchte er, mich vor der ganzen Klasse zum Affen zu machen. Er fing an, mich »Spielmops« zu nennen, und damit die Klasse sich richtig darüber kaputtlachen konnte, was für ein verspielter Typ ich war, brachte er nur wegen mir Spielzeugautos mit in den Unterricht. Wenn ich wieder auffällig wurde, stellte er mich in eine Ecke, wo der Spielmops dann öffentlich und unter allgemeinem Gelächter mit den Spielzeugautos spielen musste. Das war peinlich, das war demütigend, und ich habe es letztendlich nur deshalb relativ schadlos überstanden, weil ich mir tief drinnen sicher war: »Ich hab was drauf, und das hier ist mir jetzt einfach mal scheißegal. Wenn ich rauskomme, mach ich doch, was ich will.«

Und noch etwas hat sehr geholfen: Es hat immer nur ein Teil der Klasse gelacht. Der andere Teil, alle die, die wussten: »Oh scheiße, das kann mir auch passieren ...«, war mein natürlicher Sympathisantenkreis. Ich war Teil einer kleinen, verschworenen Truppe von mehr oder weniger Ausgestoßenen, und so ließ sich das Kleingemachtwerden aushalten. Seit dieser Zeit fühle ich mich in einer

Gruppe von Outlaws immer am wohlsten. Später als Skateboarder war es ja im Grunde das Gleiche: In den Augen der Öffentlichkeit waren wir misstrauisch beäugte, verlachte, manchmal angefeindete Außenseiter. In meinem fortgeschrittenen Alter sowieso: Ich war mindestens 15 Jahre älter als der Rest der Szene und hatte schnell das Label »spätpubertierend« am Hals. Aber mit dieser Einteilung in »die« und »wir« konnte ich sehr gut leben. Hauptsache, das »wir« bestand nicht nur aus mir ...

Luftnummer

Diese »Titus & Team gegen den Rest der Welt«-Haltung hat mich seitdem immer wieder in spannende Situationen gebracht, weil die Grenze zwischen Durchhaltevermögen und Starrköpfigkeit für mich noch nie leicht zu finden war. Schon damals habe ich, wenn ich von etwas überzeugt war, keinen Deut nachgegeben.

Eines Sommers, ich muss ungefähr zwölf gewesen sein, fliegt ein Luftschiff über Kirchen, und in unserer losen Jungenclique entbrennt ein Streit darüber, was das denn nun genau sei, was da träge über das Siegtal schippert.

»Zeppelin«, sagt einer, und die anderen stimmen zu.

»Nee!«, sage ich, »das ist ein Luftschiff, kein Zeppelin. Ein Zeppelin hat eine starre, selbsttragende Außenhülle, gehalten von einem Metallgerüst, meist aus Aluminium, ein Luftschiff dagegen wird nur durch den Überdruck im Auftriebskörper in Form gehalten und ...« oder so ähnlich. Klugscheißen kann ich schon damals ziemlich gut. Dummerweise habe ich auch noch recht. Genau mit dieser Kombination: recht zu haben und den Leuten damit mächtig auf den Zeiger zu gehen, habe ich mir auch später das Leben nicht immer leichter gemacht. Einer der Kumpels widerspricht, ich argumentiere, er widerspricht, ich argumentiere wieder, er besteht auf Zeppelin, ich widerspreche noch mal, immer lauter, detaillierter, rechthaberischer – und dann knallt er mir eine. Einfach so, mitten ins Gesicht. Zwei Sekunden später wälzen wir uns am Boden, meine Hose ist zerrissen, meine Lippe blutet, und der Kerl hat mich im Schwitzkasten. Klar, dass ich jetzt garantiert nicht klein beigebe, schließlich bin ich ja im Recht! Soll ich einfach sagen: »Jou, stimmt, Zeppelin!« Das krieg ich nicht hin, ums Verrecken nicht. Lieber bekomme ich noch eins auf die Fresse.

Dieser Wunsch wird mir auch fast erfüllt, aber die anderen Jungs zerren meinen Gegner von mir runter. Man klopft sich den Staub aus den Klamotten, reicht sich widerwillig die Hand und der Tag geht weiter. Und trotz der Unterlegenheit, der blutigen Lippe und des zu erwartenden Donnerwetters zu Hause wegen der ruinierten Hose – ich fühlte mich als Gewinner.

Kinonacht

Eins hinter die Löffel war sowieso normaler Bestandteil des Alltags. Nicht wegen der Keilereien mit Kumpels, sondern wegen der Kämpfe mit dem »Establishment«. Die Fronten waren auch Anfang der 60er noch klar definiert: Auf der einen Seite die Eltern, Lehrer, Pastoren, Polizisten und alle anderen Erwachsenen. Oder, wie wir damals sagten: »Alles eine Wichse.« Die steckten auch wirklich unter einer Decke, Geheimnisse musste man vor allen gleich gut hüten. Heute ergreifen Eltern ja fast automatisch für ihr Kind Partei, selbst wenn es die größte Scheiße gebaut hat, aber damals war es genau umgekehrt. Wenn irgendein Erwachsener erzählte: »Dein Sohn hat Mist gebaut!«, dann wurde nicht lange nachgefragt, dann hat man sofort eine gelangt bekommen, denn die Erwachsenen hatten immer und automatisch recht. Aus diesem Grund waren wir verdammt gut im Geheimnisse-Behalten. Auch als die körperlichen Strafen irgendwann verschwanden.

Mein Dachzimmer

Mit 14 war ich mit Claudia befreundet, einem Mädel aus der Nachbarschaft. Heimlich natürlich, wegen der strengen moralischen Wertvorstellungen der Kirchener allgemein und meiner Mutter im Besonderen – obwohl ich manchmal glaube, dass es in Wahrheit vielmehr um das »Was sollen nur die Leute denken?«

ging als um Moral. Wie auch immer, es wurde aufgepasst, kontrolliert, hinterherspioniert, was das Zeug hielt, und das machte es ungemein schwierig, zarte Bande zum anderen Geschlecht zu knüpfen. Wer damals sagte, er habe eine Freundin, der meinte, er hatte mit dem Mädchen schon mal irgendwo gesessen und, wenn es richtig intim geworden war, sogar Händchen gehalten. Aber wie sollte ich das mit meiner Freundin hinbekommen? Den ganzen Tag waren wir vom Establishment geradezu eingekreist, obendrein musste ich immer früher als die anderen nach Hause und durfte abends nie noch einmal raus.

Meine Mutter Marta

Die Antwort lag auf dem Klo, beziehungsweise direkt über dem Klo. Als ich einsah, dass alle Forderungen nach Aufhebung der Ausgangssperre vergeblich waren, ging ich einfach freiwillig frühzeitig ins Bett (dass das damals als ein Anzeichen von Einsicht gewertet wurde, erscheint mir heute noch wie ein Wunder). Sobald es dann im Haus ruhiger geworden war, bin ich durchs Klofenster ausgestiegen und mit Claudia ins Kirchener Dorfkino abgezogen. Der Plan war klasse, der Film auch – beziehungsweise die zarte Mädchenhand, die ganz zaghaft zu mir hinübergewandert kam. Aber leider hatte mich ein Nachbar beim Aussteigen beobachtet und stand kurz darauf bei meinen perplexen Eltern im Wohnzimmer, die sich gerade noch darüber gefreut hatten, dass ihr Sohn endlich Vernunft angenommen hatte.

Als ich zurückkam, war die Hölle los, es setzte eine Tracht Prügel von meinem Vater oder zumindest den Ansatz dazu, denn einerseits war ich schon so alt, dass das nicht mehr ohne Weiteres ging, und andererseits so schnell und sportlich, dass ich dem meisten, das da kam, ausweichen konnte. Vor allem aber habe ich deutlich gespürt, dass mein Vater gar nicht wirklich sauer war, sondern vorgeschickt wurde, um durchzugreifen, obwohl er gar keine Lust dazu hatte. Er empfand es wohl als ganz normal, dass der Junge mal »mit 'nem Mädel allein sein« wollte – aber um des lieben Familienfriedens und meiner Mutter willen musste er den zornigen Vater spielen.

Auch das war damals ganz normal: Im Hintergrund eine starke Frau und im Vordergrund der Alte, der ihre Vorstellungen umzusetzen hatte. Am Ende hat es mich einige Moralpredigten und Hausarrest gekostet, das waren die gestohlenen Stunden im Kino mehr als wert gewesen.

Goldwasser-Vergiftung

Geschichten mit Mädels blieben logischerweise noch lange Geheime Kommandosache. Sturzbetrunken zu sein dagegen war schon ein paar Jahre später mehr oder weniger akzeptiertes Verhalten. Ging auch gar nicht anders, so wie in Kirchen gefeiert wurde. Polterabende zum Beispiel wurden sehr ernst genommen, wie ich mit 17 feststellte:

Damals war ich noch nicht so erfahren mit Alkohol, ganz im Gegensatz zu den zwei ausgereiften Damen, die mich auf einem der besagten Polterabende dazu animierten, Danziger Goldwasser mit ihnen zu trinken. Danziger Goldwasser ist ein Schnaps, in dem Goldplättchen herumschwimmen, dessen Wirkung aber trotzdem ausschließlich auf seinem hohen Alkoholgehalt beruht.

Die Damen sorgten geschickterweise dafür, dass ich das Gesöff so schnell herunterkippte, dass ich der Wirkung immer ein paar Glas voraus war. Ich hab noch stolz gedacht: »Boah, ich vertrag ja wie ein Bär, ich spür überhaupt nichts!« – und im nächsten Moment machte es »Klonk!« in meinem Kopf. Ich konnte nicht mehr stehen, nicht mehr sprechen und schon gar nicht das nächste Gläschen Danziger Goldwasser in Richtung Mund bugsieren – das berichteten mir wenigstens hinterher meine Freunde, ich selbst weiß ab diesem »Klonk!« überhaupt nichts mehr. Für die Damen war ich damit nutzlos geworden, und da wir Kumpels den Polterabend ursprünglich sowieso nur zum Aufwärmen nutzen wollten, um den Abend in einer Kneipe im Ort fortzusetzen, nahmen mich zwei der Jungs in die Mitte und wir zogen los.

Um zur Kneipe zu kommen, mussten wir über den Fußgängersteg der Sieg.

Wir sind zu dritt den Brühlhof hinuntergesegelt, ich im Tiefflug, meine Freunde damit beschäftigt, zu verhindern, dass ich mit der Nase auf dem Teer langschrappte. Mitten über dem Fluss wurde ich ihnen dann aber zu schwer, zudem kündeten gurgelnde Laute aus meiner Kehle offenbar an, dass ich mir das Goldwasser noch einmal in aller Ruhe durch den Kopf gehen lassen wollte. Meine Kumpels waren selbst schon relativ stramm, insofern fiel die Entscheidung leicht:

»Den lassen wir jetzt hier hängen, und wenn wir zu Ende gesoffen haben, sammeln wir ihn auf dem Rückweg wieder auf.«

Da hing ich dann, allein und mehr oder weniger ohnmächtig, mit dem Oberkörper über der Sieg und kotzte fleißig in den Fluss. Irgendwann fanden mich Nachbarn vom Brühlhof und schleppten mich nach Hause, den Schlüssel hatte ich zum Glück in der Tasche. So kam es, dass mitten in der Nacht plötzlich zwei wildfremde Typen mit mir in der Mitte vor dem Bett meiner finnischen Schwägerin Maija standen und fragten:

»Wo schläft denn hier der Titus?«

Sie konnte gerade noch »Öhm, da links« hervorbringen, bevor sie in Schreckstarre verfiel.

Die Männer haben mich ausgezogen, in meinen zwei Meter langen Schal eingewickelt und ins Bett gelegt. Danach war ich zwei Tage krank und ungefähr zwei Jahre lang trocken.

Gehrock & Blümchenhose

Mit Alkohol war es also nicht so einfach, auf Rebell zu machen, aber es gab einen anderen Bereich, der im Kirchen der 60er-Jahre sehr geeignet dazu war: Klamotten. Wir wurden damals alle frühzeitig auf angepasster Erwachsener getrimmt: Man bekam schon als Kind sonntags einen Anzug mit Schlips verpasst, das gehörte sich einfach so und wurde nicht diskutiert. Mich hatte das immer genervt.

Als ich ungefähr 15 war, hat Mischa Frost eine Lehre in der Lokomotivfabrik im Ort angefangen. Wenn ich dann in den Ferien vom Internat nach Hause kam, habe ich ihn oft nachmittags vom Fabriktor abgeholt. Aber nicht einfach so, das hätte ja jeder gekonnt. Damals hortete ich einen Berg alter Dinge, die ich von Opas und Tanten abgestaubt hatte, Porzellan, Gläser und vor allem Klamotten. Ich besaß zum Beispiel einen originalen Gehrock – der damals bestimmt schon 50 Jahre alt war –, den hölzernen Sonntagsstock meines Uropas mit Elfenbeinknauf und rundherum gewundenem Silberkranz, einen uralten schwarzen Zylinder (Chapeau clacque genannt) und von einer meiner Omas einen alten Mantel mit Kragen aus echter Persianer-Klaue. Damit konnte man was anfangen.

Den kostbaren Mantel habe ich zerschnippelt und dem Gehrock an Ärmel und Kragen Persianer-Klaue angenäht. Als krönender Abschluss kam der Zylinder obendrauf, das Stöckchen in die Hand, und so ausstaffiert habe ich mich dann vors Fabriktor gestellt und auf Mischa gewartet. Eigentlich war das eine total sinnlose Aktion. Aber es hat mir einen Riesenspaß gemacht, dazustehen und genau zu wissen: »Jetzt regt sich jeder auf, aber keiner kann was sagen, ich mach ja nichts Schlimmes.«

1968 mit klassischer Minipli-Frisur und dazu passender Pose

Das Ganze hatte keine Botschaft, es war kein politisches Statement gegen das Großkapital oder den Klerus, es lebte einfach von der kindischen Freude daran, Aufmerksamkeit zu erregen, Erwartungen zu brechen, anders zu sein. Mit den Beanies, den Zipfelmützen ohne Bommel, mache ich das im Grunde bis heute, und es ist immer wieder überraschend zu sehen, wie viele Erwachsene heimlich dazu nicken nach dem Motto: Den Mut hätte ich auch gern.

Das Paradoxe ist, dass ich diese und viele ähnliche Aktionen aus einer großen Not heraus gestartet habe: Ich hatte fette Komplexe, wenn es darum ging, öffentlich zu sagen, was ich dachte und wollte. Sprachlich habe ich es schlicht nicht geregelt bekommen. Was wiederum wahrscheinlich kein Wunder ist, wenn einem von den Erwachsenen immer eingetrichtert wird: »Schnauze halten, erst mal groß werden!« Bei mir hat es vor allem dazu geführt, dass ich mich ohne Worte ausgedrückt habe: mit Klamotten und Verhalten. Eigentlich kann ich der ganzen Sache im Nachhinein dankbar sein: Mein Handicap beim Reden hat mir sehr früh sehr viel Know-how beim Machen eingebracht.

Zum Beispiel im Hippie-Hosen-Schmuggeln. Ich hatte mir heimlich eine wunderbare hellbraune Cordhose mit dunkelbraun-roten Röschen und grünen Blättern drauf gekauft, ein Beinkleid vom Allerfeinsten. Diese Hose steckte immer in einer Plastiktüte. Abends bin ich mit dieser Plastiktüte den Berg runter bis zur nächsten Kreuzung gegangen, habe dort auf offener (und um die Zeit menschenleerer) Straße meine normale Hose ausgezogen, die Blümchenhose angezogen, die normale Hose in die Plastiktüte getan und die Tüte in der nächsten Hecke versteckt. Dann gingen meine Blümchenhose und ich in die Disco auf Pirsch. Später nachts dann das gleiche Spiel, nur rückwärts, und zu Hause tauchte ich dann wieder ordnungsgemäß gekleidet auf – Plastiktüte unterm Arm.

War ich jetzt also Revoluzzer oder Angepasster? Keine Ahnung. Ich habe immer versucht, meinen eigenen Weg zu gehen, ohne andere zu verletzen oder aus der Gesellschaft ausgestoßen zu werden. Ich bin nur bis zum Rand gegangen, hab ihn nie überschritten. Aber da war ja zum Glück oft jede Menge Platz bis zum Rand.

Als Student hatte ich mir einmal den Arm gebrochen und aus purer Provokation eine Deutschlandflagge auf den Gips gemalt – Schwarz-Rot-Gold auf Silber. Ganz Deutschland schämte sich damals immer noch, deutsch zu sein. Deutsche Tramper waren im Ausland unfehlbar daran zu erkennen, dass sie sich den Union Jack oder, besser noch, die Sklavenhalterflagge der Südstaaten auf ihre Backpacks genäht hatten. Wenn man dagegen die deutsche Flagge zeigte, outete man sich fast automatisch als rechtsradikal. Ich fand das scheiße, dieses verkrampfte Verhältnis zu uns selbst, und bin mit der Flagge auf dem Gips in die Uni gegangen. Das war lustig, denn obwohl alle sagten: »Das kannste jetzt nicht machen, Titus, echt nicht!«, hatte keiner Argumente, warum eigentlich nicht. Das hat zwar nichts daran geändert, dass ich völlig allein dastand, aber das hatte mir ja schon immer Spaß gemacht. Besonders wenn ich als Einziger wusste, dass es ein Luftschiff war und kein Zeppelin.

Schulstreik

Meine Mutter war immer darauf bedacht, nach außen einen möglichst hohen sozialen Status in der Dorfgemeinschaft zu haben. Mein Vater war selbstständiger Unternehmer – auch wenn er dieselbe Arbeit machte wie ein Arbeiter, sah das auf dem Papier schon mal gut aus. Und was war mit meinem Bruder und mir? Werner würde einmal den väterlichen Betrieb erben, das war der Lauf der Dinge, aber der kleine Titus? Für meine Mutter war die Sache ausgemacht: Er würde der erste Akademiker in der Familie werden. Der Plan ergab aus ihrer Sicht Sinn, weil »Studierte« damals noch eine seltene und entsprechend hoch angesehene Spezies waren. Acht Jahre Volksschule machen, dann in die Lehre und rein ins Berufsleben, das war der Standard; Abitur machten nur ganz wenige.

Die entscheidende Abzweigung kam in der vierten Klasse: Hier musste man sich entscheiden, ob man ganz normal weitermachte, auf die Mittelschule wechselte oder aufs Gymnasium ging; kurz, wie der Rest des Lebens sich gestalten sollte – akademisch oder praktisch. Das als zehnjähriger Steppke zu entscheiden war natürlich nicht drin, also entschied Marta das. Dachte sie zumindest. Ich hatte andere Pläne. Die beiden großen Helden in meiner Kindheit, mein Vater und mein Bruder, waren beide Elektromeister oder auf dem Weg dorthin. Klare Sache, dass das die einzige Laufbahn war, die ich mir vorstellen konnte und wollte.

Und da war noch etwas: Mir fehlte der Mut zu mehr. Ich dachte: »Oh scheiße. Gymnasium? Studium? Das ist ja eine Riesennummer, wie soll das denn gehen?« Ich war ein ziemlich schlechter Schüler und wusste noch nicht, dass das nicht an mangelnder Intelligenz oder fehlendem Fleiß lag, sondern daran, dass mich Druck von außen einfach nicht motivieren konnte. Viel mehr als Druck hatte die Volksschule dem »Spielmops« aber nicht zu bieten. Dazu kam es mir regelrecht vermessen vor, mich der Elitetruppe der Arzt- und Lehrersöhne Kirchens anzuschließen, die alle ganz selbstverständlich Richtung Universität marschierten. »Das ist einfach nicht dein Ding, Titus« – mein typischer Spruch, wenn ich massiv Angst habe zu versagen.

Erstaunlicherweise reichte mein Selbstvertrauen aber aus, um mich zum ersten Mal in meinem Leben frontal gegen meine Eltern zu stellen. Meine Mutter erfuhr, dass auch mein bester Freund Mischa Frost aufs Gymnasium gehen würde, und sagte:

»Siehste, Titus, du auch!«

Ich sagte:

»Nö.«

Dann fingen die »Gespräche« an. Dabei hat sie nie gesagt: »Du musst aufs Gymnasium«, sie hat mir das nur vorgeschlagen, nahegelegt, empfohlen – immer mit dem gewissen typischen Unterton elterlicher »Empfehlungen«. Meine Reaktion darauf war allerdings von der ersten Sekunde an immer dieselbe: »Nein. Ich will Elektriker werden!« Und das stimmte sogar. In den Ferien war ich mit meinem Bruder regelmäßig durch die Kirchener Neubauten gezogen und hatte Schlitze für Stromkabel geklopft. Ich war immer der Spezialist für die niedrigen Schlitze, weil ich noch so kurz war. Mit dem Taschentuch als Staubmaske vor der Nase sah ich aus wie ein Cowboy beim Postkutschenüberfall. Elektriker – das war der sichere, gemütliche Weg, und ich freute mich darauf.

Widerworte aber waren vom Zeitgeist nicht vorgesehen. Die Diskussionen wurden intensiver, der Druck größer:

»Was willst du denn dann machen? Du musst doch an deine Zukunft denken! Sei doch jetzt mal vernünftig. Wir wissen doch, was gut für dich ist …«

Irgendwann wusste ich mich nicht mehr zu retten, meine Eltern hatten ja die Logik auf ihrer Seite. Die einzige Rettung war, den Spieß umzudrehen:

»Klar könnt ihr mich anmelden. Aber ihr werdet keinen Spaß daran haben, weil ich absichtlich nur Sechsen schreiben werde. Dann dauert es genau ein Jahr und ich bin wieder auf der Volksschule.«

Und auch wenn ich mir damals oft hilflos vorkam, muss ich ziemlich energisch rübergekommen sein. Meine Eltern kamen zu der Erkenntnis: »Der meint das ernst, der zieht das durch!«, und haben tatsächlich nachgegeben. Allerdings nicht, ohne einen Deal mit mir auszuhandeln: Ich durfte auf der Volksschule bleiben, musste aber Klavier spielen lernen. Das hab ich dann auch eisern durchgezogen, und meine Mutter war froh, dass so durch die Hintertür doch noch »etwas Besseres« aus mir wurde. Denn Klavier spielen konnten damals wirklich nur sozial bessergestellte Menschen – als klimpernder »Künstler« wurde ich in ihren Augen auf Umwegen doch noch »Elite«.

Aber wie das so ist mit mühsam gewonnenen Schlachten, am Ende haben meine Eltern den Krieg doch noch gewonnen. In den nächsten Schuljahren lief es deutlich besser für mich und ich merkte: Da geht noch was, schulisch gesehen. Vielleicht war das Gymnasium ja doch keine so schlechte Idee. Hinzu kam, dass mehr und mehr Schulfreunde in die Lehre gingen oder gleich Jobs bekamen, und wenn die dann von ihren neuen Aufgaben und Aussichten erzählten, wurde mir immer klarer: Das reicht mir nicht, da muss es noch was geben. Ende der 8. Klasse mit Volksschulabschluss bekam ich dann ein staatliches Stipendium und ging nach Bad Neuenahr auf das Internat, um mein Abi auf dem zweiten Bildungsweg zu machen – natürlich nur, um maximal Volksschullehrer zu werden, mehr wollte ich mir noch immer nicht zutrauen.

Aber immerhin.

Kapitel 2

Schussversuche
Internat in Bad Neuenahr, 1960–1969

Die Hohe Schule

Als ich mich im Frühling 1960 zum Are-Gymnasium in Bad Neuenahr aufmachte, war mir ziemlich mulmig zumute. Schlimm genug, dass ich mich überhaupt getraut hatte, diesen Schritt zu gehen, und nun darauf warten musste, wie heftig ich die Sache gegen die Wand fahren würde. Denn dass ich es gegen die Wand fahren würde, das war klar. Wenigstens hatte ich mich darauf eingestellt, schon aus Prinzip: Ich bereitete mich immer lieber auf das Schlimmste vor, dann kam es erstens meistens besser und falls nicht, geriet ich zweitens wenigstens nicht in Panik, wenn es wirklich schlimm kam.

Viel schlimmer als die Aussicht auf mein Scheitern war allerdings, dass ich hier wieder ganz von unten anfangen musste, und zwar in jeder Hinsicht: keine Clique, keine Freunde, kein Standing bei niemandem – es gab nichts, worauf ich aufbauen konnte. Kein Wunder, dass ich schluckte, als ich schließlich auf dem schmalen Bürgersteig vor dem Hauptgebäude stand und die stuckverzierte Fassade hinaufstarrte. Hätte mir in diesem Moment jemand geflüstert, dass mich hier ein vergeigtes Abi, in herzhafter Feindschaft zugeneigte Lehrer und das ewige »Werd du erst mal groß« erwarten, hätte mich das nicht im Geringsten überrascht. Und so kam es ja dann auch.

Unser Internatszimmer.
Der mit »oben ohne« bin natürlich ich.

Aber Bad Neuenahr hielt noch anderes für mich bereit: triumphale Einparkmanöver, hochklassige Ingenieursleistungen, echte Freundschaft und die ungeteilte Gunst der Traumfrau des Ortes – unter dem Strich also keine so schlechte Bilanz. Aber das konnte ich mit zwei Koffern in der Hand und vollen Hosen natürlich nicht ahnen.

Untergebracht waren wir in Sechserzimmern mit hochklappbaren Etagenbetten. Tagsüber war das unser Aufenthaltsraum, abends wurden die Betten runtergeklappt und wir sind in die Kojen gekrabbelt. Wie ich schon am ersten

Tag erleichtert feststellte, waren wir alle in der gleichen Situation: Landeier aus den Dörfern des Westerwaldes und der Eifel, zum ersten Mal ernsthaft von zu Hause fort und bis Oberkante Unterlippe voll mit den gleichen Ängsten. Die Gemeinschaft unter uns war also sofort klasse, woran ein gemeinsamer, übermächtiger Feind nicht ganz unschuldig war: die höheren Klassen. Die sorgten dafür, dass wir auf Teufel komm raus zusammenhielten – anders war der typische Internatsterror mit spontanen Überfällen, Treppenhauskopfnüssen und Provokationen im Speisesaal auch kaum zu bestehen. Wurde zum Beispiel einer von uns nachts beim Klogang von Älteren geeumelt, also buchstäblich an den Eiern gepackt, gingen wir nur noch im Pulk pinkeln und hatten Handtücher um die sensiblen Körperteile gewickelt. Diese provisorischen Windeln verzögerten den Drehgriff um die Hoden so lange, bis unser Geschrei Lehrkräfte auf den Plan rief und die Älteren zur Flucht zwang. Das »Wir gegen die« funktionierte wieder mal prächtig.

Ansonsten war mein Weg der des geringsten Widerstandes, mein beträchtliches Anti-alles-Potenzial habe ich gerade am Anfang nur so unauffällig wie möglich ausgelebt. Den Erziehern ging ich schon aus Prinzip aus dem Weg, und bei den typischen Schwanzlängenvergleichen in der Schülerschaft hielt ich mich auch raus; nicht etwa aus Souveränität, sondern weil mir schlicht das Selbstvertrauen fehlte.

Ansel

Das Beste am Start war ein netter Streber namens Erich Ansel. Er war in vielem das totale Gegenteil von mir, aber in dem Moment, als wir unsere gemeinsame Leidenschaft für Modellbau entdeckten, war nicht nur eine dicke Freundschaft geboren, sondern auch ein Ingenieursteam, das später noch die halbe Schule mit seinen Tüfteleien unterhalten würde.

Wir starteten aber erst mal mit aus Papierbögen gebastelten Modellflugzeugen. Ziemlich bald war unsere Zimmerdecke vollgehängt mit allem, was der Zweite Weltkrieg an Kampfflugzeugen, Sturzbombern und Jagdmaschinen hergab. Dann kamen die Schiffe dran: *Tirpitz, Hood, Scharnhorst, Bismarck, Prince of Wales* – für mich waren das keine Admiräle, Reichskanzler oder Thronfolger, sondern mächtige graue Stahlkolosse auf den sieben Weltmeeren, deren Vor- und Nachteile wir stundenlang diskutieren konnten. Es gab einen Bastelraum, der schon fast unser privater Hobbyraum war, weil ihn sonst kaum jemand nutzte. Wir haben uns oft allein oder mit ein, zwei Freunden dorthin zurückgezogen und uns die Erfolgserlebnisse geholt, die der Schulalltag ansonsten eher sparsam bereithielt. Was war schon Ärger in Latein gegen Sturzkampfbomber aus Papier und später sogar ferngelenkte Segelflieger oder lärmende Fesselflugzeuge mit echten Benzinmotoren?

Lehrermäßig war es auf dem Are alles in allem sehr interessant. Das Kollegium war eine derartige Versammlung von Unikaten, man munkelte sogar, dass einige Lehrer hierher strafversetzt worden waren. Vielleicht sogar so super Typen wie unser Kunstlehrer. Er hielt uns elaborierte Vorträge darüber, dass man auch allein von Bier oder Schnaps leben könne, weil da genügend Nährstoffe drin wären. Ich glaube, der war manchmal angeschickert und ziemlich neben der Kiste, aber wir fanden, er war eine coole Sau. Und er schaffte es tatsächlich, uns die großen Meisterwerke und Kunsttheorie nahezubringen.

Quod erat demonstrandum

Der Lateinlehrer dagegen war ein kleiner Wicht mit Profilneurose und weißen Socken, der mich auf dem Kieker hatte, weil er dachte: »Titus schreibt zwar immer Vieren, aber in Wahrheit kann der doch kein Wort Latein.« Er hatte vollkommen recht. Andererseits, warum sollte ich auch? Ich wollte Volksschullehrer werden, verdammt noch mal, wozu brauchte ich da Latein? Ich war aus sehr rationalen Gründen demotiviert und habe nur versucht, irgendwie durchzukommen. Das wiederum konnte er nicht ertragen, und so entstand eine jahrelange, epische Schlacht zwischen uns, bei der ich alles Mögliche gelernt habe – nur kein Latein. Ich wollte nicht büffeln, also musste ich schummeln. Und das wurde immer schwieriger, weil er das spürte und ich bei den Klausuren ziemlich bald allein an einem Einzeltisch vor dem Lehrerpult sitzen musste. Also aufgeben und Vokabeln pauken? Nur über meine Leiche! Stattdessen haben Erich und ich den Modellbau ad acta gelegt und stunden-, nächtelang immer verrücktere Schummelmethoden entwickelt. Erich war ein echter Pfitzer, so nannten wir die Lerneifrigen, und büffelte sich zum Klassenbesten in Latein. Er wusste also alle Lösungen, die ich brauchte. Nur, wie an diese Lösungen herankommen, wenn wir unter strenger Aufsicht mehrere Reihen voneinander getrennt saßen?

Die ersten Ideen waren noch simpel: Wochenlang ging ich mit Sitzkissen in die Klasse, bis sich alle dran gewöhnt hatten. Dann wurde ich bei der nächsten Klausur wieder nach vorn zitiert, nahm ganz selbstverständlich mein zusammengeklapptes Kissen mit und rettete mich mit dem in ihm versteckten Schummelzettel zur Vier minus. Später ging es in die Abteilung psychologische Kriegsführung: Ich saß direkt vor dem Lehrer, dödelte vor mich hin, starrte Löcher in die Luft und schrieb kein einziges Wort aufs Papier – wie auch, ich verstand ja kaum etwas von dem Text vor mir. Wenn er schon fast glaubte, dass er dieses Mal gewinnt, hab ich ein paar Sätze Unsinn hingeschrieben und gesagt:

»Oh, mein Kuli ist alle, darf ich mir von meinem Platz einen neuen holen?«

Der neue Kuli war natürlich inzwischen von Erich präpariert worden. In ihm steckte ein Zettel, der bei nächster Gelegenheit herausgeholt und unter das obere Blatt meines Blocks gelegt wurde. Wenn ich die Blätter fest aufeinanderdrückte, konnte ich Erichs Notizen gerade eben entziffern. Für eine Fünf plus hat es auf jeden Fall gereicht – und der Lehrer drehte hohl.

Als all diese Methoden erschöpft waren, packte uns der Tüftlerehrgeiz. Hätte ich die Zeit, die wir ab jetzt für das Ersinnen und Umsetzen innovativer Schummelmethoden aufwendeten, ins Lateinbüffeln gesteckt, ich hätte mit Sicherheit auf Eins gestanden. Aber mehr gelernt hab ich mit Erich. Eine unserer besten Ideen kostete uns etliche Stunden Schlaf, produzierte einen Stapel mit Skizzen und Berechnungen vollgekritzelten Papiers und zwang uns, diverse semi-unauffällige Vermessungstouren mit Zollstock und Maßband zu unternehmen – aber am Tag vor der nächsten Lateinklausur war alles bereit.

Wir haben am Spätnachmittag Sport und die Klassenräume stehen noch offen. Im Gewimmel einer Partie Völkerball schleichen wir uns nach oben, öffnen das Fenster direkt neben Erichs Platz und legen los. Ich beuge mich hinaus, während Erich, eine Hand an meinem Gürtel, Ausschau hält, ob der Hausmeister sich irgendwo unten im Hof herumtreibt, und ich schlage schnell einen Nagel in die Außenwand. Die gleiche Prozedur wiederholen wir am Fenster des Jungenklos. Zwischen die Nägel spannen wir eine Schlaufe aus weißem Zwirn, an die ein 30 Zentimeter langer Faden mit Karabinerhaken geknüpft ist, den wir auf die innere Fensterbank legen. Wir schaffen es gerade noch rechtzeitig zurück zum Völkerball, keiner bemerkt etwas.

Am nächsten Tag sitze ich wieder allein vorn. Irgendwann gibt Erich mir das vereinbarte Zeichen, dass er die Arbeit übersetzt hat, und ich muss plötzlich ganz dringend mal. Auf der Jungentoilette beuge ich mich aus dem Fenster und ziehe so lange am Zwirnfaden, bis ich den Karabiner greifen kann. An ihm hängt Erichs dicker Kuli, in dem der Zettel mit der Übersetzung steckt. Er steht ja nicht unter Beobachtung, deshalb kann er, als der Lehrer einmal kurz abgelenkt ist, den Kuli unauffällig von seinem Fensterplatz aus an den Karabiner hängen und aus dem Fenster werfen. Und schon hängt er an dem Band, das wir gestern außen an der Mauer gespannt haben. Ich lerne den Inhalt grob auswendig, gehe zurück ins Klassenzimmer, setz mich an die Klausur, baue sicherheitshalber noch ein paar dämliche Fehler ein und schreibe eine saubere Vier minus. Der Lehrer geht die Wände hoch.

Als »Ich muss mal« nicht mehr funktionierte, verlegten wir uns auf Hightechlösungen. Weil es weder brauch- noch bezahlbare Funkgeräte gab, schraubten wir uns kurzerhand selbst welche zusammen. Die funktionierten zwar nur als Einbahnstraße, Erich hatte den Sender und ich den Empfänger, aber das würde genügen. In der nächsten Klausur saß ich mit einem kleinen Kopfhörer im linken Ärmel. Auf Erichs Zeichen legte ich meinen Kopf nachdenklich in die linke Hand, um so unauffällig wie möglich den Kopfhörer an meine Ohrmuschel pressen zu können. Erich flüsterte die fertige Übersetzung in das Mikro, das er in seinem Ärmel versteckt hatte, und schaute dann erwartungsvoll nach vorn. Aber dieses Mal funktionierte unser Plan nicht – die Nebengeräusche waren so laut, dass ich ihn nicht richtig verstehen konnte. Der Lehrer freute sich über eine satte Sechs.

Er dachte bestimmt, jetzt hätte er mir eine Lehre erteilt. Hatte er auch. Aber keine Lehre, die ihm lieb gewesen wäre, wie zum Beispiel: »In Zukunft lieber kuschen«, sondern diese hier: »Es gibt immer eine Lösung.« Ob mit gebrochener Spurstange mitten im 24-Stunden-Rennen, im Würgegriff von Bankern, die uns mit persönlichem Ruin drohten, oder in gefühlter Einzelhaft beim Lateinlehrer: Es gibt immer eine Lösung. Immer. Man muss vielleicht tüfteln und grübeln, Niederlagen abhaken und wieder von vorne anfangen – aber sie ist da, wenn man nur lange genug nach ihr sucht. Die paar Sechser, die ich im Are-Gymnasium kassieren musste, um das zu kapieren, waren eine der besten Investitionen meines Lebens.

Baumschuss

Nicht, dass Erich und ich mit den Lateinschummeleien ausgelastet gewesen wären, nicht annähernd. Nachdem wir bereits versucht hatten, aus einer gläsernen Milchflasche eine Fernsehröhre zu bauen (theoretisch kein Problem) und diverse Experimente mit Tablettenröhrchen im Bereich Luft- und Raumfahrt, insbesondere im Raketenbau unternommen hatten, weckte mich Erich eines Morgens mit einer neuen Idee:

»Lass uns eine Pistole bauen, eine, die wirklich schießt!« Es ist 1963, das Jahr, in dem JFK erschossen wurde. »Wir dürfen aber kein Geld dafür ausgeben, sondern nehmen nur Material, das wir hier irgendwo finden.«

Das war seine Bedingung, darauf bestand er.

»Kein Problem«, meinte ich, wir hatten eh kein Geld.

Und los ging's. Wo kriegten wir den Lauf her? Die Gardinenstange in unserem Zimmer war ohnehin zu lang, zehn Zentimeter waren schnell abgesägt, gemerkt hat es niemand. Das Holzstück für den Griff? Suchten wir uns einfach im Bastelraum aus der Restekiste. Ich hab es dann nach dem Vorbild von James Bonds Pistole aus *Dr. No* zurechtgeschnitzt. Dann wurde der Lauf mit Bandschellen am Griff befestigt – und das Ding fing an, nach einer richtigen Waffe auszusehen. Das Rezept fürs Schwarzpulver gab's in unserem Chemiebuch. Aus Gründen der Einfachheit wollten wir zuerst einen Vorderlader bauen, aber dann hatte Erich die Idee mit der Schraube: Hinten in den Gardinenrohrlauf schnitten wir mit dem Gewindeschneider ein Gewinde und schraubten eine Schraube als Verschluss hinein – fertig war der viel praktischere Hinterlader.

Jetzt kam das schwierigste Problem: die Zündung. Was das Schwarzpulver entzünden sollte, war uns relativ schnell klar: Knallplättchen, wie wir sie früher für unsere Spielzeugpistolen verwendet hatten. Eine Rolle kostete fünf Pfennig – diese kleine Ausnahme von der eisernen »No money«-Regel haben wir uns erlaubt. Wie aber das Knallplättchen, das in dem engen Gardinenstangenlauf unter einer Schicht Schwarzpulver verborgen lag, zum Knallen bringen? Ein kleines Loch oben im Lauf brachte die Lösung. Da hinein schoben wir vorsichtig einen Nagel, sodass seine Spitze durch die Schwarzpulverfüllung genau auf dem Plättchen lag. Über den Kopf des Nagels befestigten wir mit Draht eine Nagelfeile. Dann, in stundenlangen Versuchen, konstruierten wir den Abzug: Wenn man ihn drückte, schob sich dank einer ausgefeilten Mechanik ein Stück Draht unter die Nagelfeile und bog sie unter Spannung nach oben. Wurde die Spannung zu groß, rutschte das Drahtstück zur Seite, die Nagelfeile knallte nach unten und traf den Nagel auf den Kopf. Der stach dann seinerseits in das Knallplättchen, wodurch endlich das Schwarzpulver entzündet wurde. Weil ja das hintere Laufende von der Schraube fest verschlossen war, müsste die folgende Explosion unsere selbst gebastelte Kugel nach vorn aus dem Lauf jagen. Steiler Plan, fanden wir.

Die Pistole sah erstaunlich gut aus, wenn man bedenkt, mit was für Mitteln wir sie zusammengedengelt hatten. Auch theoretisch stand sie auf sicheren Füßen, alles war sauber durchdacht und sorgfältig konstruiert. Zum Glück lebte ich schon damals, wenn auch unbewusst, nach dem Prinzip des kalkulierten Risikos: Sogar mitten im größten Blödsinn bewahrte ich mir immer eine gesunde Portion Skepsis und Hosenschissertum.

Als wir bei nächster Gelegenheit frühmorgens heimlich in die Weinberge am anderen Ufer der Ahr schlichen, um den ersten Waffentest durchzuführen (es durfte ja keiner merken, was für einen Scheiß wir schon wieder vorhatten), hat sich dieses Prinzip vollauf bewährt – nicht zum letzten Mal in meinem Leben.

Wir streifen durch die raureifbedeckten Rebenreihen auf der Suche nach einem passenden Baum, der uns als Abschusssicherung dienen kann. Im Morgennebel ist das nicht so einfach, aber schließlich finden wir ein geeignetes Exemplar. Weil Erich die treibende Kraft hinter der Idee ist, gebührt ihm die Ehre, den ersten Schuss abzufeuern. Wir stellen uns hinter den Baum, und Erich hält die Ansel & Dittmann P1, so die offizielle Bezeichnung unseres Fabrikats, vor den Baum – ganz sicher, wie stark der Rückstoß sein würde, sind wir uns am Ende doch nicht. Ich zähle langsam bis drei und Erich drückt ab. Alles funktioniert perfekt. Der Knall echot von den Hügeln zurück, irgendwo stieben schimpfend Vögel auseinander, und es riecht herrlich nach verbranntem Schwarzpulver. Als Erich die Hand mit der Pistole wieder zurückzieht, starrt er erst auf die Waffe, dann auf mich. Dann starre ich auf die Waffe und dann auf Erich. Und plötzlich sind wir sehr froh, dass zwischen uns und unserer genialen Konstruktion ein massiver Eichenstamm gestanden hatte. Der Schuss war nach hinten losgegangen. Buchstäblich. Die Kraft der Explosion hatte die Schraube aus ihrem Gewinde gesprengt, und diese Schraube steckt jetzt, wie wir bei einer raschen Inspektion der anderen Seite des Baums feststellen, genau auf Augenhöhe in der Eichenrinde.

»Ups«, sagt Erich.

»Hm«, nicke ich.

Wir wenden uns anderen Herausforderungen zu.

Erich Ansel und ich in Bestform.
Erich Floßfeder arbeitet noch dran.

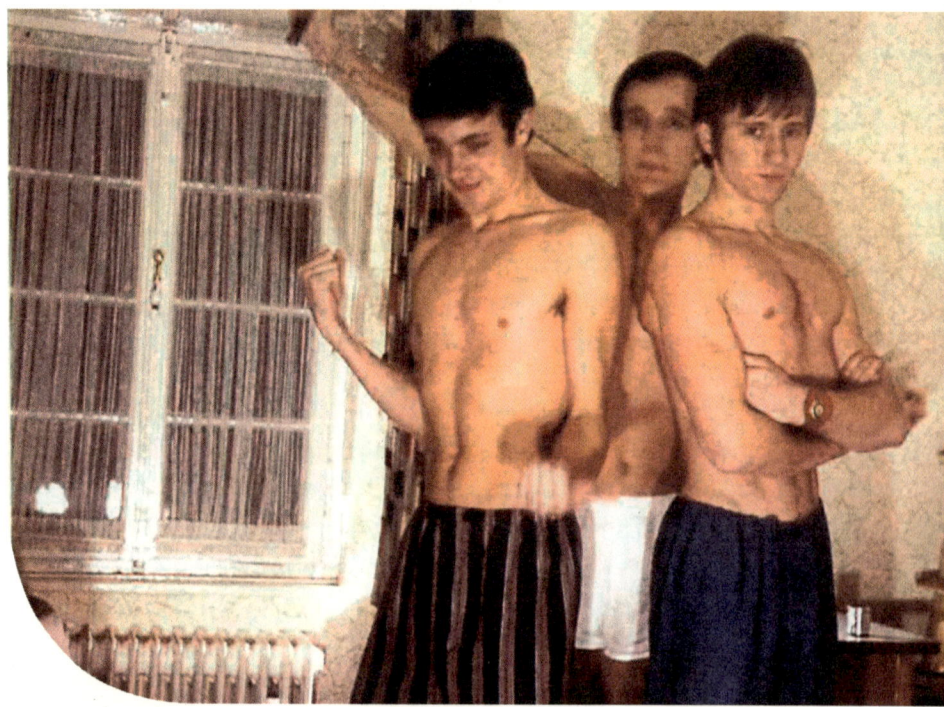

Anne

Es gab natürlich noch ein zweites zentrales Thema im Internat: Mädchen. Ich für meinen Teil war mit einem schönen dicken Packen Unsicherheit und Minderwertigkeitsgefühl nach Bad Neuenahr gekommen, dafür hatten Erziehung und Zeltmission schon gesorgt. Möglicherweise ging es den meisten anderen ähnlich – aber zu merken war davon nichts. Im Gegenteil: Alle hatten immer eine Riesenklappe, wenn es darum ging, wen sie alles schon aufgerissen hatten. Das traf sich schlecht, denn in der Welt, aus der ich kam, waren Lügen, Teufelswerk und Ehrlichkeit so selbstverständlich wie saubere Unterwäsche. Klar hab ich viele Sachen gemacht, die meine Eltern nicht gewusst haben. Aber ich habe nie aktiv Sachen erzählt, die nicht wahr waren. Da war ich am Are allerdings gefühlt der Einzige. Um mich herum ging es in jeder Pause (und vielen Unterrichtsstunden) vor allem um das eine: »Boah, ich hab 'nen steilen Zahn kennengelernt und gleich mit ihr rumgeknutscht ...« Und Titus hörte das, glaubte jede Silbe und dachte sich: »Oh Gott, was bist du bloß für ein Loser. Alle knutschen in allen Ecken mit allen Frauen und du kriegst natürlich keine ab.« Dann passierte etwas völlig Verrücktes.

In Bad Neuenahr gab es ein Mädchen, das von allen angehimmelt wurde: Anne. Sie war eine Einheimische und ging auf das Mädchengymnasium des Nachbarorts Ahrweiler, das damals ziemlich genau unserer Vorstellung vom Paradies entsprach. Wirklich alle waren verknallt in Anne, aber ganz besonders die supercoolen Elvis-Typen aus den höheren Klassen waren hinter ihr her. Kein Wunder, denn Anne war eine echte Knallerfrau: schlank, schwarzhaarig und mit einem umwerfenden Lächeln. Nicht mal die Lehrer kamen wirklich gegen sie an. Das Beste aber war: Sie sah aus wie die französische Chansonette Françoise Hardy, die absolute Traumfrau aller pubertierenden Jungen der frühen 60er – zumindest im nördlichen Westerwald. Und plötzlich baggerte die mich an. Und das auch noch öffentlich ...

Einmal die Woche gab es im Kasino von Bad Neuenahr den Jugendball. Da wurde der Saal leer geräumt, irgendeine Coverband spielte, und alle gingen hin – nicht wegen der Coverband, sondern weil Mädchen und Jungs damals in getrennten Internaten lebten und das Kasino der einzige amtlich zugelassene »Kontakthof« der Geschlechter war.

Irgendwann Anfang 1964 sitze ich wieder mal mit Erich und den anderen Jungs aus meinem Zimmer an einem der Tische weiter hinten, die vorderen wurden immer von den Hähnen der 10. und 11. Klassen in Beschlag genommen, die Band spielt etwas schräg »Love me do«, endlich kommt die lang ersehnte Damenwahl und plötzlich steht diese Anne vor mir. Ich kenne ihr Gesicht nur durch verstohlene Blicke aus der Ferne und vom Cover meiner Françoise-Hardy-LP, das ich oft und ausdauernd anhimmele. Jetzt schwebt dieses Wesen live und in Farbe zwei Schritte vor mir und fordert mich zum Tanzen auf. Was ich ihr geantwortet habe, weiß ich nicht mehr, sehr intelligent kann es nicht gewesen sein – aber dann sind wir plötzlich auf der Tanzfläche und bleiben da eine ganze Weile.

Mädels aus meiner Klasse beim Abschlussball der Tanzschule, ca. 1965

Ich konnte wirklich überhaupt nichts dafür. Aber was noch schlimmer war: Ich wollte das gar nicht. Ich, das unberührteste Blättchen des ganzen Gymnasiums, und sie, der feuchte Traum der versammelten Jungmännerschar – ich war so was von überfordert.

Wie sich ziemlich bald herausstellte, war diese Überforderung das kleinere meiner Probleme, denn von diesem Abend an hat Anne mich jeden Tag von der Schule abgeholt. Das brachte natürlich die Gerüchteküche in Fahrt, und plötzlich hatte ich nicht mehr nur mit meiner Unsicherheit ihr gegenüber, sondern auch noch mit den Anfeindungen der höheren Semester zu kämpfen. Denen war ich bisher einigermaßen erfolgreich aus dem Weg gegangen – aber jetzt gab's richtig Stress: Die Knallerfrau, auf die die ganze Schule heiß war, holte einen Typen ab, über den keiner redete, der scheiße aussah und auch ansonsten absolut nichts hermachte? Das war schwer zu ertragen. Jeder Einzelne dachte sich: »Wenn einer bei dieser Frau auf offene Ohren stoßen sollte, dann jedenfalls nicht der da!« Was keiner ahnte: Ich war völlig ihrer Meinung! Aber das hat mir auch nicht viel genützt. Einige haben mir Prügel angedroht, einer hat mich zur Seite genommen und gezischt:

»Was will die überhaupt mit dir, du kleiner Wurm? Ich würd ja verstehen, wenn die mit mir geht, aber mit dir Arschloch?!«

Und ich, den Kopf zwischen den Schultern, den Blick nach unten, murmelte nur so etwas wie:

»Ähm, keine Ahnung, also, weiß auch nicht ...«

Ich konnte mit der Frau ja wirklich nichts anfangen, habe nicht einmal mit ihr angegeben.

Nachdem das ein paar Wochen so gegangen war, hat mich Anne zu sich nach Hause eingeladen. Sie war wie immer die Aktive, und ich bin einfach nur hinterhergetrottelt, so gut ich konnte. Am Ende saßen wir dann bei ihr auf dem Zimmer, sie hat die Hand in meine Hose gesteckt, und ich wusste spätestens jetzt überhaupt nicht mehr, was ich machen sollte. Mir fehlte komplett die Betriebsanleitung für so was – bei mir ging's ab wie ein Zäpfchen, und ich hab die Arme nicht einmal angerührt. Das war meine erste echte sexuelle Erfahrung.

Ein paar Jahre später mit Jutta auf Klassenfahrt nach Berlin

Kein Wunder, dass wir nicht lange zusammen waren. Aber etwas Gutes hatte die ganze Peinlichkeit am Ende doch – zum ersten Mal habe ich gedacht: »Hey, es scheint ja doch Frauen zu geben, die Interesse an mir haben.« Von dem Tag an bin ich aktiver auf Frauen zugegangen. Allerdings immer so, wie ich alle meine Ziele anvisiere: erst mal heimlich, um nicht unter Erfolgsdruck zu geraten. Die Klappe aufgerissen hab ich erst, wenn das Ziel praktisch erreicht war – dann aber auch richtig. Ich konnte ein Mädchen monatelang anhimmeln, ohne dass meine Freunde auch nur das Geringste davon mitbekamen. Erst wenn ich sicher war, dass ich sie erobern würde, hab ich plötzlich angefangen, sie auch öffentlich zu wollen:

»He, Erich, die da hinten, die kleine Blonde, die ist doch der Oberhammer, oder? Die mach ich bis nächste Woche klar, wetten?«

So in der Art.

Bei diesem allgemeinen Prinzip bin ich bis heute geblieben.

Zahlenmops

Ein anderer, ganz unerwarteter Lichtblick war Mathematik. Zu meinem Erstaunen stellte sich heraus, dass ich eine ungewöhnliche Begabung für Zahlen hatte. Der Durchbruch war eine Mathearbeit, in der wir Differential- und Integralaufgaben lösen mussten. Das war neuer Stoff, wir hatten die Formeln zwar abgeleitet, aber diese Ableitungen hatten natürlich alle längst wieder vergessen und nur noch die relevanten Formeln für die Klausur auswendig gelernt. Alle außer mir. Auswendig lernen war nichts für mich. Ich saß also ohne Formeln da. Nach einer kurzen Schrecksekunde sagte ich mir: »Moment, der Ausgangspunkt war eine ganz einfache Formel, an die kann ich mich erinnern.« Und von dieser Ursprungsformel bin ich einfach logisch Schritt für Schritt weitergegangen: »Wie war das noch, hm, ach ja, genau!« Weil alles in sich logisch war, fielen mir die nächsten Schritte der Kette wieder ein, und am Ende bin ich tatsächlich bei der Differentialformel gelandet, die ich für die Aufgaben brauchte. Ich habe die gesamte Ableitung in mein Klassenarbeitsheft geschrieben und dann mit der abgeleiteten Formel losgerechnet. Meine Arbeit war zwar etwas umfangreicher, aber es war alles komplett richtig. Das hat den Pauker natürlich beeindruckt – und mich auch. Bis heute bastele ich immer noch für mein Leben gern Formeln, wenn es zum Beispiel um Beteiligungsmodelle für Mitarbeiter, Firmenwagenkosten oder was auch immer geht. Gelernt ist gelernt.

Von da an hatten der Mathelehrer Herr Wehner und ich ein ungewöhnliches Verhältnis zueinander, nicht freundschaftlich, das gab es damals nicht zwischen Lehrer und Schüler, aber vertrauensvoll. Und das war für mich total ungewohnt, so kannte ich das Establishment gar nicht ... Wenn etwas Neues durchgenommen wurde und ich hatte noch Fragen, bin ich nach vorne gegangen, und Herr Wehner hat mir seine Pause geopfert. Damals machte man das eigentlich nicht, einfach so zum Lehrer gehen. Nach kurzer Zeit war es so, dass er immer zu Beginn einer neuen Unterrichtseinheit sagte:

»Titus, was Neues, pass mal kurz auf!«, und ich hab mich in den Stoff reingekniet.

Danach durfte ich den Rest des Monats in seinem Unterricht meine Französischhausaufgaben machen, bis wieder etwas Neues drankam. Und er hat mir Bücher empfohlen, Mathebücher voller Logikrätsel und Zahlenspiele. Mit diesen Aufgaben, bei denen man höllisch aufpassen muss, weil entweder die offensichtliche Antwort immer falsch ist oder weil man sich außerhalb normaler Denkgewohnheiten bewegen muss. (Zum Beispiel: »Mache aus diesem Dreieck und Quadrat drei gleichseitige Dreiecke, ohne mehr als drei Streichhölzer zu bewegen.«) Das machte mir schon damals ungeheuren Spaß, und dieses Training hilft mir bis heute, wenn's mal wieder knifflig wird. Der schönste Effekt war, dass ich mir ein komplett neues Image aufbauen konnte. Dass ich vor nicht allzu langer Zeit noch »Spielmops« geheißen hatte, wusste hier ja keiner. Ich merkte plötzlich, bei Null anzufangen, hatte auch seine Vorteile: Auf einmal war ich das Mathegenie. Meinem Selbstbewusstsein tat das natürlich unglaublich gut und bestärkte mich in meiner Begeisterung für Mathe, was mich wiederum besser in Mathe machte – eine klassische positive Rückkopplungsschleife war geboren.

Wurde auch Zeit, ehrlich gesagt.

Aggi-Club

Und auch mit den Mädchen ging es weiter vorwärts – sogar in Kirchen. Öffentlich küssen oder sonst wie Zärtlichkeiten austauschen kam nach wie vor nicht infrage, aber mit ungefähr 16 wurde ich Mitglied im Aggi-Club, dem Ort in Kirchen, der meiner Vorstellung von der Playboy Mansion am nächsten kam – wenn ich damals schon gewusst hätte, dass es eine Playboy Mansion gab.

Designkunst der späten 60er: der selbst gestaltete Umschlag meines Aggi-Club-Ausweises …

Der Aggi-Club war beides, ein Ort und eine Clique. Ein toleranter Vater hatte seinem Sohn den Keller zur Verfügung gestellt, und dieser hatte mit drei Freunden sofort eine behelfsmäßige Bar hineingezimmert und aus den Anfangsbuchstaben ihrer Namen ebenso behelfsmäßig das Wort Aggi gebildet, fertig war die ultimative Knutschzone – denn genau darum drehte es sich beim Aggi-Club vor allem: mit Mädchen knutschen.

… und die Innenseite.

Normalerweise waren Cliquen in Kirchen regional organisiert: Die Clique vom Brühlhof, die Grindel-Clique von gegenüber … Der Aggi-Club war die nächste Stufe: Eine Gruppe, die sich wegen ihrer ähnlichen Interessen zusammenfand, unabhängig von Ortsteil oder Konfession. War man cool genug, war man drin. Wenn nicht … Keine Ahnung, wieso die Initiatoren mich dabeihaben wollten, Eigen- und Fremdwahrnehmung klafften bei mir damals ziemlich weit auseinander. Im Grunde war der Club eine permanent sturmfreie Bude. Wenn wir Glück hatten, gab es an der Kellerbar sogar etwas zu trinken, es standen Sofas drin, was es wesentlich einfacher machte, mit den Mädels Tuchfühlung aufzunehmen. Und wir haben an den Wochenenden gemeinsam Sachen unternommen, aufregendes Zeug wie unser absolutes Highlight Minigolf spielen im *Imhäuser Tälchen*.

Autokratie

Zum ersten Mal Auto gefahren bin ich mit 15, inklusive kuppeln, schalten, Gas geben, blinken und abbiegen, sogar am Berg anfahren, das volle Programm. Und das war noch nicht mal illegal, denn es fand abends in meinem Bett statt, genauer: unter meiner Bettdecke, damit nicht das ganze Haus die selbst gemachten Motorgeräusche und das Klacken des Blinkers hören konnte. Damals habe ich erstmals und ganz instinktiv etwas gemacht, was mir später immer wieder von großem Nutzen sein sollte: mentales Training. Ich stellte mir einfach die Situation, in die ich mich begeben wollte, komplett in 3-D vor und ging alle Bewegungsabläufe immer wieder durch, bis sie perfekt saßen. Im Kopf natürlich. Draußen, vor den imaginären Autoscheiben, zogen die vertrauten Straßen Kirchens vorbei, und ich hantierte eifrig mit der Lenkradschaltung und übte den Schulterblick. In meinem Kopf fand das alles so intensiv statt, dass es zwei Jahre später, in der »echten« Fahrschule, keine große Anstrengung war, von Vorstellung auf Realität umzuschalten und ich mit zwei Fahrstunden auskam, was damals noch möglich war.

Ohne diese Art von mentalem Training wäre ich später nie aus einem Flugzeug gesprungen oder hätte mich mit einem Drachen einen Hang hinuntergestürzt – dafür bin ich ein viel zu großer Schisshase. Ich kann etwas Neues nur anpacken, wenn ich sicher bin, dass ich das draufhabe. Gerade im Sport ist dieses Kopftraining enorm hilfreich, wenn man ein genaues räumliches Vorstellungsvermögen und ein Gefühl für Bewegungsabläufe hat. Auch Skateboard-Tricks muss man im Kopf können, bevor man sie in der Realität umsetzt. Natürlich kam mein mentales Training nicht einfach aus dem Nichts. Ich war ja privilegiertes Mitglied einer Autobesitzer-Familie, und irgendwann habe ich angefangen, genau zu studieren, wie man dieses Teil durch die Gegend bewegt. Parallel dazu habe ich jedes Buch über Autorennen und -rennfahrer verschlungen, das ich in die Finger kriegen konnte.

Der erste Lohn dieser ganzen virtuellen und realen Mühen kam früher als erwartet. Werner war am Wochenende immer öfter mit seiner Freundin unterwegs, und als Oma Klara mal wieder ein »Dührschen« wünschte, setzte ich mich beherzt hinters Steuer und kutschierte uns zwei durch Kirchen. Wie Klara dasaß, leicht angespannt, aber sichtlich stolz über ihren Titus, der da plötzlich am Steuer saß, war die größte Belohnung, die ich mir vorstellen konnte.

Taxi, bitte!

Weil ich keinen einzigen Tag ohne Führerschein verpassen wollte, habe ich den Führerschein schon mit 17 gemacht. Zusammengespart hatte ich ihn mir schon seit Jahren, Geburtstag und Weihnachten wurde immer was beiseitegelegt. Sogar das Geld für ein eigenes Auto war schon da: In den Sommerferien 1966 hatte ich volle sechs Wochen in der Matratzenfabrik im Nachbarort Betzdorf gejobbt und zehn Stunden am Tag Spiralfedern in Matratzen gedreht. Schließlich waren nicht nur 600 DM zusammengekommen, genug für einen gebrauchten Fiat 770 Jagst mit nach hinten öffnenden Selbstmördertüren, auch jede Menge gepolsterte Steppdeckenreste durfte ich am Ende der Ferien mitnehmen. Aus denen bastelte ich anstelle von Rücksitzen eine Liegefläche für den Fiat. Dass die Steppdecke hellblau mit rosaroten Röschen war, störte mich wenig, da dies die Erfolgsquote beim Mädelsnachhausebringen nach der Disco signifikant in die Höhe trieb. Einen Rest silbergrauen Matratzenbezugsstoff nahm ich auch noch mit. Aus dem ließ ich mir von meiner Tante Hemden nähen, mit denen ich in der Disco stylemäßig fast schon zu weit vorne war.

Der Fiat 770 Jagst.
Nicht im Bild:
die selbst eingebaute
»Liegewiese« hinten

Der Fiat wurde natürlich sofort gnaden- und ahnungslos getunt: Ich schraubte an den Federn, um ihn tieferzulegen, stellte die Motorhaube mit Klötzchen auf, damit der Motor »mehr Luft« bekam, und versuchte auch sonst jeden Laientrick, um aus der Kiste einen Rennwagen zu machen. Das sah nicht immer gut aus, aber auch bei Blümchenhose und Gehrock ging es ja vor allem um das Statement, nicht um ästhetische Überlegenheit. Außerdem hatte ich ein ganz anderes Problem: Wie sollte ich als Schüler das Auto finanzieren? Endlich ein Auto zu haben, aber kein Geld, es zu fahren, das wäre ein echter Albtraum. Die Lösung war simpel. Ich bot Mitschülern, die wie ich aus dem Westerwald kamen, an, sie am Wochenende nach Hause in ihre Dörfer zu bringen. Meinen einzigen Konkurrenten, die Bahn, unterbot ich locker, unschlagbar wurde mein Service zudem durch den Zusatz: »Bis vor die Haustür.« Für mich bedeutete das zwar stundenlanges Herumkurven über die Landstraßen der Eifel und des Westerwaldes, andererseits bedeutete stundenlanges Herumkurven über die Landstraßen der Eifel und des Westerwaldes, dass ich stundenlang Auto fahren durfte – auf fremde Kosten! Sogar während der Woche in Bad Neuenahr habe ich Mitschüler für 10 Pfennig pro Kilometer von A nach B gebracht und mit jeder Kurve ein bisschen Gewinn gemacht.

Samstagmittag nach der letzten Unterrichtsstunde ging es los: Alle Mann rein in den kleinen Fiat und kreuz und quer über die Hügel von einer Haustür zur nächsten. Zu Hause war ich selbst erst am frühen Abend, die Zeit reichte gerade noch fürs Aufbrezeln, bevor es auf die Pirsch in die Discos der Gegend ging – aber das war o.k. Am nächsten Tag war erst schlafen bis mittags angesagt, dann wurden die Mitschüler wieder in ihren Dörfern eingesammelt, und ich durfte gewaltig auf die Tube drücken, um den Zapfenstreich im Internat nicht zu verpassen, was mir erstaunlicherweise auch immer gelang. Nur einmal wurde es eng.

Wir sind eh schon spät dran. Ich heize wie eine besengte Sau Richtung Bad Neuenahr, und wir kommen tatsächlich kurz vor knapp am Internat an. Der Parkplatz liegt direkt neben dem Jungeninternat, nur durch einen kleinen Garten und einen Zaun von ihm getrennt. Als wir auf den Parkplatz abbiegen, stehen auf dem großen umlaufenden Balkon des Internatgebäudes noch mehr Schüler als sonst und warten darauf, wer dieses Mal den Zapfenstreich verpasst.

Das stachelt mich natürlich an und ich bin wild entschlossen, dem Publikum auf den Rängen eine ganz besondere Show zu bieten. Wie immer beim Einparken dort, beschleunige ich zuerst durch die hintere Durchfahrt des Parkplatzes, um dann spektakulär am Ende der mittleren Reihe geparkter Autos in die vordere Durchfahrt zu driften und direkt vor dem Zaun in eine Parklücke zu gleiten. Allerdings bin ich dieses Mal nicht nur mit vier zahlenden Gästen besonders schwer beladen, der Parkplatz ist auch besonders voll. Ich muss also die gesamte Länge der Durchfahrt entlangfahren, was bei meiner Fahrweise bedeutet: Ich habe noch mehr Zeit, Gas zu geben. Tue ich natürlich. Höhere Geschwindigkeit plus höheres Gewicht – das hätte vielleicht gerade noch knapp funktioniert, aber am hinteren Ende des Platzes, dort, wo ich planmäßig, wenn auch spät, zu driften beginne, ragt ein Gullydeckel aus dem Asphalt hervor. Als ich mit dem rechten Hinterrad an ihm hängen bleibe, wird aus dem eleganten Driften ein weniger elegantes Überschlagen, das nur knapp an der 360-Grad-Marke scheitert: Der schon fast wieder auf die Räder gekommene Wagen kippt zurück und bleibt auf der Fahrerseite liegen. Anschnallgurte gibt es nicht.

Im Wagen rührt sich nix.

Ich denke: »Ach du Scheiße. Alle tot!« Aber zwei Sekunden später krabbeln, strampeln, kriechen meine vier Gäste über meinen Kopf durch das aufgeplatzte Stoffdach nach draußen. Keiner hat auch nur einen Kratzer. Dann bin auch ich draußen. Der gesamte Balkon starrt auf uns herunter. Ich sage betont gelangweilt:

»O.k., und jetzt alle Mann anpacken und auf die Räder stellen.«

Wir kippen den Fiat wieder auf die Füße, ich steige ein und fahre seelenruhig in die Parklücke. Als ich aussteige, brandet respektvoller Beifall auf. Nicht völlig unberechtigt, wie ich heute noch finde.

Hecke auf – Hecke zu

Solche Stunts wurden zu einer Art Markenzeichen von mir, die paar Rennfahrerbücher, die ich im Taschenlampenlicht unter der Bettdecke verschlungen hatte, waren nicht wirkungslos geblieben. Den ersten meiner bis heute ungebrochenen Serie spektakulärer Crashs machte ich bereits, als mein Lappen gerade erst wenige Wochen alt war.

Wir sind an einem Sonntag in den Osterferien zum Kaffeetrinken nach Weyerbusch bei Altenkirchen zu meinem Onkel eingeladen. Das liegt immerhin schon einige Kilometer näher am Nürburgring als Kirchen, und ich wittere sofort meine Chance. Das einzige Auto in Reichweite ist der Ford 17M meines Vaters, wegen der hochgezogenen Stoßstangen auch liebevoll »Badewanne« genannt. Am Tag zuvor weise ich ihn so beiläufig wie möglich darauf hin, dass er mich, den nervenden Spätpubertierenden, nicht das ganze Kaffeekränzchen über an der Backe haben würde, wenn er mir kurz sein Auto leihe, damit ich meinen Klassenkameraden Erhard in der Nähe besuchen kann. Wundersamerweise stimmt er zu. Er kann ja nicht wissen, dass Erhard »zufällig« in der Eifel, in der Nähe des Nürburgrings wohnt, was von Weyerbusch aus immer noch fast 100 km Landstraße waren. Erhard schafft es seinerseits, sich den Käfer seines Vaters zu besorgen, und so rase ich am folgenden Nachmittag so eilig es die Höflichkeit erlaubt Richtung Nürburgring. Ich will nur eine einzige Runde auf der legendären Rennstrecke fahren – mehr ist wegen des langen Rückweges auch gar nicht drin. Beim Gedanken, gleich ein echter Rennfahrer zu sein, werden mir die Hände am Lenkrad feucht.

Die Nordschleife hatte damals noch statt Leitplanken nur endlos lange Hecken zu beiden Seiten. Wenn man zu schnell fuhr und von der Piste schoss, dann verschwand man buchstäblich zwischen den Büschen, die Fachleute sagten dazu »Hecke auf – Hecke zu«. Ich lebte in dem festen Glauben, dass für mich keine Leistungsgrenzen und keine physikalischen Gesetze galten. Mit meinen satten drei Monaten Fahrerfahrung und den drei Jahren Unter-der-Bettdecke-Training war ich ganz eindeutig ein fahrtechnischer Überflieger – so viel stand fest.

Endlich sind wir am Ring und legen los. Rasch übernehme ich die Führung, und wir stacheln uns gegenseitig immer mehr an. Ich kenne die Strecke überhaupt nicht, und während eines Überholmanövers taucht plötzlich unerwartet eine scharfe Linkskurve vor mir auf. Ich denke in einem zarten Anflug fahrerischer Selbsterkenntnis: »Boah, ich bin ja viel zu schnell für das Ding!«, und beginne panisch, Bremse und Lenkrad zu bearbeiten. Zwei, drei zu ruckartige und unkontrollierte Lenkmanöver später geht die Hecke auf und wieder zu, und für einen wundervollen, schwerelosen Moment sitze ich wie der Kleine Prinz auf seinem schwebenden Planeten in der »Badewanne«, sehe nur noch Himmel und Wolken, während der Wagen gute fünf Meter in die Tiefe schießt. Zum Glück ist die Böschung schräg und mit dichtem Buschwald bewachsen. Das Auto setzt einigermaßen sanft auf und rutscht den Hang hinunter, bis es auf der Seite liegend kurz vor der Brücke zum Stillstand kommt, über die ich eigentlich hatte fahren wollen. Mit dem Knie hatte ich den Autoschlüssel abgebrochen, ansonsten bin ich wohlauf, ohne Gurt, Airbag oder Knautschzone. Ich steige senkrecht nach oben durch die Beifahrertür raus wie aus einer Panzerklappe und dann dämmert es mir: »Ach du Scheiße! Wie kriege ich den Wagen hier bloß wieder raus?«

Ich klettere die Böschung rauf zu ein paar Zuschauern, die sich gerade lauthals darüber amüsieren, dass da eben ein totaler Vollidiot den Abflug gemacht hat. Ich tue so, als ginge mich das nichts an, und warte incognito auf den Abschleppwagen. Der Wagen kommt, die Profis werfen kurz einen Blick hinter die Hecke und sagen:

»Ach, weißte, beim Hochholen geht mehr kaputt als beim Runterfallen ...« und fahren wieder weg.

Stilsicher wie immer. In der 1. Reihe von links nach rechts:
2. Titus, 3. Erhard, der Nordschleifenbuddy, 6. Erich, mein Schummel- und Pistolenkonstrukteur.

Dann also allein. Ich marschiere die fünf Kilometer nach Nürburg, finde einen Bauern mit Axt, Trecker und Telefon, beruhige telefonisch meine Eltern, übernachte bei meinem Freund, den ich inzwischen wiedergefunden habe, und hole am nächsten Tag mit dem Bauern den Wagen mit Axt und Trecker aus dem Dickicht. Als der Ford endlich wieder festen Boden unter den Reifen hat, drehe ich den Rest-Zündschlüssel um und fahre mit dem schwer verbeulten Familienstolz und einer halbwegs plausiblen Coverstory (»Reh gerammt in einer Kurve, hab mich voll erschreckt, plötzlich lag ich im Graben …«) nach Hause.

Büßen dürfen

Dass mich mein Nordschleifen-Desaster nicht nachhaltig beeindruckt hat, könnte auch an der Strafe gelegen haben: Als ich mit dem verbeulten Auto nach Hause kam, gab es nach den ersten Ohnmachtsanfällen natürlich eine mächtige Standpauke. Aber, da waren sich meine Eltern sehr einig, das allein würde diesmal nicht reichen. Diesmal musste die Lektion richtig sitzen. Am nächsten Morgen wurde am Frühstückstisch das Strafmaß verkündet: Ich musste 14 Tage lang ohne einen Pfennig Lohn mutterseelenallein Laden und Werkstatt hüten! Meine Eltern wollten nämlich zum ersten Mal in ihrem Leben Urlaub machen. Bis jetzt hatte die Meisterwerkstatt und unser kleines Elektrogeschäft mit seinen Regalen voller Märklin-Eisenbahnen, Stehlampen und allerlei anderem elektrischen Krempel nie genug abgeworfen, aber jetzt war es so weit. Auch den Gesellen wurde freigegeben, nur Titus musste zu Hause bleiben und im Laden stehen. Als ich begriffen hatte, was da auf mich zurollte, war ich die restliche Zeit bis zur Abreise meiner Eltern nur noch damit beschäftigt, mein Grinsen irgendwie im Griff zu halten.

Dann waren sie weg und ich im siebten Himmel: sturmfreie Bude! Nun gut, die Flut der Kunden wollte bewältigt werden, aber wenn ich an einem normalen Vormittag mehr als zwei Besucher im Laden gehabt hatte, war das schon Wochenrekord. Da viele »Kunden« normalerweise eh nur vorbeikamen, um mit meinen Eltern zu quatschen, war ohne meine Eltern die Besucherfrequenz entsprechend niedrig. Der Gipfel aber war: Unser Auto war mit mir in Kirchen geblieben. Privilegierter ging es gar nicht.

Wenn ich Damenbesuch hatte – und ich hatte immer Damenbesuch –, habe ich einfach ein Schild an die Ladentür gehängt: »Bin in zwei Stunden wieder da«, wie man das auf dem Dorf eben so macht. Dann ging es ab zum nächsten Baggersee oder zwei Etagen höher auf mein Zimmer. Ich kann mich nicht erinnern, auch nur ein Mal nach zwei Stunden wieder zurück im Laden gewesen zu sein. Aber ich weiß, dass ich gedacht habe: »Wenn das hier eine Strafe ist, wie muss dann erst 'ne Belohnung aussehen?«

Mit 15 in den Stacheldraht

Das Nürburgring-Desaster hatte mich paradoxerweise in meiner Meinung bestärkt, ein wirklich exzellenter Autofahrer zu sein. Immerhin war ich als Rennfahrer auf einer der legendärsten Strecken der Welt abgeflogen, nicht als borniertter 08/15-Fahrer auf einer x-beliebigen Landstraße. Das hätte Juan Manuel Fangio, meinem Formel-1-Idol, genauso passieren können, da war ich mir sicher. Diese Haltung muss den Gott der Rennfahrer mächtig genervt haben, so mächtig, dass er sich sagte: »Bornierter 08/15-Fahrer auf 'ner x-beliebigen Landstraße? Kann er haben. Kann. Er. Haben.«

Die damals angesagteste Disco lag in Büdingen mitten im Westerwald, und eine Menge Leute, die ich kannte, wussten nicht, wie sie da hinkommen sollten. Also hab ich sie mitgenommen. Mir war egal, wie viele es waren, die Polizei war noch nicht so ein Problem, meine einzige Sorge war, ob ich noch an die Schaltung rankommen würde. Damals fuhr mein Vater – und damit auch ich – einen Opel Rekord 1900 mit Drehzahlmesser, unser ganzer Stolz, und die Rechnung ging ungefähr so: Ich allein auf dem Fahrersitz, zwei auf dem Beifahrersitz, dann noch einer im Fußraum. Hinten vier mit je einem auf dem Schoß, einer quer auf der Hutablage, dann noch zwei im Kofferraum, machte alles in allem ungefähr 15. Dann ab durch den Westerwald und natürlich wollte Titus allen zeigen, was er so draufhatte.

Die Landstraßen im Westerwald ändern gern mal abrupt ihre Richtung, und auf einer der ersten »Bus nach Büdingen«-Aktionen komme ich mit zu viel Geschwindigkeit in eine fast rechtwinklige Kurve hinein. Ich merke gerade noch: »Ups, das wird nichts ...«, und bin nach meiner Nordschleifen-Experience immerhin so schlau, die Kurve gar nicht erst zu versuchen – schon gar mit dem Zusatzgewicht von 14 Mitfahrern. Ich bremse also so stark, wie es gerade noch geht, und fahre dabei relativ kontrolliert weiter geradeaus, genau auf einen Stacheldrahtzaun zu. Ich nehme den Raum zwischen zwei Zaunpfählen ins Visier, damit nicht so viel kaputtgeht, der Stacheldraht teilt sich vor meinen Augen, und wir fahren mitten hinein. Der untere Draht läuft schön unter dem Auto durch, die beiden oberen schrammeln über die Haube, nehmen unterwegs die Scheibenwischer mit, furchen über das Dach und verschwinden dann mit unangenehmen Kratzgeräuschen hinter uns.

Stille.

Als Minuten später zufällig eine Polizeistreife vorbeikommt, spazieren 15 Leute mit gesenkten Köpfen über die Wiese wie beim Ostereiersuchen. Der Streifenwagen hält und einer der Polizisten fragt:

»Habt ihr Probleme?«

Ich sage: »Nö, alles klar, wir suchen nur die Scheibenwischer.«

»Ach so, o.k.«, sagt der Polizist, steigt wieder ein und weg sind sie.

Warum an einem Samstagabend 15 Mann auf einer leeren Kuhweide mitten im Westerwald nach Scheibenwischern suchen, war irgendwie gar kein Thema. Und der Gott der Rennfahrer schien auch genug Spaß mit seinem borniertem 08/15-Fahrer gehabt zu haben. Ohne weitere Vorkommnisse lässt er uns mit zwei Scheibenwischern im Kofferraum in Büdingen ankommen.

Abitur, Abitur

Auf dem Are-Gymnasium hatten wir uns währenddessen in Riesenschritten dem Abitur genähert, beziehungsweise in meinem Fall: den Abituren.

Mit selbst entwickelter Hochsprungtechnik durchs Abi

Ich war so blöd, bei Abi Nr. 1 in der schriftlichen Lateinprüfung eine Vier plus zu schreiben, also weit über meinem Niveau, und musste deshalb in die mündliche Prüfung. Leider erfuhr man damals erst wenige Stunden vorher, in welchen Fächern man geprüft wurde. Da saß ich dann, nach all den geschlagenen Schlachten, den Blamagen und Triumphen und musste einer der üblichen 30-köpfigen Prüfungskommissionen Rede und Antwort stehen. Hätten sie irgendwen von der Straße geholt, die Antworten wären auch nicht schlechter gewesen. Das war ein später Triumph meines Lateinlehrers – aber trotzdem, und damit tröstete ich mich, erwischt hatte er mich nie.

Beim zweiten Mal, 1969, ging dann alles ganz locker. Mein Selbstbewusstsein war inzwischen damit einverstanden, meinem Traum vom Volksschullehrer ein Upgrade auf Oberstudienrat zu verpassen, die Zukunft konnte also kommen. Aber erst mal ging's zum Grenzschutz.

Kapitel 3

Immer an der Grenze
Bundesgrenzschutz in Bonn, 1969–1971

Alles, nur nicht Armee

Verweigern war damals, mitten im Kalten Krieg, so gut wie aussichtslos, und auf aussichtslose Sachen stand ich noch nie. Dass Willy Brandt gerade der erste Bundeskanzler mit SPD-Parteibuch geworden war, half nix. Der Russe stand immer noch an der Zonengrenze. Zum Bund würde ich gehen müssen. Aber, was damals wenige wussten, auch der Dienst beim Bundesgrenzschutz galt als Wehrpflicht und hatte einen kleinen, aber feinen Vorteil: zehnfach höhere Besoldung, 600 bis 800 Mark im Monat. Wenn man es dann noch schaffte, nach Hangelar bei Bonn zu kommen, der einzigen Kaserne, die nicht an der innerdeutschen Grenze lag, war das Optimum herausgeholt. Leider habe ich erst nach einem halben Jahr herausbekommen, dass ich zwei statt eineinhalb Jahre »dienen« musste. Ärgerlich, aber die dadurch fällige Abfindung war der perfekte Trost: Sie würde für eine nagelneue Ente reichen.

Ich schaffte es wirklich nach Hangelar, und obwohl ich natürlich nicht zum Bund wollte, war es am Ende alles in allem eine lustige Zeit. Als ich zum Grenzschutz kam, war ich ziemlich fit – und das war mein Glück, denn der Laden verstand sich als Elitetruppe, und entsprechend hart war die Grundausbildung. Da wurde noch richtig geschliffen – durch den Schlamm robben, Gräben ausheben und Krieg spielen inklusive. Wer am Freitagabend raus und ins Wochenende wollte, musste beim Wettlauf einmal rund um die Kaserne unter den ersten fünf beim grinsenden Spieß ankommen, sonst blieb man eingesperrt. Ohne Kondition war man da gekniffen.

Als Gruppenführer (ganz links) muss man kein Gras mehr fressen.

Wenn wir im Gelände waren, kam mir meine Fähigkeit zur Selbstkonditionierung mal wieder zugute: Ich hab mich einfach in meine Kindheit zurückversetzt und das ganze Robben, Anschleichen und Rumballern als Indianerspiel genommen. Von da an hat's mir sogar Spaß gemacht. Es ging zwar am Ende ums Töten, aber für mich war es nur eine neue Version der Tannenzapfenschlachten im Wald von Kirchen.

Und ich habe jede Chance genutzt, ein Stückchen Freiheit zu erobern. Gruppenführer zu werden, war so eine Chance. Als Gruppenführer war ich el Jefe und Herr über ein kleines Reich aus Lkw, Fahrer und vier bis fünf Mann. Ich wurde nicht mehr rumkommandiert, sondern bekam Aufgaben wie:

»Grenztruppjäger Dittmann, hier ist die Karte, da ist der Feind, gelangen Sie unbemerkt dorthin und machen Sie den gegnerischen Lkw unschädlich!«

»Jawoll, Herr Hauptwachtmeister!« Und los ging's.

Auch mein Geschäftssinn kam mal wieder zum Vorschein. Nach der Grundausbildung hatte ich eine Stube fast für mich allein und viel Freizeit, weil ich nachts an einem einsamen Funkposten Wache schieben musste. Das Beste daran: Es gab jede Menge freien Spind-Platz. Der nächste Schwung Auszubildender kam in die Kaserne, und als die mich zum fünften Mal anhauten, ob ich nicht etwas Süßes für sie hätte, ging ich zum nächsten Aldi, besorgte mir kistenweise die Aldi-Versionen von Mars, Snickers, Milky Way und ein halbes Dutzend Paletten River Cola, richtete einen Spind als Verkaufsregal ein, klebte kleine Preisschildchen dran und begann, der sauteuren Kantine das Geschäft abzugraben. Natürlich war das nicht erlaubt, aber alle haben dichtgehalten, weil sie sich diese Quelle nicht selbst trockenlegen wollten: Ich war selbstverständlich viel billiger als die Profis im Kasernenshop. Und dann standen sie bei mir in der Tür, Münzen in der Hand und sagten: »Zwei Raider bitte« – in allen Dialekten der Republik. Sogar wer Hausarrest hatte, konnte sich den jetzt versüßen. Das Geschäft blühte.

Aber mein alles beherrschendes Thema beim Grenzschutz waren – Haare. Bei der Bundeswehr begann um 1969 herum etwas Toleranz einzukehren, das war in Militärkreisen ungefähr so epochal wie die Mondlandung im selben Jahr. Am Ende meiner Dienstzeit winkte Verteidigungsminister Helmut Schmidt dann sogar den »Haarnetz-Erlass« durch, der zum ersten Mal lange Haare erlaubte. Aber die Grenzschützer wollten mit diesen Weicheiervorschriften nichts zu tun haben. Im Gegenteil: Man war stolz auf die unverändert strenge Dienstordnung, und in der war alles präzise vorgeschrieben: Haupthaar? Fassonschnitt. Gesichtsbehaarung? Keine Chance. Glatt rasiert war die Ansage, Stoppeln durften nicht länger als 24 Stunden im Gesicht stehen. Was für eine Steilvorlage. Eins war sofort klar: Ich wollte beides, lange Haare und Bart.

Und ich habe tatsächlich beides geschafft.

Pioniertaten

Zuerst den Bart. Es gab da eine brandneue Vorschrift, nach der wenigstens ein gepflegter Oberlippenbart zulässig war, aber die Hauptleute und Spieße in Hangelar hatten sich vorgenommen, genau das zu verhindern. Und das war einfach: Jeden Morgen beim Appell gab es Rasurkontrolle, und da niemand über Nacht einen überzeugenden gepflegten Oberlippenbart zustande brachte, musste das magere Gestrüpp sofort wieder runter. Aber dann kam die große jährliche Übung. Vier Wochen irgendwo in der Botanik auf uns allein gestellt. Manchmal haben wir eine Woche lang keine Vorgesetzten gesehen, sondern ausschließlich über Funk kommuniziert. Da bekam keiner mit, wie man aussah. Ich war Gruppenführer, mir konnte keiner der Anwesenden etwas vorschreiben, und so ließ ich mir einen Bart stehen. Weil ich keinen sehr kräftigen Bartwuchs hatte, waren die Wochen ohne Gesichtskontrolle bitter nötig.

Dann der erste Morgen nach der Übung. Morgenappell in der Kaserne. Der Spieß geht die Reihen ab, kommt zu mir, bleibt stehen und schreit:

»Dittmann!«

»Jawoll!«

»Sie sind unrasiert!«

»Ich bin rasiert.«

»Sie sind unrasiert!«

»Ich bin rasiert!«

»Und was ist das?«

»Ein gepflegter Oberlippenbart!«

»Das ist kein gepflegter Oberlippenbart, Dittmann, das ist unrasiert! Morgen ist das Ding ab!«

Und was mache ich? Renne zum Friseur, lass alle Haare und vor allem das helle Fläumchen unterhalb meiner Nase schwarz färben, damit man es besser sieht, und bitte den Friseur, mir eine Bescheinigung auszustellen, dass das ein gepflegter Oberlippenbart ist. Mit Stempel, bitte. Danke.

Am nächsten Morgen stehe ich wieder da. Der Spieß sieht meinen schwarzen Bart und wird noch lauter als gestern.

»Dittmaaann!«

Ich hole meine Bescheinigung raus. Und er sieht mich an, als wäre ich gerade zur Roten Armee übergelaufen. Seine letzten Worte sind:

»Wir sprechen uns noch!«

Zwei Stunden später werde ich zum Hauptmann bestellt. Der probiert's erst mal auf die väterliche Tour:

»Herr Dittmann, warum machen Sie sich das Leben so schwer?«

Klappt nicht. Darauf geht es härter zur Sache:

»Herr Dittmann, Sie sind doch schon zum Lkw-Führerschein angemeldet. Sie wollen den doch bestimmt gerne machen, oder?«

Den Lkw-Führerschein während der Dienstzeit auf Staatskosten machen zu dürfen ist ein Riesenprivileg.

»Ja, den möchte ich gerne machen.«

»Aber mit so einem Oberlippenbart, Dittmann … Das geht nicht.«

In dieser Sekunde entscheide ich mich so, wie ich das immer in meinem Leben getan habe – fürs »Scheißegal!«, fürs schmerzfrei sein.

»Der bleibt dran, Herr Hauptmann.«

Das war dann das Ende meines Lkw-Führerscheins und der Anfang eines kleinen Rachefeldzuges des Hauptmanns, für den ich ihm heute noch dankbar bin. Zuerst wurde ich zu den Pionieren strafversetzt. Da kann man Leute viel einfacher triezen als in der langweiligen Stabseinheit, in der ich vorher war. Klar, dass ich sofort die miesesten Jobs der ganzen Einheit bekam: Bei der nächsten Übung (Brückenbau über den Rhein) musste ich immer die schwersten Teile tragen – das war zu erwarten gewesen. Womit ich allerdings nicht gerechnet hatte, war, dass sich jemand an den Vermerk »besitzt DLRG-Rettungsschwimmerschein« in meiner Akte erinnerte. Ich wurde als Flusswache eingeteilt. Der Spieß musterte mich kurz von oben bis unten, während ich vor ihm strammstand.

»Dittmann! Wenn einer reinfällt, springen Sie hinterher!«

Ende der Durchsage. Es war Ende Januar.

Ich hab mir nichts anmerken lassen und mir selbst den ganzen Tag die Daumen gedrückt, dass niemand reinfällt. Zum Glück hatten die Kameraden genauso wenig Bock wie ich, bei vier Grad Wassertemperatur im Rhein rumzupaddeln, und so musste ich während der ganzen Übung keinem hinterherspringen.

Aus dem Pionier-Schlamassel hat mich ausgerechnet mein Schnurrbart gerettet: Der Hauptmann wollte in seiner sauberen Hundertschaft keinen Chaoten mit Bart, der sich noch nicht einmal anständig ärgern ließ. So einer war ein schlechtes Beispiel für seine Männer.

Love of my life

Zu Hause in Kirchen kam ich mit meinen zunehmend verwegenen Haaren natürlich viel besser an – wenigstens bei den Gleichaltrigen. Das spielte bestimmt eine Rolle, als ich zur selben Zeit ein junges Mädchen mit fast weißblondem Wuschelkopf angebaggert habe, nicht ahnend, dass wir von da an erst mehr oder weniger und dann »richtig« zusammen sein würden – bis heute.

Ich war mit Freunden in der Kirchener Disco, und mir fiel ein hübsches, hellblondes Mädchen auf, das eingekeilt zwischen ihren Freundinnen auf einem Cocktailsesselchen saß. Ich weiß nicht mehr genau, was ich gedacht habe, aber es kann nicht aus der romantisch-verträumten Ecke gekommen sein, soviel ist sicher.

Irgendwann stehe ich hinter ihrem armlosen Sessel, schwinge ein Bein über die Rückenlehne, rutsche daran hinunter auf die Sitzfläche und sitze auf einmal – wie auf dem Soziussitz eines Motorrades – hinter diesem wildfremden, aufregenden Wesen, das ich fünf Minuten vorher zum ersten Mal in meinem Leben gesehen hatte. Und jetzt? Keine Ahnung. Dann also improvisieren. Ich lege frech meine Arme um sie. Guter Schachzug, sie wehrt sich nicht. Und jetzt noch ein Gespräch beginnen. Beflügelt von damals modernen Idealen wie »freier Liebe« und Weisheiten nach dem Motto »Wer zweimal mit derselben pennt, gehört schon zum Establishment«, frage ich ganz unverblümt:

»Hast du schon mal gebumst?«

»Das geht dich überhaupt nichts an!«

Mist. Ich hatte auf ein Nein gehofft, um mich trotz meiner mangelnden »Bums-Erfahrung« sicherer zu fühlen. Aber sie lacht. Und sie heißt Brigitta. Das ist ein Anfang.

Seitdem sind wir zusammen, meistens jedenfalls, und sie mehr mit mir als ich mit ihr. Zusätzlich gibt es da so einige Hürden. Brigitta wird von ihrem Vater unter Verschluss gehalten und darf nur alle zwei Wochen samstags in die Disco – und mit diesem verrückten Titus schon mal gar nicht. Davon bekomme ich allerdings überhaupt nichts mit, weil Sie den »anderen«, unerlaubten Samstag trotzdem in die Disco kommt, dann unter dem Schutz der Vorabendmesse, zu der sie ihr Vater natürlich gehen lässt. Dass Brigitta an ihren verbotenen Samstagabenden immer irgendwann verkündet, sie habe keine Lust mehr und gehe jetzt nach Hause, kommt mir so sehr gelegen, dass ich gar nicht nachfrage. Sie ist pünktlich zu Hause, so als hätte sie auf dem Heimweg vom Gottesdienst ein bisschen länger getrödelt, und ich habe Zeit, um mit meinen Kumpels in die sagenumwobenen Discos des hohen Westerwaldes aufzubrechen.

Trotzdem kamen wir uns immer näher, was aber nicht automatisch bedeutete, dass ich beim Thema Sensibilität seit unserer ersten Begegnung nennenswerte Fortschritte gemacht hätte. Während einer Liebesnacht im Auto vor dem Kirchener Sportplatz zum Beispiel habe ich vollen Ernstes zu ihr gesagt, dass sie in zwei Jahren verheiratet ist, ich dagegen würde ja erst mit 50 heiraten. Keine Ahnung, warum sie mich damals nicht sofort zum Teufel gejagt hat, aber sie wusste immer schon, was sie wollte. Brigitta hielt durch, wir wurden immer zusammener und ihr Vater immer saurer, denn er fürchtete, seine Haushaltskraft und Cashcow an mich zu verlieren. Nach dem frühen Tod ihrer Mutter führte Brigitta nämlich als Älteste nicht nur den gesamten Haushalt und erzog ihre vier kleineren Geschwister, sondern ging, nach Volksschule und kurzer Lehre, bereits mit 15 arbeiten. Das ganze Geld, das sie mit ihrem Job im Kirchener Rathaus verdiente, musste sie zu Hause abliefern und erhielt nur ein kümmerliches Taschengeld mit der Begründung, der Rest würde für die Aussteuer gespart. Als es dann hochzeitstechnisch so weit war, war von dem ganzen erhofften Geldberg natürlich nicht mehr viel da.

Wasser marsch!

In meine BGS-Zeit fielen auch die Demonstrationen der 68er, die Grenzer schalteten um von »Krieg spielen im Wald« auf »Demonstration spielen in der Stadt«, was natürlich geübt werden wollte. Bei diesen Übungen gab es zwei Parteien, den Bundesgrenzschutz selbst und die BGS-Leute, die die Demonstranten spielen mussten, sozusagen das, was früher mal die Russen gewesen waren. Nachdem ich mir eine solche Übung einmal angesehen hatte, war mir eines sonnenklar: Auf gar keinen Fall wollte ich Demonstrant sein, sosehr ich auch persönlich mit dieser Seite sympathisierte. Als Demonstrant hatte man die Arschkarte erster Klasse. Die mussten sich auf einem der weiten Exerzierplätze versammeln, hatten zwar ein paar Schilder als Schutz und gemäß Übungsdrehbuch den Bonus, den Bundesgrenzschutz ausführlich beleidigen zu dürfen (für dieses Privileg, vor versammelter Mannschaft »Scheiß Grenzschutz!« oder »Arschlöcher!« brüllen zu dürfen, hätte ich schon einiges gegeben), aber dann kamen jedes Mal die Wasserwerfer. Erst sah man den Strahl und dann war dort, wohin der Strahl traf, kein Demonstrant mehr. Einfach so. Im Sprühnebel der Kanone konnte man oft nicht einmal erkennen, wohin die arme Sau geflogen war.

Aber auch die Grenzschützer in der Grenzschützerrolle hatten es nicht leicht: Wenn es hektisch zuging, kam am Ende eines Wasserwerferschusses immer so ein kleiner krummer Strahl aus dem Rohr und traf die Fußsoldaten am

Wasserwerfer direkt von hinten auf den Helm oder in den Nacken; und das bei Minusgraden, mitten im Winter '69/'70.

Ich dachte nur: »Da hab ich jetzt gar keinen Bock drauf. Aber wie komme ich ohne Lkw-Führerschein trocken und warm durch den Winter?« Ganz einfach; ich habe mich als Wasserwerferschütze beworben und wurde tatsächlich genommen. Bei den Übungen saß ich dann immer oben im Drehturm, vor mir die Wasserkanone, um mich herum BGS-Soldaten und in einiger Entfernung die armen Kameraden, die auf dem mit Eis und Schnee bedeckten Beton einen auf Anti-Establishment machen mussten. Und dann wurde nass geschossen: Die Demonstranten versteckten sich hinter den Schilden, ich zielte auf eines: Pschscht! Schild weg. Spiel-Demonstrant weg. Auf dem Eis hatten die nicht den Hauch einer Chance, sich zu halten. Aber auch ohne Eis hätte es nicht viel besser für sie ausgesehen. Zum Glück bin ich nie zum Einsatz gekommen. Ich wollte mir nie vorstellen, wie ich mich bei einem Einsatz verhalten würde. Hätte ich extra daneben oder in die Luft geschossen?

Keine Ahnung.

Noch mehr Haare

Nach dem Wasserwerferintermezzo wurde ich wieder versetzt, weil mich wegen des Bartes keiner haben wollte. Diesmal in die Turnhalle zum Hallenwart. Und hatte ab sofort den entspanntesten Job der ganzen Kaserne. Mein neuer Chef war ein Hauptwachtmeister, der den ganzen Tag – Beine hoch und Bierchen in der Hand – in seinem Turnhallenhauptwachtmeisterbüro saß und mich durch die Gegend hetzte. Der war froh, dass er endlich wieder einen Idioten hatte, der ihm die ganze Arbeit abnahm, vor allem das mühsame Reinigen der Turnhalle mit der großen Reinigungsmaschine. Wieder habe ich durchgehalten und auf das Phänomen vertraut, dass ich Menschen unter vier Augen oft für mich einnehmen kann, ganz egal wie bekloppt oder abgedreht ich von Weitem manchmal wirke. Das dauerte diesmal zwar etwas länger als sonst, funktionierte am Schluss dafür umso besser.

Nach gut zwei Monaten schloss mich der Hauptwachtmeister in sein Herz. Und als Beweis seiner Zuneigung hat er mich nicht verpfiffen, als ich mir zusätzlich zu meinem gepflegten Oberlippenbart auch noch lange Haare wachsen ließ. Lange Haare waren ja keine Interpretationsfrage, die waren schlicht strengstens verboten. Möglich wurde meine Mähne überhaupt nur dadurch, dass ich morgens nicht mehr zum Appell musste. Und wenn ich doch einmal in der Kaserne zu tun hatte, schmierte ich mir einfach Pomade in die Haare und steckte sie unter meine Kappe. Den Haaransatz hatte ich etwas rasiert, damit es aussah, als hätte ich einen Fassonschnitt. Kappe auf und ich war Grenzschützer. Kappe runter und ich war Hippie. Egal ob mit oder ohne Kappe: Ich war stolz wie Oskar. Vermutlich war ich in diesen Jahren der Einzige, der es geschafft hat, beim Bundesgrenzschutz mit langen Haaren rumzulaufen.

Kapitel 4

Campieren geht über Studieren
Pädagogikstudium in Münster, 1971–1977

Nichts ist unmöglich

Mein eigentliches Ziel beim BGS war natürlich nicht, staatlich geprüfter Wasserwerfer oder Langhaarträger zu werden, sondern am Ende die 3000,- DM Abfindung zu kassieren, um mir endlich meine erste fabrikneue Ente kaufen zu können. Auch dass ich Lehrer werden wollte, stand inzwischen fest. Und damit war nicht mehr Volksschullehrer gemeint wie damals in Kirchen, als mir selbst das schon anmaßend vorgekommen war. Mittlerweile hatte ich mich tatsächlich an den Gedanken gewöhnt, Gymnasiallehrer zu werden. Die Frage war bloß: Gymnasiallehrer für was?

Noch vor dem Abi hatte ich einen Test an der Uni Bonn absolviert, mit dem man herausfinden konnte, wo die eigenen Stärken und Begabungen lagen und welches Studium das passende war. Das Ergebnis dieses Tests war in der Tat erhellend für den ganzen Rest meines Lebens, aber leider überhaupt nicht hilfreich: Titus Dittmann, stellte die Uni fest, war begabt für so ziemlich alles. Studienfachempfehlung? Fehlanzeige. Geeignete Fächerkombination? Würfeln Sie doch einfach. Dann also meine Neigungsfächer Mathe und Physik? Das war mir wegen des irrwitzigen Korrekturaufwandes zu anstrengend. Am entspanndesten sahen für mich Sport und Geografie aus: keine Korrekturen, viel Bewegung und gute Aussichten auf einen Mädchenschwimmkurs in der Oberstufe (Sport), keine Prüfungsfächer im Abi und die große weite Welt (Geografie). Diese beiden Fächer kamen dem, was ich sowieso für mein Leben gern machte, sehr entgegen: Sport und Reisen. Damit war die Entscheidung gefallen, die Kohle war ja bei jeder Fächerkombination die gleiche. 1971 ging ich nach Münster an die WWU, die Westfälische Wilhelms-Universität.

Studieren war damals noch eine lockere Angelegenheit, als viel anspruchsvoller stellte sich heraus, eine Wohnung zu ergattern. Das gelang vielen damals nicht, vor allem nicht zu bezahlbaren Preisen, sodass auf dem Münsteraner Schlossplatz aus Protest ein großes Zeltlager stand. Ich dagegen hatte Glück und bekam ein Zimmer bei Tante Mimi.

Wohnsinn

Allerdings erst im zweiten Anlauf. Im ersten Anlauf ergatterten mein Kumpel Raimund Nolte und ich ein altes Atelier im Geistviertel. Raimund war auch Mitglied im Kirchener Aggi-Club gewesen, hatte ein Semester vor mir sein Studium an der WWU begonnen und so begeistert davon erzählt, dass ich mich ebenfalls für Münster entschieden hatte. Da lag es nahe, dass wir zusammenzogen. Das besagte Atelier war zum Wohnen eigentlich gar nicht geeignet: Es lag im obersten Stock direkt unterm Dach, nur dass da kein gewöhnliches Dach war, sondern ein dünnes Glasdach, und dass es eigentlich kein Zimmer war, sondern eine provisorisch ausgebaute Dachterrasse.

Im Atelier stand ein kleines Kohleöfchen, mit dem man die Raumtemperatur bei fleißigem Heizen drei bis vier Grad über die Außentemperatur bringen konnte, also von minus zwei Grad auf plus zwei Grad. Nach dem ersten Winter haben wir uns sofort etwas Neues gesucht, ansonsten hätte uns als berufliche Laufbahn nur noch eine steile Karriere als Alkoholiker offengestanden. Die einzige Methode, durch die eisigen Nächte zu kommen, bestand nämlich darin, alle ein bis zwei Stunden schlotternd aufzuwachen, zur gemeinsamen Cointreau-Flasche auf dem kleinen Tischchen zwischen unseren Betten zu greifen und nach einem kräftigen Schluck wieder weiterzuschlafen. Als Bonus lag »unsere« Toilette fünf Stockwerke tiefer im – natürlich unbeheizten – Keller. Man hatte im Winter also die Wahl zwischen Nierensteinen und Frostbeulen.

Die nächste Bleibe bei Tante Mimi war definitiv eine Verbesserung: Dritter Stock, mehrere Zimmer, fließendes kaltes Wasser und das Klo nur noch ein halbes Stockwerk tiefer. Die einzige Wasserquelle war zwar das Spülbecken in der Küche, aber Warmwasser gab es dafür direkt aus dem Elektrosamowar von Elektro-Dittmann aus Kirchen. Der Kohleherd und die Möbel kamen alle vom Sperrmüll, und wenn der Bastkorb mit dem Anmachholz mal wieder Feuer fing, weil irgendein Spacko Reinigungsdosen im Küchenherd lagerte, die beim nächsten Vorheizen fröhlich explodierten, haben wir ihn einfach aus dem Fenster in den Hof geschmissen. Im Vergleich zum Atelier war es grandios. Vor allem auch wegen Tante Mimi und ihrer Schwester.

Beide waren auf sehr sympathische und sozialverträgliche Weise geistesgestört. Früher hieß das allerdings noch »schrullig« und hat keinem Arzt ein Rezept für Psychopharmaka aus den Rippen geleiert. Nicht dass die beiden Damen je darum gebeten hätten. Mimi wohnte unten, direkt am Hauseingangsflur. Auch ihre Wohnung hatte kein Klo. Das Klo lag auf der anderen Seite des Flures genau gegenüber dem Haupteingang. Mimi war so neugierig, dass ihre Tür immer offen stand, damit ihr nichts entging – und das galt auch für die Klotür. So hat sie immer genau mitgekriegt, mit wem ich hochgegangen bin. Schleichen war zwecklos: Beim ersten Geräusch der Haustür schoben sich die Vorhänge an der Glasscheibe ihrer Wohnungstür zur Seite oder die angelehnte Klotür öffnete sich einen Spalt. Tante Mimi war damals schon über 70, relativ baufällig und voluminös, und ihre muffige und verramschte Wohnung passte gut zu ihr.

Mein Problem mit ihr war, dass ich nicht Nein sagen konnte. Das hat sie schnell spitzgekriegt, und sobald sie mich sah, hieß es:

»Herr Dittmann, können Sie mal kurz …?«

Und dann musste ich wieder irgendein Problem lösen, einen Wasserhahn reparieren oder die beiden Tiger verscheuchen, die, wie sie mir verschwörerisch mitteilte, gerade aus dem Münsteraner Zoo ausgebrochen waren und jetzt auf ihrem Fensterkreuz saßen.

»Wo denn? Da hinten?«, fragte ich.

»Ja, aber drehen Sie sich nicht um, Herr Dittmann!«

Todesmutig bin ich dann durchs Gerümpel zu ihrem Fenster gestolpert, habe ein paar wilde Wegscheuchbewegungen gemacht und kam mit der guten Nachricht zu ihr zurück, die Tiger seien geflohen. Ihre Dankbarkeit war herzerwärmend.

Mimis Schwester war auf ihre eigene Weise genauso verdreht. Sie wohnte im dritten Stock, war also Etagennachbarin von uns, und als wir mal wieder eine lautstarke Fete feierten, kam es zu einem denkwürdigen Showdown:

Wir sind vielleicht 15 bis 20 Leute in Raimunds Zimmer unserer Wohnung. Einrichtung gibt es so gut wie keine, irgendwo liegen ein paar Matratzen und Kissen herum, alle sitzen entlang den Wänden auf dem Boden, jeder sein Fläschchen Bier in der Hand. In der Mitte dröhnt ein schöner klassischer Kassettenrekorder, die Party kommt gerade richtig gut in Schwung. Bei den dünnen Wänden hört Mimis Schwester natürlich alles mit, findet das gar nicht gut, kommt rüber und schimpft, wir müssten Schluss machen.

»Ja, alles klar«, antworten wir und sie verzieht sich wieder.

Wir machen weiter wie vorher. Sie kommt wieder zurück und jetzt legt sie richtig los:

»Unverschämtheit ... Ruhestörung ... die Polizei ...«, Blablabla.

Mein Kumpel Raimund, immer ganz verständnisvoll, fragt sie:

»Ja, was stört Sie denn genau? Sollen wir leiser machen? Ich kann die Gäste doch jetzt nicht alle nach Hause schicken ...?«

Dafür hat die alte Dame seltsamerweise für einen Moment Verständnis und bietet uns einen Kompromiss an:

»Aber einer muss gehen!«

Wir gucken sie verblüfft an.

»Aber das ist doch keine Alternative.«

Sie darauf lautstark:

»Ihre Nativen sind mir scheißegal. Einer muss gehen!«, knallt die Tür zu und ist wieder weg.

Wir gucken uns an, kichern – und feiern weiter, vollzählig natürlich.

Ausgesperrt

Damals wurde man erst mit 21 Jahren volljährig, und da Brigittas Vater es nach wie vor nicht gern sah, dass sie mit mir zusammen war, planten wir unseren ersten gemeinsamen Urlaub heimlich. Wir wollten nach Finnland, meinen Eltern jedoch erzählte ich, wir würden nach Spanien fahren, in der völlig richtigen Annahme, dass sie Brigittas Vater gegenüber nie im Leben dichthalten würden. Genau das war aber Teil des Plans: Wir hatten Angst, er würde versuchen, uns an der Grenze abzufangen, und schickten ihn deshalb vorsichtshalber an die falsche Grenze. Das klappte alles hervorragend. Auch weil meine Mutter, wie ich erst sehr viel später erfuhr, das damals übliche Bündnis zwischen den Eltern des ungewünschten Paares nicht einging. Als Brigittas verwitweter Vater bei meinen Eltern anrief, um zu besprechen, wie man unsere Beziehung bekämpfen könne, sagte Marta nur:

»Ja, ja, hast ja recht. Aber willst du nicht mal wieder heiraten?«

Seitdem war Funkstille.

Nach drei Wochen Finnland setzte ich Brigitta eines Nachts vor ihrem Haus ab und fuhr schnell weiter zu meinen Eltern, damit ihr Vater mich nicht zu sehen bekam. Der allerdings hatte in der Zwischenzeit wutentbrannt die Schlösser ausgetauscht, sodass Brigitta nicht mehr ins Haus hineinkam. Ihr blieb nur die Möglichkeit, auf dem gestampften Erdboden des ehemaligen Hühnerstalls zu übernachten. Mal schnell mit dem Handy bei mir anrufen ging mangels Handys ja nicht.

Spanien und die erste Palme meines Lebens

Am nächsten Tag hatte ich dann plötzlich eine Frau am Hals. Ich hab alle meine Beziehungen spielen lassen, um ihr zu helfen, in Siegen einen Job und einen WG-Platz zu finden, denn von Münster wollte ich sie fernhalten. Mir gefiel das prima, in Münster meinen Junggesellenstützpunkt zu haben und in Siegen meinen Beziehungsstützpunkt. Ich hoffte, ich könnte diesen Zustand möglichst lange aufrechterhalten, aber Brigitta war wie so oft schlauer und zielstrebiger als ich, sie hat einfach nicht lockergelassen und sich gedacht: »Lass den mal reden, der wird mich eh nicht mehr los.« So kam es dann auch.

Brigittas Bude bei Tante Mimi

Ohne mein Wissen hatte sie sich um einen Studienplatz in Münster beworben, ihn prompt bekommen und stand eines Tages mit den Worten: »Du kannst ja woanders weiterstudieren, wenn es dir nicht passt« vor Raimunds und meiner Wohnung in Münster. Damit war das dann auch geklärt. Mit dem Einzug

Brigittas war es um meine Eigenständigkeit natürlich geschehen, aber das wurde wettgemacht durch die Art unseres Zusammenlebens. Wir teilten alles, was wir hatten, und unternahmen mehr als je zuvor miteinander und merkten, wie unterschiedlich wir in vielem waren; beim Thema Alkohol zum Beispiel.

Wenn ich nüchtern bin, habe ich immer das Bedürfnis, an den Normen zu kratzen und irgendwelchen Blödsinn anzustellen, bin chronisch unternehmenslustig und wagemutig. Wenn ich allerdings betrunken bin, ist das schlagartig vorbei. Dann bin ich absolut vernünftig, halte mich an alle Regeln und gebe die ultimative Spaßbremse. Bei Brigitta und dem Rest der Welt ist das natürlich genau andersherum.

Einmal sind wir nachts mit Freunden in Münster unterwegs. Wir haben alle ordentlich einen intus und plötzlich fängt Brigitta an, auf die Straßenlaternen loszugehen. Die wurden damals noch mit Gas betrieben und ich hatte – natürlich in nüchternem, sprich rebellischem Zustand – Brigitta mal gezeigt, wo genau man gegen die Lampenpfeiler treten musste, um die Sicherung auszulösen, die die Gaslaternen automatisch abschaltete. Zweck dieser Sicherung war es, den Gasfluss zu unterbrechen, bevor das ganze Viertel hopsging, wenn zum Beispiel eine Laterne von einem Auto umgemäht wurde. Ich hatte im nüchternen Zustand immer gern Gaslampen ausgetreten, aber jetzt war ich definitiv betrunken und dementsprechend rational. Brigitta dagegen fängt also an, gegen die Lampen zu kicken, als wäre sie Karate Kid. Sie verkündet lauthals und leicht vernuschelt, sie würde jetzt »gans Mü-Münschder dunggel« machen, und zieht im Zickzackkurs von Straßenseite zu Straßenseite, um auch ja keine Laterne auszulassen. Das nehme ich noch murrend hin, frage mich allerdings zusehends genervt, wie man als erwachsener Mensch nur so albernes Zeug anstellen kann. Als wir dann nach Hause kommen und Brigitta anfängt, auf einem herrenlosen Sofa in Mimis Treppenhaus Trampolin zu springen, hole ich sie herunter und schleppe sie in unsere Wohnung. Sie findet das gar nicht witzig, und der Rest der Nacht ist dann entsprechend.

Schraubereien

In den 70ern war uns Lehramtsstudenten ein Job quasi garantiert. Der hing nicht von den Noten ab, man musste nur irgendwann mal Examen machen, ob nach acht Semestern Regelstudienzeit oder nach zwölf, so wie ich, spielte keine Rolle. Das war alles schön unverbindlich, und ich nutzte meine Freiheiten in vollen Zügen. Wenn ich ehrlich bin, kann ich mich kaum an Vorlesungen oder Seminare erinnern, mir ging das alles relativ am Arsch vorbei. Ich wollte halt Lehrer werden, tat dafür aber nur das, was unbedingt nötig war. Es ist bestimmt kein Zufall, dass ich mich an keine einzige stressige Situation im Studium erinnern kann.

Das heißt aber nicht, dass mein Leben entspannt war, im Gegenteil: Ich baute mir gerade einen Nebenjob als Enten-Reparateur auf, und der hat mir mehr Stress gemacht als alle Pädagogikklausuren zusammen. Im Gegensatz zum Studium musste ich hier nämlich pünktlich fertig werden, sonst gab es statt Geld Ärger. Andererseits: Wenn wir uns etwas leisten wollten, eine Waschmaschine, einen Kühlschrank oder die nächste Reise, dann sagte ich zu Brigitta nur: »Bin dann mal in der Werkstatt. Enten schrauben.«

Neben dem Enten-Schrauben als Geldquelle bestand mein Leben im Wesentlichen aus Reisen und Drachenfliegen: Reisen als gemeinsames Hobby mit Brigitta und Drachenfliegen, um mich im kontrollierten Grenzbereich so richtig wohlfühlen zu können. Da ohne Geld weder Reisen noch Fliegen eine Chance hatten, habe ich die Münsteraner Nächte oft in meiner Werkstatt verbracht. Mein Engagement als Partygänger war seit Brigittas Ankunft naturgemäß stark zurückgegangen, und es kamen immer mehr Aufträge rein. Das Geld stimmte und ich hatte immer ein paar Autos an der Hand, Schrottkarren alle, aber egal.

Angefangen hat das Enten-Schrauben mit meiner nagelneuen, grenzschutzfinanzierten 2CV4. Da ich kein Geld für die Werkstatt hatte, reparierte ich immer selbst und bekam sehr schnell sehr viel Ahnung von Enten und ihren Macken. Ich war bereits Mitglied im 2CV Club Münster, hatte Beiträge für die Enten-Zeitschrift geschrieben und Enten-Rallyes organisiert. Als dann immer mehr Kumpels aus dem Citroën-Club fragten: »Kannste nicht auch mal meine …?«, hatte ich mir in Rinkerode etwa zehn Kilometer südlich von Münster auf einem Bauernhof einen alten Hühnerstall gemietet. Rinkerode war gut zu erreichen, und die Mieten lagen natürlich erheblich niedriger als mitten in der überlaufenen Universitätsstadt, mehr als 20 DM pro Monat musste ich nicht zahlen. Die Werkstatt war ein großer, primitiver Hühnerstall mit Hühnern drin, vier Mauern, einem dünnen Wellblechdach und nackter Erde als Fußboden. Professionell war das nicht, aber zum ersten Mal hatte ich mein Hobby zum Beruf gemacht und konnte damit komplett mein Studium finanzieren, frei nach Konfuzius' Spruch: »Such dir einen Job, den du liebst, und du wirst nie mehr arbeiten müssen!«

In der Konsequenz haben wir für unsere Verhältnisse luxuriös gelebt, auch wenn die Hälfte dieses Lebensgefühls in bester Marta-Tradition auf Schönreden basierte: Ich war Enten-Fahrer, na und? Eine selbst verpasste Gehirnwäsche später war ich Enten-Fahrer aus Überzeugung. Auf Mercedes-Fahrer sah ich nur noch halb verächtlich, halb mitleidig herab – in der Ente saß man tatsächlich etwas erhöht – und bedauerte die armen Teufel, die noch immer nicht kapiert hatten, was wirkliche Autokultur war. Die verstanden einfach nicht, was für ein Genuss es war, mit 80 in den Urlaub zu fahren, ohne Stau vor der Nase auf der Autobahn: Kunststück, ich war ja auch derjenige, der mit seiner lahmen Karre den Stau hinter sich produzierte.

Enten-Fahrer hatten den Besitzern von Bonzenautos noch etwas anderes voraus: Sie hielten zusammen. Ein Mitglied des Münsteraner Enten-Clubs war Betonwagenfahrer. Wann immer er abends noch Beton in seinem Mixer hatte, kam er in Rinkerode vorbei und kippte ein, zwei Kubikmeter Beton auf die nackte Erde in meiner Werkstatt. Damit habe ich erst mal einen Boden betoniert. Dann baute ich nach und nach eine arbeitsfähige Werkstatt ein und brachte mir alles bei, was ich wissen musste, einschließlich wie man Autos lackierte. Letzteres war immer eine so große Sauerei mit den Dämpfen, dass ich schließlich ein großes Loch in die Wand hieb und einen Ventilator einbaute, um den Sprühnebel nach draußen zu pusten – damit war die Werkstatt komplett.

Die Hühner waren längst unter Protest ausgezogen, während ich praktisch jeden Tag geschraubt habe, weil es Spaß machte und nebenbei gutes Geld einbrachte. Sogar den Winter über habe ich durchgearbeitet, obwohl es keine Heizung gab und die Außentemperatur meistens gleich der Innentemperatur war. Dermaßen gefroren hatte ich bisher nur im Dachatelier. Bis die Katze kam.

Auf dem Hof lebte eine grau getigerte Katze, die ich schon vom Sommer kannte. Sie hatte Zutrauen zu mir gefasst, und ihr war offensichtlich auch saukalt. Jedes Mal, wenn ich zum Schrauben kam, dauerte es nicht lange und die Katze schlich in die Werkstatt, krabbelte an mir hoch und legte sich in den Kragen meines Overalls. Dort schmiegte sie sich an meinen Hals, drehte sich noch einmal um, legte die Pfoten auf meine Schulter, reckte den Kopf aus dem Overall hoch und schaute mir dann beim Arbeiten zu. Mir wurde richtig schön warm, Haut an Haut mit der Katze. Ihr schien es auch zu gefallen. Den ganzen Winter über tauchte sie, wann immer ich in der Werkstatt war, nach ein paar Minuten auf und stieg in meinen Overall. Offenbar mochte sie das ständige Schaukeln, und wann immer ich über dem Motor hing, hörte ich ihr Schnurren an meinem Ohr, und sie guckte mir neugierig mal über die linke Schulter, mal über die rechte. Ich kam gar nicht auf die Idee, mich einsam zu fühlen, allein in einer eisig kalten Werkstatt vor den Toren Münsters. Erzählt habe ich das nie jemandem. Hätte mir sowieso keiner geglaubt. Ich wurde ohnehin schon genug verarscht, weil ich über banale Alltagserlebnisse genauso engagiert und ungebremst sprach wie über die Watergate-Affäre oder den Radikalen-Erlass. Was würden meine Freunde erst sagen, wenn ich von der Titus-Tigerkatzen-Symbiose in einsamen Rinkeroder Winternächten berichtete? Nee, lieber nicht.

Zum Ausgleich für die ganze Enten-Schrauberei haben wir angefangen, monatelange Reisen zu machen. Blut geleckt hatten wir ja schon 1970 mit meiner neuen roten Ente in Finnland. Wir hatten kaum Geld und lebten buchstäblich auf der Straße, aber eines hatte von Anfang an für mich festgestanden: Wenn wir schon wochenlang von Dosenravioli und dem billigsten Rotwein im Ladenregal leben würden, dann aber auf jeden Fall stilvoll.

Dinner mit Kristallglas & Brokatdecke im tiefsten Finnland

Ich besaß damals eine beachtliche Sammlung von Geschirr, Besteck und Tinnef jeder Art, den ich bei meinen Großeltern, Onkeln und Tanten zusammengeschnorrt hatte; Zeug, das damals noch alltäglich war und auf Flohmärkten heute Höchstpreise erzielen würde. Daraus wählte ich unser Equipment aus: zwei Kristallgläser, eine Brokattischdecke und richtig schönes Silberbesteck –

Platz genug bot die Ente ja. Wochen später, irgendwo in Finnland, hielt irgendwo mitten im Wald eine Ente, zwei Leute stiegen aus, stellten einen Campingtisch auf, tranken Lambrusco aus fein geschliffenen Kristallgläsern und löffelten Campingkocher-Dosenravioli von Porzellantellern mit graviertem Silberbesteck. Das war meine Vorstellung von Style und Ambiente.

Im nächsten Jahr ging es nach Griechenland, und jetzt waren Style und Ambiente nicht mehr nur eine Frage des Geschirrs, sondern auch des Autos, denn inzwischen war ich stolzer Besitzer der kleinen Variante einer Kastenente, dem 2CV AZU. Als ich schon in Reisevorbereitungen schwelgte, sagte Brigitta irgendwann:

»Wir können gar nicht.«

»Wir können gar nicht was?«, fragte ich zurück.

»In den Urlaub fahren.«

»Wieso?«

»Ich hab kein Geld.«

Ich hatte genug Geld, der Schrauberei sei Dank sogar genug für uns zwei, aber Brigitta jetzt einzuladen, wäre absolut Macho gewesen. Da kam mir eine Idee:

»O.k., lass uns ein gemeinsames Konto machen, von dem wir alles bezahlen.«

Griechenland war gerettet. Bisher gab es zwar auch kein Mein und Dein, aber jetzt war es offiziell. Und das mit dem Konto ist bis heute so geblieben: kein Kontrollieren, kein Aufrechnen. Jeder nimmt runter, was er braucht, und sieht zu, dass er das Konto wieder auffüllt. Größere Ausgaben entscheiden wir gemeinsam. Ganz einfach.

Die Griechenland-Reise wäre die sterbenslangweiligste Zeit meines Lebens gewesen, wenn ich mir nicht kurz vorher im Hochschul-Trampolinkurs beim Salto-rückwärts-Training das Genick angebrochen hätte. Ich kroch auf allen vieren vom Trampolin und wurde in der Uniklinik vom Bauchnabel bis zu den Ohren eingegipst. Da ich Brigitta eine zuverlässige Reise-Ente versprochen hatte, musste ich noch den Motor auswechseln, was mit komplett eingegipstem Oberkörper schon die höhere Schule war. Ich lag nächtelang unter der Ente und konnte immer nur einhändig und blind schrauben. Kurz vor der Reise kam der Gips ab, aber meine Halsmuskulatur war natürlich futsch, und beim Schwimmen am südlichsten Zipfel Griechenlands hob ich vor einer anrollenden Miniwelle den Kopf ruckartig nach oben, klemmte mir einen Nerv und hing halb gelähmt im Wasser. Brigitta zog mich heraus, setzte mich hinters Steuer der Ente und befahl:

»Athen! Klinik!«

Nach zehn Stunden über unbefestigte Schotterpisten hörten die Schmerzen plötzlich auf, ich hatte wieder Kontrolle über meinen Körper, wir drehten um und fuhren zurück zum Strand.

1972 kam dann die Türkei dran, den restlichen Balkan erledigten wir auf der Hin- und Rückreise, 1973 weckte das Geografiestudium mein Interesse an und dann meine Liebe zu Wüsten. Von da an zog es uns immer Richtung Nordafrika und Vorderen Orient, immer Richtung Sand.

Wüste Fahrten

1973, der Vietnamkrieg neigte sich allmählich dem Ende zu, ging es nach Marokko, wofür ich das Auto mit meinem neu erworbenen Know-how als Schrauber einem Totalumbau unterzog: Neuer Motor rein, das brachte satte 50 Prozent mehr Hubraum, also 600 ccm statt 400 ccm und satte 36 Prozent mehr Power, also 24,5 statt 18 PS. Aber das war erst der Anfang. Aus dem Dachgepäckträger eines alten Opel Blitz von der Post baute ich eine geräumige Dachterrasse, die bis über die Motorhaube ragte, und schnitt die Kotflügel aus, um die Reifen im Notfall besser wechseln zu können. Für die kleine Ladefläche der Kastenente entwickelte ich ein Wohnmobilkonzept mit zwei Bettflächen, die zu Bank und Tisch umgebaut werden konnten, und ein Stausystem für Vorräte, auf das ich heute noch stolz bin: Für Zucker, Mehl, Gewürze und was wir sonst noch brauchten, kaufte ich Marmeladengläser mit Schraubdeckel, brachte die Deckel unter den Regalen an der Decke der Ente an und habe dann die Gläser einfach von unten hineingeschraubt. Das Resultat war eine immer griffbereite Batterie Marmeladengläser direkt über unserem Tisch. Nicht einmal das Gerüttel endloser Saharapisten hat je ein Glas zum Herunterfallen gebracht.

Als wir zum ersten Mal in Marokko waren, wusste ich sofort: Die Wüste ist mein Ding. Man ist komplett auf sich allein gestellt, für alles selbst verantwortlich, für die grandiosen Momente und die peinlichen Pannen, dafür, ob der Wasservorrat reicht, die Ente durchhält und man die nächste Oase findet, bevor der Tank leer ist – mit einem Wort: Freiheit. Kohlenkeller, nur ohne Kohlen und ohne Keller. Hinzu kam: Das Leben in der Sahara war unglaublich einfach. Aufstehen, Fladenbrot mit Käseeckchen und Tomaten essen, losfahren, sehen, was der Tag so bringt, und abends in der billigsten Kneipe am Ort ein Omelette reinziehen. Mehr Programm hatten wir nicht.

Die erste Reise haben wir zusammen mit Mischa Frost und seiner Freundin Ingrid gemacht. Seit Kohlenkellerzeiten waren wir dickste Freunde und saßen in der Wüste oft am Lagerfeuer und schwadronierten wie alte Männer über die gute alte Zeit, als wir in Kirchen noch den Mädels nachstellten oder Stahlplatten aus der schwer gesicherten Panzerfabrik im Ort klauten. Zum Glück hatten die mitreisenden Damen genug eigene Themen, über die sie reden konnten. Tagsüber war dann Abenteuer angesagt. Als Geograf hatte ich gelernt, ganz altmodisch mit Karte, Uhr und Kompass zu navigieren, was auch gut klappte; das einzig echte Restrisiko bestand aus unseren fahrbaren Untersätzen.

Mal wieder Reifen wechseln in der Sahara

In Münster besaß ich zwar immer mehrere Autos gleichzeitig, aber das waren die letzten Schrottkarren, weil ich die reparierten, schick gemachten Enten natürlich sofort wieder verkauft habe. Die Autos, die wir selbst fuhren, waren oft verbeult, sprangen schwer an und waren dank abgenutzter Bremsen noch schwerer zum Stehen zu bringen. Brigitta hat das immer gehasst, und es wurde nicht besser durch meinen schlauen Kniff, mit verschlissenen Reifen Richtung Spanien aufzubrechen, weil nirgendwo sonst in Europa die Michelin-Reifen, die wir brauchten, so billig waren. Zu allem Überfluss habe ich die neuen Reifen auch erst immer auf der Rückreise in Spanien gekauft. Deshalb sorgte allein schon der Zustand unserer Ente automatisch für jede Menge Abenteuer – als wäre es nicht schon spannend genug gewesen, ohne Navi, Handy oder GPS Hunderte von Kilometern durch menschenleeres Nichts zu fahren.

Einmal, wir kurven in einer weiten Dünenlandschaft herum, setzt es einen Riesenschlag, und die Ente sackt rechts komplett nach unten, weil der Dreiecksbolzen, der die Federstange hält, weggeflogen ist. Ich höre nur ein »Klack-Bumm«, und die Ente liegt halb auf der Seite im Sand. Das Ganze passiert in einem engen Hohlweg zwischen zwei Dünenkämmen. Weiterfahren können wir nicht, ich habe nichts dabei, was den Bolzen auch nur provisorisch ersetzen könnte. Dann also: Bolzen suchen. Die nächsten drei Stunden lassen wir heißen Saharasand durch unsere Finger rieseln, aber von dem Bolzen keine Spur. Schließlich geben wir auf, sitzen bei glühender Hitze im Schatten der Ente und verlegen uns mangels Alternativen aufs Hoffen.

»Vielleicht kommt ja jemand vorbei, der die Ente abschleppen kann oder uns wenigstens zur nächsten Oase mitnimmt?«, sagt Brigitta.

Was man halt so wunschdenkt, wenn nichts mehr geht. Nach einer Weile kommt ein Araber auf einem Kamel angeritten, an dem zwei leere Bastkörbe hängen; er kommt wohl von einem Markt. Der Mann spricht kein Französisch, wir kein Arabisch, aber wie immer gelingt es uns, mit Händen und Füßen ungefähr zu erklären, wo unser Problem liegt. Er nickt, greift in einen der leeren Bastkörbe, holt eine Schraube heraus und fragt, ob wir die gebrauchen können.

»Wo hat der denn jetzt bitte die Schraube her?«, frage ich Brigitta fassungslos und probiere das Teil aus. Es passt perfekt. Sogar die Mutter hat die richtige Größe. Ich schraube alles fest und wir fahren weiter. Einfach so. Den Rest der Fahrt über grübeln und grölen wir über diesen unglaublichen Zufall. Den ganzen Tag lang hatten wir keine Menschenseele gesehen, und als der Bolzen heraussprang, waren wir die einzigen Lebewesen im Umkreis von vielen Kilometern, von ein paar Sandnattern und Skorpionen mal abgesehen.

Ein anderes Mal schlägt uns eine Felskante die Ablassschraube vom Getriebe weg. Mit auslaufendem Öl und ohne Ersatzgetriebe mitten in der Wüste wird sogar mir mulmig. Bis mir etwas einfällt, das ich mal in einem Reisebericht gelesen hatte: »Bananen sind ein erstaunlich brauchbarer Schmierölersatz«, hatte da gestanden. Bananen? Haben wir natürlich immer als Notration dabei. Also quetschen wir das Fruchtfleisch einfach durch den geöffneten Deckel ins Getriebe, immer schön eine gelbe Stange nach der anderen. Die paar Hundert Kilometer bis zur nächsten Oasenwerkstatt funktioniert es tadellos.

Aber es gab auch Situationen, in denen nicht allein der Zustand unserer

Ente Schuld war an Herzrasen und Schweißausbrüchen. Einmal fahren wir in Marokko nach mühsamer Passüberquerung die Bergstraße durch das Rif-Gebirge hinab in Richtung Chefchaouen, der Provinzhauptstadt. Wir haben natürlich keine Ahnung, dass diese Gegend das wichtigste Cannabis-Anbaugebiet für die Versorgung Europas ist. Auf einsamen marokkanischen Bergpisten kommen einem höchstens vier oder fünf Autos am Tag entgegen, und hinter einem fährt nie jemand – mir ist aber schon seit einer Weile eine Staubfahne aufgefallen, die sich beharrlich im Rückspiegel hält und langsam näher kommt. Ein paar Minuten später kann ich das Modell erkennen: »Mercedes W110, die ›Heckflosse‹, 95 PS aufwärts«, rattert der für Autos zuständige Teil meines Hirns herunter. Der Wagen ist verbeult und staubbedeckt, aber er hat viermal so viele Pferde unter der Haube wie wir. Mindestens.

Flanieren in Tarnklamotten mit Brigitta und Mischa in Chefchaouen

»Die überholen bestimmt gleich«, rede ich mir gut zu, aber der Mercedes denkt gar nicht daran. Er klebt einfach penetrant dicht an unserer hinteren Stoßstange.

Brigitta bemerkt meine Anspannung. Sie fragt:
»Was ist?«
»Nicht umdrehen!«, zische ich nur, ohne den Kopf zu bewegen.

Unauffällig schaut sie in den Seitenspiegel, dann zu mir. Als ich Gas gebe und die nächste Biegung in heftiger Schräglage nehme, protestiert sie kein bisschen. Die nächsten zwanzig Minuten hole ich das Letzte aus der Ente raus, bringe sie manchmal sogar zum Fliegen, weil es immer steil bergab geht. Meine Eile hat einen guten Grund: Hier, Dutzende Kilometer von der nächsten menschlichen Siedlung entfernt, von motorisierten Straßenräubern überfallen zu werden ist so ungefähr das Schlimmste, was uns passieren kann. In jeder Kurve hebt die Ente das hintere innere Beinchen wie ein Hund zum Pinkeln, so groß ist die Schräglage bei vollgepacktem Dachträger. Die Reifen quietschen gequält, und dann meldet sich der hintere linke Pneu durch schwammiges Ausbrechen in Rechtskurven zu Wort. Jetzt einen Platten? Bitte nicht! Hätten wir heute morgen Deo benutzt, spätestens jetzt wäre es vollkommen nutzlos. Ich kratze zusammen, was ich an Rennerfahrung auf den Landstraßen des Westerwalds gesammelt habe, und packe meinen adrenalinsatten Fluchtinstinkt obendrauf – doch der Mercedes klebt und klebt uns buchstäblich an der Stoßstange. Der hintere linke Reifen hat so viel Luft verloren, dass das Tempo langsam lebensgefährlich wird.

Auch wenn es so aussieht: Diesmal ist keiner hinter uns her

»Das haste jetzt von deiner scheiß Sparsamkeit mit den abgefahrenen Reifen!«, fluche ich innerlich. Die Stahlkarkasse des Mantels hatte ich schon Tage vorher durch das Gummi blitzen sehen und der Reifen wurde von Tag zu Tag breiter. Durch die Extrembelastung ist die Luft nun ganz raus. Die nächste Kurve schaffe ich fast nicht, wir schrammen haarscharf am Abgrund vorbei.

»Scheiß drauf«, sage ich zu Brigitta. »Vielleicht kann man ja mit denen reden. Noch so eine Kurve und es gibt nichts mehr zu reden.«

Ich bremse und fahre an den Rand. Der Mercedes hält ebenfalls. Drei Männer mit verspiegelten Sonnenbrillen steigen aus und kommen ganz langsam von beiden Seiten auf unsere Ente zu. Hilflos taste ich nach dem Schraubenzieher, der irgendwo zwischen den Sitzen liegen muss, die Leuchtpistole liegt unerreichbar irgendwo hinten vergraben. Der Chef der Truppe beugt sich durch das Fenster der Fahrertür und fragt in gebrochenem Französisch:

»Du wollen Haschisch?«, und hält mir eine gepresste Shit-Platte hin.

Und ob ich will. Den Rest des Weges nach Chefchaouen fahren die freundlichen Händler uns voraus. Zum Abschied winken sie aus den Seitenfenstern. Nette Menschen, diese Marokkaner.

Am Ende des Trips haben wir das Zeug an der Grenze in weiser Grenzkontrollenvoraussicht unter einem Stein versteckt. Da müsste es heute noch liegen.

Das große Flattern

Ich setzte mir für jede Reise Ziele. In der Wüste ging es mir meistens darum, Erdschichtungen aus nächster Nähe analysieren zu können und die geologische Geschichte einer Landschaft zu entschlüsseln, während Brigitta sich je nach Tageszeit in der Sonne oder im Schatten fläzte. Auch als wir 1975 nach Italien fuhren, wollte ich nicht einfach nur rumliegen, sondern hatte mir vorgenommen, alle aktiven Vulkane des italienischen Stiefels einschließlich der Inseln persönlich zu ersteigen – bis zum Kraterrand, egal ob die noch spuckten oder nicht. In Flip-Flops. Das haben wir dann auch tatsächlich gemacht. Aber viel wichtiger und folgenreicher war eine Entdeckung, die ich nicht geplant hatte. Drachenfliegen.

Wir sind wie immer abseits der Autobahnen von Münster aus gen Süden gefahren. Besaß eine Straße auf der Karte einen grünen Streifen für »landschaftlich sehenswert« und führte nur halbwegs Richtung Alpen, dann war das unsere. Wir brauchten deswegen zwar fünfmal so lange wie normale Autofahrer, doch unser Ehrgeiz, keine Straße und keinen Pass nach Süden nach Möglichkeit zweimal zu benutzen, führte dazu, dass wir durch entlegene Landstriche und einsame Dörfer fuhren, wo Land und Leute ursprünglicher und das Essen viel günstiger waren.

Auf diese Art sind wir in Tirol aus purem Zufall an der ersten europäischen Drachenflugschule vorbeigekommen. Vom Drachenfliegen hatte ich schon gehört und sogar im Fernsehen einen Bericht über den Ex-GI Mike Harker gesehen, der gerade Furore in Deutschland machte, weil er als erster Mensch von der Zugspitze geflogen war. Aber genau wie ich ein paar Jahre später das Skateboarden zuerst als »Kinderkram« abgetan habe, war Drachenfliegen für mich der neueste Quatsch für Wahnsinnige und Lebensmüde. Wer sonst sollte sich in so ein Ding hängen und die Berge runterstürzen? – Eben.

Die ersten Flugdrachen ohne Segelprofillatten hatten die unangenehme Eigenschaft, dass bei zu hoher Geschwindigkeit das Segel anfing zu flattern, das Profil einfiel und eine stabile Flattersturzlage eintrat, aus der man mit der Steuerung durch Gewichtsverlagerung nicht mehr herauskam. Überlebenschancen: keine.

Drachenfliegen war damals noch riskantes Pioniertum. Einige Freunde von mir sind später im Flattersturz umgekommen, aber noch während der Trauerfeier haben wir Überlebenden gedacht: »Der hat halt 'nen Fehler gemacht. Aber das kann mir ja nicht passieren.« Wahrscheinlich kam auch deswegen keiner auf die Idee, über Helm und Rettungsschirm nachzudenken.

Von all dem weiß ich noch nichts, als ich in Kössen aus der Windschutzscheibe gucke und über mir im Vorbeifahren zum ersten Mal einen Drachenflieger sehe. Mein Kopf schaltet komplett auf Autopilot um: »Wo ist die Windfahne? Wo die Windfahne ist, da muss auch der Drachen landen!«, sind meine ersten Gedanken. Meine zweiten: »Ah, prima, da ist ja ein Straßengraben.« Ich fahr die Ente einfach in den Graben, steige aus, laufe zum Landeplatz und stelle mich an die Windfahne. Der Drachen landet und ich krieg meine Augen nicht von ihm los. Mein Leben lang hatte ich vom Fliegen geträumt und jetzt landet da so ein fliegender Mensch direkt vor meiner Nase. Noch bevor sich der Pilot aus dem Gurtzeug gepellt hat, renne ich rüber zu ihm und frage:

»Ist der Drachen zu verkaufen?«

Der Pilot sagt:

»Ja.«

»O.k., ich bin grad auf dem Weg nach Italien, um alle Vulkane in Flip-Flops zu besteigen, aber heute in sechs Wochen komme ich hier wieder vorbei, und dann machen wir den Deal.«

Er sagt:

»O.k.«

Dass er mich dabei anschaut wie ein wohlwollender Psychiater seinen hyperventilierenden Patienten, hätte mir zu denken geben sollen. Er kann ja nicht ahnen, wie todernst es mir mit der Sache ist. Er weiß nicht: Wenn ich sage, das mache ich, dann mache ich das auch. Ich frage nicht mal nach dem Preis, die Kohle würde ich schon irgendwie zusammenbekommen, zur Not würde ich eben ein paar Enten mehr zusammenschrauben, das hatte bisher noch immer hingehauen. Im Gespräch merkt der Drachenflieger sehr schnell, dass ich keinen Schimmer vom Fliegen habe, von einem Flugschein ganz zu schweigen. Aber ich bin mir ganz sicher: Mir braucht keiner das Fliegen beizubringen. Ich würde mich in das Ding hängen und fertig. Ich habe Ahnung von Physik, kann logisch denken und hab gesehen, wie er den Drachen gelenkt hat. Den Rest schaffe ich allein. Irgendwann steht dann auch Brigitta neben mir. Ich hatte sie völlig vergessen. Sie musste sich aus der schräg im Graben hängenden Ente herausgewunden haben, als ich nach meinem wortlosen Aufbruch vorhin einfach nicht zurückkam. Ich verabrede mich mit dem Drachenflieger und wir schieben gemeinsam die Ente wieder aus dem Graben.

Als wir nach sechs Wochen voller Vorfreude aus Italien zurückkamen, waren weit und breit weder Pilot noch Drachen in Sicht. Wir setzten uns an den Platz und warteten ein paar Tage, Zeit war ja kein Problem. Irgendwann kam der Drachenflieger dann doch noch vorbei, aber mit einem neuen Drachen. Den alten hatte er schon verkauft. War ja klar. Er hatte mich nicht ernst genommen. Dabei habe ich noch nie in meinem Leben etwas versprochen, was ich nicht gehalten hätte. Und wenn es der letzte spontane Quatsch war. Mist. Ich hatte so einen Hals und ließ nicht locker, bis er mir einen Tipp gab: Es gäbe da ein Drachenfliegermagazin, da würden ab und zu solche Dinger angeboten … Ich zum nächsten Kiosk, das Magazin gekauft und einen Drachen for sale im Münsterland gefunden. Mit dessen Besitzer bin ich direkt am nächsten Wochenende in den Teutoburger Wald gefahren, ich wollte das Ding mal fliegen sehen, eigentlich sogar selbst fliegen. Aber er war stur. »Nur mal zum Probieren« wollte er mich nicht ranlassen. Da habe ich den Drachen auf der Stelle gekauft.

Meine ersten Flüge waren gar keine, sondern Hopser von ein paar Metern in den Baumbergen bei Münster. Das waren auch keine Berge, sondern bewaldete Hügel mit ein paar flachen, baumfreien Hängen. Aber nach meinen ersten paar Flugmetern war ich total euphorisch und träumte nächtelang die herrlichsten Träume – ab sofort waren die Baumberge mein Revier. Allerdings musste ich immer auf Oststurm warten, denn der einzige geeignete Hang am Longinusturm neigte sich nach Osten und war so sanft – ohne anständigen Gegenwind ging da gar nichts. Mit Sturm allerdings, war man wupp! oben, und dann wurde es auf nette Art kompliziert, mit Querböen und plötzlichen Auf- und Abwinden. Nach jeder Landung wurde der Drachen um ein paar Meter Klebeband schwerer. Aber egal. Jeden Abend hockte ich vorm Fernseher und wartete auf Ostwind mit Sturmböen. Den gibt es im Münsterland aber eher im Winter, also habe ich im Winter fliegen gelernt. Wenn partout kein Wind da war, habe ich wieder dort trainiert, wo ich mir auch schon das Autofahren beigebracht hatte: unter der Bettdecke.

Landeanflug im Sauerland

Als ich langsam besser wurde, zog ich ins Sauerland um, wo die Hänge höher und die Piloten erfahrener waren. Zum Schluss bin ich sogar die Deutschen Meisterschaften mitgeflogen – alles ohne Flugschein. Keiner kam je auf die Idee, nach einem zu fragen. Irgendwann war ich meinen verschlissenen Secondhand-Drachen leid, der nur bei trockener Witterung anständig flog, weil Feuchtigkeit das Segel ausdehnte, und kaufte mir gerade rechtzeitig zur nächsten Deutschen Meisterschaft einen richtig guten Drachen. Mit dieser um Welten besseren Flugmaschine bin ich dann so schlecht geflogen wie noch nie – was mal wieder beweist, dass es nicht nur auf das Material ankommt, sondern vor allem darauf, wie vertraut man mit ihm ist.

Heiße Nummern

Aber eigentlich befanden wir uns ja auf dem Weg nach Italien, Vulkane besteigen. Stromboli und Ätna waren unsere Hauptziele, beide waren aktiv, also mit anderen Worten: aufregend. Die Übernachtung am Kraterrand des Stromboli war spektakulär, aber die Besteigung des Ätna mit Abstand am spannendsten. Nicht, weil wir kurz nach einem Ausbruch hinaufstiegen bis rauf an den obersten Kraterrand, vorbei an frisch von Lava verschütteten Häusern, und das alles, wie geplant, in Flip-Flops. Auch nicht, weil der Rest unserer Ausrüstung kaum professioneller war: Super-8-Kamera, Stativ, kurze Jeans, T-Shirt und eine Hip-Bag für die Pässe, mehr hatten wir nicht dabei. Spannend wurde es, weil ich selten in meinem Leben etwas so unterschätzt habe wie diesen Vulkan.

Wir fahren auf der Straße mit unserer Ente so hoch, wie es erlaubt ist. Den Rest müssen und wollen wir zu Fuß weiterlaufen. Allerdings habe ich mich komplett in der für den Aufstieg notwendigen Zeit verschätzt. Wir sind morgens aufgebrochen, aber der Berg will und will nicht schrumpfen. Erst am Abend zur Dämmerung sind wir endlich oben am Kraterrand. Der Weg hat sich gelohnt, kein Zweifel. Kaum sind wir oben auf dem Grat, geht spektakulär die Sonne unter, 3000 Meter unter uns funkelt malerisch das Tyrrhenische Meer bis zum Horizont. Und während wir noch verträumt den überwältigenden Ausblick genießen, wird es mit einem Schlag dunkel und kalt. Wir stehen da in Flip-Flops, kurzen Hosen und T-Shirt und mir geht auf: Heute kommen wir hier nicht mehr runter. Wir werden vielleicht nicht erfrieren, aber es wird definitiv kein Spaß, auf einer Felskante 400 Meter höher als die Zugspitze die Nacht zu verbringen. Nicht mal eine Decke haben wir mit. Und dann frischt der Wind auf. Ich sehe Brigitta an: Sie hat ihre Arme um den Oberkörper geschlungen. Wenn sie jetzt schon so friert, wie soll das erst in ein paar Stunden werden? Wir müssen runter. Aber Abstieg? In der stockdunklen Mittelmeernacht unmöglich. Ich denke: »Scheiße. Was jetzt?«

In diesem Moment beginnt ein kurzes Stück weiter unten der letzte Landrover mit Touristen seine Fahrt zurück in die Zivilisation. Ich renne zur Straße und stell mich in den Scheinwerferkegel des heranfahrenden Autos. Der Fahrer denkt, ich sei bekloppt, hält aber an, denn die Straße ist zu schmal zum Ausweichen. Der Landrover ist voll besetzt, und ich kann kein Italienisch, aber irgendwie mache ich ihm klar, dass er uns beide mitnehmen muss. Er weigert sich. Ich bleibe einfach vor der Kühlerhaube stehen, eine gefühlte halbe Stunde. Dann gibt er auf, und wir dürfen mit an Bord. Manche Probleme lösen sich einfach durch Penetranz.

Brigitta war die ganze Zeit über die Ruhe selbst gewesen. Wenn ich an mich geglaubt habe, hat sie auch immer an mich geglaubt, egal worum es gerade ging. Es sollte noch fast genau 30 Jahre dauern, bis sie mir zum ersten Mal etwas nicht zutraute. Das Verrückte war: Wäre ich allein oben gewesen, ich hätte das niemals durchziehen können: ein Auto zu kapern und ein Dutzend Touristen inklusive Fahrer total sauer zu machen. Wäre es nur um mich gegangen, hätte ich mich in eine Ecke gehockt und die Nacht irgendwie durchgestanden. Aber ich hatte gesehen, wie ausgepowert Brigitta war, und von dem Moment an war mir alles andere scheißegal. Ich habe dem Fahrer sogar noch beschrieben, wo unsere Ente stand, und er hat uns tatsächlich dort abgesetzt.

Währenddessen

Meine Fähigkeit zur Penetranz war allerdings nicht nur auf italienische Landrover-Fahrer beschränkt. In Münster traf es auch manchmal Freunde. Zum Beispiel die Zwillinge. Mit denen haben wir gemeinsam studiert, Urlaub gemacht und waren oft abends unterwegs. Einmal haben sie mich gebeten, bei einem Konzert ihrer Band *Zwillinge und die Blech-Gang* den Eintritt zu kassieren.

»Klar!«, sagte ich. »Kein Problem, wie sind die Regeln? Wer darf gratis rein, wer nicht?«

»Keine Ausnahmen, alle müssen zahlen«, meinten die Zwillinge.

So etwas nehme ich ja sehr ernst. Und als dann die Freundin von einem der Zwillinge gratis ins Konzert wollte, habe ich sie natürlich nicht reingelassen. Wir waren gut befreundet, sie wohnte sogar in der Wohnung über mir, aber: Regel ist Regel. Egal was sie sagte, ich blieb dabei. Am Ende hat ihr Zwilling für sie bezahlt.

Wenn es sich dagegen um Enten drehte, war ich total entspannt, vor allem, wenn wir alle zwei Wochen sonntags eine unserer Nerblo-Rallyes machten. »Nerblo« ist in Münster der Begriff für bekloppt, und der Name passte perfekt. Wir haben Schnitzeljagden per Auto veranstaltet, haben Parcours abgesteckt, auf denen Fahrer mit verbundenen Augen von ihren Beifahrern gelotst wurden, oder Eierlaufen gespielt: Jeder Fahrer musste während des Rennens ein Ei auf einem Löffel aus dem Fenster halten. Aber das Beste war Enten-Drücken, unsere Variante vom Armdrücken: Auf einem Schotterparkplatz stellten wir zwei Enten Schnauze an Schnauze voreinander, und wenn die Fahne runterging, mussten beide Fahrer versuchen, den anderen wegzuschieben.

Brigitta war immer mit von der Partie und auch drum herum hatten wir viel Spaß zusammen. Und so stand ich 1974, noch im Fußballweltmeisterschaftsrausch, in einem weißen Jeansanzug mit braunem Hemd und beiger Fliege neben Brigitta vor einem evangelischen Pastor und sagte:

»Ja, ich will.«

1974: Ab jetzt Frau und Herr Dittmann.

Eigentlich wollten wir gar nicht heiraten, das war uns viel zu spießig. Aber wir hatten bei der Hochzeit meiner Schwester gesehen, was bei so etwas an Geschenken und Geld rüberkam, und auf dem Rückweg nach Münster beschlossen, diese Quelle ebenfalls anzuzapfen. Außerdem hatten wir uns um eine Sozialwohnung beim Deutschen Heim beworben, und dafür brauchten wir einen Trauschein. Nach der Hochzeit haben wir die Wohnung tatsächlich bekommen. Im Ansatz war also alles eher pragmatisch und rational, aber es wurde trotzdem ein sehr schönes Fest mit unserer Sahara-Kastenente als Hochzeitskutsche und klappernden Blechdosen im Schlepptau.

Mein Studium plätscherte weiter vor sich hin, ich genoss die Freiheit fernab von Kirchen, ließ mich bei meinen immer selteneren Wochenendbesuchen zu Hause als verlorener Sohn betüddeln und lebte in den Tag, oder besser – in die Nacht hinein. Wie so oft, wenn eine entscheidende Wende anstand, war vorher nichts davon zu ahnen. Dabei lag mein Berg der Erkenntnis direkt in Sichtweite der Uni, und als ich ihn wieder hinabstieg, hatte mein Leben eine völlig neue Richtung eingeschlagen.

Zweiter Teil

1977 – 1984
Titus - Flip

Kapitel 5

Der Prophet zum Berg
Aasee-Hügel, Münster, Juni 1977

Bekehrung

Brigitta und ich schlendern gemütlich vom IfL, dem Institut für Leibesübungen (so hieß die sportwissenschaftliche Fakultät der Uni damals wirklich) in Richtung Aasee, dem künstlich angelegten See im Herzen von Münster. Es ist warm, ich trage wie damals üblich abgeschnittene Jeans, Brigitta Hot Pants und wir genießen die Aussicht auf einen freien Nachmittag und vielleicht später eine Kneipentour mit Freunden. Wobei, freier Nachmittag ist übertrieben. Brigitta hätte nachher eigentlich noch ein Seminar, und ich müsste mich dringend um mein erstes Staatsexamen kümmern, aber was soll's, denken wir, das wird schon.

Ich habe gehört, dass am Aasee Skateboarder unterwegs sind, und als angehender Sportlehrer will ich mir das mal ansehen. Obwohl: Viel verspreche ich mir nicht davon, in den Medien sind Skateboards, wenn überhaupt, nur als gefährliches Kinderspielzeug präsent. Wir trödeln am Nordwestufer des Sees entlang. Die RAF überzieht Deutschland mit Terror, vor ein paar Wochen war Siegfried Buback ermordet worden, aber Münster ist so beschaulich und gepflegt langweilig wie immer. Als wir an die schmale Betonbrücke über den Wasserzugang zum Allwetterzoo kommen, ruft Brigitta plötzlich:

»Titus, Vorsicht!«, und reißt mich am Arm zur Seite.

Irgendwas Buntes flitzt an mir vorüber, ich drehe mich um und sehe einen jungen Typen auf einem Skateboard.

»Meine Herrn! Das sah jetzt aber nicht schlecht aus!«, sage ich zu Brigitta und werde im selben Moment fast vom nächsten Skateboarder umgenietet, der dem ersten in leicht gebückter Haltung folgt. »Tieferer Schwerpunkt, macht weniger Luftwiderstand und höheres Gewicht mehr Gravitation – das ergibt zusammen eine höhere Endgeschwindigkeit. Wenn er nicht noch auf die Fresse fällt, hat er den anderen bald eingeholt«, rechnet mein Sportstudenten-Ich sofort aus. Der Rest von mir fragt sich: »Wo kommen die denn plötzlich alle her?« Wir gehen, vorsichtiger jetzt, über die Brücke und sind auf einmal inmitten einer friedlichen, relaxten kleinen Skateboard-Session auf den geteerten Spazierwegen, die um den See und hinauf zum Aasee-Hügel verlaufen. »Hügel« ist natürlich relativ, das hier ist ein kleiner Rasenknubbel, aufgeschüttet mit der Erde, die beim Ausheben des Aasees anfiel – bei zwei Metern Wassertiefe ist da nicht wirklich viel zusammengekommen, der »Gipfel« liegt vielleicht 20 Meter über See-Level. Und auch eine Session ist es nicht – nicht im heutigen Sinn jedenfalls. Um uns herum sitzen, stehen, lachen pubertierende Schüler und fahren ab und zu auf ihren Skateboards den »Berg« herunter. Die meisten kämpfen erst mal damit, auf dem Weg zu bleiben, Gewieftere deuten schon erste Tricks an, und ein paar ganz Waghalsige riskieren die Route über die schmale Brücke, so wie der, der uns eben fast umgenietet hätte. Aber alle scheinen Spaß zu haben.

Brigitta guckt mich so komisch an, ich glaube, sie weiß, was jetzt kommt. Und klar, ich frage den erstbesten Skateboard-Besitzer, ob ich auch mal könne. Der hält mir mit einem abschätzigen Blick wortlos sein Board hin – ein zerschrammtes Plastikteil mit klobigen Rollen und einem Design, das bestimmt nicht mal die Chinesen, die es produziert haben, gut finden. »Bloß ab nach Europa damit, die nehmen ja alles ...«, haben die bestimmt gedacht. Aber das Design ist mir wurscht, ich bin auf einer Forschungsmission, und da müssen ästhetische Erwägungen mal kurz die Klappe halten. Mein Forschungsziel: herausbekommen, was so viel Spaß daran macht, auf einem hässlichen Brett mit laut schabenden Rollen einen Hang hinunterzurollen, den ich unter normalen Umständen nicht mal als Hang wahrnehmen würde.

Zwei Minuten später weiß ich es: Skateboarden ist der Hammer! Das Spiel mit der Balance, das Bauchkribbeln des Gleitens, die Angst vor der ersten Kurve, das Kratzen am eigenen Grenzbereich, das irgendwie lächerliche und trotzdem echte Freiheitserlebnis (man ist ja nicht festgeschnallt, wie auf einem Ski), das Gefühl, unendlich viel mit diesem Brett anstellen zu können und, ja, der Speed! Die Mischung macht augenblicklich süchtig. In null Komma nix bin ich wieder oben, sehe mit einem kurzen Seitenblick, dass der Brettbesitzer noch immer mit irgendjemandem quatscht, und fahre wieder runter. Und wieder. Und wieder. Und w... – warum will der denn jetzt plötzlich sein Board zurück?

»Brigitta, hast du Geld mit? Gib mal her.«

Brigitta, Ingrid und Mischa auf der Brücke am Aasee-Hügel (von links nach rechts)

Ich laufe zurück in die Innenstadt zu Karstadt und kaufe uns zwei Boards, genauso hässlich und billig wie die vom Hügel, aber erstens: Andere gibt es nicht, und zweitens: Ich will wieder fahren! Irgendwann in der Dämmerung gehen wir am See zurück nach Hause, und ich kann mich gar nicht wieder beruhigen. Nicht nur, weil mir das selbst so viel Spaß gemacht hat, dass mich die »Was will denn der alte Knacker hier?«-Blicke mancher Jugendlicher gar nicht gestört haben. Ich bin auch deshalb so aufgedreht wie ein Duracell-Häschen, weil ich beobachtet habe, wie magisch die Jugendlichen vom Brett angezogen wurden, wie hingebungsvoll sie ihre kleinen Tricks übten: das »Von hinten nach vorne laufen« und zurück, die 180-Grad-Drehungen des Körpers auf dem fahrenden Brett, das Kurvenfahren in der einbeinigen Hocke. Einige spielten schon richtig mit dem Board, machten »End-overs« (endloses Drehen von Körper und Board um 180 Grad) und »Walk the Dogs« (nur das Board dreht sich um 180 Grad, der Körper nicht). Wie sie sich auch von zwanzig Fehlversuchen nicht entmutigen ließen, sich kurz zu Freunden ins Gras setzten, um es dann irgendwann ganz entspannt weiterzuprobieren – so was hatte ich noch nie gesehen. Es gibt in der Pädagogensprache ein lächerlich sperriges Wort dafür: »Aufforderungscharakter«. Und den haben diese Rollbretter definitiv. Sogar bei mir – und ich bin fast dreißig. Was für eine Entdeckung! Und was für eine Chance für mich: Ich konnte mal wieder in eine neu entstandene Sportart einsteigen und Pionier sein, inklusive aller Gratis-Erfolgserlebnisse, die auf Pioniere warteten. Tolle Sache.

Rollende Sportgymnastik

: Michael Frost

Der Prophet zum Berg –
Aasee-Hügel, Münster, Juni 1977

Am nächsten Tag haben wir unsere Freunde verdonnert, sich auch Bretter zu holen, und seitdem waren wir regelmäßig die Seniorentruppe vom Aasee-Hügel, schwitzten und stürzten und lachten mit den jungen Skatern. Spätabends hockten wir uns hin, bauten die Kugellager auseinander und schmierten sie mit Grafit, damit sie am nächsten Tag wieder anständig rollten. Denn das wollten wir auch tun.

Kunst-Turner

Foto: Michael

Schule machen

Dass ich, wenn die anderen mal nicht konnten, der einzige Erwachsene unter lauter halbwüchsigen Skatern auf dem Aasee-Hügel war, hat mir nichts ausgemacht. Zum Glück, denn genau das setzte die Kettenreaktion in Gang, die mich schließlich nach Karokh gebracht hat.

1978, ungefähr ein Jahr nach meinem Rollbrett-Erweckungserlebnis, ich war inzwischen Referendar am Münsteraner Hittorf-Gymnasium, kamen einige Schüler auf mich zu und fragten, ob ich nicht eine Skateboard-AG anbieten wollte. Sie hatten mich am Aasee-Hügel skaten gesehen und in der Schule wiedererkannt. Unter ihnen war auch Jörg Ludewig, ein pummeliger Junge mit wachen Augen. Er würde in den nächsten 35 Jahren verschiedenste Rollen in meinem Leben spielen: Schüler, Ziehsohn, designierter Nachfolger, Verräter, Konkurrent und schließlich respektierter Kollege. Wir beide ahnten natürlich nichts davon. Genauso wenig wie wir ahnten, wie sehr diese simple Frage unser beider Leben umkrempeln würde.

Eine Skateboard-AG? Ich fasste mir an den Kopf, dass ich nicht selbst auf die Idee gekommen war, und begann sofort mit den Vorbereitungen. Die Räume in der Schule waren schnell organisiert, Boards musste jeder selbst mitbringen, die einzig echte Herausforderung war die Frage, wie man Skateboarding eigentlich unterrichtet. Das hatte noch nie jemand versucht, das würde richtig Arbeit werden. Je mehr ich darüber nachdachte, desto stärker meldete sich mein Sinn für Effizienz zu Wort: »Titus, wenn du schon so viel Hirnschmalz in diese AG steckst, dann mach doch gleich mehr draus! – Mehr? Was denn? – Staatsexamen natürlich, du Schnellchecker.«

Mein erstes Staatsexamen in Geografie war bereits ein Meisterwerk an Effizienz gewesen: Wüsten jeder Art waren das, was mich interessierte, und ich habe die Examensanforderungen so lange gebeugt und gebogen, bis Wüsten mehr oder weniger das Einzige waren, worüber ich geprüft wurde, egal was als Pflichtthema vorgegeben war.

»Ein Kontinent«? Irgendwie hab ich den Maghreb, die Wüstenstaaten Nordafrikas, als Kulturkontinent durchgeboxt. »Ein physiogeografisches Thema«? Ich nahm Wüsten am Beispiel der Sahara. Und dann das Beste. »Eine deutsche Landschaft«: Da musste ich erst mal grübeln. Dann kam ich drauf: die Ostfriesischen Inseln! Die waren ja nichts weiter als Sanddünen in der Nordsee, feinkörnig und gelb wie ihre Kollegen in der Sahara.

Ein Skateboard-Staatsexamen also? Klasse Idee! Mit gleich drei Vorteilen: Erstens gab es weltweit noch keine einzige wissenschaftliche Arbeit über das Skateboarden, ich würde also der Erste sein und damit, wieder einmal, Einäugiger unter Blinden – das Examen war schon so gut wie bestanden. Wer würde schon den Mut haben, ohne Ahnung vom Skateboarden meine Arbeit durchfallen zu lassen? Zweitens könnte ich die gesamte Unterrichtsvorbereitung doppelt verwenden, die Arbeit würde sich sozusagen fast von selbst schreiben. Und drittens würde ich für die Examensarbeit jede Menge Zeit auf dem Skateboard verbringen »müssen«. Meine Stunden in der AG wären als Pflichtstunden anerkannt, und damit konnte ich die Hälfte meines Stundenkontingents auf dem Brett stehen. Mit anderen Worten: Mein neues Hobby würde offizieller und bezahlter Teil meines Berufs werden – Konfuzius ließ wieder mal grüßen: »Such dir einen Job, den du liebst …« Einen kleinen Nachteil gab es allerdings: Da ich der Erste war, der eine Arbeit übers Skateboarden schreiben würde, konnte ich nirgendwo »guttenbergen«. Aber irgendwas ist ja immer …

Jetzt musste nur noch die Prüfungsbehörde zustimmen. Bewaffnet mit einem Killerargument aus dem Curriculum für Gymnasien machte ich mich auf den Weg. Gegen die offizielle Ansage des Kultusministeriums: »Der Sportunterricht soll (…) Möglichkeiten zu einem sinnvollen sportlichen Freizeitverhalten eröffnen«, konnte die Behörde ja schlecht was sagen. Spätestens als ich dann meine Arbeit als »kritische Reflexion auf die Frage, ob Skateboarden im Schulsport überhaupt sinnvoll ist« verkaufte, war der letzte Widerstand gebrochen. Beim Hinausgehen dachte ich nur: »Ob Skateboarden sinnvoll ist? Da könnt ihr euren Arsch drauf verwetten!« Das war dann also geklärt und die weltweit erste wissenschaftliche Arbeit über das Skateboardfahren auf den Weg gebracht.

Das erste Mal

Mitte April 1978 startete die AG. Ich hatte für den Nachmittag die Turnhalle reserviert und war gespannt, ob überhaupt jemand kommen würde. Am Ende saßen mehr als zehn Kids mit einer erschütternden Sammlung schrottiger Plastikboards im Kreis um mich herum und sahen mich erwartungsvoll an. Ich hatte keinen konkreten Plan für diese erste Stunde, ich wusste ja nicht, auf was für eine Truppe ich stoßen würde. Entsprechend locker war meine Begrüßungsrede:

»Leute, ich hab genauso wenig Ahnung wie ihr, aber ich bin nun mal zufällig der Lehrer, also lasst uns mal gucken, wie wir das hier zusammen hinkriegen.«

Ich wollte gleich zu Beginn das typische Lehrer-Schüler-Verhältnis aufbrechen. Dieses »Zack, so geht das und jetzt Schnauze, alle nachmachen!« war ohnehin nicht mein Ding, vor allem aber passte es überhaupt nicht zum Skaten.

Skateboarden ist im Herzen ein totaler Individualistensport. Traditionen, Normen, starre Regeln, der ganze Erwachsenenballast hatte hier nichts zu suchen. Also sind wir es offen angegangen. Dass ich Rudelführer wurde, hatte mehr mit den 15 Jahren Altersunterschied zu tun als mit Lehrer-Schüler-Hierarchie. Ich wackelte ja nicht besser auf dem Brett rum als die Kids. Meine einzigen Vorteile waren meine größere Lebenserfahrung und die Sportlehrerausbildung, durch die ich viel über Biomechanik, Bewegungsabläufe und Didaktik gelernt hatte. Nach der Begrüßung sind wir erst mal locker durcheinander gefahren, und ich hab geschaut, was jeder Einzelne so drauf hatte. Das allein machte allen schon solchen Spaß, dass schnell klar war: Das hier wird was Längeres. Jetzt musste ich mir ernsthaft Gedanken über ein pädagogisches Konzept machen.

Die Schülersportgemeinschaft am Hittorf-Gymnasium. Jörg Ludewig betont lässig im weißen T-Shirt.

Kapitel 6

Brett im Kopf
Münster, 1978

Technik & Freiheit

Wenn man einen Skateboarder fragt:

»Wie oft trainierst du?«, wird er sagen:

»Trainieren? Ich? Nie! Ich skate nur, wenn ich Lust habe!«, wieder auf sein Board steigen und weiter seine Tricks üben. Das heißt, er trainiert die ganze Zeit, nennt es nur nicht so – weil es nicht aus Zwang oder reglementiert geschieht. Aber wie machte man für so einen Lust-und-Laune-Sport strukturierten, reglementierten Unterricht? Und: Wollte ich das überhaupt? Im Skateboarding gibt es keine normale Lehrer-Schüler-Beziehung, Skateboarder bringen sich das Skaten gegenseitig bei. Es gibt immer jemanden, der besser ist und den man ausfragen kann. Oder man guckt sich Tricks ab und übt sie. Es ist ein fließendes Weitergeben von Wissen und Können, ohne Methodik und Didaktik. Andererseits: Wenn sich in meinem Unterricht jemand verletzte, weil ich ihm keine gute Technik beigebracht hatte, war das schlecht für die Motivation und gut für die Versicherung, die dann alle Schuld und Kosten bei mir abladen konnte. Es waren ja nicht alle gleich hyperbegabt, wir hatten motorische Normalbürger dabei und Schüler, die noch nie auf so einer Planke gestanden hatten. Technik musste also sein. Aber nicht nur. Ich würde den Kids eine gute Grundlage mitgeben – und ihnen dann so viel Freiheit und Spielraum lassen, als wären wir wirklich nur Kumpels in einem Skate-Park.

Auf und Ab

Mein Grundgedanke war simpel: Der Schlüssel zum Skateboarding ist Selbstvertrauen. Ohne braucht man gar nicht erst aufs Brett zu steigen. Und Selbstvertrauen fängt damit an, dass man weiß: Ich kann jederzeit wieder heil von diesem komischen, wackligen, viel zu schnell rollenden Brett runter. Ergo:

Lektion 1: Fahren und Bremsen

Lektion 2: Runterfallen

Lektion 1 begann ganz einfach: ein Bein aufs Brett, das andere stößt ab. Mit nur einem Bein auf dem Skateboard kann selbst ein Anfänger nicht in die gefährliche Rücklage geraten, die gerade am Anfang aus Unsicherheit so gern eingenommen wird. Wer das beherrschte, durfte dann den anderen Fuß locker hinten mit aufs Board nehmen und das Kurvenfahren durch Gewichtsverlagerung üben.

Nächster Punkt: Bremsen. Zuerst mit dem hinteren Fuß schleifend über den Boden schubbern. Dann die Vollbremsung: Wir übten, aktiv nach vorne vom Brett herunterzulaufen, in der Hoffnung, dass es dabei stehen bliebe und nicht zum Geschoss werden würde. Diese ganzen langweiligen Ein-Bein-Übungen waren wichtig, um den gefährlichsten aller Anfängerfehler zu vermeiden, den Mr. Wilson. Wenn man den Schwerpunkt zu weit nach hinten legt, schießt das Skateboard nach vorne weg und man hängt plötzlich quer in der Luft. So ein Mr. Wilson nimmt meistens ein dickes Ende: Während der Arsch in Richtung Erdboden segelt, setzt der Reflex ein, sich beim Aufprall mit den Händen abzustützen. Das führt bei Anfängern oft zu zwei gebrochenen Handgelenken und Gipsarmen. Unangenehme Sache, vor allem, wenn man pinkeln muss.

Lektion 2 setzte dort an, wo die Fuß- und Nachvorneunterlaufbremse nicht mehr reichte und, physikalisch gesprochen, der Speed höher war als die maximale Sprintgeschwindigkeit des Skateboarders. Wenn es, anders gesagt, nur noch darum ging, sich kontrolliert auf die Fresse zu legen. Genau das haben wir extrem hartnäckig trainiert. Ich wollte, dass meine Jungs, wenn sie sich schon unbedingt hinlegen mussten, es wenigstens professionell machten: mit knochenschonendem Abrollen. Da sich Knieschoner mit Rutschkappen noch nicht bis Münster rumgesprochen hatten, war das unsere einzige Möglichkeit.

Erste Übung: mit ordentlich Speed gegen eine ausgelegte Turnmatte fahren, den Körperschwerpunkt runterbringen und dann elegant abrollend auf die Matte fliegen, während das Board abrupt stehen bleibt. Dann die Steigerung:

»Lasst es gar nicht so weit kommen, dass das Board stoppt, sondern springt vor dem Crash selbst vom Brett und rollt ab!«

Wheelie-Demo meiner Schüler bei der Hochschulsportshow der Uni Münster, Ende 1978

Erst mit Matte, dann ohne. Immer und immer wieder. Und dann noch mal. Bis wir alle es automatisiert hatten. Jetzt wusste der Körper, was er zu tun hatte, falls er auf Kollisionskurs mit einem unerwartet auftauchenden Hindernis oder zu schnell für die nächste Straßenkurve war. Jeder besaß damit seine persönliche Notbremse für den Fall, dass er seinen Grenzbereich überschritt. Dieser bewusst eingeleitete, gesteuerte Sturz nannte sich *bail*, im Gegensatz zum unkontrollierten *slam*, der oft harte Verletzungen nach sich zog. Wer den Bail beherrschte, war bereit für die nächsten Stufen: die Tricks – oder was wir dafür hielten.

Man beachte das Firmenlogo auf dem T-Shirt

Es gab vier offizielle Skateboard-Disziplinen: Freestyle, Hochsprung, Weitsprung und Slalom. Das waren einfach nur Adaptionen der entsprechenden Disziplinen aus Leichtathletik, Eiskunstlauf und Turnen. Man fuhr zwischen gestreiften Kegeln hin und her oder sprang vom rollenden Board über eine Latte und versuchte wieder auf dem Board zu landen. Man konnte sogar Deutscher Meister in so etwas werden. Heute wird das nur noch als *hippie jump* ironisch interpretiert. Beim Weitsprung wurde eine Turnmatte hingelegt. Auf der anderen Seite stand das Landeboard, ein schweres, rechteckiges Brett, das gerade noch die vom DRB (Deutscher Rollsport-Bund) vorgegebenen Maximalmaße einhielt. Das Ding sah aus wie eine Eisenbahnschwelle mit Rollen drunter. Wer heil darauf landete und weiterrollte, durfte am Ende vielleicht sogar das blonde Mädchen küssen, das die Medaillen überreichte. Und dann gab es noch Freestyle, die wildeste und jüngste aller Disziplinen. Man »tanzte« zu Musik mit dem Board eine einminütige Kür. Regeln gab es kaum, aber das Ergebnis sah trotzdem immer noch aus wie rhythmische Sportgymnastik mit Helm und Startnummerlätzchen – das Board blieb auf dem Boden, während der Fahrer alle möglichen Drehungen, Verrenkungen und Kunststückchen aus dem Turnunterricht darauf aufführte.

Diese Aufteilung in zappelnder Körper und ruhiges Board hatte einen simplen historischen Hintergrund: Die ersten Skateboarder waren Wellenreiter. Wenn die mangels Wellen nicht surfen konnten, übertrugen sie einfach ihre Wellenreiter-Tricks auf das Skateboard. Und diese Tricks bestanden aus wenigen *turns* (Drehungen) mit dem stabil gleitenden Brett und vielen *moves* (Bewegungen) mit dem Körper. Doch mit der Zeit entdeckten die Freestyler, dass das kleine leichte Skateboard viel mehr konnte als ein schweres Surfboard, und fingen an, das Brett selbst mehr und mehr zum Tanzen zu bringen, es durch die Luft zu wirbeln, während der Körper immer ruhiger wurde; inzwischen hat diese Skateboard-Entwicklung das Wellenreiten wiederum stark beeinflusst.

Skateboarden wurde also immer eigenständiger, aber der *ollie*, der Skateboard-Urknall, war noch nicht erfunden, zumindest hatten wir in Münster noch nie von ihm gehört. Und damit gab es all die neuen Tricks und Sprünge noch nicht, bei denen das Board mitspringt, ohne mit der Hand gesteuert zu werden, und ein echtes Eigenleben bekommt, sich um alle seine Achsen dreht, fliegt und wirbelt. Also suchte ich selbst nach neuen Ideen, wie wir lockerer mit dem Board umgehen konnten. Eine war, Skateboard und Ballsport zu verbinden: Wenn man sich darauf konzentrierte, mit dem Basketball einen Korb zu treffen, würde man das Skateboardfahren dem Unterbewusstsein überlassen müssen und nicht mehr dauernd verkrampft über die richtigen Bewegungsabläufe grübeln. Guter Ansatz, eine Weile haben wir tatsächlich Basketball und Fußball vom Board aus gespielt, aber am Ende waren es doch nur wieder fremde Sportarten, die aufs Brett gezwungen wurden.

Wir probierten weiter herum, denn im Grunde war die AG ein Testlabor: Welche Übung bringt was? Welche nicht? Und warum? Das waren die Fragen, denen ich nachging, während ich staunend zusah, wie schnell diese 15-Jährigen lernten. Fahrerisch hatten mich viele Schüler schon bald überholt. Meine Daseinsberechtigung bestand mehr und mehr darin, dass ich als Einziger die biomechanischen Abläufe analysieren konnte. Bei jedem neu entdeckten Trick war ich es, der herausfand: Wo gehört der Schwerpunkt hin? Wo muss man den Hebel ansetzen? Und wenn etwas nicht klappte, konnte ich meistens ziemlich schnell sagen, was man anders machen musste. Ich war sozusagen der Bewegungsablaufsberater der Gruppe. Als ich später das »Pushen« in der Halfpipe mit dem physikalischen Prinzip der Pendelverkürzung erklären konnte, war es egal, dass längst andere in der Pipe glänzten. Ansonsten hatten wir einfach gemeinsam Spaß, und keine Sau hat über Hierarchien nachgedacht. Und über noch etwas anderes haben wir nie nachgedacht in dieser Zeit: darüber, was uns das Skateboarden eigentlich jenseits von Körperbeherrschung, Balance und Feinmotorik noch alles beibrachte.

Aufstehen

Vielleicht, weil die eigentliche Lektion des Skateboardens so wahnsinnig simpel ist – was immer auch passiert: aufstehen. Und weitermachen. Skateboardfahren ist feinmotorisch so schwierig, man fällt dabei so oft auf die Schnauze wie bei keiner anderen Sportart. Skateboarder akzeptieren das. Akzeptieren, dass Stolpern und Stürzen, Schürfwunden und Schrammen, *bail* und *slam*, blaue Flecken und rotes Blut, angeknacktes Ego und angeknackste Knochen dazugehören. Und stehen wieder auf. Genau das macht sie überhaupt erst zu Skateboardern.

Das Verrückte ist: Schafft man das beim Skateboarden, dann schafft man es auch im restlichen Leben. Denn egal ob in der Schule, im Beruf, in der Halfpipe oder in der Liebe: Der Schmerz des Hinfallens und Scheiterns ist am Ende immer und überall der gleiche. Skateboarding lehrt dich, mit diesem Schmerz umzugehen, mit Angst, mit Versagen, mit deiner Unvollkommenheit. Skateboarding lehrt dich: Nach dem Auf-die-Schnauze-Fallen kommt das Wieder-Aufstehen.

Jugendschutz

Und noch etwas macht Skateboarden besonders: Erwachsene haben keinen Zutritt. Klar gibt es inzwischen einige über 30-Jährige, die skaten, aber nur, weil sie es in ihrer Jugend gelernt haben. Ansonsten gilt: Skateboarden, das können nur Jugendliche. Und das ist auch gut so – es gibt ja ansonsten kaum noch Dinge, mit denen sie sich von der Elternwelt abgrenzen können. Metal und Hip-Hop hören, kiffen, Street Wear tragen? Das ist inzwischen mehr oder weniger Erwachsenen-Mainstream, weil jede neue Subkultur ruck, zuck von der allmächtigen Popkulturmaschine aufgesogen und konsumierbar gemacht wird. Für die Jugendlichen ist das scheiße: Es gibt kaum noch ein Ausdrucksmittel, das nur ihnen gehört.

Skateboarden ist seit drei Jahrzehnten die große Ausnahme. Es ist exklusiv im Besitz der Jugendlichen, und das nicht nur wegen der feinmotorischen Anforderungen. Welcher Erwachsene sieht schon einen Sinn darin, acht Stunden lang zu versuchen, mit dem scheiß Board aufs Treppengeländer zu kommen, sich dabei fünfmal auf die Fresse zu legen, im Krankenhaus verbinden zu lassen und dann mit nässendem Verband und voller Begeisterung weiterzumachen, bis es irgendwann endlich klappt? – Eben. Genau das ist es, was die Jugendlichen anzieht:

»Skateboarding? Das kapieren meine Eltern nicht, das kapieren meine Lehrer nicht, das kapiert auch die Polizei nicht – das ist meins!«

Das wurde plötzlich zum Problem für mich: Wenn ich so etwas Grundrebellisches wie Skateboarden in das Korsett schulischer Strukturen steckte, verlor es dann nicht seine Kraft? Oder anders gefragt: Wenn der Pauker mitmacht, können sich die Jugendlichen mit Skaten noch von der Erwachsenenwelt abgrenzen? Sie konnten. Vielleicht weil ich ihnen einfach nur Handwerkszeug an die Hand gab. Was sie damit anstellten, war ihre Entscheidung. Ich wollte sie nur hungrig machen, ihnen zeigen, dass das Leben geiler war, wenn man für etwas brannte. Das musste gar nicht Skateboarding sein, Hauptsache, sie verstanden das Prinzip. Damals machte ich das aus dem Bauch heraus, heute bestätigt die Neurobiologie den Pädagogeninstinkt: Im Gedächtnis bleibt nur hängen, was dich fasziniert, packt, dir unter die Haut geht. Oder, wie Professor Gerald Hüther, einer der renommiertesten Neurobiologen hierzulande, mal sagte: »Begeisterung ist Dünger fürs Gehirn.« Mein Reden.

Aber diese ganze wissenschaftliche Ebene war nie ein Thema in der AG. Wir hatten einfach Spaß zusammen und dehnten unsere Skate-Sessions sehr schnell auf die AG-freien Nachmittage aus. Langsam, aber sicher geschah jetzt alles im Zeichen des Skateboards. Meine Examensarbeit. Meine Freizeit. Und meine völlig unbeabsichtigte Wandlung zum Geschäftsmann.

Kapitel 7

Rampen und Rollen
Münster, 1978–1982

Materialschlacht

Mir war bald klar: Mit den chinesischen Billigboards würden wir nicht weit kommen. Wir brauchten besseres Material. Und die Aufgabe, das zu besorgen, fiel mir als einzigem Erwachsenen unserer »Gang« ganz von selbst zu. Also habe ich 1978 zuallererst die Münsteraner Sportgeschäfte abgeklappert. Der erste große Skateboard-Boom war zwar schon vor ein paar Jahren in sich zusammengebrochen, aber hier und da lungerten noch Restbestände in Regalen oder verstaubten Kellerräumen herum, vor allem bei der Sportartikelkette Voswinkel. Bei denen habe ich die hochwertigen Sachen aufgekauft und auch noch 20 Prozent rausgeholt – die waren froh, den alten Krams endlich loszuwerden. Als Voswinkel in Münster abgegrast war, haben die in ihren anderen Filialen nachgefragt, bis wir uns alle Boards in Reichweite unter den Nagel gerissen hatten. Aber auch diese Bestände waren schnell verschlissen und ich musste immer weitere Kreise ziehen. Als Nächstes zu California Sun, kurz CS, im Sauerland. Die hatten nicht nur Restbestände aus den USA, sondern auch eine eigene Produktion.

R-E-S-P-E-C-T

Aber in Wahrheit war das Material das kleinere Problem. Das größere war, überhaupt Plätze zum Skaten zu finden. Wir hatten kleine transportable Jumpramps, die wir aufbauten, wo immer sich ein Hof, ein Vorplatz oder einfach nur eine ruhige Wohnstraße anbot. Aber an keinem Platz konnten wir länger bleiben, weil unsere Ramps so unglaublich laut waren. Kaum rollten wir zum ersten Mal drüber, hagelte es Beschwerden der Anwohner. Am Ende stand der mühsame Aufbau in keinem Verhältnis zu der kurzen Zeit, die wir mit Fahren zubringen konnten, bevor wir mal wieder von der Polizei vertrieben wurden. Die Beamten rollten nur noch mit den Augen, wenn sie an den »Tatort« kamen und uns sahen. Ich wurde genervt herangewunken:

»Dittmann! Sie schon wieder? Die Bahn da muss weg. Ruhestörung, öffentliche Ordnung, nicht genehmigte Veranstaltung et cetera, Sie kennen ja die Liste...«

Diese kleinen Querelen waren ärgerlich für uns – und ein kleiner Vorgeschmack auf Kommendes. Hier tauchte ein Thema auf, das zwei Jahrzehnte später schließlich zu Straßenschlachten mit berittenen Polizisten und brennenden Fahrradbergen führen sollte: Respekt. Oder genauer: der Mangel an solchem. Beim Skateboarding stehen auf der einen Seite junge Leute mit pubertärer Energie und mangelndem Selbstbewusstsein, das sie durch erhöhte Bockigkeit und Lust an Provokation wettzumachen versuchen. Auf der anderen Seite stehen Ordnungskräfte, die die Grenzüberschreitungen der Jugendlichen nur als zu unterbindende Regelverstöße interpretieren können, nicht als ganz natürliches »Freischwimmen«. Da trafen zwei Welten aufeinander. Wenn dann ein Dutzend pubertierender Münsteraner Skateboarder ohne Genehmigung irgendwo ihre Halfpipe aufbauten und mit Boards (und Stimmbändern) Krach machten, war das polizeilich gesehen schon am Rande der Ordnungswidrigkeit.

Später, als wir Streetstyle – oder die ersten zarten Anfänge davon – für uns entdeckten, Wände hoch und Treppen runter fuhren, Mülltonnen umkippten oder alte Ladys verschreckten, musste die Polizei nicht nur, dann wollte sie auch durchgreifen. Und weil Skateboarder in deren Augen Rotzlöffel in indiskutablen Klamotten waren, ging die Staatsmacht oft ohne Respekt auf die Gruppe zu. Aber Respekt ist *alles*, worum es in diesem Alter geht, gerade bei Skateboardern.

»Die haben keinen Respekt? Denen zeigen wir's mal!«

Und rums! war der Konflikt da.

Respekt funktioniert eben nur wechselseitig: Wer ihn haben will, muss ihn auch erweisen, gerade Skateboarder sind da extrem sensibel. Zum Glück war ich meistens in der Nähe, wenn es krachte, und konnte vermitteln – meine Mischung aus »Studienrat« und »Skateboarder« machte mich für beide Seiten irgendwie akzeptabel. Ich hatte die einfache Grundregel, immer beide Seiten mit Respekt zu behandeln. Auch die Polizisten. Selbst wenn mich manche Skateboarder dafür schief angesehen haben. Zum Glück bin ich dabei geblieben, denn nur weil ich beide Seiten respektierte, konnte ich später, als es wirklich hart auf hart kam, in die jeweilige Höhle des Löwen gehen: zu den Hardcore-Skateboardern mit Wurfgeschossen in den Händen und vorbei an den Panzerwagen in die Einsatzzentrale der Bereitschaftspolizei. Das hat mir zwanzig Jahre später in Münster und Dortmund ein paarmal buchstäblich den Arsch gerettet.

So dramatisch war es Ende der 70er in Münster natürlich noch lange nicht. Hier konnte ich die Konflikte mit ein paar beruhigenden Sprüchen entschärfen. Das Gemecker der Anwohner und Polizisten war ja verständlich – frustrierend war nur, dass es in ganz Münster keinen Ort zum Skaten für uns gab.

Show Nr. 1

Und dann hatte ich 1979 eine Idee. Sie war nicht so radikal wie die von Maggie Thatcher, die als frischgebackene Premierministerin gerade begann, Großbritannien zu privatisieren, und nicht so großartig wie die von Rupert Neudeck, der im selben Jahr anfing, mit seiner *Cap Anamur* die Boatpeople aus dem Südchinesischen Meer zu fischen. Aber für uns Münsteraner Skateboarder war sie epochal und führte dazu, dass wir nicht mehr wie eine kleine Guerillatruppe überfallartig irgendwo auftauchen mussten, sondern angefragt, ja angebettelt wurden, doch bitte zum Skaten zu kommen. Sie machte aus den ewigen Störenfrieden der öffentlichen Ordnung umjubelte Halfpipe-Helden. Und sie war die Geburtsstunde des Titus Skates Show Teams (TSST). Dass bei dieser Idee Autos, genauer: Enten, eine zentrale Rolle spielten, war irgendwie auch nicht überraschend.

Als Mitglied des Münsteraner Enten-Clubs und eingefleischter Citroën-Fahrer und -Schrauber hatte ich naturgemäß ein gutes Verhältnis zum Citroën-Händler vor Ort. Der sponserte meinen Hängegleiter und dazu die Startgelder für die Deutschen Drachenflug-Meisterschaften. Als ich mitbekam, dass mal wieder ein neues Auto vorgestellt werden sollte, hatte ich eine Eingebung:

»Pass auf!«, sagte ich zu ihm. »Wir liefern dir für deine Verkaufsausstellung eine Sensation, so was gab's hier in Münster noch nie: eine echte Halfpipe-Show!«

Was er nicht wusste, war, dass wir erstens überhaupt keine echte Halfpipe hatten, nicht mal eine unechte, und dass zweitens keiner von uns in so einer

Rampe fahren konnte. Wo hätten wir das auch lernen sollen? Egal, er sagte zu und bot als Dreingabe Würstchen und Cola für alle.

»Abgemacht«, sagte ich, »dann also nächsten Samstag.«

Skateboard-Doppel in unserer ersten Halfpipe

Darauf, nach Bezahlung zu fragen, wäre ich im Traum nicht gekommen. Ich rannte zum nächsten Telefon und rief die Jungs von CS an, die noch irgendwo eine Halfpipe rumstehen hatten. Aber es gab Transportprobleme und die Pipe kam erst am Samstagmorgen, direkt vor unserer Show in Münster an. »Halfpipe« war sowieso übertrieben: Es waren lediglich zwei »Quarters« genannte Viertelröhren, kaum zwei Meter hoch, rot angestrichen und nicht zerlegbar. Aber – für uns waren es Prachtstücke. Wir rückten die beiden Quarters gegeneinander – und plötzlich wurde aus unserer Begeisterung Entgeisterung: Zusammengestellt ergaben die Quarters nämlich eine extrem enge und steile Halbröhre, steiler als alles, was wir jemals gefahren waren. Wie sollten wir da hineinkommen? Einen *drop-in*, also das Hineinfahren von oben, beherrschte keiner von uns. Nervös fingen wir an, Witze zu reißen. Bis irgendwem plötzlich die rettende Idee kam: Wir rückten die beiden Quarters einfach etwas auseinander und erfanden damit (wahrscheinlich nicht zum ersten und ganz sicher nicht zum letzten Mal) den »Flat Bottom«, das flache Bodenstück zwischen den Wänden der Pipe, das Jahre später zur Standardform der Halfpipe wurde. Dank dieses Flat Bottom konnten wir jetzt bequem von der Seite hineinrollen, und endlich konnte es losgehen: Das vor einer Woche gegründete Titus Skates Show Team begann zwischen Enten, Kastenenten, HYs und allem, was das Citroën-Programm sonst noch hergab, seine erste Show.

Die Holz-Pipe mit ihren zwei Metern kam uns zwar schwindelerregend hoch vor und war uns auch ansonsten so vertraut wie ein Jupitermond, aber zu unserem Glück hatte in Münster niemand einen blassen Schimmer, wie richtiges Skateboarden aussah. Als wir unsere »Show« begannen (in Wahrheit haben wir einfach nur vor Publikum geübt und uns dabei ständig auf die Schnauze gelegt), stand der autointeressierte Teil der Stadt erst mit offenem Mund und dann begeistert johlend dabei, während wir Dinge zeigten, die nach Münsteraner Kenntnisstand das Gewagteste vom Gewagtesten waren. Die Leute hatten schlicht noch nie gesehen, wie jemand mit dem Skateboard Wände hoch- und runterrollte – und das allein genügte schon. Manchmal ist das Leben in der Provinz ein Segen.

Die »Show« wurde ein rauschender Erfolg für den Händler, sodass wir von da an regelmäßig seine Verkaufsaktionen aufpeppten. Endlich konnten wir nicht nur legal und ohne Zeitlimit, sondern sogar umjubelt und mit warmer Gratiswurst im Bauch skaten. Wir hatten unsere erste Trainingsstätte gefunden.

RollerSkateboard

Es gab allerdings eine Schattenseite: Je mehr wir fuhren, desto mehr Material verschlissen wir. Material, das immer knapper wurde. Als ich in Deutschland keine Boards mehr auftreiben konnte und auch die deutsche CS-Produktion unseren Vorstellungen von coolem US-Stuff nicht mehr entsprach, ging's nach Holland. Deren Skateboard-Boom in den 70ern war noch heftiger gewesen als bei uns – entsprechend viele Halfpipes standen unbenutzt herum und entsprechend mehr Boards und Rollen waren noch aufzutreiben. Als sich dort herumsprach, dass ein Irrer in Deutschland alles aufkaufte, was Rollen drunter hatte, kam ein Holländer regelmäßig mit seinem Kombi voller Stuff zu uns nach Münster. Der Mann hatte gutes Zeug dabei (nein, nicht diese Art von Zeug), auch amerikanische Marken, eine bunte, aber hochwertige Mischung aus Restbeständen, aus der ich mir dann die besten Teile heraussuchte. Er sei mal einer der größten holländischen Großhändler gewesen, erzählte er, inzwischen mache er seine Geschäfte aus einem Wellblechschuppen in seinem Garten. Wir begegneten uns sozusagen an der Kreuzung seines absteigenden und unseres aufsteigenden Astes: Was ihm sein Blechschuppen, war für Brigitta und mich mittlerweile unsere Küche.

Seit unserer Hochzeit 1974 wohnten wir in einer Sozialwohnung vom Deutschen Heim mit Kohleofen auf satten 41,5 Quadratmetern für 112 DM im Monat. Klingt wenig, war aber viel Geld, nicht nur bei 300 DM BAföG, sondern auch beim mageren Referendariatsgehalt. Von hier aus versorgten wir die Münsteraner Miniszene. Zuerst kamen nur ab und zu die Jungs aus der AG, um sich ein Paar neue Rollen oder ein Board zu holen, das ich irgendwo aufgetrieben hatte. Dann tauchten deren Freunde auf, aber auch das war noch ganz entspannt. Als Skateboarding 1979 weitere Kreise zog, wurde unsere Küche nach und nach zu Werkstatt, Showroom, Kassentresen und schließlich Anprobekabine. Aber praktisch über Nacht wurden im selben Jahr Rollerskates – nicht zu verwechseln mit Rollerblades oder Inlineskates – unter dem Namen Hotskater populär, und das hieß für uns: Schluss mit gemütlich. Aus wenigen ab und an hereintröpfelnden Kunden wurde ein Tsunami Kaufwilliger, und diesmal waren es nicht nur Halbwüchsige, jetzt kamen auch die höheren Semester. Durch unsere Kontakte zu California Sun, die auch Hotskates herstellten, konnten wir blitzschnell reagieren und den explodierenden Bedarf in Münster praktisch im Alleingang abdecken. Alles vom Küchentisch aus.

Da uns die Kohle fehlte, größere Mengen im Voraus zu finanzieren, bin ich jeden zweiten Tag mit der Ente ins Sauerland gefahren und habe Rollerskates-Nachschub von CS geholt, während Brigitta am Küchentisch weiterverkaufte. Später fuhren wir dann mit unserem neuen Citroën HY hin, einer Art Wellblech-Lieferwagen mit platter Schnauze, da passte erheblich mehr rein. Als die etablierten Sportgeschäfte davon Wind bekamen, dass unterhalb ihres Radars ein ganz neuer Markt entstanden war, verlangten sie von unseren Lieferanten:

»Ihr müsst aufhören, den zu beliefern, der macht doch den Markt kaputt mit seinem Bauchladen! Das muss doch ein seriöses Business bleiben!«

Aber die Großhändler und Produzenten dachten nicht im Traum daran, diesen chaotischen Küchentisch-Händler zu beschneiden.

»Machen Sie erst mal so viel Umsatz wie Titus, dann können wir darüber reden.«

Machten sie natürlich nicht. Der Markt gehörte uns. Damit war das Thema durch.

Wir dagegen machten stetig mehr Umsatz. An manchen Tagen wechselten bei uns 10000 DM den Besitzer, und es hätte noch mehr sein können: Ein Paar Schuhe kostete um die 100 DM, aber mehr als 100 Verkäufe am Tag waren zeitlich einfach nicht machbar. In der Rushhour mussten die Kunden bis zu vier Stunden warten, bis sie bedient wurden. Trotzdem war immer Topstimmung auf unseren 41 Quadratmetern, manche fühlten sich sogar gestört, wenn sie endlich an der Reihe waren, weil gerade die Unterhaltungen auf den Sofas bei uns im Wohnzimmer so gut liefen. Brigitta machte die Kasse und ich flitzte durch die Wohnung und in den Kohlenkeller drei Stockwerke tiefer, um die Rollen aus dem Kleiderschrank, die Kugellager aus dem Nachttischränkchen und die Fahrgestelle aus den Kellerregalen herbeizuschleppen. Die Tage waren oft so chaotisch, dass wir abends einfach alle Schrauben, Rollen, Werkzeuge und Fahrgestelle auf dem Küchentisch liegen ließen und zum Griechen gingen. Das Aufräumen lohnte sich eh nicht: Am nächsten Mittag ging der Zirkus ja weiter und morgens war Brigitta an der Uni und ich an der Schule.

Bald war es nicht mehr zu leugnen: Der Küchentisch war an seinem Limit angekommen. Und nicht nur der. Die ganze Bude platzte allmählich aus allen Nähten. Als Hobby war das keinem Finanzamt mehr zu verkaufen. Da mir als Beamter auf Probe jegliche Nebentätigkeiten verboten waren, hatte sich Brigitta schon sehr frühzeitig einen Reisegewerbeschein und uns damit aus der Illegalität geholt. Jetzt konnten wir uns mit unserem Citroën HY vor die Uni-Mensa stellen und Stuff verkaufen. Vielleicht würde das den Küchentisch etwas entlasten.

Hände hoch!

Aber Pustekuchen. Die Nachfrage wurde immer größer, bis sogar California Sun mit der Produktion nicht mehr nachkam. Ich habe kurzerhand nachmittags meine Schüler eingepackt, bin ins Sauerland gefahren und habe mit ihnen CS geholfen, Rollerskates zusammenzuschrauben. Abends sind wir bis unters Dach vollgeladen mit neuen Hotskates zurückgegondelt, und die Schüler waren pünktlich zum Abendbrot zu Hause.

Nur einmal kam uns etwas dazwischen: Seit der Ermordung Schleyers 1977 und dem Deutschen Herbst waren erst zwei Jahre vergangen, die Rote Armee Fraktion hatte gerade den NATO-Oberbefehlshaber Alexander Haig von der Straße zu bomben versucht und wir gerieten auf dem Rückweg über die Sauerlandlinie in eine Terroristenfahndung der Polizei. Der HY ist gnadenlos überladen, die Jungs haben keine richtigen Sitzplätze, sie liegen oben auf der gestapelten Ware, direkt unter dem Autodach, denn der Rest ist voller Kartons. Wir werden von einem Polizeifahrzeug auf einen Rastplatz geleitet. Überall stehen Polizisten mit schusssicheren Westen, Maschinenpistolen im Anschlag. Ich muss mit erhobenen Händen aussteigen und vergesse vor lauter Aufregung, die Polizisten darüber zu informieren, dass hinten auf der Ladefläche noch Leute liegen. Vielleicht hoffe ich auch, dass niemand den mit Sicherheit illegalen Schülerstapel bemerkt. Einer der Beamten öffnet langsam die seitliche Schiebetür, zwei weitere sichern ihn mit schussbereiten Waffen. Als die Tür offen ist, sind – Gott sei Dank – nur Kartons zu sehen. Die Jungs liegen unsichtbar obendrauf im Halbdunkel. Aber plötzlich bekommt einer der Schüler Schiss und bewegt sich. Der Beamte zuckt zusammen, sein Backup-Team wird hektisch, reißt die Waffen hoch, ruft nach Verstärkung.

Unser Citroën HY: Wohnmobil, Wettkampfbüro, Tourbus und Verkaufsstand in einem

Es dauert ungefähr eine Stunde, bis wir alles zum dritten Mal erzählt haben und der Wagen bis in die letzte Ecke von Spürhunden durchsucht ist.

Rubel & Rollen

Trotz des großen Erfolges, Brigittas Gewerbeschein und unseres stolzen Namens »Titus Roll Sport« waren wir aber noch immer kein professionelles Business. Wir arbeiteten, wenn es um den erweiterten Kreis meiner Schüler ging, wie eh und je nach dem Prinzip Einkaufspreis = Verkaufspreis. Weder meine Zeit noch meinen Aufwand habe ich weiterberechnet, und wenn ich ins Sauerland musste, um Material zu besorgen, gingen Benzin und alles andere auch auf meine Rechnung. Doch jetzt, mitten im 1979er Rollerskate-Boom, wollte immer öfter auch der Freund in Frankfurt was und dann dessen Kumpels und dann deren Bekannte aus Köln, und wir hatten auf einmal nicht mehr 20 Kunden, sondern 2000. Das fraß meine Zeit, und die Transportkosten gingen durch die Decke.

Also habe ich eine Zeit lang versucht, zweigleisig zu fahren: Meine Schüler und das Titus Skates Show Team wurden weiterhin zu Einkaufspreisen versorgt, während ich ansonsten anfing, über meine Kosten nachzudenken. Um Rendite oder Gewinn ging es da noch gar nicht.

Den Rubikon vom Lehrer-Kümmerer zum Rollsport-Warenhändler überschritt ich irgendwann 1980, als ich zum ersten Mal bei einem externen Kunden meine Paket- und anderen Kosten Pi mal Daumen draufpackte. Pi mal Daumen deshalb, weil ich in Wahrheit gar keine Ahnung hatte, was genau unsere Kosten überhaupt waren. Die Buchhaltung fand bei uns noch in Schuhkartons statt, und Brigitta und ich mussten uns extra hinsetzen, um klarzubekommen, was ich eigentlich jeden Monat von meinem Gehalt (auch wenn es inzwischen ein echtes Lehrergehalt war) obendrauf zahlte. Wir machten Kassensturz. Nicht wirklich überraschend kam unter Berücksichtigung aller Kosten ein neuer Verkaufspreis für die Artikel heraus, der deutlich höher lag als der Einkaufspreis. War das in Ordnung? Wurde ich jetzt Ausbeuter und Kapitalist? Konnte ich das mit meinem 68er-Gewissen vereinbaren?

Bauchschmerz. Blick auf die Zahlen. Seufzer.

Unser Laden hatte solche Dimensionen angenommen – eines war klar: Mein Lehrergehalt reichte nicht mehr aus, um unseren Kunden das Skateboard- und Rollerskatefahren zu subventionieren. Ich sagte:

»O.k., höhere Preise. Aber nur ein bisschen!«

Brigitta guckte komisch.

Dieser Prozess war deshalb so mühsam für mich, weil ich mit ganz anderen Idealen aufgewachsen war: freie Liebe, Misstrauen gegenüber dem Establishment, Kapitalismuskritik, Dope für alle – das waren die Leitbilder meiner Jugend. Und jetzt plötzlich: Geld verdienen mit, na ja, mit Konsumgütern? Die Beamtenbesoldung zählte nicht, da ging es ja um die hehre Aufgabe, die Jugend zu erziehen. In der ersten Zeit mit den »neuen« Preisen habe ich mehr als einmal geschluckt. Obwohl: So viel Zeit fürs Schlucken blieb gar nicht, in unserer Ladenküche war einfach zu viel los. Unsere Nachbarn waren davon gar nicht begeistert.

Von Anfang an voll dabei: Brigitta

Samstags wälzte sich eine immer längere Schlange wildfremder Menschen durch unser Treppenhaus – und wir hatten weder für unsere Kunden noch für unsere Sachen genügend Platz. Das Deutsche Heim machte Druck: Wir sollten raus. In der Schützenstraße mieteten wir dann unseren ersten eigenen Laden.

Zu Ralf Middendorfs (ganz links) Geburtstag fein gemachte Skateboarder. Der Stinkefinger neben mir gehört Jörg Ludewig.

Pimp my Ramp

Skateboarden wurde parallel zum Rollerskaten immer größer und wir fanden, das sollte eigentlich auch für unsere Halfpipe gelten. Die kleine war inzwischen keine Herausforderung mehr. Über unseren holländischen Exgroßhändler bekam ich Kontakt zu einem anderen Holländer, der seine Holz-Halfpipe für 150 Mark loswerden wollte. Wir sind mit ein paar Schülern aus der AG hin, haben die 150 DM hingeblättert und die Bahn mit nach Hause genommen. In Holland fuhr ja eh niemand mehr.

Diese Halfpipe war mit ihren drei Metern Bauhöhe definitiv amtlich und passte perfekt zu unserem wachsenden Selbstbewusstsein. Lautstärkemäßig verhielt sie sich gegen die halb so hohe CS-Bahn wie ein Presslufthammer gegen einen Buntspecht: Da sie aus vielen schlecht zu fixierenden Holzelementen bestand, war sie der perfekte Resonanzkörper für die auf das Holz knallenden Skateboards. Es klang, als wenn jemand den ganzen Tag auf einer riesigen Trommel rumhämmerte. Ich konnte zum ersten Mal verstehen, dass die Leute wahnsinnig wurden, wenn wir loslegten. Aber wenn wir einen Showauftritt hatten, dann war der Lärm für das Publikum plötzlich nicht mehr nervtötend, sondern wie der Trommelwirbel beim Salto mortale: dramatischer Soundtrack zu unseren immer waghalsigeren Tricks.

Ich habe für die Bahn einen speziellen Anhänger konstruiert, in den alles genau hineinpasste. Wenn wir dann mit dem Titus Skates Show Team in unserem Citroën HY und dem Hänger dahinter durch Münster gondelten, sah das immer aus, als würden wir Schrottholz durch die Gegend karren. Wir waren irre stolz. Und unsere Auftritte wurden noch spektakulärer. Dabei haben wir eigentlich all unsere Tricks vor Publikum gelernt, das uns dabei dankbar angefeuert hat und alles Trainieren für einen Teil der Show hielt.

Als wir wieder einmal unseren »Trainingstag« beim Citroën-Händler haben, entschließe ich mich, endlich den *drop-in* zu meistern. Ungefähr hundert Zuschauer sind da, und ich als einziger, zudem langhaariger, schlaksiger Erwachsener unter all den Skateboard-Kids, klettere durchs Gebälk nach oben und versuche, mich aus drei Metern Höhe in die Tiefe zu stürzen. Das klappt auf Anhieb. Jedenfalls der Teil mit dem Stürzen. Auf dem Brett bleibe ich natürlich nicht, die Hälfte der Strecke nach unten lege ich auf dem Hintern oder in stabiler Seitenlage zurück. Einmal, dreimal, ein Dutzend Mal. Aber immerhin: Der gefürchtete Mr. Wilson holt mich jedes Mal ein wenig später vom Brett und schließlich erst beim Hochfahren der Gegentransition. Ich höre auf zu zählen und komme in einen seltsamen, konzentriert-schwerelosen Rausch. Ich bin *in the zone*: reinstürzen, raufklettern, reinstürzen, raufklettern, reinstürzen, raufklettern … immer weiter. Ich habe aus Angst immer noch zu viel Rücklage, und jedes Mal schießt mein leeres Board hinaus über die Menschenmenge, die sich jetzt immer dichter um die Bahn drängt. Vielleicht ist es Mitleid mit dem unbeholfenen Erwachsenen, vielleicht schwingt ein bisschen Respekt mit, vielleicht will die Menge auch einfach nur Blut sehen, jedenfalls sprintet immer jemand los, sammelt das Brett ein, gibt es mir zurück und die Zuschauer beginnen rhythmisch zu skandieren:

»Ho, ho, ho …!«

Ich habe eigentlich keinen Bock mehr, weil ich mich so oft hingelegt habe, aber das Publikum treibt mich wieder nach oben. Und dann, vielleicht nach dem zwanzigsten Mal, schaffe ich den *drop-in* plötzlich und rolle von der Gegenseite *fakie*, also rückwärts, zurück. Der Applaus-Sturm, der losbricht, ist frenetisch. Tony Hawk hat, glaube ich, für seinen 900°-Stunt 2006 auch nicht viel mehr Jubel geerntet, jedenfalls relativ gesehen.

Meine ersten Drop-in-Versuche

Mit jeder Trainingssession auf der 3-Meter-Halfpipe wurden wir besser, und ich fing an, mir über Choreografien Gedanken zu machen. Zuerst waren das noch ganz primitive Manöver, wir sind ja anfangs nur *fakie*, ohne uns zu drehen, hin- und hergerollt, keiner konnte einen sicheren *kickturn*. Unsere erste spektakuläre Schlussnummer bestand darin, dass zwei Leute synchron und parallel zwischen den Rändern der Halfpipe hin- und herrollten, während ich in der Mitte wartete. Wenn die beiden ihren Rhythmus gefunden hatten, bin ich genau entgegengesetzt losgefahren: Rollten die die rechte Seite hoch, war ich auf der linken, und andersherum. Das war komischerweise für die Zuschauer der Hammer, die konnten gar nicht glauben, dass man mit so einem Wackelbrett die Spur halten kann. Die haben sich angesehen und gesagt:

»Gleich, gleich krachen die zusammen, wetten?«

Sind wir nicht, und der Applaus war riesig. Diese Anerkennung war uns Belohnung genug: Wir hatten das Gefühl, wir konnten etwas, das der Rest der Welt nicht konnte.

Jungstars

Diese Erfahrung schweißte uns zusammen, wie eine Band nach ihrem ersten Hit. Wir waren chronisch euphorisch, posierten zu zehnt in unserer Badewanne mit Boards und Victoryzeichen oder ließen aus dem fahrenden HY mit laut aufgedrehter Musik vor jungen Damen die Skateboarder-Sau raus – was natürlich eher für Selbstliebe als Verliebtheit in die überrumpelten Passantinnen sprach. Aber wir konnten nicht anders: Alles ging, wir erfanden unsere eigene Welt und waren plötzlich eine begehrte Truppe.

Unsere Show während der Rollerdisco in der Halle Münsterland

Foto: Christoph

Als die *Westfälischen Nachrichten* in der Halle Münsterland 1979 für eine Woche eine Rollerdisco veranstalteten, wurden wir eingeladen, dort unsere Show zu fahren. Wir konnten es kaum fassen. Das war wie Weihnachten und Ritterschlag an einem Tag. Wir kamen immer noch nicht auf die Idee, nach einer Gage zu fragen. Wir bauten unsere Holz-Pipe im Innenraum der Rollerskate-Bahn auf und sperrten den ganzen Bereich mit Ketten ab: Diesen hochheiligen Raum durfte nur das Titus Skates Show Team betreten. Dann warteten wir während der Rollerdisco, bis die Scheinwerfer auf uns gerichtet wurden, und fuhren unsere Show. Alle Rollerskater standen im Kreis um uns herum und staunten.

Unsere rollende Altholzsammlung

Unsere Show sah nicht nur für die Rollerskater spannend aus, sie war es auch für uns: Mit der neuen Halfpipe hatten wir noch nicht sehr viel Erfahrung, erst seit Kurzem schafften alle aus dem Team überhaupt *drop-in* und *kickturn*. Das Problem war: Oben auf der Pipe gab es keine Plattform, sondern nur den schmalen Abschlussbalken, auf dem man das *tail* des Boards positionieren konnte, und die verlängerten Stangen der Stützkonstruktion, an denen wir uns festhalten konnten. Um dorthin zu gelangen, mussten wir mit den Boards – oder schlimmer noch mit Rollschuhen – die Bahn von hinten per Leiter besteigen und uns dann von der Kante der Pipe drei Meter in die Tiefe stürzen. Die Zuschauer hielten zu Recht den Atem an. Obwohl wir kaum Tricks konnten, kamen wir uns vor wie Evel Knievel beim Sprung über den Grand Canyon.

Es gab sogar einen eigenen Backstagebereich für uns: Unter der Halfpipe hatten wir Turnmatten ausgelegt und das Mattenlager mit einer Plane unseres Sponsors Pernod abgehängt. Geld bekamen wir auch von Pernod nicht dafür, aber immerhin konnten wir so viel Pernod saufen, wie wir wollten. In dieser selbst gebauten Höhle chillten wir zwischen den Shows, laberten dummes Zeug und genossen es, die Helden zu sein. Wir hatten es mal wieder hingekriegt! Wir hatten uns in einer skateboardfeindlichen Welt ein kleines Universum nur für uns gebaut. Und ich genoss es, Kopf dieses Universums zu sein. Das war mein Leben, dafür hatte ich gekämpft und alles gegeben. Brigitta war voll mit dabei, auch sie konnte die Wände rauf- und runterrollen, und sogar der *kickturn* klappte – damit war sie in den Augen der Kids als »alte« Frau die Königin.

Und alles, was wir erlebten und lernten, half mir auch noch bei meiner Examensarbeit übers Skateboarden – ich fühlte mich wie ein Hippie, der auf Rezept kiffen durfte.

Hammonense noch alle?

»Versuch einer Einführung des Skateboardfahrens in eine Schülersportgemeinschaft eines Gymnasiums. Ein Beitrag zur Freizeiterziehung in der Schule.«

So lautete der Titel meiner Hausarbeit zum zweiten Staatsexamen als Referendar am Münsteraner Hittorf-Gymnasium. Jeden unserer Schritte innerhalb und außerhalb der AG hatte ich protokolliert und analysiert; die didaktischen Konzepte, die erfolgreichen und erfolglosen Übungen, einfach alles. Mein Fazit war natürlich positiv, die Zensur auch, mein Staatsexamen war gesichert, und so wurde ich 1980 Studienrat für Erdkunde und Sport am altehrwürdigen humanistischen Gymnasium Hammonense in Hamm.

Genau dieses »altehrwürdig« wurde sofort zum Problem. Nach meinem ersten Schultag sage ich zu Brigitta:

»Es gibt genau zwei Möglichkeiten: Entweder geht die Schule an mir kaputt oder ich an der Schule.«

Die anderen Lehrer gucken mich ziemlich schnell schief an, weil ich mich nachmittags mit meinen Schülern zum Skaten verabrede und keine Überstundenbezahlung verlange, während sie zum Tennis oder in ihr Gärtchen gehen.

Und es dauert nicht lange, da kommen auch Probleme mit dem Direx dazu. Es geht schon damit los, dass ich mit Rollerskates vom Hammer Bahnhof bis zur Schule fahre, dann durch den Haupteingang rolle und weiter durch die ganze Schule bis zum Lehrerzimmer. Dort findet dann der öffentliche Schuhwechsel statt. Der Direktor *is not amused*. Er verbietet mir, durch die Schule zu rollen, und gibt mir den Tipp, den Hintereingang zu benutzen. Solche »Vorbilder« wie mich könne er in seiner Schule nun gar nicht gebrauchen.

»Klar, kein Problem, nicht skaten, gebongt«, sage ich, ziehe mir am nächsten Morgen die Rollerskates am Haupteingang aus, hänge sie mir demonstrativ um den Hals und gehe auf Socken ins Lehrerzimmer.

Volltreffer. Der Direktor ist doppelt so sauer wie vorher. Und dabei habe ich gegen keine seiner Dienstanweisungen verstoßen. Diese Lust am Provozieren, dieses Haarscharf-an-der-Grenze-zur-Abmahnung-Entlangschlittern, das liebe ich. Es gibt doch nichts Schöneres, als einen regelversessenen Spießer zur Weißglut zu bringen. Spätestens da ist aber auch klar: Dem Direx fehlt jegliches Verständnis dafür, dass ich an seiner Schule noch ein bisschen pubertieren wollte. Was natürlich die ideale Voraussetzung dafür war, an seiner Schule noch ein bisschen zu pubertieren – schließlich machte das ohne Widerstand nur halb so viel Spaß. Allerdings empfiehlt es sich immer, die Sitten und Gebräuche der jeweiligen Obrigkeit gut zu kennen, bevor man sie provoziert, sonst guckt man plötzlich in zwei Gewehrläufe …

Auf einer meiner späteren USA-Reisen bekam ich in Long Beach mit, wie ein Skateboarder, der verbotenerweise von einer Fußgängerbrücke ins Hafenbecken gesprungen war, von der Polizei erwischt und zusammengeschlagen wurde. Wir sind gerade auf dem Weg zum Dinner und sehen die Szene mit an, aber als ich in der Nähe des Polizeiwagens stehen bleibe, ermahnen mich die Bullen, weiterzugehen. Wir bekommen keinen Platz im Restaurant, und ein paar Minuten später auf dem Rückweg müssen wir wieder an diesem Polizeiwagen vorbei. Der Skater liegt inzwischen in Handschellen auf der Motorhaube des Streifenwagens. Stehen bleiben darf ich ja nicht, also schleiche ich demonstrativ in absoluter Superslowmotion filmreif vorbei. Einer der Beamten greift zum Funkgerät, das hätte mich warnen müssen. Kaum sind wir zurück auf der Fußgängerbrücke, kommt ein anderer Streifenwagen mit Blaulicht, Sirenen und quietschenden Reifen über die Fußgängerbrücke auf uns zugeschossen und bremst direkt vor uns ab. Beide Türen fliegen auf und innerhalb von Sekunden zielen zwei Gewehrläufe auf uns. Wir hören nur noch:

»Hands up!«

Während wir verdutzt die Hände hoch nehmen und uns fragen, was denn jetzt abgeht, spüre ich den Tritt eines Stiefels in meinem Rücken und knalle vorn auf die Motorhaube. Das ist anscheinend Standard hier. Im selben Moment zieht mir der Bulle, obwohl ich seinen Anweisungen gefolgt bin, beide Hände auf den Rücken und sagt grinsend:

»No more smiling, buddy, right?«

Als Ami wäre ich wahrscheinlich in den Knast gewandert, als Deutscher werde ich nur verwarnt.

Am Hammonense drohte mir kein Polizeigriff, also begann ich als Erstes, Skateboarden zu unterrichten, ohne den Direktor um Erlaubnis zu bitten. Schließlich sollte ich ja auch hin und wieder freizeitrelevant unterrichten. Ich hatte am Anfang mit dem Fachschaftsvorsitzenden Sport locker über meine Examensarbeit geplaudert und erwähnt, dass ich so eine AG auch gern hier am Hammonense machen würde.

»Verdienen Sie sich erst mal ein paar Sporen mit einem Volleyballkurs, dann sehen wir weiter«, meinte er bloß.

Schon wieder eine Regel, die ich nicht verstand. Und Regeln, die keinen Sinn machen, respektiere ich nicht. Also war alle ein bis zwei Monate Skateboarden im normalen Sportunterricht angesagt – unterhalb des Fachschaftsradars. Die AG war ja schließlich nicht genehmigt worden. Skateboards für die Schüler waren kein Problem, ich hatte einen Klassensatz Skateboards von der Uni Münster, an der ich parallel einen Kurs im Hochschulsportprogramm leitete. Das ging so lange gut, bis ein nicht gerade bewegungstalentierter Junge stürzte und sich einen komplizierten Ellenbogenbruch zuzog. Der Krankenwagen fuhr mit Blaulicht vom Schulhof. Der Junge war Spross einer altehrwürdigen Hammer Professorenfamilie – und das hatte an unserem ebenfalls altehrwürdigen humanistischen Gymnasium die volle VIP-Betreuung zur Folge: Der Direx machte den Vorfall zur Chefsache und versuchte, mir ein Disziplinarverfahren anzuhängen mit dem Argument, ich hätte Skateboardfahren ohne Erlaubnis unterrichtet. Zu dem Verfahren kam es aber gar nicht erst, denn meine Argumentation war wasserdicht: Einmal im Monat skaten? Lag in meinem Entscheidungsspielraum. Das Lehrkonzept? Stand in meiner behördlich abgesegneten Examensarbeit und war wissenschaftlich belegt. Sicherheitsvorkehrungen? Alle haben immer Helm, Ellbogenschoner und Knieschoner getragen. Experimente? Gab es bei mir keine, das Skaten selbst war ja Experiment genug.

Nachhaltig war dieser kleine Sieg aber nicht. Ich war endgültig der Typ, der die Beamtengemütlichkeit gefährdete, und das kollidierte mit meinem Verlangen, von allen gemocht zu werden, Spätpubertät hin oder her. Ich sah mich zu einem gewissen Pragmatismus gezwungen: Am Hammonense bleiben wollte ich schon, denn vom Skateboard- und Rollerskate-Verkauf allein konnten wir nicht mal im Ansatz leben, unser Umsatz war erst drei Jahre später so weit. Also gab ich mir fortan Mühe, ein klein wenig dezenter aus der Reihe zu tanzen. Das klappte auch ganz gut. Und einmal war ich sogar kurz davor, ganz damit aufzuhören.

Junglehrer auf Klassenfahrt

Sommer 1983, ich habe Pausenaufsicht und stehe wie üblich in Surfshorts auf dem Hof. Natürlich nicht irgendwelche Shorts, sondern Sonderanfertigungen aus Stoffresten von Ikea. Ich hatte Berge von Gardinenstoffresten gekauft: schwarz-weiß kariert, mit roten Blümchen, gelben Querstreifen oder roten Pünktchen – die abgedrehtesten Designs, die zu haben waren. Den Stoff gab ich dann einer Bekannten, die Näherin war und mir daraus meine eigene Surfshorts-Kollektion genäht hat: bunt, wild, gaga. Dazu gab's bunte Strümpfe, selbstverständlich niemals zwei gleichfarbige gleichzeitig. Den unteren Abschluss bildeten Vans-Schuhe, die wir damals exklusiv vertrieben. Vans waren die einzigen Schuhe, die man komplett individualisieren konnte, und ich war der Einzige in Europa, der das anbot. Jeder Kunde konnte bis ins Kleinste festlegen, wie der rechte Schuh aussehen sollte und wie der linke. Wir haben die Bestellungen gesammelt, und wenn tausend Schuhe zusammen waren, habe ich ein Telex in die USA geschrieben. Das Lochstreifenband brauchte volle sechs Stunden, bis es durch war – es ging ja um tausend Einzelstücke. Allein die Bestellung aufzunehmen war der Irrsinn:

»Nein, die linke Zunge soll rosa Querstreifen haben, nicht die rechte, das habe ich dir doch schon gesagt, Titus! Ja, der eine vorne rot, links rot gestreift, rechts rot gepunktet und hinten schwarz und der andere genau umgekehrt.«

Und das mal fünfhundert.

Jedenfalls: Ich hatte zwei verschiedene Vans an. Und als wäre mein Individualistenoutfit noch nicht genug, stand ich da und übte Jo-Jo, das kam gerade groß in Mode. Wobei, das Jo-Jo-Spielen hatte sogar einen rationalen Hintergrund: Wenn ich Jo-Jo spielte, standen Dutzende Schüler neugierig um mich herum, statt sich gegenseitig eins auf die Glocke zu hauen. Auf einmal steht ein junges Mädchen vor mir: glatte Haare, Haarspange, adrett gekleidet, aus behütetem Elternhaus. Sie guckt für einen Moment an mir hoch, schüttelt den Kopf und sagt:

»Also wirklich! So läuft man doch als Lehrer nicht herum!«, dreht sich um und geht.

Ich stehe da wie vom Donner gerührt und denke: »Scheiße, da muss ich drüber nachdenken.«

Bis dahin hatten die Jugendlichen mich immer nur als den coolsten Lehrer gefeiert. Und jetzt stellt die sich einfach vor mich hin und sagt »alberner Vogel« zu mir? Hatte da jemand den Kaiser ohne Kleider erwischt? Generell nehme ich ja Kritik viel zu ernst, selbst wenn sie dämlich, ungerecht oder schlicht falsch ist. So auch dieses Mal. Aber am Ende behielt ich meine Shorts an.

Alles nur Show

Während ich in der Schule nach Haltung und Positionierung suchte, lief beim Titus Skates Show Team alles bestens. Seit wir Auftritte hatten, wurden wir immer besser. Der harte Kern des Teams bestand nach wie vor aus ungefähr zehn Fahrern, aber es wandelte sich von einer bunt zusammengewürfelten Schülertruppe zu einem ernsthaften Team von Halbprofis. Durch unsere vielen Gigs hatten wir jede Menge regionale Presse, und weil wir das einzige Showteam Deutschlands waren, stießen immer mehr neue und begabte Fahrer zu uns. Unsere Strategie war simpel: Wer klasse fahren konnte, war uns sofort willkommen. Mitfahren konnten zwar immer noch alle, aber bei den gebuchten Shows waren nur die jeweils Besten am Start. Auch die meisten der Schüler, die 1979 am ersten Citroën-Event teilgenommen hatten, waren inzwischen aus dem TSST ausgeschieden. Das hatte sich fast von allein geregelt, niemand hatte ja Bock, Schluss- licht der Truppe zu sein.

Schließlich hatte diese »Best Drivers Only«-Regel auch Konsequenzen für mich: Als ich merkte, dass ich von einem respektierten und gleichwertigen Teil des Show Teams zum Quoten-Opi verkam und anerkennende Sprüche wie »Nicht schlecht für sein Alter« aus dem Publikum hörte, konzentrierte ich mich immer mehr auf meine Rolle als Mentor und Organisator. Statt in Applaus zu baden, war es jetzt zunehmend mein Job, Rahmenbedingungen zu schaffen, damit die anderen im Applaus baden konnten.

Unser Aktionsradius wurde immer größer, und als wir 1981 in Unna auftraten, kam auch eine Gruppe Gütersloher Skater zur Show. Unter ihnen war Claus Grabke, ein kräftig gebauter, blonder junger Mann von 18 Jahren. Er war der mit Abstand beste Skateboarder Deutschlands und hatte sich aufgemacht, weil er dachte, das Titus Skates Show Team bestünde aus amerikanischen Profis. Als nach einer Stunde immer noch nur wir durch die Halfpipe gondelten, fragte er mich:

»Wann treten denn die amerikanischen Profis auf?«

»Welche amerikanischen Profis? Wir sind das Team.«

»Ach so.« Kurze Pause.

»Darf ich auch mal?«

Ich hatte nichts dagegen.

Fünf Minuten später wussten wir, dass Claus in einer völlig anderen Liga fuhr als wir. Eine weitere Viertelstunde später war er das neue Zugpferd des Teams und ich sein Sponsor, was damals allerdings nicht viel mehr hieß, als dass ich ihn regelmäßig mit Decks und T-Shirts versorgte. Aber es dauerte nicht lange und er war der erste Titus-Fahrer, der ein eigenes Pro Deck mit eigenem Design bekam. Das brachte ihm ein paar neidische Blicke ein, aber er war nicht der Einzige, der komisch angeguckt wurde.

Mit dem wachsenden Erfolg des TSST wurde im Team das Thema Geld immer öfter ein Problem. Die Kids sahen:

»Oh, Titus sackt für diesen Auftritt hier 2000 DM ein, und was kriege ich davon? 200 DM? Was für ein Abzocker!«

Aber natürlich haben die Kids nicht nachgerechnet:

»O.k., der braucht 1000 DM für Benzin, Verpflegung und um die neue Halfpipe abzubezahlen, bleiben 1000 DM. Geteilt durch 5 = 200 DM.«

Der Fehler war, dass ich ihnen nie erklärt habe, was für Kosten im Hintergrund anfielen, während sie ihr Leben als Jungstars genossen. Für das Team war das Leben eine Party, bei der jemand anderes die Drinks bezahlte. Dafür gab es sogar ein Kürzel: »TZ!« – Titus zahlt! Die Restaurantrechnung, das demolierte Hotelzimmer, die leckeren Cocktails an der Bar. Aber irgendwo musste das Geld ja herkommen.

Die Show in Unna, bei der Claus Grabke zum Titus Skates Show Team stieß.

Kapitel 8

Enter next level
Münster, 1982–1984

Wir sind ein Berliner

Im September 1981 kam der große Sprung in die nationale Ebene und ins Fernsehen. Wir sollten im Rahmen der Internationalen Funkausstellung (IFA) in Berlin eine Show für den *ZDF Fernsehgarten* fahren – vor Tausenden Zuschauern und live übertragen. Also haben wir die Holz-Halfpipe auf den Hänger geladen und sind nach Westberlin gefahren, das für uns gleichbedeutend war mit der großen, weiten Welt. Der einzige Weg dahin führte über die Transitautobahn quer durch die DDR, und das hat uns fast den Auftritt gekostet. Die Ost-Grenzschützer filzten uns komplett. Weder wussten die mit unserem westlich-dekadenten Klassenfeind-Outfit etwas anzufangen noch mit dem Berg von bunt angemaltem Holzmüll hinten auf dem Hänger, da nützten auch alle Erklärungen und Beteuerungen nichts. Wir mussten komplett abladen, um dann, umgeben von frustrierten Grenzern, alles wieder aufzuladen.

Als wir endlich am Funkturm ankamen, waren die Redakteure schon dabei, die Sendung umzuplanen. Aber wir haben in Rekordzeit die Rampe hochgezogen, auch die größten Chaoten des Teams, die sich sonst vor dem Aufbauen drückten, funktionierten, als wären wir ein Formel-1-Team am Boxenstopp. Dann die bunten, engen Höschen angezogen und losgelegt. Die Choreografie waren wir noch auf der Autobahn durchgegangen und jeder hat alles gegeben, damit dieser Auftritt ein Erfolg wurde. Es war unsere erste Fernsehshow, diese Chance wollten wir nicht verkacken. Die Reaktion der Leute war euphorisch, aber das habe ich erst in den Fernsehmitschnitten gesehen. Wir fuhren so hochkonzentriert, fast wie in Trance, dass wir die Zuschauer total vergaßen.

Fiber-Fieber

Ein Jahr vorher, 1980 also, hatte ich erfahren, dass die holländische Firma Ten Cate einen kompletten Skateboard-Park loswerden wollte. Ten Cate hatte in den 70ern mitten im Skateboard-Boom ganz innovativ eine Halle in Holland betrieben, in der die Fiberglaselemente des Parks aufgestellt waren. Die Halle war inzwischen zusammen mit dem Skateboard-Boom den Bach runtergegangen, die Einzelteile der Bahn gab es allerdings noch, die waren irgendwo eingelagert und sollten jetzt endlich aus den Bilanzen verschwinden. Einziger Haken: Diesmal würden 150 Mark wohl nicht reichen.

Die Reibereien am Hammonense hatten sich inzwischen etwas beruhigt, ich konnte mir vorstellen, den Lehrerjob langfristig zu machen. Das war deshalb wichtig, weil an dieser Entscheidung 20000 DM hingen. Das war die Höhe des Beamtenkredits, zu dem ich als Lehrer zu besonders günstigen Konditionen Zugang hatte – ein riesiger Batzen Geld, mehr als mein halbes Jahresgehalt. Und das war dann auch der Preis des Skate-Parks, besser gesagt: mein absolutes Limit für den Kauf, auch wenn Ten Cate andere Preisvorstellungen hatte. Gedacht war der Beamtenkredit ursprünglich als Anschubfinanzierung fürs beamtische Eigenheim, aber aus solchen Spießer-Dingen machte ich mir nichts, mein Traum war ein ganz anderer: ein eigener Skate-Park für das TSST!

Also hab ich den Kredit in Anspruch genommen, kurz noch mal gecheckt, ob der nicht vielleicht doch an einen Hauskauf gebunden war (war er nicht), und meldete mich bei Ten Cate. Nach zähen Verhandlungen einigten wir uns endlich auf mein Preislimit und vereinbarten, dass Ten Cate den Skate-Park direkt nach Münster liefern würde. Ich wusste zwar noch nicht, wo ich ihn aufbauen sollte, aber ohne einen Skate-Park in den Startlöchern würde von der Stadt eh niemand ernsthaft mit mir über einen Standort reden.

Also organisiere ich erst mal einen Bauernhof bei Münster als Zwischenlager und fahre eines Morgens voller Vorfreude mit Brigitta in unserer Kastenente zum Hindenburgplatz. Dort sind wir mit den Holländern verabredet. So teuer, wie das Ding war, würden die bestimmt mit einem 7,5-Tonner aufkreuzen. Mindestens. Wir parken, steigen aus und warten. Und warten. Und warten. Kein Lastwagen in Sicht. Es beginnt zu nieseln.

»Na ja, vielleicht ist Stau …«, sagt Brigitta, während ich vor mich hin grummele, die Kapuze tief ins Gesicht gezogen.

Auf der anderen Seite des Platzes stehen drei große, bunt angemalte Sattelschlepper, heute beginnt der Aufbau für den Send, den großen Münsteraner Jahrmarkt. Nach zwei Stunden – noch immer ist kein Laster auf den Platz gefahren – reißen wir nur noch Holland-Witze von wegen: »Typisch, wahrscheinlich liegen die zugekifft irgendwo im Straßengraben, oder transportieren den Park in hundert Wohnwagen …«

Plötzlich guckt Brigitta mich an und sagt:

»Titus, es ist gar kein Send. Der war grad erst.«

Wir sehen beide zu den drei Sattelschleppern, die immer noch an der anderen Seite des Platzes stehen, blicken uns in die Augen und gehen wortlos hinüber. Holländische Nummernschilder.

»Ach du Scheiße!«, sage ich.

Eine halbe Stunde später biegen hinter meiner Ente drei 30-Tonner auf den Bauernhof, wir laden ab, und da sitze ich nun mit einer Scheune bis zum Rand gefüllt mit einem echten, originalen Skate-Park. Ich bin mir nicht ganz sicher, ob ich mich jetzt freuen oder wegen dieser Irrsinnsidee vorsichtshalber schon mal beschimpfen sollte.

Bis wir dann endlich einen Platz für den Skate-Park haben, dauert es noch fast ein Jahr, und ich muss dafür erst über meinen Anti-Establishment-Schatten springen.

United Skates of America

Ich war inzwischen so ungefähr der Einzige in Europa, der noch bei Großhändlern einkaufte, und wenn deren Regale schließlich leer waren, bestellten die nichts mehr nach. Keiner glaubte mehr an den Markt. Es war absehbar, dass bald die letzten Skateboard-Vorräte diesseits des großen Teichs in Münster verschrammelt werden würden. Dann war ich Lehrer einer begeisterten Skateboard-Truppe ohne Skateboards. Jetzt gab es nur noch eine Lösung: Amerika. Dort wurden trotz des schlagartigen Endes des Skateboard-Booms vor ein paar Jahren noch immer Skateboards produziert. Ich hoffte, dass man drüben jeden Käufer mit offenen Armen empfangen würde, selbst wenn er nur im niedrig einstelligen Bereich Bretter mitnahm.

Dank meines Lehrergehaltes war ich etwas flüssiger als früher und beschloss, für die kompletten Sommerferien über den großen Teich zu fliegen, ohne Brigitta, auch wenn sie wenig Bock hatte, so lange alleine abzuhängen. Als Inhaberin des Gewerbescheins musste sie auf »ihren« Skateboard-Shop aufpassen, und ich brauchte schon immer die Freiheit, Dinge, die mich begeisterten, einfach durchzuziehen. Dazu gehörte eben auch die Freiheit zu sagen:

»Ich fahr jetzt sechs Wochen in die USA.«

Wie immer, wenn ich mich ins Unbekannte stürze, hab ich das intensiv durchgeplant. Mittlerweile kannte ich eine Menge Leute in der Szene, hörte hier und da was und hatte langsam einen ziemlich guten Überblick über die Firmen und Marken drüben. Ich begann, Orte wie Santa Monica oder Santa Barbara auf der Karte zu suchen:

»O.k., West Coast. California. Alles klar.«

Amerika war damals viel weiter weg als heute, wir waren froh über jede kleine Info, die über den Teich schwappte. Es gab kein Internet, das Fax war in seiner massentauglichen Form gerade erst erfunden, und telefonieren war auch nicht drin, weil das ein Vermögen kostete.

Wenn wir dann mal ein US-Magazin in die Hände bekamen, sahen wir zum Beispiel immer wieder Fotos von Skatern, die über den oberen Rand eines Swimmingpools hinausflogen oder zumindest einen *lip trick* machten. Wir haben uns das Hirn zermartert:

»Wie zum Teufel stellen die das an, aus einem Swimmingpool heraus über den Rand zu fliegen?«

Was wir nicht wussten, war, dass die Pools in den USA eine Transition hatten, also innen abgerundet waren. Die US-Skater konnten fast wie in einer Halfpipe die Poolwand hochfahren. Wie hätten wir das auch ahnen können – in Deutschland gab es ja nur Pools mit rechtwinkligen Übergängen zwischen Boden und Wänden.

Mein Plan für die Reise war einfach: Ich wollte die USA kennenlernen und dabei billige Skateboards für meine Schüler besorgen. An Business habe ich im Traum nicht gedacht. Als die Planungen konkreter wurden, setzten Jörg Ludewig – meine rechte Hand – und ich uns zusammen und erstellten eine Liste: Was wollen wir eigentlich haben? Welche Firmen sollen dabei sein? Auch für Jörg war das der unmerkliche Beginn einer großen Entwicklung; Jahre später war er für den gesamten Einkauf von TITUS in den USA zuständig. Die größte Hürde stellte dar, dass ich als Kind des französisch besetzten Rheinlandes, das halt bis Kirchen reichte, praktisch keine Englischkenntnisse hatte. Da kam mir der Zufall zur Hilfe: Ich erhielt den Tipp, mit EMO Trans zu sprechen, einer internationalen Spedition. Und als die von meinen Plänen erfuhren, gaben sie mir die Adresse ihres Ansprechpartners in Los Angeles, Hardy Zantke. Der sei auch Deutscher und würde mir gern weiterhelfen. Später erfuhr ich, dass er Hardy genannt wird, weil kein Amerikaner Eberhard aussprechen kann. Wie gut, dass mein Bruder mich schon vor Jahrzehnten umgetauft hatte und Titus inzwischen offiziell im Pass stand.

Im Sommer 1981, Ronald Reagan hatte gerade Jimmy Carter aus dem Amt geworfen, bin ich los, immer mit den billigsten Stand-by-Tickets rüber nach New York und von dort weiter zur West Coast, im Gepäck meinen Wunschzettel, die Adresslisten – und zwei Flaschen deutsches Bier. Ich dachte mir: »Der arme Hardy, seit zwanzig Jahren in den USA, der hat bestimmt schon ewig kein deutsches Bier mehr getrunken.« Bei meinem ersten Besuch hab ich ihm die zwei Flaschen Bier auf den Tisch gestellt. Er fiel aus allen Wolken, und von da an waren wir beste Freunde.

Hardy hatte mir netterweise bereits ein Hotel gebucht, und als ich in mein Zimmer kam, haben mich die amerikanischen Größenverhältnisse umgehauen: Riesenraum, Riesenklimaanlage, Riesenbett – wie sollte ich mir so einen Palast bitteschön leisten können? Aber nach amerikanischen Verhältnissen war das eine ganz normale Absteige, und schließlich wusste Hardy ja nicht, was für ein sparsamer Typ da zu ihm kam.

Dann bin ich losgezogen, um alles für meinen Skateboard-Raubzug vorzubereiten. Zuerst: Auto. Das holte ich mir bei Rent a Bruise, zu Deutsch: »Miet 'ne Beule«, für nur acht Dollar am Tag. Die Kiste hatte in der Tat eine Beule, und als Sonderausstattung gab es »Einstieg durch die Beifahrertür« – die Fahrertür war verkeilt; später gab's dann ein kostenloses Upgrade auf »Einstieg durch das Fenster der Beifahrertür«. Weitere Extras waren selbsttätig blockierende Bremsen und im Schnitt eine Panne pro Tag. Aber egal, ans Autoschrauben war ich ja gewöhnt.

Als Nächstes brauchte ich eine Schaumstoffmatratze, um im Auto übernachten zu können. Ich überlegte: »Wo sind die am billigsten? Da, wo keiner Kohle hat.« Also ab in den nächsten Slum. Da ich schlecht fragen konnte: »Wo bitte geht's zum Slum?«, und die auch nicht auf Karten eingezeichnet sind, fuhr ich systematisch die Stadt ab – beim schachbrettmäßigen Aufbau amerikanischer Städte kein großes Problem. Nach ein paar Stunden verfinsterten sich um mich herum Gesichtsausdrücke und Hautfarben. Ich war am Ziel, aber plötzlich nicht mehr sicher, ob das eine gute Idee gewesen war. Egal, weiter. Irgendwann stand ich in einem Secondhandshop mitten im Getto und feilschte mit Händen und Füßen, ob die Matratze zwei oder einen Dollar kosten sollte. Das muss sogar für die Jungs dort zu viel gewesen sein. Als ich sah, wie sie mich langsam umstellten und das Bleichgesicht finster anstarrten, war ich ganz schnell mit zwei Dollar einverstanden und versuchte, ohne allzu offensichtlich meine Nervosität zu zeigen, zu meiner Karre zurückzukommen. Die passte im Gegensatz zu mir perfekt in dieses abgewrackte Umfeld.

Ich erreiche unbeschädigt das Auto, aber kaum sitze ich wieder hinterm Steuer, nähert sich durch das gleiche Seitenfenster, durch das ich eben eingestiegen bin, eine grinsende Zahnlücke. Die dazugehörige, offensichtlich leicht zugedröhnte Frau fragt mit eindeutigen Hand- und Mundbewegungen meinen Bedarf an sexuellen Dienstleistungen ab.

»Äh, where?«, frage ich erst einmal zurück, um Zeit zu gewinnen.

Sie guckt verständnislos.

»Right here, right now, sweetheart.«

Ich stehe an einer belebten Kreuzung, aber Gott sei Dank ist vor mir alles frei.

Gang rein, Vollgas und weg bin ich.

Berührungsängste waren mir schon immer fremd, aber diese Getto-Nummer gehört sicherlich zu den Top-Ten meiner schmerzfreien Aktionen – und unter die Top-Drei der Abteilung »bescheuert«. Lernfähig wie ich war, habe ich mir danach zum Übernachten Parkplätze in der Nähe von Golfplätzen gesucht, auch wenn dort der Frühstückskaffee etwas teurer war. Das hatte viele Vorteile: Sie lagen in reichen Wohngegenden mit geringem Überfallrisiko. Und dann die Ruhe, denn wer läuft auch schon zu Fuß von A nach B, wenn die fette Limousine vor der Tür steht? Außerdem war es sehr komfortabel, sich morgens am nächsten Rasensprenger die Zähne putzen zu können.

Blieb noch das Problem »Englisch«. Bei einem meiner zahlreichen Strandaufenthalte an den Geburtsstätten des Skateboardens rollten mir zwei bekannte deutsche Skater-Nasen über den Weg. Wie sich herausstellte, sprachen sie im Gegensatz zu mir passabel Englisch und waren ganz heiß darauf, die ganzen legendären Skateboard-Marken mal von innen zu sehen: Martin Wagner, dessen katzenhaften Hochsprungstyle ich schon in Ibbenbüren bewundert hatte, und Thomas Hierling, der leider einige Jahre später aus unbekannten Gründen ein skatebares Hochhausdach auswählte, um mit einem *ollie* in den Tod zu springen.

Englisch-Problem gelöst, jetzt konnte es losgehen. Hardy telefonierte die Firmen auf meiner Liste ab und koordinierte die Termine. Wir gondelten hin und stellten erstaunt fest: Die waren alle glücklich, dass mal wieder einer aus Europa auftauchte und Ware wollte. Der US-Markt war praktisch zusammengebrochen, Importeure für Deutschland gab es auch keine mehr. Sogar der große

George Powell von Powell Peralta in Santa Barbara hatte sofort Zeit, als Hardy *the germans* ankündigte. Ich war der sprichwörtliche Silberstreif am Horizont, obwohl ich nirgendwo mehr als zwei, drei Boards kaufte. Die hofften: »Vielleicht wird da ja was Größeres draus.« Wurde es ja auch. Als ich neben Powell stand, der mit uns für ein Foto posierte, dachte ich allerdings erst mal nur: »Mann, wir kleinen Skate-Fuzzis neben so einer Legende, Hammer!«

Zu Besuch bei einer Skate-Legende: George Powell, ich, Martin Wagner, eine Mitarbeiterin von Powell und Thomas Hierling (von links nach rechts)

Das alles war noch kein Großhandel, noch nicht mal Kleinhandel, ich hatte ja gar nicht genug Geld, um Skateboard-Stapel von relevanter Größe aufzukaufen. Die Boards, die ich kaufte, versteckte ich in meiner Schmutzwäsche und schmuggelte sie zurück nach Deutschland, um Mehrwertsteuer, Importzoll und

Frachtkosten zu sparen. Schließlich wollte ich für meine Schüler den optimalen Preis erzielen, und wenn ich schon meine Reisekosten und Manpower als Sponsoring mit reinpackte, konnte Papa Staat ja auch mal was für seine Hoffnungsträger tun.

Schließlich saß ich am Ende der sechs Wochen bei Hardy vorm Schreibtisch, zog Bilanz und plante die Zukunft. Ich hatte von fast 20 verschiedenen Skateboard-Companies Kleinstmengen an Stuff gekauft und bei Hardy gesammelt. Wie aber sollte das in Zukunft funktionieren? Die Sauerland-Nummer mit der Selbstabholung kam ja nicht infrage. Ein Plan musste her.

»Pass auf, Hardy«, sagte ich, »ich will das Zeug so schnell und billig wie möglich rüberholen, hier ist mein Vorschlag: Ich lass dir meine letzten paar Hundert Dollar hier, bestell von Deutschland aus, was ich brauche, und lass es dir per Nachnahme nach L.A. liefern. Dann steckst du alles in ein paar Kisten und schickst sie mir am Wochenende rüber, wenn die Frachtraten am billigsten sind.«

Das klappte auf Anhieb, unser Transatlantik-Deal war geboren. Bald bestellten wir jeden Montag anfangs per Telex, später per Fax bei den US-Skateboard-Firmen, was wir brauchten, bekamen freitags eine Aufstellung darüber, was wir bekommen würden, und konnten samstags einen Newsletter mit unserer frischen Ware an die Skateshops in Deutschland schicken. Montag früh hatten wir die Bestellungen der Händler vorliegen, Dienstag kam die Ware aus dem Zoll, die wir sofort weiterschickten, ohne erst alles ins Lager bringen zu müssen. Außerdem wussten wir montags schon wieder unseren Nachbestellbedarf für die Folgewoche, und das Spielchen begann von Neuem. Was zwei Bierflaschen so alles bewirken können.

Im Grunde war das *just in time*, lange bevor dieser Begriff in Mode kam. Dabei war mir am Anfang nur wichtig, so schnell wie möglich an das Equipment für mein Skateboarder-Team zu kommen, auch wenn der Transport etwas teurer war. Businessprozesse interessierten mich damals noch nicht, Skaleneffekte durch Massenbestellung genauso wenig, und auch die Gewinnspanne war mir völlig egal. Es durfte nur nicht ins Minus gehen, darauf habe ich geachtet.

Der Handel mit den Amerikanern nahm schnell Fahrt auf, und wenig später war ich der erste und einzige ernst zu nehmende europäische Skateboard-Importeur. Bei dem Prinzip des *just in time* sind wir geblieben; es wurde sogar einer unserer größten Vorteile im Skateboard-Markt. Statt wie alle anderen (gerade aussterbenden) Großhändler Europas große Mengen lange im Voraus zu bestellen, zahlten wir lieber höhere Preise, sparten uns die Lagerhaltung und waren dank Luftfracht immer um Monate schneller als der Rest des Marktes. Bei den häufigen Trend- und Modewechseln war das unter dem Strich ein großer Wettbewerbsvorteil. Alle wussten, die neuesten Sachen gab's bei TITUS. Auch wenn sich das jetzt anhört, als hätten wir das strategisch entschieden: Wir hatten schlicht nicht die Kohle, um den traditionellen Importweg mit großen Lagerbeständen zu gehen. Entweder wir importierten von der Hand in den Mund oder gar nicht.

Die USA-Reise wäre allerdings nicht komplett gewesen, ohne einen typischen, aus Eitelkeit und mangelnder Konzentration geborenen Titus-Crash. In San Francisco saß ich mit einem frisch ausgewanderten Deutschen auf den Klippen über dem Pazifik und beobachtete die Drachenflieger, die hier unter fast idealen Bedingungen segelten: An der Steilküste gab es starke Hangaufwinde, in denen man stundenlang *soaren* konnte. Ich war immer noch leidenschaftlicher Drachenflieger, aber ich hatte natürlich keinen dabei. Mich überkam eine solche Sehnsucht danach, dass ich meinen neuen Bekannten überredete, einen der drachenfliegenden Amis zu bitten, mir seinen Drachen auszuleihen. Er wohnte schon ein paar Monate mit seinem *motorhome* auf diesem Parkplatz an der Klippe, die Drachenflieger starteten quasi aus seinem Vorgarten, er kannte die Jungs gut. Und wirklich, kurze Zeit später drückte mir einer der Piloten sein Gerät in die Hand. Und dann flog ich los wie ein Weltmeister, hing hoch über der Küste in der warmen Sommerluft, zog schwierige steile Vollkreise, spektakuläre Achten und machte tiefe Überflüge über die Zuschauerplattform. Von den Zuschauern, berichtete mir mein Bekannter später, wurde ich bereits als *german wunderkind* bezeichnet, so perfekt lief alles – unter mir das funkelnde Meer, hier der Sonnenuntergang, dort das dunkler werdende Land und ich wie ein Adler in der Mitte. Aber dann, Sekunden vor dem perfekten Ende eines perfekten Fluges, habe ich Mist gebaut. Vollgepumpt mit Selbstbewusstsein, bekam ich beim Landen den Drachen nicht mehr in den Wind gedreht und musste mit Rückenwind landen, besser gesagt: leicht bruchlanden. Innerhalb von Sekunden war ich mal wieder vom Hero zum Loser geworden. Eine der Segellatten stach ein Loch in den Drachen, aber zum Glück blieb der Ami cool:

»No problem, we can fix that«, sagte er, und ich konnte mich wieder meinem Ego widmen, das wesentlich stärker beschädigt war als sein blöder Drachen.

Fiber-Fieber reloaded

Als ich aus den Staaten zurückkam, staubte unser Skate-Park noch immer auf dem Bauernhof vor sich hin, und ich entschloss mich zu einem radikalen Schritt, jedenfalls für einen Skateboarder. Vorsichtig begann ich zarte Bande zum Sportestablishment der Stadt zu knüpfen, zu all den Gremien und Ausschüssen, die wir immer als verkalkt und spießig belächelt hatten. Die Geringschätzung beruhte auf Gegenseitigkeit: Wir Skater waren die Schmuddelkinder der ansonsten wohlgeordneten Münsteraner Sportwelt. Aber ich war Studienrat und, zumindest formell, Erwachsener. Mit mir konnte man also reden. Nach ein paar Treffen geschah es dann: Ich gründete die Skateboard-Abteilung der ehrwürdigen Turngemeinde Münster von 1862 e.V. Jetzt waren wir nicht mehr die ruppigen Chaoten, die der Stadt eine kostenlose Fläche in bester Lage für einen Skate-Park abpressen wollten, jetzt waren wir offizielle und respektable Mitglieder der Münsteraner Sportszene mit einem berechtigten Anliegen.

Eine Woche später hatte mich der Leiter des Sportamtes der Stadt an der Backe. Äußerlich lächelte ich freundlich, innerlich war ich auf »Geht nicht, gibt's nicht« gepolt. Rausschmeißen konnte er mich nicht, ich war ja nicht nur Beamter und gehörte als Studienrat zum Establishment Münsters, ich leitete sogar die Abteilung eines Sportvereins. Schließlich fand er tatsächlich ein Areal für uns, die hintere Ecke des Parkplatzes am Stadtbad Ost. Direkt am Friedhof.

Ich war so richtig auf den Geschmack gekommen, und die nächsten Funktionäre, die Titus im Nervensägenmodus erleben durften, waren die Vorstände der Turngemeinschaft Münster. Zwei Tage später hatte ich die Zusage, dass die TG Münster aus ihrem Vereinsbudget einen Zaun mit Tor um unser neues Gelände ziehen würde. Ging doch.

Die ganze Nummer mit dem Skate-Park war natürlich leicht fanatisch und irrational, aber mir kam nicht für eine Sekunde in den Sinn, etwas Sinnvolleres, Respektableres mit dem vielen Geld und meiner Zeit anzustellen. Wir hatten so lange theoretisch darin geschwelgt, wie geil ein eigener Skate-Park wäre und was für unglaubliche Anlagen die Jungs in den USA hatten – es nun selbst verwirklichen zu können war einfach ... wow. Wir hatten das Gefühl, Geschichte zu schreiben. Und wirklich, mit dem Skate-Park kam alles Mögliche ins Rollen: die Münster Monster Mastership (MMM), die zwanzig Jahre später die Westfalenhalle füllen sollte, das *Monster Skateboard Magazine*, heute Europas größtes und dienstältestes Skateboard-Magazin, die nächste Evolutionsstufe des Titus Skates Show Teams und vieles mehr.

Doch erst mal hieß es anpacken. Drei Tage lang haben wir gemeinsam aus den Fiberglasstapeln Ramps und Pipes und Waves aufgebaut, ohne Akkuschrauber, nur mit Muskelkraft. Als wir fertig waren, hatte Münster den einzigen voll funktionsfähigen Skate-Park in ganz Europa. Aber irgendetwas fehlte. Wir sahen uns an. Ein Contest.

Alles Monster, oder was?

Das Erste, was wir bastelten, waren Pokale für die ersten drei Plätze. Kein Contest ohne anständigen Pokal. Das war's dann aber auch schon mit den Preisen, denn um Skateboarder anzulocken, brauchten wir die eh nicht: Unser Contest war einer der ganz wenigen in Europa und der Einzige in einem richtigen Skate-Park. Die würden alle von selbst kommen. Einen Namen hatten wir auch schon. Auf dem Skateboard-Symposium im Frühjahr 1981 in Ibbenbüren waren wir Münsteraner zum ersten Mal mit Engländern zusammengetroffen, die wie alle Engländer große Schwierigkeiten mit den deutschen Umlauten, vor allem mit dem »ü« in Münster hatten. Nett wie sie waren, übten sie andauernd »Münster« ordentlich auszusprechen, was manchmal klappte, meistens jedoch eher klang wie »Munster«.

Münster Monster Mastership Anfang der 80er am Stadtbad Ost. Ich hab kein T-Shirt, aber dafür ein Megafon

Das fanden wir lustig, zumal die Briten irgendwann anfingen, Claus Grabke halb im Scherz, halb hochachtungsvoll »The Munster Monster« zu nennen. Es dauerte nicht lange und dieser Kosename galt für das ganze Titus Skates Show Team. Als es dann darum ging, Magazin, Contest und Park zu taufen, war die Sache klar: *Münster Monster Magazin,* Münster Monster Skate-Park und, logisch, Münster Monster Mastership, kurz MMM.

Die erste MMM fand im Juni 1982 praktisch unter Ausschluss der Öffentlichkeit statt. Wir Skateboarder waren unter uns, hingen zwischen den Ramps und Halfpipes herum und bejubelten jeden, der gerade unterwegs war. Das einzige »Publikum« bestand aus Besuchern des Stadtbads Ost, die angelockt vom Donnern der Bretter und unserem Johlen herüberkamen. Unter ihnen war auch der »kleine pummelige Junge«, der heute als Dr. Hajo Schumacher alias »Achim Achilles« unsere Charity-Gala, die *skate-aid-night,* moderiert. Niemand ahnte, dass die MMM eine Institution werden würde, die sogar die Regentschaft des gerade frisch gewählten Bundeskanzlers Helmut Kohl überdauern sollte. Wir waren ungefähr 20 deutsche Teilnehmer und dazu noch einmal ein Dutzend Fahrer aus Holland und England. Statt einer Beschallungsanlage hatte ich mir ein Megafon organisiert, um wenigstens ansatzweise moderieren zu können, als Wettkampfbüro diente Brigitta unser Citroën HY.

Die MMM wurde ein voller Erfolg – nicht nur für Claus, der den Contest gewann. Dazu hatte das *Monster Skateboard Magazine* viel beigetragen, das die Mastership überhaupt erst überregional bekannt gemacht hatte. Und dabei wollte ich ursprünglich gar kein Magazin, aber Claus hatte mich monatelang damit genervt, bis ich sagte:

»O.k., dann machen wir's eben.« Meine typische Reaktion, wenn jemand nur begeistert genug von einer neuen Idee ist.

Der Businessplan für das Magazin bestand darin, dass ich von meinem Lehrergehalt die Kopierkosten für fünfzig Exemplare vorstreckte. Mehr Plan brauchte es nicht, denn letztlich war das Magazin nicht viel mehr als eine Schülerzeitung. Die Ausgaben entstanden genauso ins Blaue improvisiert wie der Skate-Park: Wir haben uns hingehockt, Themen besprochen, dann haben die Jungs, allen voran Claus und Jörg, die Geschichten geschrieben, ich bin noch mal drübergegangen, dann wurde alles mit Schreibmaschine abgetippt, ausgeschnitten und zum Schluss mit Pritt-Stift und Schere zu einem Layout zusammengebastelt. Das Ergebnis ging an Ralf »Ralle« Middendorfs Vater, der damals bei der *Münsterschen Zeitung* arbeitete und jede Ausgabe unseres Magazins rasterte, bis sein Chef davon Wind bekam und daraufhin, wie Ralle uns erzählte, »ausrasterte«. Von da an gaben wir es an ein Rasterbüro. Die fertig gedruckten

Bogen haben wir in Handarbeit zusammengeheftet, der Vertrieb bestand daraus, dass wir jeden, der uns über den Weg lief, angehauen haben, ob er nicht für schlappe zwei Mark ein Heft kaufen wollte. Bei einer Mark Produktionspreis und null Honorar für uns fiel so eine nette Marge an – falls wir alle Exemplare verkaufen konnten. Deshalb brachten wir die nächste Ausgabe immer erst dann heraus, wenn die aktuelle ausverkauft war. Im Impressum stand: »Erscheint in regelmäßiger Unregelmäßigkeit«.

Damals waren Vert-Rollerskater und Skateboarder eine gemeinsame Szene. Heute sind Inliner und Skateboarder wie Feuer und Wasser.

Spinne im Keller

1983, ein Jahr nach der ersten MMM, kam unser Sohn Julius zur Welt. Unsere Wohnung wurde jetzt endgültig zu klein und wir zogen in die erste Etage eines kleinen Häuschens in der Stadt mit einem ebenerdigen »Keller«. Der bot drei Räume, die ich mit Presslufthammer und Meißel zu einem großen Verkaufsraum zusammenlegte und in Rot, Weiß und Schwarz anstrich – die Geburtsstunde der TITUS-Farben. Am Ende erinnerte das Ganze zwar eher an eine Grotte als an einen Laden, aber dafür inspirierte es das TITUS-Logo:

Julius, seit Geburt mit Punkfrisur

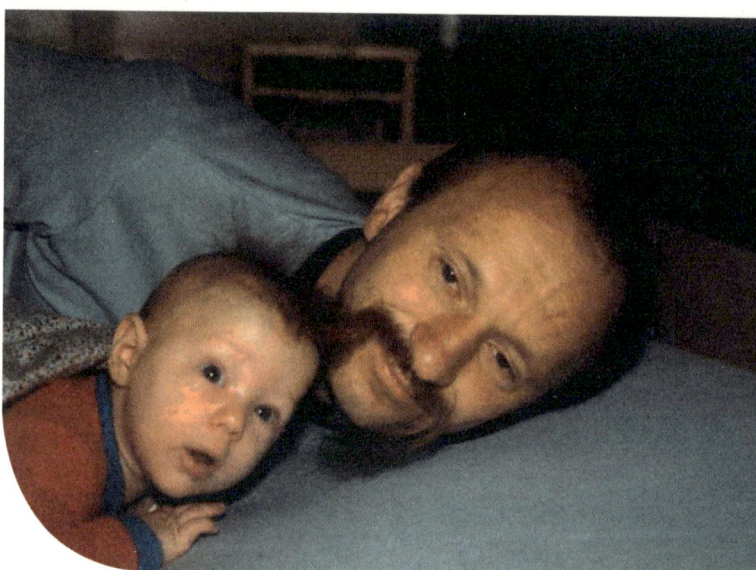

Wir malten eine horrormäßige Spinne auf den Boden und fanden, das passte perfekt zur Location. Gewohnt wurde über dem Laden. Jetzt hatten wir endlich Platz genug für uns und für weiteres Wachstum von Titus Roll Sport – aber plötzlich wuchs da nichts mehr. Genauso unerwartet wie der Rollerskate-Boom begonnen hatte, verschwand er wieder, und Brigitta saß monatelang da, las Bücher und verkaufte einmal am Tag einen Stopper. Wir hielten den Betrieb notdürftig mit BMX-Rädern aufrecht und tourten, was das Zeug hielt mit dem Titus Skates Show Team und meiner selbst konstruierten Halfpipe durch die Lande in der Hoffnung, wenigstens ein klein wenig Skateboard-Begeisterung entfachen zu können. Zum Glück war ich ja Lehrer, zu Essen hatten wir also immer genug.

Auf den Schirm

Dann, 1984, waren wir zum ersten Mal im *Aktuellen Sportstudio* des ZDF zu Gast bei Doris Papperitz. Diese Sendung war damals noch eine Macht: Alle, wirklich alle sahen sie. Kein Wunder, außer der ARD gab es ja kein weiteres Fernsehprogramm. Wenn man samstagabends im *Sportstudio* auftrat, erkannte einen am nächsten Morgen jeder beim Bäcker. Egal in welcher Stadt man gerade war.

Wir zuckelten mit dem HY samt neuer Halfpipe inklusive Plattformen und Flat in Richtung Mainz-Lerchenberg zum ZDF – interessanterweise auf derselben Strecke, auf der ich sechs Jahre später einen legendären US-Skater mit 300 Sachen und einhändigen Powerslides das Fürchten lehren würde, wenn auch nicht mit dem Citroën HY; bei dem war ich schon froh, wenn der 100 Sachen machte.

Uli Niewöhner, Claus Grabke, MvD, Ralle, ich, Thomas Kalak (von links nach rechts)

Als wir im Studio die Bahn aufbauen, kommt der Schleichwerbungsbeauftragte des ZDF zu mir und sagt:

»Herr Dittmann. Das geht nicht«, und zeigt auf unser TITUS-Logo auf der Halfpipe.

Ich gucke doof.

»Herr Dittmann, das ist Schleichwerbung, verstehen Sie? Da gibt es ganz strenge Regeln. Firmenlogos dürfen nicht sichtbar sein. Sie müssen das übermalen!«

Schrecksekunde.

»Unser Logo weg? Kommt nicht infrage!«

»Dann können Sie hier nicht auftreten. Überlegen Sie es sich.«

Logo weg? Niemals! Einen Samstagabendauftritt beim ZDF abblasen? Niemals! Denk, Titus, denk! Lass dir was einfallen! Aber ich brauche mir nichts einfallen zu lassen. Ich bin einfach nur sauer und frage ihn:

»Wenn hier jetzt die Beatles auftreten würden, müssten die auch ihr Logo auf der Bassdrum überpinseln?«

Das Show-Team auf dem Sprung in die bundesweiten Medien

Kolja Steinrötter und Alfred Biolek

Verdatterte Blicke. O.k., zugegeben, dieser Vergleich ist ein bisschen anmaßend, aber er kommt von Herzen: Ich fühle mich im Grunde als Bandleader einer jungen Truppe, die dauernd übt, gerade ihre ersten Erfolge feiert und natürlich noch bekannter werden will. TITUS ist unser Bandname, nicht der Name eines Geschäftes. Wir machen ja alles noch ehrenamtlich, die Ausgaben bestreite ich mit meinem Gehalt als Studienrat, ansonsten sind wir schon glücklich, wenn wir als Honorar Applaus bekommen. Die Beatles machen tausendmal mehr kommerzielles Zeug mit Merchandising und Schallplattenverkauf als wir. Was will dieser Sesselpupser eigentlich von mir? Irgendwann weiß er das auch nicht mehr. Wir bleiben. Das Logo auch.

Von da an tauchte die Logo-Frage zwar bei jedem Fernsehauftritt wieder auf, aber irgendwann hatte ich ein Videoband mit Ausschnitten dabei und fragte nur noch:

»Papperitz hat kein Problem damit. Jauch hat kein Problem damit. Biolek hat kein Problem damit. Warum Sie?«

Das reichte meistens schon.

Dem Auftritt bei Doris Papperitz folgten viele weitere mit und ohne Halfpipe: immer wieder im *Aktuellen Sportstudio,* unter anderen bei Günther Jauch, bei Alfred Bioleks *Mensch Meier,* bei Anke Engelkes *Late Night Show,* sogar bei einer albernen Spielshow mit dem großartigen Jürgen von der Lippe, nach der ich allerdings beschloss, nie wieder in eine Sendung zu gehen, in der es nicht ums Skateboarden oder um unsere Story ging. Auch wegen dieser vielen Auftritte waren wir lange Zeit in den Medien das Gesicht des Skateboardens. Dass mir später unverdientermaßen der Titel »Skateboard-Papst« angehängt wurde, lag nicht etwa an meiner Stellung in der Szene – Skateboarder wollen und brauchen keinen Papst oder Führer –, sondern an meiner medialen Dauerpräsenz. Die war sicher auch mit daran schuld, dass TITUS im Boom ab 1985 so schnell so stark wuchs.

Kinderkram

Und noch jemand wuchs verblüffend schnell: unser Sohn Julius. Brigitta und ich hatten in Kirchen beide die gleiche Art von Erziehung genossen: Druck von oben, »Halt mal die Schnauze, wenn Erwachsene reden«, das volle Programm. Eines war klar: Das machen wir anders. Und dann hatten wir uns neun Monate darauf vorbereitet, es anders zu machen. Wie das so ist, wenn man zu viel Zeit zum Nachdenken hat, kamen dabei auch ein paar skurrile Ansätze heraus, wie beispielsweise, dass wir zu Hause nie die Bezeichnungen Mama und Papa benutzen wollten. Das haben wir durchgehalten, und als Julius dann in die Krabbelgruppe kam, glaubte er eine ganze Weile, die Eltern der anderen Kinder hießen wirklich alle »Papa« oder »Mama« mit Vornamen.

Wir wollten Julius zu einem selbstbewussten Jungen mit Zivilcourage erziehen, jemandem, der seine Meinung sagte und wusste, was er draufhatte, der gern Verantwortung übernahm. Mit anderen Worten: Wir wollten ihm das genaue Gegenteil unserer eigenen Erziehung geben. Wobei »Gegenteil« nichts mit Laisser-faire zu tun hatte – das fand ich immer genauso scheiße wie die autoritären Methoden der 50er-Jahre. Ich habe erst mit 30 angefangen, Selbstvertrauen zu entwickeln und meine Fähigkeiten zu erkennen, so lange sollte er nicht warten müssen.

Heute ruft er mich zwar manchmal noch an, um meine Meinung zu strategischen Entscheidungen zu hören, dann komme ich rüber und wir diskutieren.

Aber die Entscheidungen fällt er allein. Einmal platze ich zufällig in ein Meeting zur Bestimmung der T-Shirt-Grafiken. Die Diskussion geht hin und her, und am Ende zeige ich auf meinen Favoriten. Julius sagt:

»O.k., danke, Titus.« Und dann zu seinem Team:

»Wir machen das mit dem schwarzen Pentagramm.«

Ich hatte auf die weißen Pin-up-Girls gezeigt. Schön war das nicht. War ja immerhin mal mein Laden gewesen. »Selbst schuld, Titus!«, sage ich mir dann immer, während ich murrend und grinsend zurück in die Büros der Stiftung gehe, »Hast es ja so gewollt.«

Mit Julius beim Tauchen auf Mauritius

Julius ist mit knapp 30 in der charakterlichen Entwicklung auf dem gleichen Level wie ich mit über 60. Vielleicht habe ich etwas mehr Erfahrung in manchen Dingen, aber das war's auch schon – was Selbstbewusstsein und Selbstvertrauen angeht, ist er mir fast schon voraus. Der Teil hat also schon mal geklappt.

Aber ich hatte damals noch ein Ziel: Ich wollte keine Vater-Sohn-Hierarchie, wollte, dass wir eines Tages die besten Freunde und *brothers in crime* sein und zusammen alle möglichen Abenteuer bestehen würden. Komme ich heute keuchend am unteren Ende einer steilen Snowboardpiste an, wo Julius schon auf mich wartet und natürlich nicht keucht, frage ich mich manchmal, ob ich über dieses Ziel nicht hinausgeschossen bin.

Beim Downhill-Rennen Ende der 90er

Begonnen hat alles, wie so oft bei uns, am Küchentisch. Sobald Julius sprechen konnte, haben wir ihm klargemacht, dass er jetzt ein vollkommen gleichberechtigter Teil unserer kleinen Familie war und wir alle Entscheidungen zusammen treffen würden. »Ist das nicht ein bisschen früh?«, könnte man da fragen. Ja, war es. Hinterher ist man immer schlauer. Dass er mir andererseits, was seine Führungsqualitäten und sein Selbstbewusstsein betrifft, gute 15 Jahre voraus ist, liegt mit Sicherheit auch daran, dass er Verantwortung sehr früh als etwas Positives erlebt hat.

Irgendwann kam das Thema »Nachhausekommen« auf.

»Wann kommst du zurück?«, frage ich.

»Dann und dann«, lautet die Antwort.

»Warum so spät?«, frage ich zurück.

Und dann musste er das verargumentieren. War seine Argumentation gut und logisch, durfte er eine Stunde länger bleiben. War sie mies, gab es keine Gnade. Die Lehre war: Logische, klare Argumentation ist etwas Wunderbares, damit lassen sich jede Menge kleinere und größere Probleme aus dem Weg räumen.

Kopiloten und -schrauber

: Markus Hauschild

Ungefähr zur gleichen Zeit ging es auch um »Geld für Schulnoten«. Meine Haltung war klar:

»Ey, Julius, deine Noten sind mir so was von egal, die machst du nur für dich, nicht für mich. Du hast später die Vor- oder Nachteile, warum soll ich dafür bezahlen?«

Eine sehr schöne, radikale Position. Das bewies mal wieder Charakter und Rückgrat. Ich war stolz auf mich – allerdings nur circa zwei Minuten, dann erklärten Brigitta und Julius mir empört, dass ich ihn zum Außenseiter stempelte, denn alle seine Schulkameraden bekamen Geld für gute Noten. O.k. – neuer Deal.

»Welche Note ist denn ›normal‹, weder gut noch schlecht?«, fragte ich.

Er handelte mich von einer Drei auf eine Drei minus runter, das war sozusagen das Normalnull der Zensurenflut.

»In Ordnung, wenn du einen Schritt drüber liegst, also eine Drei hast, bekommst du 50 Pfennig. Bei einer Drei plus eine Mark, bei einer Zwei minus 1,50 DM und so weiter. Wenn du aber eine Vier plus schreibst, bekomme ich 50 Pfennig, bei einer Vier dann eine Mark, und eine Vier minus kostet dich 1,50 DM und so weiter.«

Dann haben wir uns jeden Monat hingesetzt und ausgerechnet, wer wem was schuldet. Merke: Wenn man Kohle verdienen will, muss man ein Risiko eingehen.

Und das ließ sich steigern. Er fing an, mit meiner Kamera kleine Spielfilme zu drehen: »Der Tod des Weihnachtsmannes« und so was.

»Dreh doch ein Schulungsvideo für Skateboard-Anfänger«, ist mein väterlicher Tipp, denn ich wittere einen Markt, »die ganzen coolen Skateboarder sind sich zu fein dafür!«

Er findet die Idee gut, und als wir über Kohle reden, erkläre ich:

»Es gibt zwei Möglichkeiten. Entweder du investierst deine Zeit und drehst alles ohne Honorar, bekommst aber pro verkauftem Video einen fetten Anteil vom Verkaufspreis. Das Risiko trägst also du: Wenn das Video floppt, verdienst du nix, wird es ein Renner ...«

Julius sieht mich skeptisch an.

»Oder ich kauf dir das Video für einen festen Betrag ab. Wenn es gut läuft, verdiene ich richtig viel Kohle damit – und du nicht. Aber dafür trage ich auch das Risiko.«

Das Video wurde das bis dahin bestverkaufte im ganzen Skateboard-Markt. Und Julius stinksauer. Zum Glück nur auf sich selbst, immerhin hatte er sich aus freien Stücken für die Festpreisvariante entschieden. Ich war gnadenlos. Er hat keinen Cent jenseits seines festen Honorars gesehen, sonst wäre die gesamte Lektion wirkungslos gewesen. Sein nächstes Video hat er auf eigenes Risiko gemacht und von da an richtig Geld verdient.

Aber noch wichtiger als diese Erziehungsdinge war mir, dass wir zusammen etwas unternahmen. Vom Skate- und Snowboarden übers Autos-Basteln bis hin zum Fahren von 24-Stunden-Rennen. Einmal sitzen wir in Mauretanien am Strand. Ich habe uns einen Katamaran geliehen, mit dem wir gleich lossegeln wollen – bis auf etwas Windsurfen hab ich aber mit Segeln null Erfahrung, Julius geht's nicht besser. Aber genau wie beim Autofahren unter der Bettdecke, weiß ich immerhin theoretisch, wie das funktioniert, und er ist ein Mensch, der technische Zusammenhänge und physikalische Dinge sehr gut verstehen und schnell umsetzen kann. Eine halbe Stunde sitzen wir also am Ufer, sprechen alles durch, diskutieren Manöver, welches Seil wofür ist, was wir tun, wenn etwas schiefgeht. Dann gehen wir raus aufs Wasser, wo es genau fünf Minuten dauert, bis wir phasenweise mit nur einem Rumpf im Wasser balancierend durch die Lagune schießen. Wir sind ohne viele Worte perfekt aufeinander abgestimmt. So wie wir beim Snowboarden mit minimalem Abstand steilste Pisten hinunterjagen, ohne je zusammenzustoßen, weil wir instinktiv wissen, wie der andere sich bewegt und was er gleich machen wird.

Das war es nicht, was ich mir in den Monaten vor seiner Geburt ausgemalt habe. Das ist viel besser. Mit meinem Sohn solche Dinge durchziehen zu können, ist wahrscheinlich das schönste Ziel, das ich im Leben erreicht habe. Bei anderen Dingen bin ich allerdings froh, dass er noch nicht groß genug war, dabei zu sein.

Lücken

Mitte der 80er, ich habe mir gerade einen neuen Drachen gekauft, fahre ich ganz heiß aufs Fliegen nach Elpe ins Sauerland. Rauf auf den Hang, rein ins Gurtzeug, los geht's. Der Hang ist die obere enge Schneise einer Skipiste, eingerahmt von sehr hohen Bäumen. Weiter unten öffnet er sich zu einer Kante, hinter der es steil in die Tiefe geht. Kein Problem, das ist mein Haushang, an dem ich viel und oft fliege. Doch der Hersteller hat meinen neuen Drachen falsch getrimmt. Eigentlich wird bei der Trimmung der Aufhängepunkt des Piloten so positioniert, dass der Drachen ungelenkt, also »freihändig« nicht zu schnell und nicht zu langsam geradeaus fliegt. Wenn man unsicher wegen der richtigen Geschwindigkeit ist, lässt man den Steuerbügel einfach los und der Drachen regelt das von selbst. Dieser Drachen nicht. Er ist zu langsam getrimmt, aber das merke ich nicht sofort, denn ich habe keinen Vergleich, und während ich durch die schmale Schneise nach unten segle, ist alles im grünen Bereich.

Dann fliege ich über die Kante. Der Wind, bisher relativ waagerecht und schnell von vorn kommend, bläst plötzlich scharf von unten. Eigentlich ist das klasse: »Aufwind! Jetzt kann's richtig losgehen!« Aber mein Drachen wird durch den plötzlichen Wechsel der Anströmrichtung noch langsamer, zu langsam, und schmiert ab. Sekunden später knalle ich aus zwanzig Metern Höhe auf die Erde. Mein Helm durchschlägt beim Aufprall die Zentralstange, nachdem ich Gesicht voran im Gurtzeug hängend durchs Gelände gepflügt bin. Meine oberen

Schneidezähne trennen die Oberlippe in einer waagerechten Linie zur Nase, aber gnädigerweise schickt mich die gleichzeitige heftige Gehirnerschütterung fürs Erste in ein totales Blackout, und die Zähne bleiben da, wo sie hingehören.

Das Gruselige war, dass keiner mein Blackout bemerkt hat, nicht einmal die Ärzte. Den Augenzeugen nach ging die Geschichte so weiter: Als andere Drachenflieger mir zur Hilfe eilen, stehe ich auf, etwas belämmert zwar, aber ansonsten ganz normal, ziehe mir die Lippe wieder über die Zähne und rede den üblichen Bullshit. Elmar, Flugschulbetreiber am Hang, fährt mich nach Winterberg ins Krankenhaus. Die ganze Fahrt über mache ich Quatsch.

»Hey, Elmar, guck mal hier!« Ich mache den Mund zu und atme kräftig aus, bis die gespaltene Lippe nur so flattert. »Jetzt kann ich ›La Paloma‹ zweistimmig pfeifen!«

Im Krankenhaus werde ich genäht, dann rufe ich Brigitta an, frage sie nach meiner Krankenkasse und sage:

»Ich bin mit dem Drachen abgestürzt, aber mach dir keine Sorgen, Baby, ich bin topfit.«

Ich wirke so vernünftig, dass ich gleich wieder entlassen werde. Elmar fährt mich zurück zum Hang, wo ich den Drachen auf die Ente packe und mich auf den Weg zurück nach Münster mache. Sagen jedenfalls die, die dabei waren. Ich erinnere mich an nichts davon, an absolut gar nichts. Aber irgendwann komme ich zu mir, stehe am Straßenrand irgendwo in Ostwestfalen, weiß sogar, wo ich bin, denn die Strecke kenne ich im Schlaf – doch habe ich keinen Schimmer, wie ich dorthin gekommen bin. Dann ist der lichte Moment vorbei und ich muss weitergefahren sein, denn irgendwann lande ich zu Hause bei Brigitta.

Ein paar Wochen später gibt es ein Nachbeben vom Blackout. Ich stehe vor dem Kartenzimmer des Hammonense-Gymnasiums, eine Karte unter dem Arm, die ich für den Erdkundeunterricht brauche, und weiß nicht mehr, wo der Klassenraum ist. Ums Verrecken nicht. Ich versuche logisch zu überlegen, aus welcher Klasse ich gerade gekommen bin, mache die entsprechende Tür auf und gehe rein – aber da steht eine Lehrerin vor der Tafel. War wohl doch 'ne andere Klasse ...

Gelächter. Rückzug Titus. Tür zu. Durchatmen.

Ins Lehrerzimmer gehen und fragen? Mitten in der Stunde? Da kann ich gleich wieder mit Rollerskates über die Flure zuckeln. Zum Vertretungsplan schleichen? Zu peinlich. Logik, Titus, Logik! Dann hab ich's: Eine Klasse ohne Lehrer ist lauter als mit! Die Klasse, die den meisten Krach macht, die muss es sein! Ich schleiche über die Flure und lausche. Alles ruhig, nur hinter einer Tür tobt es. Tür auf – Bingo.

Als ich an diesem Tag endlich zu Hause bin, fällt mir ein, das hatte ich doch vor einem Jahr schon einmal: Da saß ich auf meinem Board neben der Halfpipe des Monster Parks, um mir die Schuhe zu schnüren. Ein Anfänger macht den Mr. Wilson und schießt mir sein Board seitlich aus der Halfpipe an den Kopf. Glücklicherweise öffnet sich mein Mund dabei, sodass das Board nur meine Backe seitlich aufschlitzt, bis die – heilen – Zähne rausleuchten. Im Krankenhaus, so erzählt Brigitta, habe ich so lange mit dem besorgten Arzt diskutiert, ihm Kopfrechnen und Auf-dem-Strich-Laufen vorgeführt, bis er komplett überzeugt war: Der Typ ist topfit. Kaum biegen wir auf den Krankenhausflur, frage ich Brigitta:

»Sag mal, weswegen waren wir jetzt eigentlich hier?«

Sie erklärt es mir. Fünf Minuten später frage ich sie:

»Brigitta, weswegen waren wir eigentlich hier?«

Und das geht den ganzen Rest des Tages so.

Dritter Teil

1984 – 1999
Rampensau

Kapitel 9

Aufwärtsspirale
Münster, ab Frühjahr 1984

Tag 1

Wir sitzen am Frühstückstisch. Julius wuselt um unsere Füße und unternimmt seine ersten Geh- und Stehversuche. Draußen wühlt sich die Sonne durch den Münsterländer Morgennebel. Ich greife nach der Marmelade. Brigitta schaut zu mir herüber.

»Und?«, fragt sie.

Ich sehe sie grinsend an. Ich weiß, was sie meint.

»Fühlt sich gut an«, sage ich.

»Ehrlich?«

»Ehrlich.«

Zum ersten Mal seit sechs Jahren werde ich heute nicht in die Schule fahren, obwohl das neue Schuljahr begonnen hat. Morgen auch nicht. Und übermorgen auch nicht. Nie wieder, wenn es nach mir geht. Ich habe gekündigt, meinen sicheren Beamtenstatus an den Nagel gehängt, Pensionsansprüche in den Wind geschrieben, die Unkündbarkeit geopfert, gute Freunde erzürnt, mir den Vogel zeigen lassen. Und es fühlt sich gut an. »Wie kann man nur so verantwortungslos sein?«, hatte ich mir in den letzten Monaten immer wieder anhören müssen. Ja, wie konnte ich nur?

Es ist ganz einfach: Brigitta und ich wissen, wie wenig wir wirklich zum Leben brauchen, nicht zuletzt unsere Monate in der Sahara bei Omelette und Fladenbrot haben uns das gelehrt. Das bisschen Geld zum Leben würden wir immer irgendwie zusammenkratzen können. Warum weiter in der Tretmühle der Schule arbeiten, wenn mein Herz inzwischen für etwas ganz anderes schlägt?

»Wir kommen schon irgendwie durch!« – das ist sicher keine bahnbrechende Erkenntnis, aber sie stellt zum ersten Mal unser Leben auf den Kopf. Das führt kurzfristig zu jeder Menge Kopfschütteln und langfristig zum Aufbau des größten Skateboard-Unternehmens Europas. Als wir zweiundzwanzig Jahre später diese simple Erkenntnis ein zweites Mal haben, schlagen wir damit eine Truppe ängstlicher Banker und gieriger Berater in die Flucht und erobern uns unsere Firma zurück.

Und überhaupt, was habe ich denn zu verlieren? Das Eingezwängtsein in einem verkrusteten Schulsystem? Das ewige Jonglieren zwischen Beruf und Berufung? Die sechs Wochen Sommerferien? Die 3000 D-Mark Monatsgeh… Ups!

O.k., nächste Frage: Was habe ich zu gewinnen? Freiheit. Zeit fürs Skateboarden. Fürs *Monster Skateboard Magazine* und die Mastership. Fürs Show Team. Für mein eigenes Ding. Wiegt das die 3000 Mark auf? Rein rechnerisch nicht. Aber ich habe da so ein Gefühl. Ein Gefühl, dass da was geht, dass da was kommt. Obwohl im Laden tote Hose ist und kaum etwas darauf hindeutet, dass ich mit Skateboards jemals auch nur auf das Niveau meiner 300 Mark BAföG pro Monat kommen würde. Kein Wunder, dass Freunde mich beschimpfen:

»Und deswegen gibst du deinen Beamtenstatus auf, Titus? Hallo? Geht's noch? Und das als frischgebackener Vater!«

Ich habe Brigitta geschworen, dass ich für unser gesamtes noch kommendes Leben immer genug Kohle ranschaffen werde. Und im Gegensatz zu dem Drachenfliegerverkäufer in Kössen weiß Brigitta, dass ich meine Versprechen halte. Im gleichen Jahr werden die allgemeine Gurtpflicht und der Macintosh eingeführt – und die gleiche irre Mischung aus Sicherheitsdenken und Aufbruchstimmung treibt auch mich: Rein juristisch gesehen hatte ich nicht gekündigt, sondern mich erst mal nur beurlauben lassen, getreu meinem Lebensmotto vom kontrollierten Risiko. Uns war allerdings völlig klar: Das hier war nicht bloß ein Versuchsballon. Das hier war *the real deal:* Ich würde *fulltime* und intensiv einsteigen; mit 3000 DM pro Monat weniger in der Tasche, aber dafür jede Menge mehr Zeit.

Ich stehe auf und gehe runter in den Laden. Ab jetzt würde jeder Tag werden wie alle in meinen ehemaligen Schulferien: Arbeiten, den ganzen Tag arbeiten. Herrlich.

Work in Progress

Und wirklich, langsam nahm der Laden wieder Fahrt auf. Dank meines USA-Besuchs war ich der einzige Importeur in Europa und bekam immer mehr Anfragen von Händlern und Sportläden, ob sie Skateboards bei mir kaufen könnten. Zuerst wollte ich alles selbst machen und über den Versandhandel die ganze Welt beliefern, aber der Markt wurde größer und größer und ich merkte: Das schaff ich gar nicht. Also wurde ich Großhändler. Der Verkauf im Laden lief natürlich weiter, und Julius sammelte seine ersten Erfahrungen im Einzelhandel: Sein Laufstall stand unter der T-Shirt-Stange, und während sich über ihm die Kunden durch die T-Shirts wühlten, spielte er am Boden mit seinen Autos und Kuscheltieren.

Früh übt sich ...

Spätestens jetzt, wo ich unsere Firma in Vollzeit betrieb, tauchte die Frage auf: Wie führt man überhaupt so eine Firma? Ich hatte keine Ahnung. Weder mit BWL noch mit kaufmännischen Dingen hatte ich mich je ernsthaft beschäftigt, also machte ich es wie beim Enten-Schrauben und brachte mir einfach alles selbst bei. Das hatte den Vorteil, dass ich keine Zeit damit verlor, die Methoden der anderen zu studieren, sondern gleich neue Lösungen für unsere speziellen Probleme fand. Dieses Neudenken von Prozessen hatte im Grunde schon mit dem *Just-in-time*-Import aus den Staaten angefangen und ging dem wachsenden Team bei uns so in Fleisch und Blut über, dass wir Ende der 90er sogar ein neuartiges Warenwirtschaftssystem auf die Beine stellten, das uns beim Turnaround 2007 mehr oder weniger den Arsch rettete.

… wer später voll dabei sein will.

Der *Learn-it-yourself*-Ansatz hatte natürlich auch Nachteile. Da wir nicht nach rechts und links sahen (da waren ja sowieso nur Spießer), mussten wir auch bei den einfachsten Dingen bei null anfangen: Wie schrieb man eine Rechnung? Wie funktionierte die Mehrwertsteuer? Woher sollte ich solche Dinge eigentlich wissen? Fast automatisch entwickelten wir eine eigene Sprache. Wenn ich dann mit einem Steuerberater oder Betriebswirt redete, verstand der nach zwei Sätzen nur Bahnhof – und mir ging's umgekehrt nicht anders. Keine Ahnung, was dieser komische Cashflow war. Und B to C? Break-even? Asset management? War das wichtig?

Es war wie damals in der Matheklausur bei Herrn Wehner: Den Stoff, den ich brauchte, hatte ich nicht gebüffelt, und so blieb mir nichts anderes übrig, als auf Logik zurückzugreifen.

Zum Beispiel um ein schlaues System zu entwickeln, wie man eine Lastwagenladung Vans-Schuhe entlädt und in eine Garage einlagert, in die beim besten Willen keine Lastwagenladung Vans-Schuhe hineinpasste. Hatte ich mit den Briketts in Kirchen ja auch hinbekommen.

Die Vans hatten wir ein halbes Jahr vorher via Telex in den USA bestellt, sie waren die einzigen Schuhe, die man individuell gestalten konnte. Unsere Kunden liebten das, und am Ende mussten wir etwa 2000 unterschiedliche Schuhe ihren etwa 600 unterschiedlichen TITUS-Endkunden zusätzlich zu den Großkunden zuordnen – und zwar so, dass hinterher jeder die richtigen an den Füßen beziehungsweise im Regal hatte. Als der Laster mit den 2000 Schuhen bei uns in die Straße bog, wusste jeder, was er zu tun hatte: Für jeden Firmenkunden gab es eine Ecke, bemannt durch rasch zusammengetrommelte Aushilfen. Der Laderampen-Mensch nahm einen Karton raus, las vor, was für ein Style mit welcher Farbkombi in welcher Größe der Schuh war, alle blätterten hektisch in ihren Bestelllisten, und wer »Hier!« schrie, dem wurde der Schuh zugeworfen. Sofort wurden die Schuhe der Firmenkunden neu verpackt und zur Post gebracht – schon reichte unsere Garage für die restlichen Schuhe der Privatkunden.

Und bei so einfachen Lösungen blieben wir. Später in der Von-Steuben-Straße hatten wir zum ersten Mal einen wirklich großen Lagerraum voller Regale, die wir uns aus Dachlatten zusammengezimmert hatten. Wenn telefonische Bestellungen eingingen, musste man immer ins Lager rennen und nachschauen, ob das Gewünschte vorhanden war. Lagerhaltung auf dem PC hatten wir noch nicht. Aber wie sollte das bei 20 laufenden Regalmetern gehen ohne schnurlose Telefone? Wieder ganz einfach: Wir löteten uns 20 Meter lange Telefonkabel zusammen, und dann liefen die Verkäufer, Hörer am Ohr und Schnur hinter sich herziehend, die Regale entlang:

»Also, die Vans haben wir in Hellbraun, Dunkelbraun und, Moment, mit grünen Streifen, aber die nur in 38, das passt dann ja nicht. Aber wir haben gerade hellblaue reinbekommen, die mit der Checkerboard-Sohle, wie wär's mit denen?«

Neben diesen eher handfesten Dingen stellten sich auch Fragen wie:
Was ist eigentlich unser Businessplan?
Meine spontane Antwort:
»Was zum Teufel ist denn überhaupt ein Businessplan?«

Bisher war mein einziger Businessplan gewesen, 80 Prozent des Lehrergehalts ohne großes Nachdenken ins Skateboarden zu stecken. Wir hatten privat im Prinzip immer noch den gleichen Lebensstandard von 300 Mark BAföG, und entsprechend viel war jeden Monat übrig. Davon bezahlte ich dann Benzin, Reisekosten, Halfpipes, Verpflegung für das Show Team und was immer sonst gebraucht wurde. Man könnte sagen: Das Geld des Establishments hat dem Skateboarden wieder auf die Beine geholfen.

Die nackte Wahrheit

Denn das war es, was ich gemacht habe: dem Skateboarden wieder auf die Beine geholfen. Nicht mehr und nicht weniger. Ich war nicht der Erfinder des Skateboards, ich war nicht mal der Mann, der Skateboarding nach Deutschland gebracht hatte. Es gab nur eines, was ich in Bezug aufs Skateboard definitiv war: zu spät dran.

Der erste Boom Mitte der 70er war gerade wieder abgeebbt, die ganzen Skateboard-Szenen befanden sich mehr oder weniger in Auflösung und ließen in München entvölkerte Pfannihills (die Firma Pfanni hatte dort einen Skate-Park finanziert) und anderswo leere Halfpipes und Läden zurück. Von all dem wusste ich nichts und hatte mit fast Dreißig das Skateboard für mich entdeckt, in einer Stadt, an der der ganze Boom praktisch spurlos vorübergegangen war. In Skateboards machte ich erst, als es sonst niemand mehr tat, und weil ich 15 Jahre älter war als der Rest, wurde ich mehr oder minder automatisch zu einer Leitfigur. Dabei tat ich eigentlich die ganze Zeit über nur, was mir gerade nötig und logisch erschien: Niemand hatte Skateboards zu verkaufen? Ich importierte auf eigene Faust. Niemand machte große Contests? Wir etablierten die MMM. Niemand hatte mehr ein Show Team? Ich erklärte uns einfach selbst zu einem. Und das funktionierte.

Ob es unsere vielen Auftritte waren, die Fernsehpräsenz oder was auch immer, ab Mitte der 80er explodierte der Skateboard-Markt. Wir befanden uns in einer idealen Startposition und verdoppelten dementsprechend bis 1989 jährlich unseren Umsatz. Das Schöne daran war: Ich bin mir sicher, wir machten unglaublich viele Fehler und versenkten relativ viel Geld, aber der stetig steigende Umsatz stopfte die alten Löcher schneller, als wir neue aufreißen konnten. Trotz des ganzen Hypes hielt ich mich immer an ein bewährtes Prinzip aus Kirchener Tagen: Wenn ich zehn Mark Taschengeld im Monat bekomme, dann kann ich nicht 20 Mark ausgeben. Deshalb war ich geizig, vor allem bei den kleinen Dingen: Wir haben die Löcher in die Sohlen zur Befestigung der Rollerskates-Fahrgestelle mit dem Stichling per Hand gemacht, weil ich glaubte, mir keine Bohrmaschine leisten zu können; wir haben unser großes Lager in der Von-Steuben-Straße mit ungehobelten Dachlatten gebaut, nicht mit gehobelten, denn die waren ein paar Pfennig teurer – später mussten wir dann die vorderen Kanten des Regals mit Tape abkleben, damit die T-Shirts keine Fäden zogen. Im Kern hat sich daran bis heute nicht viel geändert: Ich stehe immer noch am Kiosk und überlege mir eine halbe Stunde lang, für welche Zeitschrift ich jetzt Geld ausgeben soll.

Ich lief also den ganzen Tag in Sparstrümpfen rum – es sei denn, es ging direkt ums Skateboarden, da schaute ich nicht auf die Mark. Irgendwann merkte ich: Wenn ich in unsere Preise etwas Rendite einbaute, dann hatten wir Geld übrig, und das konnte ich sofort wieder in Halfpipes, den Skate-Park und das Show Team investieren. Und je mehr Geld wir reinsteckten, desto populärer wurde Skateboarden, desto mehr haben wir verkauft, desto mehr Geld floss in die Förderung des Skatens … Was für ein genialer Kreislauf! Besonders für mich mit meinem 68er-Abitur und den eingepflanzten Skrupeln vorm »Geldverdienen«.

Stand-Kunst

1984 nahmen wir zum ersten Mal an der ISPO, der Internationalen Sportmesse, in München teil. Das war wieder so ein typisches Skateboarding-Investment, denn ISPO war alle sechs Monate, und das ging heftig ins Geld. Andererseits gab es keinen besseren Ort, um die Sporthändler zu treffen und unseren Großhandel nach vorn zu bringen. Also machten wir es so günstig wie möglich, jedenfalls beim ersten Mal.

Abgestiegen sind wir Münsteraner in der Pension *Westfalia*, aber nicht aus Heimatliebe, sondern weil man von dort nur über die Wies'n gehen musste, um zur Messe zu kommen, und weil es die mit Abstand billigste Unterkunft war. Kein Wunder, es gab fast nur Gemeinschaftsduschen und alles war extrem alt und heruntergekommen. Abends sind wir immer in die Gastwirtschaft mit den dicksten Knödeln und üppigsten Schweinebratenportionen gezogen, haben uns den Bauch vollgeschlagen und eine Maß nach der anderen oben draufgekippt. Das half, bei der nächtlichen Rückkehr den Zustand unserer Herberge zu vergessen.

Auf der Messe waren wir der Spott der alteingesessenen Aussteller.

»Ach, der Hippielehrer mit seinen Halbstarken!«, schallte es uns entgegen.

Aber das spornte mich nur an. Ich schwor mir:

»Nächstes Mal dengeln wir nicht irgendein Lattengestell zusammen und lehnen Skateboards dran, nächstes Mal wird unser Stand die absolute Attraktion auf der Messe. Die werden den Mund nicht wieder zu kriegen!«

Und genau so haben wir's dann gemacht, auf jeder einzelnen ISPO. Monate im Vorfeld habe ich mir ein Thema überlegt und dann alles generalstabsmäßig bis ins Detail durchgeplant, als wäre ich ein Theaterregisseur und das meine Inszenierung. Zum Beispiel das TITUS-Jail, ein nachgebauter Knast in Betongrau, überall mit Gittern verkleidet. In die Zellen stellten wir Kloschüsseln vom Baumarkt und Pritschen mit alten grauen Bundeswehrdecken darauf. Die Zellentüren hatten dicke Pseudoschlösser und eine Durchreiche; in diesen Zellen fanden die Kundengespräche statt. Natürlich waren wir alle als Knackis verkleidet, Jörg Ludewigs Mutter hatte uns von Lucky Luke inspirierte Knastanzüge und Käppis genäht und auf der Brust war per Kartoffelstempel die Registriernummer des »Häftlings«, die zugleich seine Telefondurchwahl war, aufgedruckt.

Oder unser Kino: Komplett mit Leinwand und aufsteigendem Zuschauerraum aus gestapelten Paletten mit Kinosesseln, die ich günstig bei einem Konkurs gegangenen Kino geschossen hatte. Wir stellten einen 16mm-Projektor von der Landesbildstelle, wo man mich noch aus meiner Lehrer-Zeit kannte, auf und zeigten immer zur vollen Stunde einen Skateboard-Film, der zur WM 1990 von der Lone Star Film Society produziert wurde: *Skateboarding Pure*, mit den damals weltweit besten Slowmotion-Aufnahmen von Tony Hawk. Der eigentliche Clou beim Kino-Stand war, dass wir kein einziges Skateboard dabeihatten. Normalerweise wurde auf einem Messestand jeder Quadratmeter genutzt, um Ware auszustellen. Nicht bei uns:

»Hier geht's um den Spirit des Skateboardens, um Haltung und Style. Kaufen könnt ihr gerne nachher noch aus dem Katalog, aber schaut euch erst den Film an, wir wollen, dass ihr versteht, wie wir ticken. Das ist uns wichtiger als Umsatz.«

Die kleinen Hardcore-Skateshops fanden das mal richtig cool, aber die hatten ja schon länger verstanden, worum es beim Skateboarden geht. Die großen Häuser wie SportScheck fanden uns, genauso berechtigt, einfach nur arrogant.

Selbst Messen

Die ISPO war schön und gut, aber natürlich war sie ein Kompromiss: Wir waren immer Außenseiter zwischen all den Golfern und Fußballern und Dauerläufern. Wir konnten mit denen nichts anfangen, und das beruhte auf Gegenseitigkeit. Auch war das Publikum natürlich nicht das gleiche wie bei einem Skateboard-Event.

»Wie geil wäre es denn«, dachte ich laut, als wir mal wieder von einer ISPO zurück nach Münster zuckelten, »wenn es eine Messe geben würde, ausschließlich für wirklich coole Sportarten wie Skateboarden, BMX, Snowboarding, Wellenreiten, Drachenfliegen, Mountainbiken und den ganzen Rest? Mit einem Publikum, das genau deswegen kommt?«

Dirtjump mit dem BMX auf der x-tra Sport in der Jahrhunderthalle Bochum

Einige Jahre später nach einer Anlaufphase in Dortmund und der Ruhrlandhalle fand in der Jahrhunderthalle in Bochum nach meinem Konzept die dritte x-tra Sport statt. Bereits die Location war der Hammer: eine uralte Stahl- und Glaskonstruktion von der Größe mehrerer riesiger Kirchen. Das Beste aber war, dass wir uns voll auf die Funsportarten konzentrierten und alles reinpackten, was die jeweils zu bieten hatten: eine Halfpipe für Skateboarder, Inlineskater, Rollerskater und BMX-Fahrer, dazu Streetparcours und Miniramps, einen Dirt-BMX-Parcours mit Hügel für *backflips*, eine Snowboard-Quarterpipe mit Anlaufhügel aus weißen Kunststoffrutschmatten und sogar einen Simulator zum Wellenreiten. Es gab einen Skateboard-Contest, den wir kurzerhand zur Europameisterschaft erklärten (Weltmeisterschaft ging ja nicht, machten wir ja schon selbst), und der Besucherandrang übertraf alle Erwartungen. Auch im Folgejahr.

Im dritten Jahr, in Bochum eben, kam dann ein Messeprofi auf mich zu:

»Arabin mein Name. Herr Titus, das ist ein Superkonzept, das Sie da haben. Das müssen wir kommerzialisieren, das Ding muss wandern, nach München, Berlin, Hamburg, das hat Zukunft!«

Bullshit. Ich habe ihm auf sehr freundliche Art den Stinkefinger gezeigt. Mit Establishment, Big Business und Kommerz wollte ich immer noch nichts zu tun haben, obwohl ich in Wahrheit schon irgendwie mittendrin steckte. Aber meine x-tra Sport war glaubwürdig, von Skateboardern für Skateboarder, von Wellenreitern für Wellenreiter. Und das sollte auch so bleiben.

Outdoor Snowboard-Rampe auf der x-tra Sport

»O.k., dann nicht«, sagte Herr Arabin und war erstaunlich wenig enttäuscht. Heute weiß ich auch, warum: Thomas Arabins Boss war Volker Ebener, der zu diesem Zeitpunkt bereits sehr erfolgreich die FIBO, die Fitness und Bodybuilding Messe, ins Leben gerufen hatte, auf der wir auch Shows mit dem Show Team gefahren waren. Arabin und Ebener nahmen kurzerhand mein Messekonzept, gründeten damit die YOU-Messe und schickten sie auf Tour. Ich hatte es wohl nicht anders gewollt.

Unter die Räder gekommen

Einen großen Auftritt in Sachen Kommerz habe ich mir in aller Naivität allerdings dann doch noch gegönnt. Auf der letzten x-tra Sport ließ ich in der Mitte der Halle einen Bereich absperren, um dort als Messeattraktion meinen neuen, gelben Lamborghini Diablo hinzustellen; kommentarlos, ohne Schild oder TITUS-Logo drauf, weil sowieso alle wussten, wem der gehörte. Die Versuchung zu zeigen, was ich hatte, war groß, wenn man wie ich aus bescheidenen Verhältnissen kommt. Ich war mir sicher: Jetzt freuen sich alle mit mir! Und richtig: Drinnen sitzen wollte jeder. Und mitfahren sowieso. Es war ein voller Erfolg – jedenfalls auf der nach oben offenen Fettnäpfchenskala. Die Einzigen, die mit meinem Besitzerstolz umgehen konnten, waren die Amis. Drüben zeigt man ja gern, was man hat, und keiner guckt scheel. Alle anderen auf der Messe machten gute Miene zu meinem Egospiel, schauten sich hinterher an und zischten:

»Was ist das denn bitte? Ist Titus jetzt völlig abgedreht?«

Ich habe natürlich absolut nichts davon mitbekommen. Hätte nur einer gesagt: »Ey, du mit deinem beschissenen Lamborghini!«, ich wäre sofort drei Tage grübeln gegangen, wie damals bei der Jo-Jo-Episode auf dem Schulhof. Aber niemand traute sich, mir die Wahrheit ins Gesicht zu sagen, dafür war ich schon zu übermächtig in der Szene.

Ich war mir also sicher, alles wäre schön, alle liebten mich und waren meiner Meinung, während der Rest der Welt dachte: »Titus haut dermaßen auf die Kacke, geht ja gar nicht. Was hat das mit uns Skatern zu tun?« Erst Jahre später, als es noch immer spitze Bemerkungen zum Lamborghini gab, dämmerte mir allmählich, dass der Auftritt in Bochum vielleicht doch nicht zu meinen besten gehört hatte. Als dann auch noch Julius gegen die »Proll-Karre« giftete, habe ich sie endlich verkauft.

The Show Must Roll On

Natürlich waren auch die Titus-Fahrer eine Attraktion der Messe. Das Titus Skates Show Team hatte sich seit seiner Geburt beim Münsteraner Citroën-Händler rasend schnell weiterentwickelt. Bei seinen Auftritten auf der IFA 1982 unterm Berliner Funkturm waren bereits die besten Skater Europas dabei, unter anderem Ralf Middendorf, Martin van Doren und natürlich Claus Grabke. Wenn US-Pros auf Europatournee waren, haben wir sie in unser Show Team eingebaut, so wie Mitte der 90er Tony Hawk mit dem Birdhouse Team im *ZDF Fernsehgarten*. Parallel hatte sich aus dem Show Team das TITUS-Markenteam entwickelt: Das war keine Showtruppe, sondern ein Team der exzellentesten Brettkünstler

Europas. Sie waren nicht nur »Werksfahrer«, sondern Überzeugungstäter und bestritten alle Contests weltweit mit Stuff von TITUS.

Das Marken-Team in den 80ern: Claus Grabke, Ralle Middendorf, Nicki Guerrero, MvD (von links nach rechts)

Das Markenteam war für die Alte Welt das, was die Bones Brigade für die Neue war: das beste Team des Kontinents. Ein Titel, der in unserem Fall nicht schwer zu erlangen war, weil die Truppe gleichzeitig mehr oder weniger das einzige Team auf diesem Level in ganz Europa war. Das Show Team hingegen hatte sich mittlerweile in flexible A-, B- und C-Teams aufgeteilt, für die wir je nach Bedarf passende Skater anheuerten. Unser Eventableger SMO (Sport Marketing Organisation) betrieb drei mobile Halfpipes, um der Lawine der Anfragen Herr zu werden. Die Fahrer des C-Teams wurden für Mitmachaktionen eingesetzt und fungierten eher als Coaches denn als Showfahrer. Da reichten normale Leistungen. Die A-Team-Fahrer wie Claus und Ralf konnten sich aussuchen, wo sie auftraten, bekamen bis zu 1000 DM pro Event und hatten, wie andere Stars auch, ihre eigenen Roadies, die die Halfpipe auf- und abbauten.

Überhaupt ähnelte das Titus Skates Show Team in vielem einer Rockband, inklusive Allüren, Abgehobenheit und dem Hang zum Scheißebauen, obwohl das alles harmlos war im Vergleich zu den USA, wo Stars wie Christian Hosoi in acht Meter langen Stretchlimousinen zu Auftritten gekarrt wurden, um dann, umkränzt von einer rosa Federboa, dem Pöbel zuzunicken. Hosoi war es auch, der im *Hotel Kaiserhof* in Münster einmal alle Ritzen seines Zimmers mit Aufklebern zuklebte, die Wasserhähne aufdrehte und zum Fenster rausspazierte. Als man ihn später an der Hotelbar seelenruhig Bier trinkend fand, zückte der bloß seine Platin-Kreditkarte.

Solche Eskapaden machten das Skateboarding nur noch cooler und die Medien waren entsprechend heiß auf uns. Wir fuhren bald öfter in Fernsehstudios als auf Contests, und zwar immer zur Primetime: im *Aktuellen Sportstudio*, bei *Formel Eins*, einem direkten MTV-Vorläufer, im *ZDF Fernsehgarten*, bei Frank Elstners *Nase vorn* und so fort. Ralf Middendorf und Martin van Doren schafften es auf ein *Bravo*-Poster zusammen mit Farin Urlaub und Bela B. von den Ärzten, das Team traf bei seinen Ausflügen ins TV Peter Maffay, Kim Wilde, Udo Jürgens und David Hasselhoff. Thilo Nawrocki spielte die Hauptrolle in einem Werbespot für das urspießigste aller deutschen Produkte, fürs Bausparen, während Ralf im selben Spot als Oma verkleidet mit dem Skateboard über meinen 59er Cadillac sprang. Sogar das Kino meldete sich: Willy Bogner wollte für die Fortsetzung seines Kassenschlagers *Feuer und Eis* einen Megathon inszenieren, eine Art Staffellauf mit gemischter Besetzung: Bungee-Jumper, Mountainbiker und – Skateboarder. Sein amerikanischer Starregisseur saß lange mit mir im *Hof zur Linde* in Münster-Handorf, um mich von seinen Ideen zu begeistern. Ich fand das alles nicht umsetzbar und vermittelte ihn an Claus Grabke weiter. Claus wurde hoch dotierter »sportlicher Berater« und sollte in einer Szene des Films mit ein paar Kollegen den Eiskanal in Sankt Moritz runterskaten, um im Zieleinlauf von Roger Moore und vollbusigen Blondinen empfangen zu werden. Aber auch Claus schaffte es nicht, das Drehbuch auf Skateboard-Bedürfnisse umschreiben zu lassen, und so platzte das Ganze. Übrig blieb nur meine Unterstützung der Akteure mit TSG (TITUS Safety Gear), was mir immerhin eine Einladung zur Premiere nach München und damit zum ersten roten Teppich meines Lebens verhalf. Selbstverständlich war ich dem Anlass entsprechend gestylt, inklusive samtbandumwickeltem Pferdeschwanz.

In Deutschland wurden jetzt auch große Unternehmen auf das Skateboarding aufmerksam. 1990 fuhr das Titus Skates Show Team eine wochenlange Tournee für die Deutsche Telekom, die »Kabelanschluss-Tour«. Die war für ein Mainstream-Publikum gedacht, besetzt mit Acts wie der Spider Murphy Gang oder Gunter Gabriel, und wir waren für den wilden Teil auf der mobilen Halfpipe zuständig. Dass solche, auf ihr Image bedachte Großunternehmen und notorisch querulierende »Skateboard-Stars« nicht immer perfekt zusammenpassten, zeigte sich auch auf dieser Tour mal wieder sehr deutlich: Irgendwo im tiefsten Bayern beschloss unser neuer Pro Marc Lorenz, seinen Geburtstag nach getaner Arbeit mit ein paar Groupies und reichlich Alkohol ausklingen zu lassen. Als er Stunden später vor einem Dessousgeschäft die Hosen runterließ, schaffte das Team es gerade noch, ihn vor der Polizei in Sicherheit zu bringen, die nicht sehr begeistert war. Am helllichten Tag in einer Fußgängerzone gehörte sich so was aber auch wirklich nicht.

1992 fuhren wir auf der Internationalen Funkausstellung in Berlin für Saba zehn Tage lang eine Show, für die wir zum ersten Mal Skateboarden mit Rollerskating, Freestyle-BMX und Breakdance kombinierten. Das Setting war spektakulär: eine riesige Halfpipe mit umlaufender Galerie, über der Dutzende großer Fernseher hingen und das Geschehen auf der Bahn live übertrugen. Mindestens ebenso spektakulär benahm sich das Team, und kurz bereute ich, dass Ralf inzwischen das Team managte und ich die Details nur aus der Ferne mitbekam. Dass das Team schon aus zwei Hotels geflogen war, gehörte zum Standardprogramm, aber die Nummer mit den zwei Flaschen Wodka, die Martin Broich in den Orangensaftspender kippte, aus dem später auch Harald Juhnke verköstigt werden würde, das hatte Stil.

Expo-nential

Anfang 1999 kam Ralle Middendorf in mein Büro.

»Titus, da hat mal wieder einer angerufen und will ein Funsportevent von uns haben.«

»Ja, äh, und?«, fragte ich. Das kam alle paar Wochen vor, unsere SMO hatte inzwischen einen echten Ruf als Eventveranstalter.

»Der war von der Expo Hannover. Und hat irgendwas von vier Millionen DM Budget gemurmelt.«

Expo? Die Weltausstellung? Gerhard Schröders Lieblingsprojekt? Kein Wunder, die hatten dafür Kohle wie Heu – wie immer, wenn Politiker sich etwas in den Kopf gesetzt hatten.

»Mach doch mal einen Termin mit denen.«

Wir fuhren mit meiner blauen Viper nach Hannover. Ich warf einen Stapel Mastership-Videos, TITUS-Magaloge und *Monster Skateboard Magazines* auf den Tisch im Konferenzraum und sagte erst mal nur:

»Das sind wir!« Als der schlipstragende Entscheider einen der Magaloge durchgeblättert hatte, war das Eis gebrochen.

»Herr Dittmann, was Sie so machen, gefällt mir!«, meinte er.

Ob die sich auf dem Centerfold räkelnde, äußerst spärlich bekleidete Black-Fly-Dame dazu beigetragen hat, kann ich nicht beurteilen. Wir erfuhren, dass sich direkt vor uns eine andere Agentur präsentiert hatte, mit allem audiovisuellen Schnickschnack, den man sich nur vorstellen konnte. Damit konnten wir nicht dienen. Ich hatte nicht mal einen PC, und PowerPoint beherrschte auch keiner bei uns. Meine Präsentation bestand mehr oder weniger aus dieser Rede:

»Es gibt bessere Mainstream-Agenturen als uns, die können Ihnen eine perfekte Halle aus der Sicht eines Erwachsenen hinstellen – in so was fühlt sich die Szene aber nicht wohl. Und es gibt bessere Hardcore-Agenturen als uns, die Ihnen einen perfekten Skate-Park für Hardcore-Skater bauen können – aber der wird dem Establishment nicht gefallen. Es gibt nur eine Agentur, die es schaffen wird, Szene und Establishment gerecht zu werden. Und das sind wir.«

Das klang knackig und hatte den zusätzlichen Vorteil, die Wahrheit zu sein.

Im Mai bekamen wir den Auftrag für das größte Projekt in Sachen Funsport, das es in Europa je gegeben hatte. Ein Jahr später war Eröffnungsfeier. Erst mussten wir vorbei an Hunderten Polizisten und dann auch noch durch Metalldetektoren, aber dafür gab es den 1-a-Promi-Overkill: Gerhard Schröder, Veronica Ferres, die Scorpions – o.k., das waren alles Hannoveraner –, aber dazu Hunderte weiterer Stars und Honoratioren aus der ganzen Welt.

Die nächsten 153 Tage lief täglich zwölf Stunden unser Programm in der 10000 Quadratmeter großen Halle mit Bereichen für alle nur denkbaren Funsportarten. Und dreimal am Tag startete das Titus Skates Show Team in der großen Halfpipe. Das war das bestmögliche Prestigeprojekt für uns, immerhin bereiteten wir gerade den Börsengang vor. Das Budget reichte zwar nicht ganz und wir mussten knapp was drauflegen, aber das war es wert, in jeder Hinsicht.

Der COS Cup, die offizielle Deutsche Skateboard-Meisterschaft, beim Rock am Ring im selben Jahr war ein weiterer Meilenstein. Die zwölf Meter breite Halfpipe stand direkt auf der »Alternastage« und teilte sich die Bühne mit Acts wie Slipknot, Söhne Mannheims und vielen anderen. Die Menge vor der Bühne war entsprechend groß und gut gelaunt. In den häufigen Umbaupausen lieferte das Team eine fette Show nach der anderen.

Skates of Change

Nicht mal der Eiserne Vorhang konnte das Skateboarden jetzt noch aufhalten. Wir hatten schon seit Beginn der 80er einen guten Draht nach West-Berlin über Hans-Jürgen »Cola« Kuhn vom 1. Berliner Skateboardverein. Cola hatte den Verein (Motto: »Power to the Mauer«) gegründet und ist später für die Grünen in der Berliner Politik unterwegs gewesen. Seinen Spitznamen hatte er vom ständigen Cola-Saufen, und wir kamen so gut miteinander aus, dass er die Berliner Jungs alle paar Wochen in seinen VW-Bus packte und durch die »Zone« nach Münster fuhr. Wir machten natürlich Gegenbesuche mit meinem Wohnmobil.

Zum Beispiel zu den Deutschen Skateboard-Meisterschaften im Wilmersdorfer Eisstadion, die Cola ausrichtete. Wir brachten unsere transportable Halfpipe nach Berlin, bauten auf, aber dann begann es fürchterlich zu regnen. Wir warteten und warteten, aber irgendwann hatten wir keinen Bock mehr, zogen die große Abdeckplane von der Pipe, breiteten sie auf dem Betonboden des Eisstadions aus und ließen sie vom Dauerregen unter Wasser setzen. Auf der glitschigen Fläche veranstalteten wir dann johlend eine Rutschorgie, die einen Mörderspaß machte und es fast mit Skateboarden aufnehmen konnte. Als wir uns pitschnass und ausgetobt unter die Halfpipe trollten, hörte der Regen endlich auf und unser Contest konnte doch noch stattfinden.

Colas West-Berliner Skater kamen relativ einfach mit einem Tagesvisum rüber nach Ost-Berlin und über sie hatten wir zum ersten Mal Kontakt mit Skatern in der DDR. Die waren natürlich absolut scharf auf Westware, und als sich herumsprach, dass ich fast genauso scharf auf Ostware war, setzte ein lebhafter Tauschschmuggel ein. Für ihre Ostware bekamen die Skater von mir neue US-Ware, ganz nach dem alttestamentlichen Motto: »Achse um Achse, Board um Board«. Und meistens haben wir noch was obendrauf gelegt. Mir war völlig egal, was ich bekam: Selbst gebastelte Boards waren mir genauso willkommen wie echte Germina-Boards von VEB Schokoladen-Verarbeitungsmaschinen Wernigerode, die zwar nur primitive Sperrholzbretter mit noch primitiveren Achsen waren, dafür an der Unterseite großartige Aufdrucke trugen wie »Nicht im öffentlichen Straßenverkehr benutzen«, »Immer Schutzausrüstung tragen!« oder »Split meiden«.

Goofy, einer der Ost-Skater, goss sogar eigene Aluminiumachsen, die immerhin besser waren als das Nagema-Zeug. Ich tauschte sie mit ihm gegen echte amerikanische Achsen, damals das Feinste vom Feinen. Organisiert wurde der Handel von Maike Jung, genannt »Hexe«, einer angehenden Journalistin aus unserem Monster Verlag, die trotz ihres Spitznamens weder hässlich war noch mit einem Besen fliegen konnte. Hexe hielt den Briefkontakt mit der Ost-Szene, verteilte unseren Stuff an die Freizeitschmuggler oder schmuggelte gleich selbst. Bei Achsen war das nicht so schwierig, aber inzwischen sammelten wir für unsere Freunde aus dem Osten auch die Retouren aus dem Klamottenversandhandel, und um die durch den Eisernen Vorhang zu bringen, brauchte Hexe einen Trick.

Mit einer Reisetasche voller »gespendeter« Klamotten ging sie zum Checkpoint Charly. Auf den Wäscheberg hatte sie vorher einige Exemplare des *Monster Magazines* gelegt. Die Vopos waren nicht dumm, identifizierten sofort das Propagandamaterial des Klassenfeindes und konfiszierten es grinsend. Den Klamottenberg und die Skateboards darunter übersahen sie.

Die DDR-Obrigkeit beäugte die Skateboard-Szene sowieso argwöhnisch und versuchte, sie buchstäblich zu verstaatlichen. Die Skater waren zwar total unpolitisch, aber in einer Diktatur ist jeder, der sein eigenes Ding machen will, automatisch ein Politikum. Also wurde ein volkseigener Rollsportverband gegründet, und der »organisierte« das Skateboarden nach der Parole: »Die erste Reihe fährt links, die zweite rechts, die dritte geradeaus, und jetzt machen wir uns erst mal warm!« Sie hatten sich sogar einen schlauen Köder ausgedacht: Registrierte Skateboarder durften im Winter in einer beheizten Halle fahren, wenn sie das ganze Jahr über Monat für Monat ihre 60 Pfennig Mitgliedsbeitrag entrichtet und die entsprechende Marke in den Ausweis geklebt hatten. Verlockend war das schon, hat aber am Ende natürlich nicht funktioniert, weil Skateboarder einfach nicht gut sind im ordentlichen Einkleben von Mitgliedsmarken.

Aber nicht nur die DDR war infiziert, wir hatten plötzlich Fans im ganzen Ostblock. Ich bekam eines Tages ein Paket aus Polen mit einer Videokassette, Absender: TITUS Fanclub. Auf dem Band waren Aufnahmen von einem Skateboard-Contest in Polen zu sehen, und weil es dort keine Logoaufkleber von uns gab, hatten die Skater kurzerhand das TITUS-Logo selbst per Hand auf die Jumpramp gemalt – man sah noch die verlaufene Farbe. Das hat mich mehr berührt als so mancher Applaus bei einer Mastership.

Das eigentliche Epizentrum der Skateboard-Szene im Osten war aber Prag, Hauptstadt der damaligen Tschechoslowakei. Hier waren die Nachwirkungen des Prager Frühlings immer noch spürbar, die Skateboard-Szene hatte eine entsprechende Größe und wurde nicht nur toleriert, sondern zuletzt, zumindest seitdem Gorbatschow 1988 Staatspräsident wurde und bei jeder Gelegenheit Perestroika predigte, sogar gefördert. Im selben Jahr durfte dann Martin Kupecki vom tschechoslowakischen Skateboard-Verband tatsächlich die Euroskate, die (Ost-)Europameisterschaft, in Prag ausrichten. Die Marke Titus war alleiniger Sponsor, weil es in Europa niemand anderen gab, der an so etwas Interesse gehabt hätte. Am Ende war jede Rampe mit riesigen TITUS-Logos vollgepflastert. Wir hatten bereits seit zwei Jahren einen guten Draht nach Prag. Claus Grabke, Ralf Middendorf und Jörg Ludewig waren schon auf Contests dort gefahren – man kannte und mochte sich.

1988 sind Hexe und die Jungs mit dem Auto nach Prag vorgefahren, weil ich aus der Firma nicht wegkam. Als ich zwei Tage später per Flugzeug dazustieß, begierig darauf, endlich all die Skateboarder persönlich zu treffen, die ich bisher nur aus Hexes Erzählungen kannte, platzte ich mitten in eine historische Veranstaltung hinein: Skateboarder aus dem ganzen Ostblock waren da, dazu Amerikaner, Schweden, Dänen und natürlich Deutsche, Wessis und Ossis. In bester Skateboarder-Tradition gab es gleich in der ersten Nacht einen Clash mit der Obrigkeit. Offiziell waren wir ja alle Klassenfeinde, aber in Prag gab es, wie immer unter Skateboardern, einfach nur Skateboarder oder Nicht-Skateboarder, scheiß auf den Kalten Krieg und all das, außerdem schwächelte der sowieso schon gnadenlos vor sich hin. Die Russen begannen gerade ihren endgültigen Abzug aus Afghanistan, und Gorbatschow war drauf und dran, der meistgeliebte Russe aller Zeiten zu werden – außerhalb Russlands jedenfalls.

Die Tschechoslowaken hatten auf Wunsch der Ost-Delegation alles so organisiert, dass die beiden Deutschlandteams getrennt voneinander übernachteten. Als sich jedoch am ersten Abend die westdeutschen und ostdeutschen Skateboarder in der gleichen Hotellobby wiederfanden, aber nur die Westler dort übernachten durften, gingen die West-Skater für die Ost-Skater auf die Barrikaden. Mein Team sagte zu den Hotelleuten:

»Die Jungs pennen hier bei uns. Wenn die nicht dürfen, dann pennen wir auch nicht hier, sondern drüben bei denen.« Das wirkte, und die Ostler konnten bei den Wessis bleiben. Nur gepennt hat natürlich keiner. Was danach abging, ist wunderbar im preisgekrönten Kinofilm *This Ain't California* festgehalten.

Die Prager Euroskate war fast so groß wie unsere Mastership zu dieser Zeit, 1000 Skater, 3000 Zuschauer, die Halle riesig und die Halfpipe genauso eine wie die in Münster – kein Wunder, die Veranstalter hatten sie nach meinen Plänen gebaut. Ich freute mich darauf, in die Menge eintauchen zu können, neue Skateboarder und alte Bekannte zu treffen – aber wo immer ich hinkam, teilte sich die Menge vor mir, als hätte ich morgens mein Deo vergessen. Später wurde mir klar: Im Osten wurde kein Unterschied gemacht zwischen amerikanischen Marken wie Bones, Powell, Vision und Independent einerseits und TITUS andererseits, das befand sich alles auf einem Level, West-Level. Und ich war ein leibhaftiger Vertreter dieser märchenhaften, vergötterten West-Welt. Kein Wunder, dass es da Berührungsängste und respektvollen Abstand gab. Schön fand ich das trotzdem nicht. Und es kam noch dicker: Plötzlich wurde ich von irgendwelchen Offiziellen gebeten, mit ihnen ins Ministerium zu fahren, um den Minister zu treffen. Das kam mir ganz komisch vor, allerdings dachte ich mir: »Na, fahr mal besser mit« – war ja immer noch Ostblock hier, da wusste man nie …

Der Minister war freundlich, zuständig für Industrie und Handel, und sah eine Chance, mit dem Westen, genauer: mit TITUS, ins Geschäft zu kommen als Produktionsstandort für Skateboard-Equipment. Das sei jetzt nur ein informelles Kennenlerngespräch im kleinen Kreis, wurde mir signalisiert, ob man das in naher Zukunft fortführen könne?

»Klar«, sagte ich, »warum nicht.«

Mit Cola Kuhn bei der Eröffnung der
Münster Monster Mastership 1988

Monate später trudelt eine offizielle Einladung ins Haus. Wir setzen uns in die First Class eines Lufthansa-Fliegers – die Tickets zahlt ja »unser« Minister – und denken: ein Wochenende in Prag, wie schön. Als der Flugkapitän höchstpersönlich zu Brigitta und mir kommt und sich entschuldigt, dass wir noch nicht gelandet seien, wundern wir uns schon etwas.

»Unten wird schon auf Sie gewartet, aber wir müssen noch ein paar Warteschleifen fliegen«, sagt er.

Nach der Landung will ich wie alle anderen zum Zoll gehen, aber plötzlich fährt eine schwarze Tatra-Limousine direkt vor den Flieger, und Brigitta und ich werden gebeten, doch bitte in der Staatskarosse Platz zu nehmen.

»Äh, meinen die wirklich uns beide?«, denke ich, als ich meinen Kapuzenpulli mit der gebügelten Uniform des Fahrers vergleiche, aber es ist zu spät. Der Tatra hat den Kofferraum vorn, und da ich der Typ bin, der immer alles selbst tragen will, greife ich meine Tasche, um sie zu verstauen. Der Kofferraumdeckel geht aber ganz ungewohnt zur Seite auf und zudem nicht sehr hoch, beim Einladen ramme ich mir die scharfe Metallkante in die Stirn. Blut rinnt über mein Gesicht. Unser Empfangskomitee gerät in Panik. Wahrscheinlich haben sie Angst, in den Bau zu müssen, wenn sie ihren Gast in beschädigtem Zustand abliefern, aber ein Pflaster genügt, um die Blutung zu stillen, und wir fahren zügig Richtung Ministerium.

Allerdings werden wir diesmal nicht in ein Büro geführt, sondern in einen großen Sitzungssaal. An einem langen U-förmigen Tisch sitzen 60, 70 Fabrikleiter aus der ganzen Tschechoslowakei im Sonntagsanzug und sind gespannt, was Titus aus seinen Musterkoffern zaubern wird. Ich schlucke und setze mich vorn an den Tisch, total überrumpelt von der erwartungsvoll guckenden Runde. Der Minister hält eine kleine Begrüßungsrede, und ich habe noch gerade rechtzeitig die rettende Idee: Ich reiche, statt ebenfalls eine Rede zu halten, einfach die ersten Schoner herum. Die Herren grübeln daraufhin wortreich, wie und zu welchen Preisen sie die TITUS-Schoner, -Helme und -Skateboards in ihren Fabriken produzieren könnten. Die Preise klingen gut, ob die Qualität stimmen wird, bleibt abzuwarten.

Ein paar Monate später fällt die Mauer und begräbt das Projekt unter sich.

Wer ist Millionär?

Die Behandlung, die ich im Westen erhielt, war dagegen nicht immer so respektvoll. Ein guter Bekannter überredete mich, der *Coupé* eine Homestory zu geben. Damals war die *Coupé* noch kein Tittenblatt, sondern das Magazin des aufstrebenden Yuppies. Bisher war ich ausschließlich in der Skateboard-Presse aufgetaucht, vor allem im *Monster Skateboard Magazine,* und glaubte an Ethos, Ehre und Authentizität des Journalismus – wir jedenfalls hatten uns immer daran gehalten.

Der Reporter ist nett und entspannt, ich gebe ihm eine Firmenführung und in unserem Hauptlager im ersten Stock fragt er mich:

»Sag mal, bist du eigentlich Umsatz-Millionär?«

Wir machten damals um die 20 Millionen DM Umsatz, und klar darf das jeder wissen, ich bin ja stolz wie Bolle – der Umsatz hat schließlich nichts mit meinem persönlichen Reichtum zu tun. Ich schaue ihn an, zeige auf die langen Regalreihen um uns herum und sage:

»Guck dich doch um. So ein Lagerbestand, der wird etliche Male im Jahr umgewälzt. Natürlich bin ich Umsatz-Millionär.«

Fotos wurden auch gemacht.

»Titus, ich brauch mal was richtig Lässiges von dir. Du bist doch kein normaler Unternehmer, leg doch mal die Füße auf den Tisch, Telefon in der Hand und dann ganz easy ...«

Also gut, ich lege die Füße auf den Tisch, werfe den Pferdeschwanz nach hinten und »Klick«.

Ein paar Wochen später flattert mein Belegexemplar ins Haus. Ich blättere es durch, alles o.k. so weit. Dann die zweite Doppelseite: Ich, Füße auf dem Tisch, Telefon in der Hand, linkisches Grinsen im Gesicht und alles unter der Überschrift: »Natürlich bin ich Millionär«. Ich hätte mir genauso gut auf der nächsten Mastership Cohibas mit Hundert-Mark-Scheinen anzünden können. Titus, der geldgeile Abzocker-Yuppie.

Ich werfe mich ins Auto, jage zu sämtlichen Kiosken im Raum Münster und kaufe alle *Coupés* auf. Als ich wieder nach Hause komme, bin ich einige Hundert Mark ärmer und einen Zentner Papier schwerer. Im Kofferraum stapeln sich die Exemplare, um noch am selben Abend im Kamin verfeuert zu werden. Die Imagekatastrophe in Münster konnte ich in Grenzen halten, bundesweit ging das natürlich nicht, und auf der nächsten ISPO wurde ich an allen Ecken begrüßt mit:

»Ah, da kommt ja der Millionär!«

Kapitel 10

Monstermäßige Masterships
Münster und Dortmund, ab 1982

Stylewechsel, Ortswechsel

Die Münster Monster Masterships wurden von Jahr zu Jahr größer. Schon 1983, im zweiten Jahr, konnten wir auf der umgebauten Doppelrampe in feinstem Pfingstsonnenschein skaten – und viele bekamen den ersten Sonnenbrand des Jahres. Auch die Zahl der Zuschauer erhöhte sich, allmählich sprach sich in Münster herum, dass da zwischen Friedhof und Ostbad irgendetwas abging.

Obwohl die MMM von Anfang an international war, dauerte es vier Jahre, bis 1986 der erste Fahrer aus den USA den Weg nach Münster fand: Adrian Damain, von der legendären Bones Brigade. Er zeigte nicht nur großartiges Vertskaten in der Halfpipe, sondern auch, dass Streetskaten eine ganz eigenständige Kunst war, mit Tricks, die wir noch nie gesehen hatten. Über abstrakte Fragen wie »Wohin entwickelt sich das Skateboarding?« machte ich mir keine Gedanken, sonst hätte ich vielleicht damals schon erkannt, dass das Vertskaten in der Halfpipe immer artistischer und anspruchsvoller wurde – und damit für normale Skateboarder immer unerreichbarer. Dreieinhalb Meter senkrecht hineinzudroppen, dann auf der anderen Seite noch einmal ein paar Meter über dem *coping* ein 360°-, 720°- oder 900°-Monster hinzulegen, um dann wieder heil in der senkrechten Wand zu landen – das konnten nur noch Vollprofis und auch nur, wenn eine Halfpipe vorhanden war. Kein Wunder, dass Halfpipefahren wenig später fast komplett aus dem Skateboard-Alltag verschwand. Streetstyle dagegen, das zeigte uns Adrian, konnte man immer und vor allem überall fahren. Mehr als einen *curb* (Kantstein oder Mauerabsatz) oder eine *bank* (Schräge) brauchte es dafür nicht. Street hatte kaum Einstiegshürden und konnte trotzdem auf höchstem Niveau betrieben werden. Mit anderen Worten: Streetstyle war *the next big thing*.

Gebannte Zuschauer bei den Masterships Mitte der 80er.

All das lernten wir von Adrian, der ganz nebenbei den Contest in Street und Vert gewann und, was für uns viel wichtiger war, hinterher zu Hause offensichtlich jede Menge guter Dinge über die MMM erzählte. Denn ab dem nächsten Jahr machten sich die ersten echten Stars wie Steve Caballero, Lance Mountain, Kevin Staab und Rob Roskopp nach Münster auf und ließen die Europameisterschaft 1987 in der Eissporthalle zu etwas ganz Besonderem werden.

Hierher hatten wir umziehen müssen, weil die Beschwerden wegen »Störung der Totenruhe« auf dem Ostbad-Parkplatz am Friedhof immer mehr zunahmen. Könnte an den vielen Hundert johlenden Zuschauern gelegen haben, die dorthin pilgerten. Außerdem war der Teer des Parkplatzes in Wahrheit viel zu rau für einen Street-Contest mit den besten Fahrern der Welt. Mit dem Ortswechsel wurden wir zugleich die erste (West-)Europameisterschaft im Skateboarden – und immer mehr Amis kamen über den Teich geschwappt, die natürlich auch teilnehmen durften. Aber die Eissporthalle war nach nur einem Jahr auch schon wieder zu klein und wir zündeten 1988 die nächste Stufe.

Fahrerbesprechung bei der Mastership 1985

Die Münster Monster Mastership wird World Cup, findet erstmals in der Halle Münsterland statt und 20 Profis aus den USA sind am Start. Steve Caballero gewinnt Street und Christian Hosoi Vert. Die Dichte der US-Pros ist einmalig, und dieses Event spricht sich in den USA wie ein Lauffeuer rum, sodass wir uns trauen, noch einen draufzusetzen und gleich im nächsten Jahr, 1989, eine offizielle Weltmeisterschaft daraus machen. Nicht nur Tony Hawk, sondern auch die Chefs der führenden Skateboard-Companies kommen daraufhin ins frisch wiedervereinte Deutschland und schauen, was bei uns so abgeht. Die Bones Brigade fällt in Rekordzahl über Münster her, ich chauffiere George Powell und Stacy Peralta bei original kalifornischem Wetter höchstpersönlich im 59er Cadillac Convertible durch die Stadt und lade die vier Anwesenden der »Big 5«, also neben George und Stacy auch Rich Novak (Independent) und Larry Balma (Tracker Trucks) zum Kaffee auf unsere Terrasse ein. Tony Hawk, der gegenüber im *Hof zur Linde* übernachtet, schaut auch vorbei, und als der Kaffee kommt und Tonys Platz leer ist, finde ich ihn in Julius' Kinderzimmer – die beiden Jungs liegen auf dem Bauch und spielen Lego.

Berg Fidel im Bau – der Pool nimmt Formen an.

Anschließend fahren wir zum immer noch frischen Skate-Park am Berg Fidel, dem seinerzeit besten Betonpool Europas – ein wahrer Männerbowl mit kurioser Entstehungsgeschichte.

Ende der 80er war Münster zwar stolz, der Nabel der europäischen Skateboard-Welt zu sein und fand es auch prima, dass die MMM zur Weltmeisterschaft befördert worden war, aber den Skate-Park am Ostbad hatten wir inzwischen räumen müssen; es gab also ab Ende 1988 in ganz Münster keine einzige Skate-Anlage mehr. Das war natürlich reichlich peinlich. Da kommen Fahrer aus aller Welt extra nach Münster – und dann können sie nirgends fahren. Das sah die Stadt auch ein und wir haben mit dem Sportamt den Skate-Park am Berg Fidel geplant. Einziges Problem: Die Stadtväter hatten für das Jahr 1988 kein Geld mehr im Säckel, um den Park umzusetzen. Sagten sie jedenfalls. Da hab ich angeboten, das Geld zinslos vorzustrecken, Hauptsache der Skate-Park wurde rechtzeitig zur WM '89 fertig. Dieses Angebot wiederum war den Verantwortlichen dann doch zu peinlich, sie trieben plötzlich noch irgendwo Geld auf und es konnte losgehen.

Der snake run im Rohbau

Damit war der Berg Fidel die erste Anlage, die ich nicht aus eigener Tasche bezahlen musste. Natürlich hatte das beauftragte Planungsbüro keinen Plan vom Skateboarding, und so musste ich trotzdem noch persönlich den Park mitplanen und die Umsetzung überwachen.

Wichtig is' auf'm Platz

Mindestens so spannend wie das, was auf der MMM passierte, war das, was nebenbei abging. Die Mastership-Besucher waren sehr jung, sehr pubertierend und damit automatisch sehr anstrengend. Dass sie außerdem auch noch Skateboarder waren, bedeutete, sie waren auf höherem Niveau anstrengend als normale Jugendliche: lauter, kreativer, verrückter. Der beste Beweis dafür waren unsere eigenen Fahrer vom Titus Skates Show Team. Wo immer sie Spießigkeit, Establishment, Erwachsenenwelt auch nur rochen, schalteten sie sofort um auf rotzigen Skateboarder-Widerstand. Nicht nur auf den Masterships.

Volker Grüber und ich im Mastership Orga-Stress

Da sagten Ralf Middendorf und seine Mitstreiter den anderen Teilnehmern der Deutschen Meisterschaften im Rollsport schon mal überdeutlich, was sie von deren damals noch spießigen Puma- und Adidas-Traditionsklamotten und ihren albernen Disziplinen wie Hoch- oder Weitsprung hielten. Da wurde ein Herbergsvater in Darmstadt so lange wahllos beschimpft, bis wir aus der Jugendherberge flogen und uns ein paar Kilometer weiter in Frankfurt mitten in der Nacht ein standesgemäßeres Domizil suchen mussten. Morgens um zwei landeten wir im Obdachlosenasyl der Diakonie am Hauptbahnhof und schliefen zwischen Stadtstreichern und Alkoholleichen, was natürlich alle extrem cool fanden. Da wurde bei einer anderen Deutschen Meisterschaft im laufenden Wettkampf von der Galerie auf den Slalomparcours gepinkelt, die Pfütze zur Fanta-Lache erklärt und die prompte Disqualifikation von Ralf und Konsorten grinsend entgegengenommen – die Verkäufe von Ralfs eigenem Board gingen einen Tag später durch die Decke. Diese »Leck mich«-Haltung war zentraler Bestandteil des Skateboarder-Seins, und je überzeugender man sie vorlebte, desto angesehener war man.

Chat mit Tony Hawk auf der MMM 1989

In Münster auf den Masterships gab es all das auch, und Brigitta und ich fanden uns in einer seltsamen Doppelrolle wieder: Einerseits liebten wir die Kids gerade wegen ihrer Aufmüpfigkeit und ihrer anarchischen Gags, andererseits waren sie eben genau das – Kids, halbe Kinder, und wir fühlten uns verantwortlich für sie, als wären es unsere eigenen, egal ob sie nun Teilnehmer oder Zuschauer waren. Das ging damit los, dass wir versuchten, ihnen Übernachtungsmöglichkeiten zu besorgen. Als es im Lauf der Zeit immer mehr Kids wurden, überredeten wir die Halle Münsterland, uns die alte Viehauktionshalle nebenan zur Verfügung zu stellen, in der Zuschauer und Teilnehmer der Mastership dann gemeinsam übernachteten und anschließend wie Vieh rochen. In der Halle gab es zwar Betreuung, aber die Kids waren natürlich nicht eingesperrt.

Dass wir, ob anwesend oder nicht, irgendwie die Rolle der Herbergseltern übernommen hatten, wurde uns klar, als eines Nachts die Polizei anrief. Wir waren schon im Bett, und ich brauchte einen Moment, um zu verstehen, was der Wachtmeister am anderen Ende von mir wollte: Sie hatten einen der »Kurzen« aufgegriffen, einen Dreizehnjährigen, der auf seinem Skateboard gegen 1:00 Uhr morgens durch Münster rollte. Nachdem die Beamten ihn kassiert hatten, wurde er befragt. Der Dialog muss ungefähr so abgelaufen sein:

»Was machste denn hier?«

»Cola holen von der Tanke.«

»Wo kommste denn her?«

»Da hinten, aus der Halle.«

»Wer ist denn für dich verantwortlich?«

»Titus.«

Der Polizist am Telefon fragte mich, was sie mit ihm machen sollten, worauf ich nur sagte:

»Na, bringt ihn zur nächsten Tanke und lasst ihn seine Cola kaufen und dann wieder ab in die Halle.«

Monster in Münster

Das war alles noch niedlich, aber ab Anfang der 90er wurden es immer mehr Kids, und sie wurden automatisch immer älter – viele kamen ja jedes Jahr wieder. Etliche tauchten jetzt mit Papas Auto auf. Also organisierten wir noch zusätzlich einen Parkplatz, der für die Dauer der Mastership zu einem halboffiziellen Campingplatz wurde, weil viele auf ihren Autos saßen, vor ihnen grillten, in ihnen pennten und auf, vor, in ihren Autos Bier tranken. Das wurde auf Dauer natürlich langweilig. Vor allem nachts. Zuerst waren nur die Münsteraner Kneipen und Clubs überfüllt und die Busfahrer genervt, weil immer eine Traube von Skatern an ihrem Heck klebte. Die schauten in den Rückspiegel und hatten 20, 30 Skateboarder im Schlepptau, die sich kostenlos durch die Stadt ziehen ließen. Gegenwehr zwecklos. Hielten die Busfahrer an, ließen alle los, fuhren sie weiter, hingen alle wieder dran. Das war eine der ersten Sachen, die der Polizei ernsthaft auf den Zeiger ging.

Dann kamen die Vorgärten und Spielplätze dran: Schlafsacklager in Sandkästen und versiffte Skateboarder in den gepflegten Hollywoodschaukeln der Vorgärten – Münster fand das nicht lustig. Und wollte ein »Sicherheitskonzept«

von uns. Was so martialisch klang, bestand vor allem daraus, ein Nachtprogramm zu organisieren, damit die Mastership-Besucher keine Zeit mehr hatten, Münster auseinanderzunehmen.

Ruhe vor dem Mastership-Sturm in der frisch renovierten Halle Münsterland Ende der 90er

Konzertierte Aktion

Die Lösung hieß »Konzerte«, und Anfang der 90er wurden die Monster Rock Nights geboren. Zuerst bestanden sie aus einzelnen Konzerten, aber ab 1994 war es ein richtiges Event mit Headlinern wie H-Blockx, Massive Töne, Mando Diao und Ferris MC, und schließlich war es das größte Hallenkonzertevent Deutschlands. Auch Motörhead waren da, und Kid Rock feierte hier seine Europapremiere. Bei der letzten MMM, 2005, wieder zurück in Münster, war das Konzert mehr als doppelt so groß wie die eigentliche Weltmeisterschaft. 6000 sahen die Wettkämpfe, 14000 die Musiker. Was ursprünglich nur ein Gefallen für die Münsteraner Polizei war – »Titus, hol um Himmels willen nachts die Kids von der Straße!« –, wurde so groß, dass wir damit gar nicht mehr aufhören konnten, auch als es seinen eigentlichen Zweck nicht mehr erfüllte: Den Skateboardern waren die Konzerte schon in den späten 90ern zu groß geworden, sie hatten keinen Bock auf den ganzen Rummel – und zogen nachts wie in den alten Zeiten wieder durch Münster.

Typische Mastership-Szene

Die Rock Nights zogen eine Menge Leute an, die gar nichts mit Skateboarden am Hut hatten. Und um so ein Konzert herum boten sich jede Menge Gelegenheiten für kreative Aktionen, zum Beispiel: Scheiterhaufen aus Münsteraner Fahrrädern bauen. Ich hatte gar nicht gewusst, wie gut Fahrräder brennen. Abends nach dem Contest zogen Skater und Zuschauer von außerhalb durch die Münsteraner Discos, und wenn sie wieder zur Halle zurückwollten, machten sie es wie viele junge Münsteraner: Sie schnappten sich eine der alten mehr oder weniger herrenlosen Möhren, die unangeschlossen oder nur leicht gesichert auf den nächsten Lehramtsstudenten warteten, der damit zum Biomarkt oder ins Seminar radeln wollte, und fuhren damit zurück zur Halle. Da kamen natürlich eine Menge Fahrräder zusammen, und irgendjemand hatte die witzige Idee, die Fahrräder hinter der Halle auf einen Haufen zu werfen, Benzin drüberzugießen und mal zu schauen, wie das so brennt. Zuerst waren das nur kleine Feuerchen mit mehr Qualm als Flammen wegen der Gummireifen, und mein Standing bei den Kids war so gut, dass allein die Nachricht »Achtung, Titus kommt raus!« reichte, um alle vom Feuer zu verscheuchen. Dann stand ich allein vor den Flammen und löschte mit dem, was gerade zur Hand war.

Einmal gelang es mir sogar, eine umstehende Gruppe von Jungs zu überreden, das Feuer gemeinsam mit mir auszupinkeln. Ganz haben wir es zwar nicht geschafft, aber die Aktion zeigte: Noch ging alles locker zu.

Feuer und Scheiß

Aber mit den Kids wuchs auch das Feuer. Je größer es wurde, desto leichter brannte auch der Lack; außerdem warfen die Kids alles, was sie sonst noch fanden, in die Flammen, von Pappkartons bis zu Getränkekisten. Ein Jahr später musste ich schon einen großen Feuerlöscher aus der Münsterlandhalle nach draußen schleppen, um den Fahrradstapel zu löschen.

Die Stimmung in der Stadt den Skatern gegenüber wurde langsam immer gereizter, und die Skateboarder taten, was sie konnten, damit bloß keine Harmonie mit den Bürgern aufkam. Eines Abends rief mal wieder die Polizei an. Brigitta und ich hatten inzwischen ein sehr enges, vertrauensvolles Verhältnis zu den Beamten, die im Gegenzug froh waren, jemanden halbwegs erwachsenen als Ansprechpartner zu haben.

»Herr Dittmann, Sie müssen sofort zum Berliner Platz kommen. Ihre Skater blockieren die halbe Innenstadt, der Busverkehr ist zusammengebrochen!«

Wir hatten schon so eine Ahnung, schmissen uns ins Auto und fuhren zum *Conti-Hotel* am Berliner Platz. Dort hatten wir einige US-Profis untergebracht. Die waren auch alle noch brav im Hotel, hingen allerdings aus den Fenstern ihrer Zimmer in den oberen Stockwerken und warfen einer stetig wachsenden Menge von Skateboardern unten auf der Straße T-Shirts und andere heiß umkämpfte Devotionalien zu. Die vielleicht fünfhundertköpfige Skateboarder-Meute auf einer der belebtesten Straßen Münsters jubelte bei jedem Wurf und ignorierte die mittlerweile hupende Schlange von Bussen, die an ihnen einfach nicht vorbeikam. Die Menge blieb, wo sie war, starrte nach oben – und schon segelte wieder ein T-Shirt mit original »Superstar«-Schweiß aus dem Fenster.

Tosender Jubel.

Von da an machten Brigitta und ich es uns zur Gewohnheit, in den Nächten der MMM noch einmal eine letzte Patrouillenrunde durch Münster zu fahren, bevor es nach Hause ging. Wir guckten an den klassischen Spots, ob alles ruhig war oder ich mal wieder irgendeinen Skaterboarder-Aufruhr schlichten musste. Meistens war es ruhig und wir zuckelten nach Hause.

Fahrradscheiterhaufen (Anfängerversion)

Einmal jedoch, als wir beim Landeshaus auf die Warendorfer Straße biegen, sehen wir einen leeren Polizeiwagen mit Blaulicht am Straßenrand stehen. An der Wand des Landeshauses steht ungefähr ein Dutzend Skateboarder in Reih und Glied nebeneinander, Beine gespreizt, Hände an die Mauer gestützt. So etwas hatte ich bisher nur in amerikanischen Krimis gesehen, aber ganz sicher nicht in Münster. Greifen die Bullen jetzt zu rabiaten US-Methoden? Ich stoppe meinen Cadillac und gehe zu den Beamten, die bei den Skateboardern stehen und sich Notizen machen.

»'n Abend, ich bin Titus, gibt's hier ein Problem?«

Die Beamten schütteln die Köpfe.

»Nö, nö, alles im Griff, die Jungs hier haben 'n bisschen Scheiße gebaut, die sind mit 15 Mann im VW-Bus rumgefahren, Türen offen, Flaschen rausgeschmissen, das Übliche halt. Jetzt müssen wir die ein bisschen verwarnen.«

»Aber wieso stehen die denn alle an der Wand wie Schwerverbrecher?«, frage ich, immer noch misstrauisch. Das sind alles WM-Teilnehmer aus den USA, so viel habe ich inzwischen gesehen, und mit seinen Gästen, egal wie sie sich benehmen, geht man nicht so ruppig um.

»Ach, das? Keine Ahnung. Die haben sich von selbst so hingestellt. Sind die wohl so gewohnt.«

Feuer-Löscher mit Feuerlöscher

Die Grenze zwischen noch frech und schon halb kriminell begann immer schneller zu verwischen, je mehr Besucher die MMM hatte – auch wenn der spezielle abgedrehte Skateboarder-Charme oft noch zu erkennen war. Einmal knackten ein paar Jungs nachts den Imbisswagen an der Halle Münsterland – nicht etwa, um Mundraub zu begehen oder nach Geld zu suchen. Sie schnappten sich bloß alle vorhandenen Senf- und Ketchupflaschen und legten damit eine gut und gern 400 Meter lange rot-grüne Spur rüber in Richtung Bahnhof. Dann ist ihnen wohl der Senf ausgegangen.

Und immer noch wuchs jedes Jahr das Feuer. Irgendwann konnte und wollte die Feuerwehr nicht mehr tatenlos zusehen und rückte an, um den Fahrradscheiterhaufen nass zu machen. Was bis jetzt der große Vorteil Münsters gewesen war, ein gewisser tollpatschiger und entspannter Charme und eine besonnene Polizeiführung, kehrte sich jetzt in einen massiven Nachteil: Die Feuerwehr hatte nie gelernt, mit einem echten Mob umzugehen, und war total überfordert. Sie preschte mit mehreren Löschzügen heran und hielt mit den Wasserkanonen der Fahrzeuge aus sicherer Entfernung ins Feuer. Klar, dass man aus 50 Metern nicht nur das Feuer trifft.

Die Jungs sehen diese riesigen Fahrzeuge mit den aufmontierten Kanonen auf sich zielen, haben innerhalb von Augenblicken einen klar erkennbaren, gemeinsamen Feind, und alle pubertäre Wut auf die spaßverderbende Obrigkeit findet endlich ein einfaches Ziel. Sie stellen sich schützend vor »ihr« Feuer. Die Feuerwehr nimmt darauf keine Rücksicht, überschätzt die Gefahr, die vom Feuer ausgeht, ist verärgert, dass diese Spinner das Löschmanöver behindern und hält voll rein. Erst fliegen Kids durch die Gegend, dann Steine zurück in die Richtung, aus der der Wasserstrahl kommt und die Eskalation nimmt ihren Lauf. Jede Partei fühlt sich im Recht, weil ja die anderen angefangen hatten.

Feuerwehrleute in Berlin hätten über solche kleinen Scharmützel nur gelächelt, die Münsteraner Feuerwehrmänner, die noch nie Straßenkrawalle erlebt haben, denken: »Jetzt ist Krieg! Alles ist erlaubt!« Sie schießen wild um sich auf vermeintliche Steinewerfer und treffen viele Unbeteiligte. Ich weiß plötzlich wieder, warum ich beim Grenzschutz unbedingt auf den Wasserwerfer wollte und nicht auf die Gegenseite, und die Tausenden anderen Skater auf dem Gelände, die bis eben noch Feuer und Steinewerfen doof fanden, entdecken ihr Herz für die Hardcore-Skater. Sie bekunden ihre Solidarität mit einer für Münsteraner Verhältnisse ausgewachsenen Straßenschlacht.

Im Jahr darauf wurde es noch heftiger:

Plötzlich stehen sich eine Polizeikette und eine Front von Steinewerfern gegenüber. So was kannte man sonst nur aus der *Tagesschau*. Immerhin, die Polizei ist besonnen und stürmt nicht einfach auf die Randalierer los. Das ist auch gesünder. Sobald die Polizisten nur ein paar Meter auf die andere Seite zugehen, fliegen Steine. Mein Handy klingelt und ich laufe aus der Halle zur Einsatzleitung.

»O.k., ich versuch's und geh da mal rüber«, sage ich, als mir der Beamte die Lage erklärt hat.

Ich kann nicht anders. Die MMM ist mein Baby, ich will und muss für alles, was hier passiert, geradestehen. Außerdem ist das hier immer noch Münster, meine Heimatstadt, und nicht Berlin-Kreuzberg während der Chaostage. Bisher habe ich solche Konfrontationen noch immer auflösen können. Mulmig ist mir trotzdem. Ich komme von der »falschen«, der Polizei-Seite, und weiß, ich habe nicht nur Freunde auf der anderen Seite. Mal sehen, ob es diesmal reichen wird. Ohne Helm oder Körperschutz laufe ich los, nur in Jeans und Kapuzenpulli. Es fliegen immer noch ab und zu Steine, ein-, zweimal muss ich ausweichen, aber je näher ich komme, desto mehr lässt der Flugverkehr nach. Wenn man ein Gesicht erkennen kann, ist es ja viel schwerer, gewalttätig zu sein, als anonym aus der Ferne. Das ist mein Glück.

Auf der anderen Seite angelangt, fange ich in bester 68er-Paukermanier eine Diskussion an:

»Ey, mit wem kann ich hier reden, was findet ihr überhaupt scheiße, sagt doch mal …«

Deeskalation durch An-die-Wand-Quatschen. Bei aller gespielten Lockerheit achte ich aber immer darauf, mit dem Rücken am Zaun zu stehen, sicher ist sicher. Die Diskutiererei funktioniert nicht bei allen, aber einige lassen sich darauf ein. Und das genügt, um die Situation zu drehen. Die Polizisten sehen, dass mir nichts passiert – so wild ist diese Horde da drüben wohl doch nicht. Und die wilde Meute hat plötzlich jemanden, der zuhört und auf sie eingeht – dann ist Spielverderben mit Schlagstock und Wasserwerfer vielleicht doch nicht das Einzige, was die Gegenseite draufhat.

Heute geht noch mal alles gut.

Aber es war klar: Alle Seiten waren überfordert. Wir als Veranstalter: Der Besucheransturm sprengte inzwischen sowohl Contest-Halle, Konzerthalle als auch alle Parkplätze. Die Skateboarder: Sie fühlten sich durch die Obrigkeit zunehmend um ihren Spaß gebracht. Die Obrigkeit: Sie fühlte sich durch die Skater zunehmend um ihren Feierabend gebracht. Und schließlich die Stadt Münster: Sie rechnete sich die Finger wund, um herauszubekommen, ob die Balance zwischen dem Geld, das die Skateboarder in die Stadt brachten, dem, was es kostete, die Spuren ihres Besuches wieder zu beseitigen, und der Kraft, die es brauchte, die Bürger wieder zu beruhigen, noch stimmte. Außerdem konnten wir die ganzen Ami-Pros nicht mehr unterbringen. Kein Münsteraner Hotel war mehr bereit, sie aufzunehmen. Zeit, weiterzuziehen.

Nach Dortmund, in die Westfalenhalle.

Westfalenkrawalle

Nicht, dass es da besser wurde. Nur professioneller. Und zwar auf beiden Seiten. Das führte im Ergebnis zu den heftigsten Ausschreitungen der MMM-Geschichte, aber auch dazu, dass danach endlich das Gröbste überstanden war. Die MMMs hatten sich schon in Münster nicht zuletzt dank blutrünstiger Reportagen der *Bild*-Zeitung – »Randale in Münster!!« – einen traurigen Ruf als Krawall-Mekka erarbeitet. Jetzt freute sich in Dortmund der ortsansässige harte Kern der BVB-Anhänger auf eine zusätzliche Gelegenheit, ein anregendes Wochenende zu verbringen, und auch aus dem Rest der Republik reisten Randaletouristen an, denen das Skaten genauso egal war wie die Konzerte. Aber das hier war Dortmund, und die Polizei hatte genau die Routine, die den Münsteranern gefehlt hatte.

Es geht los, wie ich es inzwischen gewohnt bin. In der Halle laufen die Vorausscheidungen, alles ist ruhig und friedlich, bis mein Telefon klingelt. Die Einsatzleitung. Ärger.

Ich gehe mit Julius raus, sehen, was ich machen kann. Zwischen der Halle und der Meute steht eine Polizeikette, davor liegt das designierte Schlachtfeld. Wir werden durchgelassen, eine Beamtin in furchterregender Kampfmontur lächelt mich strahlend an.

»Titus!«, sagt sie, als ich sie fragend ansehe. »Ich war deine Schülerin am Hammonense!« Und dann, etwas leiser: »Pass bloß gut auf, da geht's gleich ab.«

»Ja, ja, kenn ich«, denke ich, »sind doch Skateboarder, mit denen kann man reden.«

Irrtum.

Das hier ist nicht Münster, und das da drüben sind keine Skateboarder. Es gibt niemanden mehr, den ich ansprechen könnte. Es gibt nur noch Chaoten jeglicher Couleur, die auf Randale aus sind, kleine Grüppchen, die glauben, sich in der Anonymität der Masse mal so richtig austoben zu können. Das alles habe ich noch nicht wirklich begriffen, als ich mit Julius durch das Niemandsland zwischen den Fronten gehe.

Wir sind gerade drüben in den Ausläufern der Menge angelangt, als die Polizeikette hinter uns, verstärkt durch gepanzerte Fahrzeuge, plötzlich losstürmt. Was wir nicht wissen: Minuten vorher hatten Randalierer als kleine Aufwärmübung die riesigen gelben Straßenschilder über der vierspurigen Ardeystraße demontiert und auf die Zubringerstraßen geworfen. Die Polizei entschließt sich, sofort knüppelhart durchzugreifen und die Rädelsführer festzunehmen. Wir stehen also definitiv auf der falschen Seite der losstürmenden Bullen, und Julius ist ein Stück von mir entfernt. Ich kann nur noch schreien:

»Julius, lauf!«, bevor wir uns in der zurückflutenden Menge verlieren. Ich sprinte in Richtung U-Bahn-Station, stelle mich hinter eine der Säulen im überdachten Eingangsbereich und drücke mich ganz fest an den Stein, sodass ich von den heranstürmenden Einsatzkräften nicht gesehen werde. Keinen Mucks jetzt. Die Reste der flüchtenden Randalierer fluten an mir vorüber. Dann sehe ich auf einmal links und rechts von mir nur noch grün – Uniformen, Schilde, Schlagstöcke. Aber die Polizisten starren auf der Suche nach den Rädelsführern konzentriert nach vorn. Mich bemerkt niemand. Ich bete, dass auch Julius sich irgendwo verkriechen konnte.

So geht das in diesen Minuten überall rund um die Halle: Hundertschaften Bereitschaftspolizei, gepanzerte Fahrzeuge und Pferdestaffeln versuchen, alle Randale im Keim zu ersticken, wobei der Begriff Randale extrem großzügig ausgelegt wird. Die echten, friedlichen Skateboarder auf den Parkplätzen sind schwer genervt:

»Wieso kann man nicht mehr gemütlich mit Bier und Grillwurst am Feuer sitzen, so wie früher?«

Sobald einer ein kleines Lagerfeuerchen anmachte, war er sofort von einem halben Dutzend Beamten in Kampfmontur umzingelt. Keine Chance mehr für die gemütlichen MMM-Partys Münsteraner Prägung. Aber das Durchgreifen der Dortmunder Bullen hatte auch seine Vorteile: Im nächsten Jahr blieb die MMM fast randalefrei. Die Klientel wusste jetzt, dass hier nichts war mit »die Sau rauslassen«, es sei denn, man stand auf Gummiknüppel oder Knast. Wir verloren unseren Ruf als einer der Höhepunkte des deutschen Randalekalenders, und auch als wir 2005 mit der MMM nach Münster zurückkehrten, blieb alles friedlich.

Vom Himmel hoch

Alles ist dunkel. 30 Meter unter mir glimmen matt die Lichtpunkte der Notbeleuchtung an den Treppenaufgängen. Ein Summen liegt in der Luft: 8000 Menschen murmeln, flüstern und rascheln erwartungsvoll, schließlich wird es mucksmäuschenstill. Dann explodieren die Boxen. Mit 40000 Watt knallt Beethovens Fünfte in die Westfalenhalle:

»Tadada-daaa! Tadada-daaa!«

Es ist mal wieder Skateboard-Weltmeisterschaft.

Der enge Drahtkorb, in den ich mich mit Don Bostik, dem Chef des Dachverbandes World Cup Skateboarding, und zwei Moderatoren gezwängt habe, wird langsam von der Decke hinuntergelassen. Vor einer Viertelstunde haben wir uns auf schmalen Drahtstegen unter dem Hallendach zum Drahtkorb vorgearbeitet, nur ein dünnes Drahtseil und einen falschen Schritt vom Hallenboden entfernt. Jetzt schweben wir, von Scheinwerferkegeln umspielt, wie Hollywood-Diven langsam nach unten. Jeder hat ein Mikro in der Hand, und wir quasseln, was das Zeug hält, auf Deutsch und Englisch, während unter uns die Halle tobt. Ich genieße es in vollen Zügen. Meine Angst, auf der Bühne zu stehen und vor vielen Menschen zu sprechen, habe ich inzwischen besiegt. Und wie immer, wenn ich ein altes Hindernis überwunden oder einen Traum verwirklicht habe, falle ich von einem Extrem ins andere. Von Ente zu Lamborghini. Von schüchtern zu überdreht. Vom Im-Boden-versinken-Wollen zum Hier-will-ich-nie-wieder-weg im Drahtkorb über der vollgepackten Westfalenhalle.

Noch an der Uni Münster habe ich mich vor jedem Referat gedrückt, alles getan, um nicht vor Professoren oder anderen Vertretern des Establishments sprechen zu müssen. Wenn ich doch mal ranmusste, bin ich gestorben vor Nervosität. Erst recht im Referendariat: Schon in normalen Stunden, wenn nur mein Tutor in der letzten Reihe saß, habe ich kaum den Mund aufgekriegt. Stand dann eine Lehrprobe mit Seminarleitern, Schulamtshonoratioren und dergleichen mehr an, hatte ich schon Tage vorher blanke Panik.

Aber jetzt, wo ich endlich vor Schlipsträgern, Kameras und Bankettsälen frei sprechen kann, kriegt mich niemand mehr von der Bühne. Vor allem nicht bei der MMM, dem absoluten Höhepunkt meines Skateboard-Jahres.

Seit Monaten hatten wir alles geplant und vorbereitet, immer getrieben von meinem Ehrgeiz, im Vergleich zum Vorjahr noch einen draufzupacken. Beim Eröffnungsspektakel zum Beispiel. Was hatten wir nicht schon alles probiert: flaggenschwenkende Skateboard-Fahrer (damit auch alle merkten: Das hier ist 'ne richtige Weltmeisterschaft!), Skateboarder-Leichen, die zu fürchterlich getragener Musik auf ihren Boards hereingerollt wurden (aus der Abteilung »künstlerischer Erguss«), Müntefering *himself* mit falsch rum aufgesetzter Baseballkappe, als wäre er 14 (aus der Abteilung »Jugendwahn von Ahnungslosen«) und so weiter.

Die Schwebenummer mit Beethoven, das ist nicht mehr zu toppen. Schon vor zehn Jahren hatten wir uns kurzerhand selbst zur WM erklärt, weil es keine WM gab und keinen Dachverband, der uns widersprechen konnte – den haben wir später dann der Einfachheit halber selbst gegründet –, aber erst jetzt, mit der donnernden Fünften Sinfonie und unserem Hinabsteigen wie Moses vom Berg Sinai füllen wir diese Rolle auch showmäßig aus.

Die Besetzung war dagegen schon seit Jahren auf Weltniveau: 150 Topfahrer aus über 25 Ländern, Amerikaner, Brasilianer, Australier und natürlich die ganze europäische Elite. Das war kein Zufall, denn seit 1982, durch gute und schlechte Jahre, hatte ich immer gesagt:

»Scheißegal was es kostet, solange wir uns das irgendwie leisten können, ziehen wir die MMM durch.«

Das zahlte sich jetzt massiv aus. In den USA gab es praktisch keinen nennenswerten Contest mehr, und so kamen die Amis alle rüber nach Germany.

Zum Schluss der MMM, in der Halle ist alles friedlich verlaufen, kommt eine Meldung über die Funkgeräte:

»Security, bitte schnell zum Nordeingang, Schlägerei im Gang.«

Jeder Ordner mit Funkgerät eilt in die angegebene Richtung. Kurz darauf folgt eine zweite Durchsage:

»Nee, 'tschuldigung, hab mich vertan, Südeingang!«

Die gesamte Security dreht um und rennt in die Gegenrichtung. Ich habe schon so ein komisches Gefühl: Bisher war doch alles so ruhig geblieben, warum plötzlich eine Schlägerei am helllichten Nachmittag? Mein Funkgerät erwacht wieder zum Leben.

Ein paar Minuten später sieht mich der Leiter der Security und läuft zu mir rüber:

»Titus, einer meiner Leute hat sein Funkgerät verloren«, sagt er außer Atem. »Das muss irgendein Besucher gefunden haben und jetzt verarscht der ...«

»Mich!«, blaffe ich ihn an. »Ich dreh gleich durch, seit fünf Minuten höre ich nichts als ...«

Mein Funkgerät knackt und eine Stimme tönt im Kinderreim-Singsang:

»Glatzkopf, Glatzkopf, ich seh' dich, aber *du* mich nicht!«

Nachdem sich alle außer mir die Lachtränen aus dem Gesicht gewischt haben, stellen wir die Funkgeräte für den Rest der Veranstaltung einfach ab.

Fäuste & Federboas

So gern ich bei diesem Event als Chef im Mittelpunkt stand – ich merkte jetzt auch hier im Westen, wie etwas zu verschwinden begann, was ich die ganze Zeit hindurch so sehr genossen hatte: die vertraute, entspannte Nähe zu den Skateboardern. Ging ich jetzt durch die Halle, spürte ich bei vielen eine seltsame Mischung aus Respekt, Hochachtung und Scheu mir altem Hasen gegenüber. Mir gefiel das gar nicht. Die Skateboarder waren immer meine Familie gewesen, meine Gang, meine Clique. Aber jetzt war ich nicht mehr einer von ihnen, sondern der Typ, der den wichtigsten Contest der Welt organisierte. Klar, dass jeder freundlich zu mir war, so wie ich zu jedem freundlich war. Der Abstand hatte aber noch eine andere Seite: Wehe, die Pros hatten das Gefühl, ich zollte ihnen nicht genügend Respekt. Dann gab's schnell mal laute Worte oder sogar Gerangel. Wie mit Eric Dressen.

Als der Contest begann, fehlte einer der Stars, Christian Hosoi – und der war auch noch als Erster dran. Ich warf mich ins Auto, zerrte ihn aus seinem Hotelbett, packte ihn ein und war gerade rechtzeitig zum Beginn des Wettkampfes mit ihm zurück in der Halle. Was ich nicht bemerkt hatte: Auch Eric Dressen hatte seinen Auftritt verpennt und dadurch seine gesamte Teilnahme. Sauer war er aber nicht etwa auf sich selbst, sondern auf mich:

»Warum hast du mich nicht auch geholt? Für den Hosoi, für den machst du so was, aber für mich nicht, Arschloch!«

Er wurde richtig aggressiv, was in gewisser Weise typisch für viele der besten Pros ist, vor allem für die, die zu schnell nach oben geschossen sind. Einerseits wollen sie nach außen ganz bescheiden und relaxed wirken, als gingen ihnen Ruhm, Ansehen und Status komplett am Arsch vorbei. Andererseits soll aber allen klar sein, wer die Kings sind, und alle sollen sich bitteschön entsprechend benehmen. Und, ganz wichtig, es gibt zweierlei Maß: Ein Skateboarder darf sich anderen Skateboardern gegenüber mehr herausnehmen als ein Nicht-Skateboarder. Ich war als Board-Gruftie irgendwo dazwischen, jedenfalls aber eine Klasse unter Eric, womit meine gefühlt respektlose Behandlung eine noch unverschämtere Majestätsbeleidigung darstellte.

Am Abend auf der After-Contest-Party im *Jovel*, der ehemaligen Germania-Brauerei, stellt er mich auf der Tanzfläche, und als der Streit nirgendwohin führt, spuckt er mir ins Gesicht. Inzwischen bin ich auch auf hundertachtzig und schlage ihm reflexartig mit der flachen Hand ins Gesicht. Wäre es ein Faustschlag gewesen, wäre es ja noch als ehrenwerter Boxkampf Mann gegen Mann durchgegangen. Aber die Ohrfeige ist eine von der Sorte, die unsere Eltern früher verteilt haben: mehr Erniedrigung als Schlag. Eric stürmt wie ein Stier auf mich zu. Ich weiche zur Seite und nehme ihn in den Schwitzkasten. Er versucht, sich boxend und kickend daraus zu befreien, aber es gelingt ihm nicht. Das sehen die anderen US-Profis und stürzen sich auf mich, bis ich unter einem Menschenknäuel begraben bin. Das wiederum sieht Brigitta, die sich plötzlich an ihren Judokurs erinnert, sprintet heran, springt schreiend auf den Menschenberg und versucht mit allen legalen und illegalen Mitteln, die Amis von mir runterzuzerren. Einem zieht sie sogar an den Haaren, was die ganze Situation ein bisschen ins Comichafte kippen lässt. Fünf Minuten später ist das Knäuel aufgelöst, wir geben uns die Hand und sind wieder, na ja, Freunde.

Die dickere Hose

Als Vater des Contests musste ich ansonsten immer schön ausgleichen und die Egos der Topfahrer pampern. Keine leichte Sache für mich.

Einmal allerdings bekomme ich vom Schicksal eine satte Ausgleichszahlung für meine Mühe mit diesen Diven. 1988 ruft während der Münster Monster Mastership das *Aktuelle Sportstudio* an, ob ich nicht irgendeinen berühmten Skater abends zur Sendung abliefern kann. Klar kann ich. Die Wahl fällt auf Marc »Gator« Anthony Rogowski, einen der berühmtesten und schillerndsten Skater der Zeit. Ihn auszuwählen ist nicht ganz risikolos. Am Vortag hatte Marc sich noch in seinem Hotelzimmer mit Alkohol, Joints und was weiß ich, was noch zugedröhnt, bis er im Rockstar-Modus war:

»Ich kann alles, ich schaff alles, ich bin unzerstörbar!«

Klar, wenn man in der Halfpipe die spektakulärsten *rocket airs* durchzieht, hat man irgendwann das Gefühl, man kann fliegen. Wahrscheinlich ist er deshalb aus dem Fenster seines Hotelzimmers gesprungen und bei der Landung in einem Bauzaun hängen geblieben.

Jetzt bin ich mit dem zusammengeflickten Gator unterwegs nach Wiesbaden. Zu spät, natürlich, aber wir sitzen in einem schnellen Auto: einem Porsche 928 V8 mit Autotelefon – der Apparat inklusive Riesenhörer mit eingebauter Tastatur und langer Ringelschnur sprengt fast die Mittelkonsole, ist aber hightechmäßig ganz weit vorn. Das Fernsehen wartet nicht, also Vollgas, immer schön am Limit, samstagabends sind die Straßen zum Glück frei. Marc sitzt neben mir, aber plötzlich ist er verschwunden. Ich blicke zur Seite: Er hat sich ganz tief in den Sitz verkrochen und macht keinen Mucks.

Ach ja, fällt mir ein, USA, *speed limit*. Wie viel sind noch mal 75 Meilen? Ungefähr 120 km/h? Blick aufs Tacho: 302 km/h. O.k., da sind wir definitiv drüber. Allmählich gewöhnt sich Marc an das Tempo und kommt etwas aus sich und seinem Sitz heraus, doch dann sind wir schon am Westhofener Kreuz. Gerade als ich mit etwas reduziertem Gas in die enge 270°-Rechtskurve einbiege, die uns auf die Sauerlandlinie bringen wird, klingelt das Autotelefon. Ich gehe natürlich nicht vom Gas, sondern ans Telefon.

Für das, was jetzt kommt, gibt es eine einfache Erklärung: Neben mir sitzt dieser Ami, gegen dessen arrogante Schnauze ich ein echter Leisetreter bin und der sich durch den gestrigen Kurzstreckenflug Richtung Bauzaun in seinem Status als Halbgott nur noch bestätigt sieht. Das geht mir tierisch auf den Sack. Sonst hätte ich diese Kurve nie im Leben mit solcher Geschwindigkeit angesteuert. Ich will ihm nur mal kurz zeigen, dass er nicht der einzige King of the World ist. Es ist jedenfalls definitiv kein Selbstmordversuch, auch wenn

Marc das glaubt. Mit links lenke ich weiter, mit rechts nehme ich den Hörer ab, und während ich »Hallo?« sage, biege ich in die Kurve und beginne, kontrolliert hindurchzudriften, schön seitlich und auf allen vier Rädern. Mit dieser Show hatte ich ja schon auf dem Parkplatz vor dem Are-Gymnasium gepunktet, ich weiß also grundsätzlich, was ich tue. Und auf der Autobahn gibt es ja keine Gullydeckel. Also drifte ich weiter. Marc hält sich fest, um nicht bei mir auf dem Fahrersitz zu landen. Dann ist das Telefonat vorbei, die Kurve auch, und Marc upgraded meinen Status von »Alter Sack, der die MMM organisiert« zu »Mein persönlicher Held«. Dass kurz danach der Motor platzt und wir es nicht ins *Aktuelle Sportstudio* schaffen, ist völlig egal. Marc bringt mir seither Respekt entgegen, als hätte ich ihn in der Halfpipe deklassiert.

Aber ganz gleich wie kindisch wir uns untereinander benahmen, Skateboarding in Deutschland war dank der MMM groß geworden, fast erwachsen. Genauso wie die Fahrtechnik. Gegen das, was hier inzwischen gezeigt wird, waren unsere Versuche damals in Münster so aufregend wie der Aasee-Hügel gegen den Mount Everest.

Mein persönlicher Höhepunkt ist immer das Halfpipe-Finale. Bis heute lasse ich es mir nicht nehmen, oben auf der Plattform zu stehen, um mir die Tricks aus einem Meter Entfernung anzusehen. Ich höre die Rollen unter mir in der Halfpipe und plötzlich schießt ein Ami oder Brasilianer mit fast 50 km/h direkt vor meiner Nase über die *coping* hinaus und fliegt einfach weiter nach oben, zwei Meter, drei Meter, macht irgendeinen Wahnsinn, einen *Mc Twist*, irgendetwas mit 720° oder einen quergeschraubten, backgeflippfloppten, frontsidedoublewasweißich ... und ist schon wieder in der Halfpipe verschwunden. In der Halfpipe bin ich groß geworden und trotzdem oder gerade deswegen: Die besten Skateboarder der Welt so hautnah zu erleben, führt bei mir jedes Mal zu Gänsehaut und Luftanhalten. Und ich kenne sie alle persönlich, was für ein geiles Gefühl!

Die MMM besitzt noch etwas, das ich sehr schätze: keine festen Regeln. Wir setzen uns jedes Jahr hin und schauen: Wie hat sich der Sport verändert, wie müssen wir die Wettbewerbe anpassen? Und dann wird angepasst nach dem Motto, was interessieren uns unsere dummen Regeln vom letzten Jahr? Mal wird im K.-o.-System gefahren, jeder für sich allein, mal mit dreien gleichzeitig (zumindest in der Disziplin Street), mal 'ne richtige Jamsession, mal in *heats*, dann wieder Varianten der Jamsession mit mal mehr, mal weniger Teilnehmern. Halfpipefahren ist so anstrengend, in manchen Jahren können die Fahrer so lange in der Pipe bleiben, wie sie wollen – nach zwei Minuten sind sie sowieso dermaßen außer Atem, dass sie keine großen Tricks mehr hinbekommen.

Wie mich Marc Gator Anthony nach dem Autobahn-Drift sah.

Dann gibt es die Frage von *bail* und *slam*: Wenn ein fester, zeitlich begrenzter Run vorgegeben ist, dann dürfen die Fahrer so oft *bailen* wie sie wollen. Anders sieht es aus, wenn der Run zeitlich unbegrenzt ist: Dann hat man den Run zu beenden, sobald man einen Trick gezielt abbricht, also *bailt*.

Es kommt also immer drauf an, und bis heute gibt es kein offiziell festgeschriebenes Regelwerk. Genau das liebe ich. Es ist so Anti-Kirchen, so Anti-Establishment, so Anti-das-war-schon-immer-so wie nur irgend möglich.

Kapitel 11

Roffi, Titus und das Snowboard-Ding
Im Schnee, 1989–1994

Noch 'n Board

Seitdem ich 1981 in dem US-Magazin *Action Now* das Bild von einem der ersten Snowboarder gesehen hatte, träumte ich davon, mit so etwas die Berge runterzuheizen. Wie so oft bei neuen Sportarten war ich extrem früh dran. Das war ja mein innerer Ausgleich dafür, dass ich zu alt war, um irgendwann der Beste zu sein.

Einen Winter nach dem anderen habe ich dann alle Evolutionsstufen des Snowboards durchlitten. Zuerst die einfachen Bretter ohne Bindung, auf denen man in Moonboots stand und versuchte, dem Board mittels einer vorn befestigten Leine zu sagen, wo es hinzuschliddern hatte. Dann kamen Plastikboards mit Schlaufen oben, Knick in der Mitte und Finnen unten hinten. Später entdeckte ich einen »Slicker«, eines der ersten wirklich brauchbaren Geräte aus laminiertem Holz mit einer lustigen Bindung aus Gummiband, aber ohne Stahlkanten. Mit denen eroberte ich zum ersten Mal ernsthaft die Alpen, trotz einer sturen Fichte, die mir den Unterarm brach. Und endlich gelangte das erste Sims Board

FE 1300 in meinen Besitz. Von dem war ich so begeistert, dass ich kaum noch vom Brett runterzubringen war. Augenblicklich startete ich einen Mini-Importhandel; Konfuzius, mal wieder ...

Bisher hatten europäische Snowboardfahrer immer nur Bretter für den Eigenbedarf aus den USA mitgebracht. Die Szene war noch extrem klein, auf den Pisten war man als Snowboarder einsamer als beim Drachenfliegen, was ja auch nicht gerade ein Massensport war. Aber jetzt, erst das Sims Board und später das Burton Board unter den Sohlen, war ich mir sicher: Mit solchen Dingern, die jeder fahren konnte, würde Snowboarden abheben.

Wieder kein Weltmeister

Michael Ritter, ein befreundeter Skateboard-Händler, erzählte mir 1986, dass in den USA eine Snowboard-WM stattfinden würde. Man kann sie getrost als erste offizielle WM bezeichnen, auch wenn ein Jahr zuvor schon mit einem internationalen Contest dafür geübt worden war.

»Bin dabei«, hab ich sofort gesagt, »wann fliegen wir?«

Als wir uns einen Monat später unangemeldet in Aspen, Colorado, mit dem Board unterm Arm bei den Offiziellen akkreditieren wollen, wird uns gesagt:

»National teams only! Two male snowboarders per country, max.«

Wir sind die einzigen Deutschen weit und breit, Männer sind wir auch, diese Anforderungen stellen also kein Problem dar, und wir befördern uns kurzerhand selbst zur Deutschen Nationalmannschaft – ist ja eh keiner da, um zu widersprechen. Ich bin, wie immer, zehn bis fünfzehn Jahre älter als die anderen Teilnehmer, doch das hat nicht nur Nachteile: Was mir an Erfahrung und Beweglichkeit mangelt, mache ich durch strategische Weitsicht wieder wett.

Der Downhill-Hang in Aspen ist sehr steil und liegt fast den ganzen Tag in der Sonne. Ab Mittags verwandelt sich der Schnee in langsamen Sulz, aber morgens nach dem Nachtfrost ist der Hang eine knallharte, heimtückische Eispiste. Die Startreihenfolge ist alphabetisch und mit dem vierten Buchstaben im Alphabet bin ich mit Sicherheit früh dran – das heißt: Eis. Ehrgeizig wie ich bin, werde ich natürlich trotzdem mit Vollgas runterknallen, was auf dem Eis zu extremen Geschwindigkeiten und noch extremerer Knochenbruchgefahr führen würde.

Was jetzt? Es herrscht absolute Helmpflicht. Ich stelle mich brav in der Starterreihe an, warte eine knappe Stunde, bis ich dran bin. Der Offizielle fragt mich, wo mein Helm ist.

»Ist hier denn Helmpflicht?«, frage ich zurück. »Meiner liegt im Hotel.«

Der Typ ist genauso genervt, wie ich gehofft habe, und blafft mich an:

»Geh deinen Helm holen. Und dann stell dich zur Strafe ganz hinten wieder an!«

Aber gern doch!

Ich lass mir schön Zeit und fahre schließlich als Letzter im tiefsten, butterweichen Schnee. Das gibt natürlich keine tollen Zeiten, aber ich liege als fast langsamster Fahrer trotzdem noch komfortabel im Mittelfeld, weil ungefähr 40 Prozent der Fahrer vormittags auf dem Eis von der Piste geflogen sind.

»Boah, bei Downhill im Mittelfeld? Bei der WM? Respekt!«, werden sie später in Münster sagen.

Weltmeisterschaft in Aspen, Colorado 1986, aus taktischen Gründen ohne Helm

Die zweite Hälfte der WM mit Riesenslalom, Halfpipe etc. fand in Breckenridge statt, zwei Autostunden weiter nordöstlich. Wir hatten uns mit dem Schweizer Nationalteam angefreundet, das mit zwei Männern und zwei Frauen doppelt so groß war wie unseres. Die »Zwei-Männer«-Regel besaß, wie wir jetzt erfuhren, noch eine Fortsetzung: »... and two women per nation«. So lernte ich Eveline Wirth kennen, damals schon mehrfache Welt- und Europameisterin sowohl im Freestyle- und Buckelpisten-Skifahren als auch im Snowboarden. Die Schweizer waren so nett, uns mitzunehmen, und so saßen wir hinten auf der

Ladefläche ihres Vans inmitten unseres Gepäcks und haben uns gegenseitig die Ohren abgekaut.

Als wir in Breckenridge ankamen, hatten alle anwesenden Snowboarder dieser Welt nichts Besseres zu tun, als beim offiziellen Begrüßungslunch in einem riesigen, für die WM reservierten Restaurant an der Talstation mit von der Stadt gesponserten Pizzen Frisbee zu spielen. Dieser »Food-Fight« sorgte dafür, dass mehr Pizzen in der Luft waren als auf den Tellern. Die enttäuschten Gastgeber sorgten dafür, dass man uns mit Haus- und Liftverbot belegte, was später zum Glück wieder aufgehoben wurde.

Im Slalom lief es noch ganz gut, doch der erste Wertungslauf in der Halfpipe war gleichzeitig meine erste Fahrt in einer Snowboard-Halfpipe überhaupt. Mental hatte ich wieder kräftig vortrainiert, das musste reichen. Hat es auch, aber nur für einen sehr freundlichen Achtungsapplaus für den Gruftie, der sich gleich beim Einstiegshelikopter voll auf die Fresse gelegt hatte und trotzdem noch mit Anstand ein bisschen hin- und hergerutscht war. Diese akustische Streicheleinheit war hoch verdient, der nächstjüngere Fahrer hatte gute zehn Jahre weniger auf dem Buckel.

Nach der WM lud Eveline Wirth uns zu ihrem Snowboard Camp am Stubai-Gletscher ein, das immer mit den besten amerikanischen Snowboard-Fahrern bestückt war. Bei ihr haben auch Brigitta und Julius Snowboarden gelernt. Besonders interessant war das Aufeinanderprallen der europäischen und amerikanischen Kultur. Die US-Mädels gingen damals noch mit T-Shirt und Hose in die Sauna und zogen im Whirlpool ihr T-Shirt erst unter Wasser aus – und wieder an, wenn sie rauswollten. Als sie begriffen, dass wir das hier etwas lockerer nahmen, verfielen sie ins andere Extrem, fuhren plötzlich oben ohne die Pisten runter und riefen begeistert mit hin und her schaukelnden Titten:

»That's Europe!«

Fliegen, zwischendurch

Hier entdecke ich auch mein nächstes Fluggerät: den Gleitschirm. Jose Fernandez, einer der besten Snowboarder jener Zeit, hat einen dabei. Weil ich mir ja grundsätzlich erst einmal alles zutraue, frage ich ihn, ob ich auch mal dürfe. Und da ich einen Ruf als lernfähiger Mensch habe, fragt Jose nur:

»Du weißt, wie das geht?«

Ich erklär ihm kurz, wie ich mir das vorstelle.

»Genau«, sagt er.

Nach einem Übungshopser werfe ich mich vom Gletscher. Dass ich beim Start zu kurz anlaufe, noch mal mit dem Arsch die Felskante vor dem Abgrund streife, den Hotelparkplatz als selbst ernannten Landeplatz um schlappe hundert Meter verfehle und in einem Gebirgsbach notwassere, ist nach einem Erstflug über 1000 Höhenmeter eigentlich kein schlechtes Ergebnis.

Im Snowboard-Camp von Eveline Wirth

Langfristig entscheidender an Evelines Camp aber war, dass sie im gleichen Jahr auf der Mutterbergalm zu mir sagte:

»Titus, den hier musst du kennenlernen!«

»Der hier« war Lucio Roffi.

Anzug im Karton

Lucio war Italiener mit Schweizer Pass, lebte in Zürich, wollte bei Eveline in die Snowboard-Szene reinschnuppern und war eine echte Persönlichkeit. Ende 40, markantes Gesicht, volle, längere Haare mit Grauansätzen, schlank – er hätte ohne Problem modeln können. Lucio fiel in jeder Gruppe sofort auf, nicht weil er eine große Klappe gehabt hätte, sondern weil er ein selbstverständliches, entspanntes Charisma besaß, das manchmal schon an Arroganz grenzte. Geschäftlich hatte er schon eine Menge auf die Beine gestellt, war, wie man so schön sagt, finanziell unabhängig, weltgewandt und strahlte eine Souveränität aus, die fast betäubend war. Und – Lucio war cool. Wenn er verreiste, hatte er immer einen stabilen Pappkarton dabei. In dem lag ein Anzug, sonst nichts. Der war so luftig eingepackt, dass er keine Falten bekam. Natürlich war es ein Maßanzug, natürlich aus Mailand und natürlich jedes Mal ein anderer. Auf der Mutterbergalm lief er oft klassisch gestylt herum, ohne im Geringsten peinlich auszusehen.

Seine vielleicht größte Gabe war, nicht selbst zu handeln, sondern Situationen so zu arrangieren, dass alles in seinem Sinne ausging. Er war ein begnadeter Menschenleser und ein Verhandlungsgenie, versetzte sich in andere, um dann unfehlbar die richtigen Impulse zu geben. Er selbst blieb dabei immer locker, war die kontrollierteste Sau, die ich in meinem Leben kennengelernt habe. Ich dagegen bin ein Bauchmensch und mache spontan viel Scheiße. Lucio hat, glaube ich, auch viel Scheiße gebaut – aber niemals spontan. Wenn der sich verzockte, dann hatte er sich schlicht verrechnet. Selbst wenn er ausflippte, war das immer eiskalt kalkuliert.

»Mit normalen Mitteln komme ich hier jetzt nicht weiter, hm … in Ordnung, dann reg ich mich jetzt mal so richtig auf. Mal sehen, ob's hilft.«

Meistens hat es geholfen. Er war ein Meister der Manipulation.

Lucio suchte gerade nach einer Gelegenheit, Business zu machen und sein Konto aufzufüllen. Es dauerte nicht lange, bis ihm klar war, dass ich genau der Mann war, der das für ihn erledigen würde. Und so ist es dann auch gekommen. Er spürte meinen Eifer, meine Risikobereitschaft, den Workaholic in mir, einfach alles. Und hat diese Erkenntnis benutzt. Heute wäre ich ihm vielleicht gewachsen. Aber damals? Keine Chance.

Seitenwechsel

Er war sich, genau wie ich, sicher, dass Snowboards ein dickes Geschäft werden würden, und er wollte dabei sein, wenn es losging. Deswegen war er seit Beginn der 90er in Evelines Kursen – hier konnte er mit der Elite der Snowboarder Kontakte knüpfen und ein Gefühl für den Markt bekommen.

Als größter europäischer Snowboard-Großhändler, in einem zugegebenermaßen noch kleinen Markt, und Importeur fast aller großen Marken, inklusive Burton, war ich inzwischen sehr gut im Geschäft. Zu den wichtigsten gehörten damals auch Vision und Sims, das inzwischen vom Vision-Chef Brad Dorfman in Lizenz produziert wurde. Allerdings verstand Brad nichts von der Produktion und die Snowboards gingen qualitätsmäßig in den Keller. Einmal mussten wir bei einer gesamten Deutschland-Lieferung die Gewinde nachbohren, damit die Bindungen überhaupt festgeschraubt werden konnten. Der ganze Deckungsbeitrag ging für Nachbesserungen drauf, die Händler kochten wegen der verspäteten Belieferung und ich als wichtigster Großhändler natürlich erst recht.

Da witterte Lucio seine Chance.

Zuerst versuchte er es über die Company-Seite. Er ließ sich von Brad Dorfman als Europa-Manager für Vision anheuern und war damit von einem Tag auf den anderen quasi mein Chef, denn er verantwortete die Europa-Vertriebsrechte einer der wichtigsten Snowboard-Marken. Und jetzt wurde es unangenehm.

Lucio war der Typ Manager, der dir, selbst wenn du Formel-1-Weltmeister bist, klarmacht:

»Das geht alles noch viel besser, du musst doppelt so schnell fahren!«

Plötzlich stand ich, der ich Vision gerade noch wegen der miesen Qualität unter Druck gesetzt hatte, selbst unter Druck.

»Kümmer dich nicht um die Qualität«, meinte Lucio, »das regele ich jetzt. Mach du mal lieber 50 Prozent mehr Umsatz. Und zeig mir deine Marketingpläne. Ansonsten stehen jede Menge andere Großhändler bei mir Schlange, um unser Zeug zu vertreiben. Also, wenn du das nicht hinkriegst, sag einfach Bescheid.«

Das war ich nicht gewohnt. Damit ich auch wirklich wusste, wo ab jetzt der Hammer hing, lud er mich in sein neues Vision-Büro in Zürich ein. Und ich dackelte da hin, der Hinterwäldler aus dem Westerwald, der alles glaubte, was er sah, und selbst gar nicht in der Lage war, irgendwem irgendetwas vorzuspielen. Das Büro war der Hammer. Am Hauseingang ein poliertes Messingschild, oben luxuriöse Räume mit edelster Ausstattung und – natürlich – Blick auf den Zürichsee. Lucios Schreibtisch war ungefähr halb so groß wie mein ganzes Büro, und als ich endlich vor ihm saß, war ich schon um die Hälfte geschrumpft. Hätte ich gewusst, dass Lucio dieses monstermäßige Büro nur für einen Tag von seinem Anwalt geliehen hatte und das Messingschild nach meinem Besuch sofort wieder abgeschraubt werden würde, vielleicht hätte ich mehr Arsch in der Hose gehabt. Aber von diesen Tricks ahnte ich nichts, und so liefen die Verhandlungen ganz nach seinen Wünschen. Ich hatte es mir in meiner Rolle als kleines Würmchen bequem gemacht, und je länger seine Rede von Expansion, Umsatzsteigerung, Volumenzielen und knapperen Margen dauerte, desto lauter dachte ich:

»Au Backe, was kommt denn da auf uns zu? Das ist ja richtig Big Business, kann ich das überhaupt?«

Vor dem Teakholzberg von einem Schreibtisch war ich plötzlich nur noch der kleinste größte Snowboard-Händler Europas.

Wieder zu Hause habe ich den Druck erst mal schön ans gesamte Team weitergegeben, und tatsächlich haben wir den Umsatz mit Vision-Produkten fast verdoppelt, alles lief nach Plan. Nach Lucios Plan. Mit einer Ausnahme: Die Qualität der Boards wurde und wurde einfach nicht besser. Als er merkte, dass er das nicht in den Griff kriegen würde, legte Lucio eine atemberaubende 180°-Wendung hin. Plötzlich redete er völlig anders mit mir, machte keinen Druck mehr, sondern baute mich auf und setzte mir einen Floh ins Ohr:

»Wenn die Amis das nicht hinkriegen mit den Boards, warum produzieren wir beide eigentlich nicht auf eigene Rechnung?«

Mit der Ski-Produktion kannte er sich aus und witterte seine Chance auf ein paar weitere Milliönchen. Ich hatte ein riesiges Vertriebsnetz, eine eigene Werbeagentur, eigene Medien und beste Kontakte zum Rest der Szene. Das ergänzte sich prima. Ich bin sehr leicht zu beeinflussen, wenn etwas logisch ist, und obendrein konnte ich so endlich meinen lang gehegten Traum von einer eigenen Snowboard-Firma verwirklichen. Wir beschlossen, Snowboard-Produzenten zu werden.

Vizeweltmeister, immerhin

Der Plan war einfach: Damit wir nicht bei null anfangen mussten, wollten wir von Brad Dorfman eine Sublizenz von Vision für Snowboards in Europa. Das hätte beiden genützt, er hätte wieder ein Qualitätsprodukt und wir eine angesehene Marke als Zugpferd. Dorfman jedoch zeigte sich stur, freiwillig würde er uns die Lizenz nicht geben. Machte nichts, dann eben unfreiwillig. Genau nach Lucios Plan wurde ich zum Revoluzzer, denn nur ich hatte einen Hebel gegen Dorfman in der Hand; das jedenfalls machte Lucio mir klar:

»Titus, du bist die zentrale Figur für Vision in Europa, wahrscheinlich sogar weltweit.«

Das ging mir schon mal runter wie Öl.

»Und deshalb bist du der Einzige, der an dieser ganzen unerträglichen Situation etwas ändern kann.«

Auch das hörte ich nicht ungern: Titus der Große soll die Welt retten? Gebongt! Nach dieser Überdosis Bauchpinseln war mein Ego ausreichend zugedröhnt, um klaglos die Drecksarbeit für Lucio zu erledigen. Und die bestand darin, auf der nächsten ISPO alle Importeure hinter mich zu bringen und Dorfman ein Ultimatum zu stellen:

»Entweder wir bekommen eine Sublizenz und produzieren selbst, oder wir nehmen dir keine Ware mehr ab.«

»Um die Produktion kümmere ich mich dann schon«, hatte Lucio gesagt, als wir den Plan wieder und wieder durchspielten.

Alles klappte: Die Importeure scharten sich um mich, und ich konfrontierte Dorfman mit dem Ultimatum. Dorfman tobte. Und war kurzsichtig genug, sämtliche Geschäftsbeziehungen zu mir abzubrechen.

Also Plan B. Lucio hatte immer einen Plan B. Vielleicht war das sogar sein eigentlicher Plan A, das wusste man bei ihm nie so genau. Er hatte mit seinen Connections alles für die Snowboard-Produktion vorbereitet, sogar einen der besten amerikanischen Snowboard-Konstrukteure angeheuert und meinte nur:

»Brad will nicht? Dann machen wir eben TITUS-Snowboards.«

»Geil!«, dachte ich. Mit TITUS als Snowboardbrand würden wir endlich die Internationalisierung der Marke schaffen. Doch es kam alles anders.

Auf der ISPO 1991 feierte unser ASR Board Weltpremiere. ASR stand für *asymmetrical reverse* – ein revolutionäres Design, bei dem *nose* und *tail* des Boards identisch, die Seiten links und rechts aber asymmetrisch geformt waren, weil so die unterschiedlichen Anforderungen beim Kanteneinsatz mit Fersen oder Fußspitzen besser berücksichtigt wurden. Das war technisch allen anderen Modellen überlegen, hat sich aber nie durchgesetzt, ähnlich wie Betamax gegen VHS. Weil ich an der Idee nicht ganz unschuldig war, liegt noch heute die Urkunde über den Gebrauchsmusterschutz vom Münchner Patentamt bei mir im Schrank.

Auf der Messe kam Rich Novak, der Boss von NHS und damit von Santa Cruz und anderen, zu mir und sagte:

»Titus, in den USA kennt dich doch keine Sau, warum machst du kein Santa-Cruz-Board und verkaufst es auch bei uns und gleich weltweit?«

Gute Idee, dachte ich. Im Nachhinein betrachtet hätte ich ausnahmsweise mal mehr und nicht weniger Ego gebrauchen können, aber mir war nicht klar, wie stark TITUS als Marke inzwischen war. Lucio war auch keine Hilfe, der bekam nur ganz große Ohren, als er hörte, wir könnten eine Lizenz für Santa Cruz bekommen.

Also haben wir Mitte 1992 DNR gegründet, benannt nach Dittmann, Novak, Roffi, und unsere Boards trugen das Santa-Cruz-Logo mit dem Stempel »Approved by TITUS«. Die Erfolgsgeschichte konnte starten.

Brad Dorfman wäre gut beraten gewesen, einen Lizenzdeal mit uns zu machen, denn obwohl wir kurzfristig neben den Vision-Snowboards auch große

Umsatzbringer wie Vision-Streetwear verloren, verlor er am Ende fast alles. Ohne unser eingespieltes Vertriebsnetz hatte er in Europa keine Chance und musste ein Jahr später Gläubigerschutz nach Chapter 11 beantragen. Vielleicht war der Bruch mit Dorfman auch das Beste für uns, denn Jahre später hat mir einer von Dorfmans Exmanagern gesteckt, dass Brad alle schief genähte oder beim Batiken eingelaufene Ware nach Deutschland schicken ließ – natürlich zum vollen Preis.

»Don't worry, they'll sell it anyway«, soll Brad gesagt haben: »Keine Angst, die werden das immer los.«

Und das stimmte sogar.

Mit Tom Sims, nachdem er gerade seine Lizenzrechte an DNR abgegeben hatte.

Inzwischen hatten wir neue Snowboard-Marken aufgebaut, denn neben Santa Cruz produzierten und vertrieben wir mit DNR mittlerweile auch Sims-Snowboards weltweit. Kurz nach unserem Start in die Snowboard-Produktion hatte Tom Sims, eine der ersten Snowboard-Legenden überhaupt, mir die Sims-Lizenz angeboten, die bis dato Brad Dorfman hatte.

Lucio strebte selbstverständlich die Snowboard-Weltherrschaft an, entsprechend nobel waren auch unsere DNR-Geschäftsräume. Wieder Zürich, wieder Seeblick und wieder alles vom Feinsten. Diesmal war das aber kein Fake, denn die Firma entwickelte sich wirklich blendend. Innerhalb kürzester Zeit waren wir Vizeweltmeister in der Snowboard-Produktion. Nur Burton war größer.

Return on Investment

Noch jedenfalls. Wenn wir einfach weiter Gas gaben, wäre es nur eine Frage der Zeit, bis wir die Nummer eins würden, dachte ich und verkannte wie so oft, dass Lucio ganz anders tickte und ganz andere Pläne hatte als ich. Ich habe das Produkt geliebt, er die Wertsteigerung der Firma. Ich war Familienunternehmer, der langfristig eine Marke groß machen wollte, er Kapitalinvestor, der das Maximum aus seinem Investment herausholen würde.

Eines Mittags ruft Lucio mich an und liefert sein letztes Manipulations-Meisterwerk.

»Titus, ich steige aus. Zu viel Stress, ich will nicht mehr.«

O Scheiße, ohne ihn schaffen wir das nicht. Das ist mein erster Gedanke. Mein zweiter: Und wir bei TITUS stecken mitten im Abwehrkampf gegen einen mehr als unerwarteten Gegner in unserem angestammten Skateboard-Markt – das hier kann ich jetzt überhaupt nicht brauchen.

Lucio, ganz entspannt:

»Ihr entscheidet, wie wir das machen. Ich such euch einen neuen Geschäftsführer, oder ihr macht das allein weiter, oder wir verkaufen.«

Er wusste ganz genau: Verkauf war die einzige Lösung. Weder konnte ich DNR nach Münster holen und mir das Management einer weiteren Firma ans Knie nageln, noch hatte ich Bock, irgendeinen fremden Geschäftsführer an Bord zu holen.

»Ich hab übrigens schon einen Kaufinteressenten«, meinte Lucio ganz nebenbei, »der uns einen super Preis macht: Gregor Furrer.«

Furrer? Das war der Chef der Furrer Holding, zu der auch Völkl Ski gehörte. Zu denen passten wir perfekt. Gregor hatte außerdem schon bei unserer Gründung überlegt, mit einzusteigen. Damit war alles klar, bis auf eine Kleinigkeit. Ein paar Tage vor dem Deal rief Lucio noch mal an:

»Titus, es gibt eine Änderung. Gregor will DNR nur in einem Block kaufen. Von mir. Sonst platzt das Ganze.«

Was sollten wir tun? Wir verkauften unsere Anteile zum vereinbarten Preis an Lucio und ein paar Wochen später bekamen Rich und ich unser Geld. Ein Jahr später kaufte Lucio sich eine der schönsten und teuersten Villen in Zürich, einen frisch renovierten Jugendstiltraum hoch über dem See mit separatem Dienstbotentreppenhaus. Kurz darauf renovierte er mitten in Sankt Moritz ein Haus, nachdem er sich noch schnell an der Costa Smeralda ein Anwesen, auf das auch Berlusconi scharf gewesen war, unter den Nagel gerissen hatte. Wir waren dort einmal seine Gäste und quälten uns jeden Tag mit der Entscheidung, ob wir an den 500 Meter langen Privatstrand gehen sollten oder doch lieber in den Pool mit Schwimmbadausmaßen direkt über dem Meer. Woher hatte er nur das ganze Geld?

Ich habe Gregor Furrer nie gefragt, welchen Preis er Lucio am Ende für DNR gezahlt hat. Irgendwie möchte ich es auch gar nicht wissen.

Kapitel 12

Freund & Feind
Münster, Januar 1991

Die größte Krise aller Zeiten

Jörg Ludewig ruft nachmittags an und sagt, er würde heute Abend gern mit Christian Seewaldt vorbeikommen, um über die Zukunft von TITUS zu sprechen. Das ist gut. Da gibt es eine Menge zu besprechen, denn die generelle Lage ist, gelinde gesagt, beschissen. Und damit meine ich nicht »Desert Storm«, die militärische Befreiung Kuwaits durch die Alliierten, die gerade begonnen hatte. Ich hole also Holz aus dem Schuppen und feuere den Kamin an.

Nach dem absoluten Wahnsinnsjahr 1989, dem besten in unserer bisherigen Geschichte, schlägt das Gesetz der Welle zu: Nach »In« kommt »Out«, ein Mittelding scheint es nicht zu geben. Der Skateboard-Markt bricht innerhalb von weniger als zwölf Monaten um fast zwei Drittel ein. Wir machen immer noch sieben Millionen Mark Jahresumsatz – aber ein Jahr zuvor waren es noch 21 gewesen. Der Schock sitzt tief. Fünf Jahre lang ging es immer nur aufwärts, jedes Jahr steiler als im Vorjahr. Ich konnte mir jeden Fehler erlauben, mal Marketingkohle total in den Sand setzen, mal ein Flopprodukt produzieren, alles kein Problem, der unaufhaltsam wachsende Umsatz fing alles wieder auf. Uns gehörte der Markt, wenigstens 90 Prozent davon, die Monster Mastership ist zu Weltmeisterschaft und Kultevent gereift, wir versorgten ganz Deutschland und halb Europa mit Skateboards, die Zukunft war golden – aber plötzlich beschließt der Markt, sich vom Acker zu machen. Und das tut er so schnell, dass wir noch Großlieferungen hereinbekommen, als es für die Ladung schon längst keine Käufer mehr gibt. Wir sitzen mit voller Belegschaft vor vollen Containern, und die Jugendlichen kaufen plötzlich was auch immer, jedenfalls keine Skateboards, Sneakers und Streetwear.

Es ist unsere erste große Krise und damit automatisch die größte Krise, die wir jemals hatten. Entsprechend unruhig und hektisch bin ich. Streiche hier die Firmenwagen, spare dort an Büromaterial, mache jedem Druck und verliere gern mal die Nerven. Die Stimmung ist dementsprechend mies, alle spüren: Es geht nicht mehr aufwärts, im Gegenteil. Irgendwann gewöhnen wir uns wenigstens so weit an das neue Krisengefühl, dass wir wieder anfangen, Pläne zu schmieden. In diesen spielen Jörg und Christian eine zentrale Rolle: Jörg ist inzwischen meine rechte Hand und Chefeinkäufer, regelt das gesamte Business mit den amerikanischen Lieferanten und macht das richtig gut. Er ist vom halben Ziehsohn, der fast jeden Mittag bei uns gegessen hat und später mit mir im Fernsehen geskatet ist, zu meinem designierten Nachfolger geworden, der irgendwann die operativen Geschäfte von TITUS führen soll, bis Julius vielleicht den Laden übernimmt. Das ist mein Plan. Christian studiert noch BWL, ist Pro Skater im Titus Team und wird nach Ende seines Studiums bei uns die Rolle des Schnittstellenmanagers übernehmen, darauf haben wir uns per Handschlag geeinigt. Wir haben mittlerweile ein halbes Dutzend GmbHs vom Großhandel über Event bis hin zu Distribution, und wenn wir heil aus der Krise kommen wollen, dann müssen all diese Firmen an einem Strang ziehen. Das wird seine Aufgabe sein.

Damit stand für mich die neue Führungscrew: Jörg Ein- und Verkauf, Christian Schnittstellen, Brigitta Finanzen und ich Marketing. Nur gut, dass die Jungs auch so da hinterher sind, den Laden wieder nach vorn zu bringen – dachte ich ...

Ein Abend am Kamin

Ein paar Stunden später sitzen wir zu viert gemütlich vor unserem Kamin. Nach ein bisschen Smalltalk sagt Jörg, er werde das Unternehmen verlassen. Christian teilt mit, er werde gar nicht erst ins Unternehmen einsteigen. Und beide sagen, sie werden gemeinsam ein eigenes Unternehmen gründen. Einen Skateboard-Großhandel.

Brigitta und ich sitzen da wie vom Donner gerührt. Das war emotional und geschäftlich der härteste Schlag, der uns bisher getroffen hat. Mitten in unserer schwersten Krise hatten die beiden Leute, mit denen wir aus der wieder herauskommen wollten, sich gerade verabschiedet.

»Warum?«, ist das Einzige, was ich fragen kann.

Und Jörg legt los. Erzählt davon, wie wir gemeinsam den Laden aufgebaut haben, wie er in seiner Freizeit im Keller Rollerskates zusammengeschraubt hat, wie er bei jedem Schritt, bei jedem Auftritt dabei war, wie er heute erfolgreich den Einkauf in den Staaten managt, aber dass wir ihm nie Anteile angeboten, ihn nie an unserer Firma beteiligt haben. Ich erinnere mich nicht mehr an die genauen Worte, aber es kommt deutlich bei uns an, dass er mehr erwartet hätte von uns, mehr Integration in die Business-Familie, mehr Teilhabe, mehr Anerkennung. Und wie enttäuscht er ist.

Alles, was er sagt, stimmt. Wir haben wirklich alles gemeinsam von null an aufgebaut, er war maßgeblich am Erfolg beteiligt, deswegen hatten wir ja den Plan gefasst, ihn als Nachfolger auf meinen Stuhl zu setzen und irgendwann am Unternehmen zu beteiligen. Er hatte es in der Tat verdient. Aber ich war zu langsam gewesen – er wusste noch nichts von meinem Plan. Ich habe mir zwar immer gesagt: »So einen wichtigen Mann muss ich an mich binden. Der bekommt Prozente, dann ist das auch sein Laden, und dann haben wir eine glorreiche Zukunft vor uns.« Aber ich habe nicht gehandelt, weil immer wieder etwas dazwischenkam. Zuletzt die große Krise. Das muss sehr an ihm genagt haben.

Brigitta und ich fangen an zu rotieren, schlagen Businessmodelle vor, sind bereit, unsere Cashcow, den Großhandel, auszugliedern und den beiden Anteile daran zu geben. Je mehr wir allerdings versuchen, die Situation zu drehen, desto klarer wird, dass sie nicht mehr zu drehen ist. Die beiden sind nicht gekommen, um zu verhandeln, sie sind gekommen, um sich zu verabschieden. Wir sind geschockt, gelähmt, betreten. Denken laut, bieten an, werben. Das hier, dämmert es uns, wird ein massiver Einschnitt in unser Leben, und wir versuchen krampfhaft alles, diesen Schnitt so klein wie möglich zu halten. Während des Gesprächs erkennen wir eine weitere Dimension der Katastrophe: Nicht nur, dass wir unsere besten Leute verlieren, die machen auch noch einen Konkurrenzladen auf! Jörg sah die Lieferanten inzwischen öfter als ich, der brauchte noch nicht mal eine Liste aus dem Computer mitzunehmen, er kannte sie alle persönlich. Das hieß, wir würden in einem schrumpfenden Markt zum ersten Mal um Marktanteile kämpfen müssen. Fuck!

Wir reden und reden an diesem Abend, aber es wird klar: Keine Idee von uns, kein Verständnis, kein Entgegenkommen kann hier noch etwas bewegen. Zeit, das Handtuch zu werfen.

»O.k.«, sage ich schließlich, »dann gucken wir mal, wie das alles weitergeht.«

Wir stehen einen Moment lang schweigend an der Tür. Dann fällt sie ins Schloss.

Doppelte Pubertät

Über zehn Jahre hatte Jörg an meiner Seite gestanden, oder besser: in meinem Schatten. Ich hatte schon bemerkt, dass er sich weiterentwickelte, auch geglaubt, darauf eingegangen zu sein, aber wahrscheinlich war mein Bedürfnis im Vordergrund zu stehen, einfach stärker gewesen. Kam er aus den USA zurück, stand er in Münster wieder in der zweiten Reihe, musste sich alles von mir genehmigen lassen und meine Entscheidungen umsetzen – dabei hatte er eben noch in Kalifornien allein und auf Augenhöhe mit den Großen der Branche verhandelt und eine Menge Verantwortung getragen. Wahrscheinlich dachte er: »Ich rock hier den Laden und Titus schnallt das einfach nicht.« Was dann passierte, ist im Nachhinein so logisch und natürlich, wie es eine Pubertät eben ist, auch wenn diese hier eine berufliche war. Er hat sich gesagt: »Ich lass mich nicht länger bevormunden. Ich mach jetzt mein eigenes Ding.« Wer wäre ich, das nicht zu verstehen?

Damals aber habe ich es nicht verstanden. Kein Stück. Wie immer, wenn Eltern den Moment verpassen, an dem das Kind auf eigenen Füßen stehen will, stand ich da und dachte: »Ich hab ihn großgezogen, hab was aus ihm gemacht, hab alles gegeben, und jetzt gibt der mir so einen Arschtritt? Wie kann der nur so undankbar sein und sagen, ich sei ein Bevormunder und ließe ihm keine Freiheit? Wie kann ein Mensch so gnadenlos unfair sein?« Blöde Frage, ich weiß.

Das Verrückte war, kurz vorher hatte es in den USA eine ganz ähnliche Business-Pubertät gegeben. Die Rolle der Eltern spielten die Big 5 der Skateboard-Industrie: George Powell – mittlerweile ohne Stacy Peralta –, Larry Balma, Brad Dorfman, Rich Novak und Fausto. Die Rolle der pubertierenden Jugendlichen übernahmen führende Mitarbeiter und Skateboard-Profis der Big 5, die gegen die etablierten alten Marken ihr eigenes Ding durchziehen wollten. Es entstanden viele kleine neue Brands, die richtig aggressiv auf die Großen losgingen, allen voran Steve Rocco mit World Industries. Sie setzten auf vergleichende Werbung mit der immer gleichen Botschaft: »Die Big 5 sind nicht authentisch, die sind nichts für echte Skateboarder, die zocken nur ab.« Und die Jungen haben den

Alten in der Tat das Leben schwergemacht, plötzlich gab es Old School und New School, und am Ende haben nur drei der Big 5 überlebt.

Dieser Geist war auch auf Jörg übergesprungen. Er hatte mit den Big 5 gearbeitet, aber eben auch mit den neuen Angreifern, zu denen ich überhaupt keinen Draht hatte. Das war sein Startkapital, und das konnte er später marketingmäßig wunderbar ausschöpfen, nach dem Motto: »Wir hier unten gegen den da oben«, die jungen Wilden gegen den alten Titus, David gegen Goliath. Sein Vorteil als David war natürlich: Er konnte machen, was er wollte – er war immer der Held, und wenn ich mich gegen seine Angriffe wehrte, gab ich immer den Bösewicht.

Urban Enemies

Die nächsten fünf Jahre war alles, was ich im Business tat oder ließ, irgendwie auf die beiden Jungs und ihre neue Firma Urban Supplies bezogen. Obwohl: Direkt nach dem emotionalen Super-GAU passierte erst mal gar nichts. Ich hatte in meiner naiven Panik erwartet, dass Urban Supplies uns in zwei Monaten an die Wand drücken würde, aber das war natürlich Quatsch. Der Markt war kaputt, niemand gab ihnen Riesenkredite, sie mussten klein anfangen und langsam aufbauen. Im ersten Jahr haben wir wenig von der neuen Konkurrenz gespürt.

Allmählich begannen dann aber die Fights: Jörg baggerte an den großen Marken, und ich musste plötzlich von meinem hohen Ross als Alleinherrscher des Skateboard-Marktes herunter und umschalten auf Verteidigung, Rechtfertigung, Klinkenputzen. Spaßig war das nicht. Bis dahin war es ja mehr oder weniger stetig aufwärts gegangen mit meinem Ansehen und Status – und auf einmal hatte ich in manchen Gesprächen nur noch den Status eines Bittstellers.

Plötzlich musste der »King of Europe«, wie Jim Gray mich gerade noch genannt hatte, links Füße küssen und rechts Ärsche lecken, damit der abtrünnige Kronprinz nicht zum neuen »King« wurde – vor allem in den USA, wo das Business viel kurzfristiger und gnadenloser funktionierte. Nach und nach verloren wir viele Marken, gewannen sie wieder zurück, verloren sie wieder, es war ein Stellungskrieg ohne große Geländegewinne. Und wenn irgendwo eine neue Marke auftauchte, balgten Jörg und ich uns um die Vertriebsrechte wie zwei bissige Straßenköter. Was mich aber am meisten daran ankotzte, war, dass wir jedes Mal in existenziellen Zugzwang gerieten. Für Urban Supplies bedeutete es puren Luxus, neue Marken zu erobern, da die als junge Firma schlank aufgestellt und nicht auf Zusatzgeschäft angewiesen waren. Wir hingegen schleppten einen fetten Kostenapparat mit uns herum und kämpften immer auch ums Überleben.

Bei diesem Kampf um Marken lief es jedes Mal auf die gleichen Argumente hinaus.

Jörg:

»Titus? Alter Sack, Old School, Abzocker. Weiß nicht mehr, was wirklich abgeht. Der ist so was von gestern. Und will sowieso nur seine eigenen Marken verkaufen.«

Ich:

»Jörg? Junger Hüpfer. Keine Größe, keine Power, kein Netzwerk, keine eigenen Shops, kein Magazin.« Kurze Pause. »Keine Weltmeisterschaft.«

Das war das Killerargument, das uns immer wieder den Arsch gerettet hat: die MMM. Einen größeren Kompetenzbeweis als den, Ausrichter der offiziellen Skateboard-Weltmeisterschaft zu sein, gab es natürlich nicht. Aber unter dem Strich war es eine emotionale Argumentation gegen eine rationale. Und Jörgs emotionale David-und-Goliath-Story passte perfekt in die Zeit.

Wir haben eine Wahnsinnsenergie in diesen Krieg gesteckt und der lachende Dritte waren die Amis. Die schauten einfach zu und erteilten eiskalt demjenigen den Zuschlag, der gerade das günstigste Angebot oder die absurdesten Versprechungen machte. Es wäre natürlich schlauer gewesen, einfach zu akzeptieren, dass ich jetzt nicht mehr der einzige Großhändler war, und nach Wegen zu suchen, wie wir wieder auf die Wachstumsstraße zurückfanden. Einem Fehdehandschuh bin ich allerdings noch nie ausgewichen, und hier kam die ganze Emotionalität eines zerbrochenen Vater-Sohn-Verhältnisses noch oben drauf. Ich konnte einfach nicht anders, als um das zu kämpfen, was mir, wie ich fand, rechtmäßig zustand – auch weiterhin der alleinige King of Skateboarding zu sein. Ich wollte nicht wahrhaben, dass Jörg ja genauso viel vom Großhandel verstand, genauso tickte und mit denselben Waffen kämpfte wie ich – schließlich hatten wir das ganze Business ja gemeinsam gelernt. Es war ein aussichtsloser Kampf. Aber im Gegensatz zu sonst, wo ich aussichtslose Kämpfe meide wie ein Skateboarder die Schlammpfütze, war mir diesmal alles egal. Es war Krieg und ich wollte gewinnen. Mit allen Mitteln.

Als er immer mehr wichtige deutsche Exklusivrechte von Marken erhielt, die wir auch gern gehabt hätten, gingen wir neue Wege. Eines war mir klar: So dringend wir diese Marken für unsere Shops auch brauchten, bei Urban würden wir sie ums Verrecken nicht einkaufen, nicht eine Achse, gar nichts! Also habe ich diese Marken im benachbarten Ausland oder über meine Connections direkt in den USA eingekauft und grau importiert. Die Lieferanten waren natürlich froh über den Extraumsatz, weil wir satte Stückzahlen abnahmen, und ich war froh, Urban auf diese Weise klein halten zu können. Alles, was über unsere Ladentheken ging, lief schließlich nicht über deren Großhandel. Das war nicht illegal, aber ein Höllenaufwand. Egal, Hauptsache Urban hat's geschadet.

Zeitgleich habe ich mit unserem Handelsvertreter Wolfgang Nill zusammen R.O.U.G.H. gegründet, einen Großhandel im Stuttgarter Raum, der nicht nur Urban geografisch in die Zange nahm, sondern äußerlich nichts mit mir zu tun hatte und damit auch für die Schar der TITUS-Gegner eine Alternative zu Urban bildete.

Nicht, dass Jörg und Christian ihrerseits zimperlich waren. Als der Markt ganz im Keller ist und wir immer noch auf einem viel zu großen Lagerbestand sitzen, überwinde ich mich und rufe Christian an. Ich bitte ihn, für eine Weile keine Kampfpreise mehr zu machen, weil ich wegen dieser Preise unter Einkaufspreis verkaufen muss und mir deshalb die Insolvenz droht. Ich lasse also vor meinem ärgsten Konkurrenten die Hosen runter.

»Tja, Titus, dein Problem«, sagt Christian sinngemäß. »Da musst du eben besser einkaufen oder Leute entlassen. Hättest gar nicht erst so groß werden dürfen.«

Es gab aber auch spaßige Seiten an der Battle TITUS vs. Urban: Als Urban ein Magazin mit dem Titel *LTD* auf den Markt brachte, um dem *Monster Magazine* Konkurrenz zu machen, haben wir in einer Nacht-und-Nebel-Aktion ein Fake auf den Markt geworfen, das optisch genau wie Urbans *LTD* aussah, allerdings statt *LTD* TDG (Titus Dittmann GmbH) hieß, wie unser Großhandel. Natürlich ging es in dem Fake ausschließlich um unsere eigenen Marken und Inhalte. Sogar unsere eigenen Leute haben das zuerst nicht durchschaut und dachten, jetzt kapert Urban unser ganzes Business – bis großes Gelächter ausbrach:

»*LTD* bewirbt TITUS-Stuff. Wie geil!«

Urban hat sein Magazin natürlich sofort umbenannt und die Abkürzung LTD ausgeschrieben, seitdem gibt es das *Limited*-Magazin in Deutschland. Die ganze Aktion hat uns zwar geschäftlich nichts gebracht, aber ich konnte eine Portion Schadenfreude in dieser Frust- und Loserphase gut gebrauchen.

Es brauchte Jahre, bis mein Sinn für Effizienz wieder die Oberhand gewann und ich mir sagen konnte: »Scheißegal, Titus, du gehst jetzt endlich den Weg des geringsten Widerstandes und baust andere Geschäftsfelder aus.«

Das Snowboard-Abenteuer mit Lucio Roffi war Teil dieser Strategie. Vor allem aber haben wir uns irgendwann auf schon vorhandene Stärken besonnen und sie erweitert: Einzelhandel im Multichannel-System mit E-Commerce, Magaloge, eigene Filialen und Franchising; zusätzliche Schwerpunkte auf Lizenzproduktionen von Klamotten, unsere eigenen Marken und besonders auf die

Produktmarke TITUS. Und Vertikalität. Mittlerweile war ich wenigstens Weltmeister im Business-Bullshit-Bingo.

Am Ende bin ich sogar zu Urban hin und habe gesagt: »O.k., Schluss mit Battle, Schluss mit Grauimport, Schluss mit diesen sinnlosen Fights. Ihr seid da, ob ich will oder nicht, dann teilen wir uns eben den Großhandelsmarkt. Ich bin bereit, bei euch zu kaufen, wenn ihr mir einen anständigen Rabatt gebt.«

Normalerweise bin ich besser, wenn's ums Versöhnen geht, vor allem schneller, aber es war ja wirklich kein normaler Streit gewesen. Immerhin: Besser spät als nie. Heute reden wir wieder miteinander, und TITUS ist einer der größten Kunden von Urban Supplies.

Standbeine

Die Diversifikation verlief, wie vieles bei uns, nicht geplant, sondern im klassischen Trial-and-Error-Verfahren.

Mit Mode hatten wir ja schon Erfahrung: 1989 hatte ich mit meinem Geschäftspartner Jürgen Wolf, mit dem ich die Firma Overlook in Frankfurt besaß und dessen Geschäftsführer er war, die Marke Homeboy aus dem Boden gestampft und dabei zum ersten Mal erlebt, wie geil es ist, eine eigene Marke von A bis Z mitzuerschaffen. Dagegen war das ganze Lizenzgeschäft in Münster, wenn wir etwa Klamotten von Powell, Bones, Thrasher, Independent und vielen anderen bekannten US-Marken fertigten und an Großhändler in ganz Europa verkauften, nur stumpfe Reproduktion des Vorhandenen – reizlos, auch wenn es sich meist gerechnet hat.

Bei Homeboy war alles selbst gemacht. Eddy Hartsch kreierte den Namen, Claus Grabke die ersten Grafiken und Jürgen setzte alles um. Ich lieferte die Idee, eine US-Ostküstenmarke zu erschaffen – deutsche Marken gingen mangels *credibility* damals noch nicht, und die Westküste war schon zu bekannt für ein Fake. Jürgen und Holger sorgten für den Look der Klamotten bis hin zur Werbekampagne mit Fotos, die in einem heruntergekommenen Frankfurter Viertel geschossen wurden. Dafür stellte Jürgen einfach ein paar amerikanische Autos an eine abgerockte Straßenecke, sodass es authentisch nach Bronx aussah, nur die Nummernschilder musste er hinterher noch anpassen. An die Ware haben wir Hangtags mit unserer Philosophie gehängt, fertig war die Marke. Das zu entwickeln war Spaß pur. Und der Markt wollte mehr davon. Also gaben wir es ihm.

Je größer Skateboarden nach dem Einbruch 1990 wieder wurde, desto wichtiger wurden Klamotten, und zwar in zwei Richtungen: Die ursprünglichen Skateboarder-Marken wie Vans fanden ihren Weg in den Mainstream, und große

Mainstream-Marken wie Nike, Adidas und Puma versuchten, in den wachsenden Skateboard-Markt hineinzukommen. Mir war – auch durch den Kampf mit Urban – klar geworden, dass man als Großhändler eigentlich immer die arme Sau in diesem Spiel war, weil man von zwei Seiten in die Zange genommen wurde: Auf der einen Seite die Markeninhaber, die bestimmen konnten, wem sie was verkauften, und denen man als Großhändler die Produktion vorfinanzieren musste. Auf der anderen Seite die Händler, die frühestens nach drei Monaten zahlten und den direkten Draht zu den Kunden hatten. Im Grunde war man als Großhändler nur eine Bank mit angebautem Lagerhaus. Anders gesagt: Wer die Marke hat, hat die Macht – und deshalb habe ich auch in Münster mit eigenen Marken ohne Ende Gas gegeben. Zum einen mit TSG, Titus Safety Gear, und zum anderen mit jeder Menge neuer Modemarken, die wir rucki-zucki aus dem Boden stampften: Rules, Chica Bandita, Evillan, Doktor Robotnik, Process, Kingpin und noch einige andere. Da reichte die Palette von der sexy Girlie-Unterwäsche von Chica Bandita über den von H&M inspirierten Mainstream von Rules bis hin zum sympathisch-bösen schwarzen Zeug von Evillan.

Mein 50. Geburtstag. Hinter mir Jürgen Möllemann, mit dem ich oft gemeinsam Fallschirm gesprungen bin.

Viel von dem, was wir an Großhandelsumsatz an Urban verloren hatten, konnte durch die neuen Klamotten wieder wettgemacht werden. Die andere Hälfte des Rettungspakets bestand darin, zu unseren Wurzeln zurückzukehren: Mailorder und Läden, Einzelhandel also. Beides hatten wir in den letzten Jahren total vernachlässigt.

Nachbarn verhauen

Da neuen Schwung reinzubekommen, war gar nicht so einfach. Die Klamottenproduktion war nicht unsere erste Tochterfirma, es gab schon die Eventtochter SMO, die Monster Verlag- und Agentur GmbH, zwei Großhandlungen, die Shops, den Mailorder, die TITUS-Logistik – und die Zahl der einzelnen GmbHs wuchs ständig. Das machte Sinn, weil wir so für jeden Bereich ein eigenes Controlling und damit ein Profitcenter hatten und ich immer auf der Höhe war, welche Idee funktionierte, welche Firma schwächelte und wo wir wirtschaftlich standen.

Das Innenleben der Skate-Halle im TITUS-Lager an der Friedrich-Ebert-Straße in Münster

Diese Konstruktion bereitete mir aber neuerdings aus zwei Gründen Kopfschmerzen. Erstens: Es fiel ein irrsinniger Verwaltungsaufwand an, weil die Tochterfirmen natürlich munter miteinander Geschäfte machten und dabei sogar im Wettbewerb standen. Zweitens: Die interne Konkurrenz nahm zu. Irgendwann ging das so weit, dass unser Großhandel unseren Einzelhandel schlechter behandelte als fremden Einzelhandel, weil die eigenen Leute sich ja nicht wehren konnten, indem sie woanders einkauften. Bald hatte der Einzelhandel die Faxen dicke:

»Wir holen uns jetzt fremde Lieferanten. Die sind netter, laden auch mal zu Incentives mit lecker Essen hinterher ein, und die Preise sind auch besser!«

Das war natürlich nicht meine Idee von Business, doch wie sollte ich das wieder in den Griff kriegen?

Auf dem nächsten Treffen der Geschäftsführer blicke ich in die Runde am Tisch und sage:

»Das hier ist doch wie bei einer Großfamilie am Abendbrottisch: Ich bin der Papa und ihr seid die Söhne. Unser Problem ist: Ihr Brüder haut euch andauernd gegenseitig eins auf die Fresse und kommt dann heulend, mit blutigen Nasen zu mir und jammert: ›Titus, hilf mir, der Arsch da hat mich schon wieder gehauen!‹ Was ihr alle nicht schnallt ist: Wir sind eine Familie. Wenn wir uns gegenseitig verprügeln, dann haben die Nachbarkinder ein leichtes Leben. Aber wenn wir zusammenhalten, können wir die Nachbarkinder verprügeln statt uns selbst. Alles klar?«

Danach wurde es etwas besser.

Katazin klingt scheiße

Flughafen Frankfurt, Gate A irgendwas. Lautsprecherdurchsage: »... verzögert sich leider um circa 30 Minuten. Wir bitten um Ihr ...« Na toll.

Ich schaue mich um. Da drüben sitzen Skateboarder. Sie sind schon von Weitem gut zu erkennen: an den Schuhen, den Shirts und den Baggy Pants, die beim Gehen behindern und nach jedem dritten Schritt hochgezogen werden. Ich gehe rüber und lege ihnen wortlos ein *Monster Magazine* und einen TITUS-Mailorderkatalog hin. Von beiden habe ich immer einen Stapel dabei – für genau solche Situationen. Dann gehe ich ein Stück weiter und setze mich so hin, dass ich beobachten kann, was jetzt passiert.

Ich bin auf einer Mission. Einer Forschungsmission. Ich frage mich schon seit Langem: Wir drucken so viel verschiedenes Zeug – Magazine, Flyer, Kataloge –, was davon funktioniert eigentlich wirklich? Was davon lesen die Kids tatsächlich? Seit einem Jahr führe ich empirische Tests durch, in Bussen, Zügen, überall, wo ich Skater sehe. Und endlich, endlich habe ich eine These. Heute bietet sich die erste Chance, sie zu überprüfen.

Ich blicke unauffällig hinüber zu der Skateboard-Posse. Wenn meine Annahme stimmt, dann wird der mit der Bones-Kappe gleich den Arm ausstrecken und – Volltreffer! Er nimmt sich das *Monster Magazine*. Wäre er allein gewesen, hätte er zuerst den Katalog in die Hand genommen, jede Wette. Und ich weiß auch, warum das so ist: Sind Skateboarder zusammen, will natürlich keiner als Kommerzhai und Shopper dastehen. Kommerz ist Kacke, ist Establishment und Abzocke, nicht das Ehrliche, das Coole, die Rebellion. Wenn sie in der Gruppe sind, dann müssen sie cool sein, also lesen sie das coole Magazin. Wenn sie aber allein sind und keiner guckt, dann schlagen sie zuerst die Kommerzkacke aka Katalog auf und schwelgen in den Produkten, genau so wie ich früher geschwelgt habe:

»Was für ein geiles Brett. Und dazu noch diese Rollen hier, das wär's …«

Perfekt wäre also eine Mischung aus Katalog und Magazin. Dann ist man auch als Katalogleser cool, weil »ich ja nur die Storys lese«. Das alte *Playboy*-Argument. Und wir könnten so beweisen, dass wir nicht nur Skate-Stuff verkaufen wollen, sondern uns das Skateboarden an sich am Herzen liegt, mit all seinen großen und kleinen Dramen. Jetzt brauchen wir nur noch einen Namen. Wie nennt man die Kombination aus Katalog und Magazin? Na klar: Katazin. Hört sich aber scheiße an. Andersrum vielleicht: Magalog? Magalog!

Den Begriff hab ich mir direkt schützen lassen, aber das Konzept fand sofort Nachahmer. Inzwischen bildet Magalog den Gattungsbegriff für diese Art von Publikation, wie Tempo den Gattungsbegriff für Papiertaschentücher liefert. Irgendwann fiel das sogar dem Duden auf, der »Magalog« als Eintrag ins *Lexikon der Deutschen Sprache* aufgenommen hat.

Vierter Teil

1999 – 2008
Flat Bottom

Kapitel 13

Halfpipe der Eitelkeiten
In der Dotcom-Blase, 1999–2000

Nicht meine Party

Eigentlich sollte ich mich freuen: Ein lauer Sommerabend 1999 in München, eine Party im exklusiven *P1* »nur für geladene Gäste« und ich mittendrin. Die kostenlosen Cocktails sind erste Sahne, das Ambiente sowieso, und die gesamte Streetwear- und Skateboard-Branche ist vertreten. Das war's aber auch schon. Der Rest ist zum Kotzen. Das geht schon mal mit dem Anlass los: Das hier ist eine Werbeparty für das neue Internetportal cyberpirates.com, das zwei ehemalige Partner von mir demnächst aus der Taufe und an die Börse heben wollen. Klar, machen ja alle gerade, irgendwas an die Börse bringen. Es ist Dotcom-Fieber, keiner will zu spät sein, und das Geld der Investoren sitzt locker wie nie. Was mich daran stört, ist, dass die beiden Gründer Jürgen Wolf und Wolfgang Block im Grunde bloß unser Geschäftsmodell kopieren. So sehe ich das zumindest.

Wie das Skateboard-Business funktioniert, haben sie bei uns aus nächster Nähe kennenlernen können: Mit Wolfgang Block hatte ich in Hamburg den B&D Verlag gegründet, bei dem wir seitdem alle unsere Magazine und Bücher verlegten. Auch mein heiß geliebtes *Monster Skateboard Magazine* (MSM) hatte ich ihm anvertraut, nicht ahnend, dass es dadurch später aus der TITUS-Familie rutschen würde. Wolfgang würde bei den *cyberpirates* den Bereich Medien und Kommunikation übernehmen. Sein Partner, Jürgen Wolf, war Geschäftsführer der Overlook GmbH und damit auch Herr über die Marke Homeboy – beides hatten wir gemeinsam hochgezogen. Jürgen kennt sich in Produktion und Großhandel bestens aus. Das dritte Standbein, den Onlinehandel, würden sie sich mit den Börsenmillionen dazukaufen.

Alles in allem ein simpler, aber genialer Plan: cooler Name, *cyberpirates*, plus Website vollgestopft mit neuestem Multimediaschnickschnack wie Videos und einer Community, plus Großhandel und Produktion, plus Magazine und Bücher, plus eine breite Palette weiterer Geschäftsbereiche – in Wahrheit nichts weiter als eine aufgepeppte Version von titus.de. Also genau das, was wir seit zwanzig Jahren aufbauen und verfolgen. Wäre es nicht Dotcom-Boom gewesen, hätte ich mich genervt, aber einigermaßen entspannt zurückgelehnt. Aber wenn die Börsenirren den beiden mit ein paar Dutzend Milliönchen Anschubfinanzierung unter die Arme greifen, dann ist das etwas anderes und *cyberpirates* kann eine echte Bedrohung für uns werden.

Und es sieht so aus, als könnte das klappen: Sie haben bereits den potenten Investor Gold-Zack an Bord, der heute die Cocktails zahlt, und zwar in Euro. Der ist seit Januar offizielles Zahlungsmittel der Banken. Und die Party hier im *P1* dreht sich schon gar nicht mehr um die Frage, ob der Börsengang funktionieren wird, sondern nur noch darum, wie viele dieser hübschen Euros er einspielt. Völlig wurscht, dass das Ganze nicht mehr ist als eine plakative, wenn auch schlaue Idee und ein gut geschriebener Businessplan. Und ebenfalls völlig wurscht, dass die Firmen von Jürgen und Wolfgang beide hart ums Überleben kämpfen. Hier im *P1* lassen sie es krachen mit allem Drum und Dran. Und ich bin ehrlich gesagt sauer. Die haben kaum was Reales vorzuweisen und hauen trotzdem dermaßen auf die Kacke, als hätten sie irgendwo noch mehr davon. O.k., neidisch bin ich auch. Und sie machen mir Angst.

Das allein ist jedoch nicht der Grund, warum ich den Abend so dermaßen zum Kotzen finde. Die wahre Ursache ist ein kurzes Gespräch mit Jürgen Wolf. Idee und Name von *cyberpirates* passen perfekt in die Zeit, so viel ist mir auch klar. Und wie immer wenn ich einen ernsthaften Gegner wittere, suche ich nach Wegen, ihn zum Partner zu machen – durch Fusion, Kooperation, wie auch immer. Deswegen bin ich heute ins *P1* gekommen. Und warum sollte das nicht klappen? Immerhin habe ich die beiden als ehemalige Partner ins Unternehmertum und in diesen Markt begleitet, außerdem komme ich nicht mit leeren Händen. Alles, was Jürgen und Wolfgang sich teuer erkaufen wollen, habe ich schon am Start: Versandhandel, Internetplattform, Events, die WM, den Magalog, das volle Programm. Warum also alles doppelt machen? Wäre doch viel schlauer, sich zusammenzutun; beide Seiten profitieren, bei geteiltem Risiko.

Als ich Jürgen aus einem Pulk cocktailbeschwingter Bewunderer herauslösen kann, sage ich ihm genau das und beende meine kleine Rede mit:

»Jürgen, warum machen wir das nicht einfach gemeinsam?«

»Klar, kein Problem, lass uns drüber reden.« Jürgen nickt bedächtig und beginnt, eine mögliche Partnerschaft aus seiner Sicht zu skizzieren.

Das denke ich zuerst wenigstens. Bis er in einem kleinen Nebensatz klarmacht, was für eine Art von Partnerschaft er meint. Ich weiß den genauen Wortlaut nicht mehr, ich weiß nur, dass ich bei diesem Nebensatz innerlich zur Salzsäule erstarre.

»So richtig wertvoll finde ich TITUS als Unternehmen jetzt nicht«, sagt er sinngemäß, »aber so für drei oder fünf Prozent der Gesamtfirma würde dein Anteil schon reichen, wenn du deinen gesamten Apparat mit einbringst.« Oder so ähnlich.

Ich hoffe, ich bin äußerlich einigermaßen cool geblieben. Denn innerlich raste ich aus: »Hat der sie noch alle? Der ist nichts weiter als ein halb gescheiterter Geschäftsmann mit einem mehr oder minder kopierten Businessplan, dem irgendein Halbdepp Taschen voller Geld hinterherwirft. Ich dagegen bin Herrscher über das größte europäische Skateboard-Unternehmen, die WM, den Löwenanteil des Marktes und überhaupt: fünf Prozent? Geht's noch?«

Ich bin so was von getroffen, ich weiß gar nicht, wohin mit mir. Ich hatte nur mal schnuppern, sondieren, anklopfen wollen, und die Antwort ist ein rechter Haken mitten in die Fresse. Und das Schlimmste: Dieser rechte Haken ist noch nicht einmal böse gemeint. Für Jürgen ist die Sache ausgemacht: Er ist der Mann der Zukunft, seine Idee wird fliegen und Punkt. Auf den Gedanken, mal die Wirtschaftsprüfer durch beide Läden zu jagen und die Werthaltigkeit festzustellen, wie in solchen Fällen üblich, kommt er erst gar nicht. Warum auch? Den Börsengang und die sich daran anschließende gigantische Erfolgsstory hat er bereits als Fakt verbucht, wir können froh sein, wenn wir bei den großen Jungs ein bisschen mitspielen dürfen.

Hätte ich damals gewusst, dass es niemals zum Börsengang kommen, Jürgen weniger als ein Jahr später pleite sein und Wolfgang in Schwierigkeiten stecken würde – ich hätte mir jede Menge Drinks und einen kolossalen Kater am nächsten Morgen erspart. Und mindestens die Hälfte der Katastrophen, die in den folgenden sechs Jahren über uns hereinbrechen würden.

Aber all das wusste ich nicht und wandelte die GmbH in eine AG um.

Gut und Börse

Was ist ein Fehler?

Wenn ich auf Basis des verfügbaren Wissens nach reiflicher Überlegung eine Entscheidung treffe, die in einem Desaster endet, weil ich nicht alle Faktoren kennen konnte oder sie sich unerwartet ändern? Kein Fehler in meinen Augen. Wenn ich wider besseres Wissen aus Eitelkeit, Wut oder Angst eine Entscheidung treffe, die genauso katastrophal ausgeht, wie ich es hätte wissen können? Das ist ein Fehler.

Viele davon habe ich in meinem Leben nicht gemacht. Aber der, den ich damals gemacht habe, gehört zu den größten.

»Alle Mann an die Börse!« Das war das Gebot der Stunde Ende der 90er, aber ich war erstaunlicherweise immun dagegen. Der Neue Markt? Den hab ich immer verlacht. Kursfeuerwerke für Firmen, die nur Miese machen und nach »Fantasie« bewertet wurden? Wie soll das auf Dauer funktionieren? Spontan ausbrechender Jubel, wenn hohe Verluste mit Penetration des Marktes wegerklärt wurden? Meinten die das ernst? Und dass man nicht etwa die Geschwindigkeit, mit der reales Geld verbrannt wurde, als *burn rate* bezeichnete, sondern nur theoretische Wertverluste durch Kursschwankungen – die hatten sie definitiv nicht mehr alle.

All das war eine gigantische Verarsche, als wären die Plätze im Himmel begrenzt und würden jetzt versteigert. Irgendwann musste es einen Riesenknall geben, da war ich sicher. In meinem ganzen Leben hatte ich keine einzige Aktie gekauft – nur später einmal, nach dem Crash 2003, aus Jux ein paar Pennystocks von Leo Kirch, der gerade spektakulär in die Knie gegangen war. Dafür musste ich erst mal unseren Bankberater fragen, wie man das überhaupt machte, Aktien kaufen.

Also: Börsengang? Wir? Keine Chance!

Dann kam Jürgen Wolf und die fünf Prozent. Wenn mir jemand so einen vor den Latz knallt, entwickele ich einen unbändigen Willen, zurückzuschlagen. Das war mit Eric Dressens Anspucken in der Disco so, mit dem Rollverbot des Direktors auf dem Gymnasium Hammonense und mit meinem Lateinlehrer im Internat: Ab einer bestimmten Stärke von Gegenwind laufe ich zur Höchstform auf. Im Guten wie im Schlechten. Von meinen ehemaligen Partnern würde ich mir nicht zeigen lassen, wo es langging. Ich nicht. Titus würde der unangefochtene Großmeister bleiben. Machtwechsel? Ausgeschlossen. Blieben Jürgen und Wolfgang hart, würden wir einfach früher als die *cyberpirates* an die Börse gehen und dabei alles Geld abschöpfen, was die Investoren der Funsportindustrie in den Rachen zu werfen bereit waren. Das war mein geheimer Plan, und ich begann sofort, ihn umzusetzen.

Erster Schritt: Investoren an Bord holen. Das ging schnell, die warteten ja nur darauf, ihr Geld loszuwerden. Bald war der Berlin Capital Fund (BCF) mit von der Partie, eine Tochter der Berliner Bankgesellschaft. Dieser Schritt war intern unstrittig, frisches Geld brauchten wir in jedem Fall, um zu expandieren, die IT auf die Füße zu stellen und so weiter. Dass ich unbedingt an die Börse wollte, davon wusste noch niemand, das Börsending fand vor allem in meinem Kopf und in meinem verletzten Ego statt.

Der zweite Schritt hatte es in sich: Brigitta von einem Börsengang zu überzeugen, würde eine ganz harte Nuss werden. Und unser neuer Berater Torsten Brinkmann, den wir für die Investorensuche engagiert hatten, war auch kein echter Börsenfan. Im Grunde war ich ihrer Meinung, aber mein Wille, die *cyberpirates* im Keim zu ersticken, war stärker. Also: argumentieren, argumentieren, argumentieren. Management by Ohrenabkauen. In jedem Strategie-Meeting, jeder Geschäftsführersitzung und sogar mittags beim Italiener mit unseren Freunden kannte ich nur ein Thema: den Börsengang.

Dass während dieser Zeit die Kurse durch die Decke gingen, hat sicherlich geholfen, und nach meinem verbalen Dauerfeuer waren Torsten Brinkmann und Brigitta irgendwann sturmreif gesabbelt: Ja, wir brauchten das IPO, das Initial Public Offering. Doch das war natürlich nicht die einzige Front, die ich gegen Mr. 5 % und seinen Kumpel eröffnen wollte.

Gold-Zack

Ich scheue keinen Kampf, keinen Konflikt, aber ich muss immer erst wissen, was dieses Mal die Regeln sind. Der geht mit 'nem Stock auf mich los? O.k., dann kann ich auch einen nehmen. Der tritt mir in die Eier? Dann mach ich das auch. Aber anfangen mit so etwas? Das konnte ich noch nie. Nur zurückschlagen. Dann aber richtig. Und den 5 %-Tritt von Jürgen spürte ich immer noch zwischen den Beinen. Ich nahm Anlauf für den Rück-Tritt.

Hinter *cyberpirates* stand Herr Walther von der Gold-Zack Werke AG, einem ehemaligen Textilunternehmen, das sich unter Walthers Leitung zum Emissionshaus gewandelt hatte. Walther war durch Immobiliengeschäfte zu Geld gekommen und suchte jetzt nach lohnenden Investments. Und TITUS war definitiv das attraktivere Investment als die *cyberpirates*, das musste ich ihm nur klarmachen, dann würde er seine Kohle bei uns reinstecken, nicht bei Jürgen und Wolfgang. Herr Walther erschien auch wirklich in Münster und bekam eine Firmenführung, wofür ich im Gegenzug hinten bei ihm im Auto sitzen durfte, während er wie Michael Douglas in *Wall Street* Finanzhai-Sprech in sein Telefon brüllte:

»Nein, nein ... Ja, ja, check das mal, ja, jetzt sofort, nein, nicht erst ... Ist mir doch egal, jetzt müssen wir erst mal die *burn rate* senken!«

Ich wusste nicht, worum es ging, aber es klang super. Ich machte mehrere Gegenbesuche in Iserlohn und es entwickelte sich eine sehr persönliche Beziehung zu Herrn Walther. Der war aber vor allem Geldmensch. Bei seinem Wechsel zu TITUS wären ihm seine bereits in cyberpirates.com investierten Millionen als *burn rate* auf die Füße gefallen.

»Eure beiden Läden passen doch perfekt zusammen«, meinte er deshalb. »Internetvision meets gewachsenes Business-Know-how. Euch setz ich jetzt mal auf den Pott und dann fusioniert ihr.«

War ja auch mal mein Plan gewesen, damals auf der *P1*-Party. Ich war mir sicher, durch den Gold-Zack-Druck wäre ein gerechterer Deal möglich. Jürgen und Wolfgangs Einstieg in die Verhandlung allerdings war wieder der gleiche: TITUS 5, *cyberpirates* 95.

Als die Verhandlungen abgebrochen wurden, sagte ich zu Brigitta:

»Ich fasse es nicht! Die haben nichts in der Hand außer einer halbkopierten Idee und dem fanatischen Glauben, dass dieser Cyber-Krams abgehen wird wie Luzie. Und warum glauben denen alle? Weil keiner das Gegenteil beweisen kann! Und bei uns? Da sehen alle auf 20 Jahre Geschichte und sagen: ›Alles solide. Aber so richtig *Fantasie*? Nö.‹« Ich war verzweifelt.

War alles, was wir aufgebaut hatten, so wenig wert?

Lieber tot als Zweiter

Das war schon immer mein Motto, aber diesmal hätte das mit dem Tod beinahe geklappt.

Fusion war nicht, dann also Wettlauf an die Börse! Ab sofort steckten wir alle Energie in die Expansion und die Vergrößerung des Umsatzes, um uns für den Börsengang hübsch zu machen: Wir holten einen zweiten Investor ins Boot, Equity Capital Management (ECM) aus Frankfurt, der genauso scharf auf Börse war wie ich. Wir kauften Frontline, einen Onlineversandhandel, der auf cool-hippe Fashion spezialisiert war. Wir übernahmen die Programmierer eines Dienstleisters, um uns selbst ein neues Warenwirtschaftssystem auf den Leib zu schneidern, das virtuell die Geschäfte unserer vielen Firmen untereinander abwickeln konnte, ohne reale Paletten von A nach B karren zu müssen. Wir intensivierten das Franchisesystem mit Shops in ganz Deutschland. Wir bauten das

Lizenzgeschäft mit amerikanischen Marken aus. Wir gründeten Vertriebsorganisationen in Frankreich, Österreich und Benelux. Wir pushten die Masterships in Dortmund, stiegen als Sponsoringagentur bei Rock am Ring ein und entwarfen, bauten und organisierten die Funsporthalle auf der Expo 2000 in Hannover. Kurz: Wir trieben das System TITUS zur Perfektion.

Dieses System war überhaupt nur deshalb entstanden, weil es in den 80ern kaum Unternehmen mit Skateboard-Know-how in Deutschland gab. Marketingagenturen mit Gespür für unsere Zielgruppe? Gab's nicht. Also hab ich eine eigene Agentur gegründet. Logistikanbieter mit Erfahrung in unserem Markt? Fehlanzeige. Selbst aufbauen. Know-how im Organisieren von Skateboard-Events? Hatten wir wie kein anderer. Skateboard-Magazine rausbringen? Wer, wenn nicht wir? So entstand im Lauf der Zeit ein Geflecht von über zwanzig eigenständigen GmbHs, die alle um unseren Kern kreisten: Kompetenz in Jugendkultur. Wir hatten uns sogar ein Gütesiegel schützen lassen, mit dem alle relevanten Firmen arbeiteten: YCC (Youth Culture Competence).

Das alles war ungewöhnlich, denn normalerweise werden Unternehmen um eine Funktion herum gebaut. Ein Verleger fängt mit Kochbüchern an und merkt: »Hm, das mit dem Verlegen klappt ja richtig gut, ich mach jetzt mal Kinderbücher. Oder Science-Fiction.« Er überträgt also sein Funktions-Know-how auf verschiedene Themen. Wir haben es genau andersherum gemacht, haben unser Themen-Know-how »Jugendkultur« auf verschiedene Funktionen übertragen: auf Sportevents, Verlag, Logistik, Produktion, Distribution, Großhandel, Franchising, stationären Einzelhandel, Website, Mailorder, Konzerte, Werbung, Kommunikation … Auf seinem Höhepunkt im Jahr 2000 umspannte das System TITUS praktisch jeden Aspekt der Jugendkultur – außer Plattenlabel und Cannabisanbau –, und wir machten fast 100 Millionen Euro Umsatz. Dass dieser Wert künstlich aufgeblasen war, spielte keine Rolle, ebenso wenig, dass der Gewinn stetig sank; das Einzige, was unsere Investoren interessierte, war Wachstum. Wachstum bedeutete Zukunft. Wachstum hieß: fetter Börsengang. Ohne Wachstum keine Performance, keine Fantasie, keine Skateboard-Weltherrschaft. Mir war das recht, denn die Nebenwirkungen dieser Strategie waren für mich persönlich sehr erfreulich.

»Titus«, sagten die Investoren, »du kannst da jetzt nicht mehr in der Operative rumdödeln, Logistikabläufe optimieren und so, die Zeiten sind vorbei. Du musst in die Medien, so oft es geht, so laut es geht, so frech es geht. Du bist jetzt ein Business-Popstar, du bist das Gesicht für den IPO.«

Ich bekam eine PR-Managerin an die Seite, die meine Auftritte koordinierte, wurde von Talkshow zu Talkshow kutschiert, war andauernd im Fernsehen und fand das einfach nur geil. Ein Schlaraffenland fürs Ego. Und es funktionierte: Bald wurde unser Börsenwert auf 100 Millionen Euro geschätzt. Nach Dotcom-Maßstäben war das zwar eher konservativ, weil »nur« ein Jahresumsatz angesetzt wurde – am Neuen Markt wurden Firmen, die noch überhaupt keinen Umsatz vorweisen konnten, weit höher gehandelt, wenn bloß die »Fantasie« stimmte –, für ein reales Unternehmen mit realer Geschichte und realen Umsätzen war das jedoch fett. Und endlich, im dritten Anlauf, ließ sich die Jury des renommierten »Entrepreneur des Jahres«-Preises dazu hinreißen, mich 2001 zum Entrepreneur des Jahres im Bereich Handel zu erklären, und die Stadt Münster legte mit dem Wirtschaftspreis gleich nach.

Wo ich war, da war oben. Der Börsengang konnte kommen.

Crashs

Plötzlich fingen die Dinge an, schiefzulaufen. Alles nur Zufälle, aber im Rück- blick irgendwie passend.

Das Jahr 2000 begann mit dem Crash des Neuen Marktes, bei dem unsere Börsenhoffnungen einen ersten Dämpfer erhielten, und endete damit, dass Tony Hawk im Dezember beim Dreh für einen Disney-Werbespot als erster Skateboarder der Welt einen Looping stehen wollte und dabei vom höchsten Punkt des Loopings mehr oder weniger senkrecht kopfüber abstürzte. Ein paar Wochen später erhielt ich ein Paket aus den USA, in dem einer unserer TSG-Helme lag – zerkratzt, angeknackst und versehen mit einer Widmung: »Thanks Titus, you saved my life. Tony«

Irgendwann zwischen Tonys Crash und dem Börsencrash produzierte ich meinen persönlichen Crash des Jahrzehnts auf einer Rennstrecke in Holland. Drei Jahre zuvor hatte ich endlich begonnen, meinen Kindheitstraum, Rennfahrer zu werden, zu verwirklichen: Die Lizenz für historische Rennen war 1997 relativ leicht zu bekommen, und ich bin sofort mit Helmut Walter nach Spa-Francorchamps in Belgien aufgebrochen. Wir wollten gemeinsam einen 65er-Renn-Mustang von Günter Ohler kaufen, und den galt es, Probe zu fahren – natürlich in einem richtigen Rennen. Helmut besorgte mir Helm und Rennanzug, und ich war plötzlich endlich: Rennfahrer. Ich hatte zwar noch nie in einem Rennwagen gesessen, aber egal.

Als wir ankommen, kann ich mich nicht halten und sprinte sofort in die Boxengasse und zur hüfthohen Mauer, die die Rennstrecke von der Gasse trennt. Sicherheitszäune über der Mauer und dergleichen gibt es noch nicht. Zum ersten Mal in meinem Leben stehe ich an einer echten Rennstrecke und sehe ein echtes

Rennen. Hinter der Boxengasse liegt die legendäre Eau-Rouge-Senke, und um die in Ideallinie fahren zu können, steuern die Fahrer ihre Boliden dicht an der Boxenmauer vorbei. Was ich in dem Moment noch nicht weiß: Es läuft gerade ein Super-Sports-Rennen mit den mächtigsten Rennwagen, die je gebaut wurden – flachen Monstern mit 8,5-Liter-V8-Motoren und 900 PS.

Für ein Super-Sports-Rennen leihe ich mir später tatsächlich einen McLaren M8. Wieder ein Traum verwirklicht.

Ich lehne an der Mauer, die Strecke ist leer. Spa ist ein sehr langer Rennkurs, da kommt nicht immer alle paar Sekunden einer vorbei. Plötzlich sehe ich von oben den Traumrennwagen meiner Jugend herunterjagen, einen McLaren M8, das fetteste Teil überhaupt. Noch ahne ich nicht, dass ich genau diesen M8 von Peter Hoffmann einige Jahre später persönlich an einem Reifenstapel zerstören werde. Jetzt denke ich nur: »Den muss ich mir aus der Nähe ansehen!«, und lehne mich so weit es geht über Mauer und Track. Der McLaren nähert sich gegen den Wind, leise und schnell. Aber als er direkt an der Mauer und gefühlt nur

Zentimeter unter mir vorbeirast, ist es, als würde mir von dem Krach der Kopf weggerissen. Während ich dem Boliden fassungslos hinterherstarre, checke ich unwillkürlich, ob an meinem Gesicht noch alles dran ist. Doch das Schlimmste kommt erst noch: Der McLaren sticht ohne merklich zu bremsen in die Eau-Rouge-Senke hinein, volle Kanne links, rechts, links – und verschwindet. Ach du Scheiße. So schnell habe ich mir das nicht vorgestellt. Aber es bleibt keine Zeit, mich von dem Schreck zu erholen, zwei weitere Rennwagen kommen. Den Lärm kenne ich jetzt schon, allerdings rasen die beiden so dicht nebeneinander durch die Eau Rouge, dass kaum ein Blatt Papier zwischen sie passt, sie kämpfen um jeden Millimeter.

Fuck! Wie soll das denn funktionieren? Auf einmal hab ich Schiss ohne Ende. Entweder ich fahre wie die und sterbe in der ersten Runde den Heldentod, oder ich fahre, wie ich mir das zutraue, also etwa 100 km/h langsamer, und die fahren mir in der ersten Runde beide Seitenspiegel ab. Und jetzt?

Wir sind zwei Fahrer und haben nur ein Auto, nur einer von uns kann also morgen das Rennen fahren. Auf dem Hinweg hatten Helmut und ich ausgemacht, abends einfach ein Streichholz zu ziehen. Nachdem ich fünf Minuten an der Rennstrecke gestanden habe, weiß ich: Streichholzziehen kann ich auf keinen Fall riskieren. Ich habe so eine Angst vor dem Rennen – wenn ich morgen nicht fahre, werde ich mich aus Ehrfurcht und Schiss niemals wieder in einen Rennwagen setzen. Es heißt: jetzt oder nie. Nach langen Diskussionen und dem Angebot, 100 Prozent aller Kosten zu übernehmen, willigt Helmut tatsächlich murrend ein. Ich gehe auf mein Zimmer, um die ganze Nacht vor Aufregung kein Auge zu schließen.

Am nächsten Morgen bin ich der Erste beim Frühstück, obwohl ich erst nachmittags dran bin, und natürlich sitze ich im Rennanzug vor meinem Spiegelei, nur für den Fall, dass irgendwie Stress aufkommt, ich nicht schnell genug in meinen Anzug steigen und deswegen das Rennen versäumen könnte. Der ganze Frühstückssaal grinst mich an. Anschließend geht's sofort auf den Rennplatz, wo ich der beste Bekannte der Klofrau werde. Nach dem zehnten Mal lächelt sie nur noch mitleidig, aber ich muss wirklich, auch wenn jedes Mal nur drei Tröpfchen kommen.

Dann der große Moment: Training. Von dem Augenblick an, als ich im Auto sitze, ist die Nervosität weg, aber überfordert bin ich trotzdem, inklusive Tunnelblick und Zusammenzucken, als mich schon wieder einer überholt, den ich nicht habe kommen sehen. Beim Rennen selbst bin ich dann zu meinem großen Erstaunen schon mitgeschwommen, immer irgendwo im Mittelfeld, trotz oder wahrscheinlich eher wegen des beschissenen Nieselwetters.

Bis ganz zum Schluss. Da fängt der Motor an, komisch zu klingen. »Ich fahr mal lieber raus«, denke ich, der Wagen war noch nicht mal gekauft. Ich habe keinen Schimmer, dass ich mich in der letzten Runde des Rennens befinde. Der Typ mit der Flagge will mich gerade abwinken, als ich zu seinem grenzenlosen Erstaunen kurz vor der Ziellinie in die Boxengasse biege und hinter statt vor ihm vorbeifahre. Als Helmut mir erklärt, dass ich gerade 20 Meter vor dem Ziel aufgegeben habe, kann ich es nicht fassen. Bei meinem ersten Rennen!

»Nein, nein, Monsieur«, teilt mir ein Offizieller später mit, »Sie haben das Rennen regulär beendet. Die Boxengasse verläuft parallel zur Strecke und Ihre Box lag hinter der Ziellinie. Das zählt als Finish.«

Auch wenn ich mit 40 Sachen durchs Ziel gehumpelt bin: Ich habe mein erstes Rennen zu Ende gebracht. Als wir den Mustang wieder auf den Anhänger laden, ist klar: Den kaufen wir, das machen wir jetzt öfter.

Drei Jahre später, zwischen Börsen- und Tony-Hawk-Crash also, starte ich beim 5. Lauf der HTWT, der Historischen Tourenwagen Trophy, in Assen, Holland, mit meinem Ford Falcon Sprint. Er ist einer der schnellsten Wagen der HTWT, und mittlerweile fahre ich immer um die vordersten Plätze mit, lande aber meistens nur auf dem zweiten, weil ein saugurer Fahrer namens Freddy Götzinger zwar nicht viel schneller ist, aber bedeutend weniger Fehler macht.

Aber nicht heute: Ich bin in bestechender Form, und, was vielleicht entscheidender ist, Freddy hat technische Probleme. Ich liege in Führung. Nicht knapp in Führung, sondern richtig weit. Das Rennen ist im Sack. Plötzlich, weit vor mir auf der schnellen Gegengeraden, platzt einem Fahrer, den ich bereits überrundet habe, der Motor. Literweise Öl spritzt auf die Fahrbahn. Die nachfolgenden Autos beginnen in der leichten Linkskurve nach rechts von der Strecke zu trillern. Ich bin hellwach und treffe in wenigen Sekunden drei wichtige Entscheidungen. Erstens: Bis zur Öllache sind es noch 500 Meter, es reicht also, wenn ich in 400 Metern bremse, bis dahin: Vollgas. Zweitens: Ich werde ganz hart innen an der Lache vorbeiziehen, mit zwei Rädern auf dem Grün. Links ist ja alles frei, weil die Kollegen alle nach rechts aus der Kurve schliddern. Außer dem Falcon direkt vor mir, der, genau als ich an der Öllache vorbei will, nach links zur Kurveninnenseite schliddert statt wie alle anderen nach rechts – direkt in meine nicht mehr korrigierbare Linie. Scheiße! Einziger Ausweg: Weiter nach links und noch mehr aufs Grün, rechts waren ja das Öl und die anderen Rennwagen. Aber mein Ausweichmanöver reicht nicht, der andere trillert gegen jede Regel der Fliehkraft noch weiter nach innen. Dann die dritte Entscheidung: Ich versuche, auf dem Rasen zu lenken. Großer Fehler: Bei dieser Geschwindigkeit auf Rasen zu lenken ist so wirkungsvoll wie eine Vollbremsung auf Eis. Statt einfach frontal in den anderen hineinzucrashen und meinen Motor als Prellbock zu benutzen, stellt sich mein Ford quer mit der Fahrertür zum Heck des inzwischen zum Stehen gekommenen Rennwagens. Das letzte Bild vor dem Aufprall lässt mich noch heute nass geschwitzt aus dem Schlaf schrecken: Das Heck des anderen Wagens wird mit rasender Geschwindigkeit immer größer, bis es mein ganzes Blickfeld ausfüllt. Zwei Sekunden später schreie ich um mein Leben.

Die gesamte Fahrerseite meines Wagens ist aufgeschlitzt, und anstatt mein Koppelschloss aufzumachen, damit ich aus dem Sechspunktgurt herauskomme, hängt mein linker Arm wie totes Fleisch aus dem Auto. Mein linkes Bein spüre ich überhaupt nicht, beide Gliedmaßen sind vom Heck des anderen Wagens zerschmettert, das fast einen Meter weit durch meine Kunststofffahrertür gerammt ist wie ein Vorschlaghammer durch Knäckebrot. Ich spüre keine Schmerzen. Nur totale Panik. Arm weg. Bein tot. Oh Gott. Brüllend robbe ich aus dem Auto. Im Krankenhaus bleibe ich trotz schwerer Schmerzmittel so klar im Kopf, dass ich meine eigenen Röntgenbilder begutachten kann. War ja nicht meine erste Verletzung. Diesmal sieht es wirklich übel aus: Der Arm ist vielfach zersplittert, das Wadenbein aus dem Knie buchstäblich herausgerissen. »Münster«, denke ich nur noch, »Uniklinik«. Die haben einen hervorragenden Ruf in ganz Deutschland.

Brigitta geht endlich ran.

»Hubschrauber!«, stammele ich ins Handy. Sie versucht alles, aber an einem Sonntagnachmittag gestaltet sich das schwierig. Und der holländische Chirurg kommt und kommt seit Stunden nicht. Warten ist definitiv nicht mein Ding. Mir ist es lieber, ich bin noch ein paar Stunden länger in Action und werde dann operiert, als noch weiter zu warten. Uli Geesink, mein erster TITUS-Franchisenehmer, muss ran. Der hat mich zum Rennen begleitet und fährt jetzt den Kombi mit offener Heckklappe zum Haupteingang des Krankenhauses, um dann, nachdem ich einbeinig zum Ausgang gehopst und auf die Ladefläche gekrochen bin, in unter zweieinhalb Stunden nach Münster zu rasen. Vorher absolviere ich allerdings noch einen Ringkampf mit der Krankenschwester, die mir keine Matratze für den Laderaum des Kombis verkaufen will. Immerhin ein Kissen kann ich ihr entreißen. Unterwegs telefoniere ich noch mal mit Brigitta und bitte sie, meine Geschäftstermine um ein bis zwei Tage zu verschieben, damit die OP und eine kleine Genesungsphase dazwischenpassen – ich habe schon immer zu knappen Zeitplänen tendiert.

Brigitta hat inzwischen den Leiter der Chirurgischen Klinik in Münster aus seiner Sonntagsruhe gerissen, und der Prof. Dr. bereitet tatsächlich persönlich die OP vor. Alles geht glatt.

Dann: Bettruhe im Krankenhaus. Genau wie Warten gehört auch Rumliegen nicht zu meinen Stärken. Ich lasse mir die Röntgenbilder zeigen und entscheide:

»Ah, alles klar, hier Schienbein, da Wadenbein, nix gebrochen, alles wieder am richtigen Platz, ich brauch keinen Gips.«

Die Schwester ist anderer Meinung.

O.k., dann eben Praxistest. Ich rufe heimlich einen unserer Mitarbeiter an, der mir den Gips abmacht, und dann haue ich aus dem Krankenhaus ab, komplett mit Tropf. Ich humple, das Rollgestell mit dem Tropf neben mir herschiebend, zum Aasee, esse den größten Eisbecher meines Lebens und zuckel zurück. Alles geht wunderbar. Ich bin geheilt.

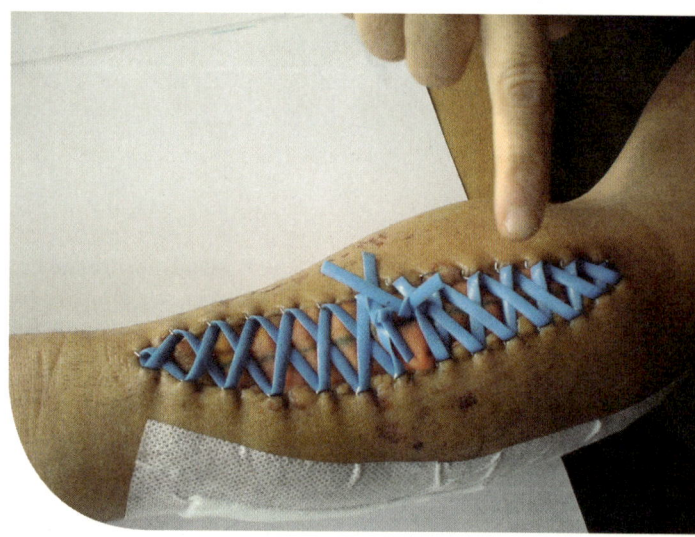

Der Football-Arm

Mein Arm ist allerdings anderer Auffassung als mein Bein. Zwischen Unfall und OP hatten acht Stunden gelegen, Zeit genug, um mir eine Entzündung einzufangen. Jetzt schwillt der Arm zur Größe eines American Footballs an, und um eine Amputation zu vermeiden, muss er in einer weiteren Operation von oben nach unten gespalten werden. Seitdem weiß ich auch, wie ich mal sterben möchte: durch Verbluten. Denn während ich nach der zweiten Arm-OP auf meinem Zimmer liege, denke ich: »Irgendwas stimmt nicht.« Aus meinem Arm läuft Blut raus, literweise. Und je mehr Blut läuft, desto gelassener und ruhiger werde ich.

Ein geiles Gefühl, als hätte mich jemand mit Scheißegal-Drogen vollgepumpt. Die Notklingel habe ich schon gedrückt, doch es dauert eine Weile, bis jemand kommt. Inzwischen sitze ich bis zum Arsch im Blut. Die Schwester guckt kurz rein, sieht den dünnen roten Faden, der aus dem Bett auf den Boden läuft, und sprintet los.

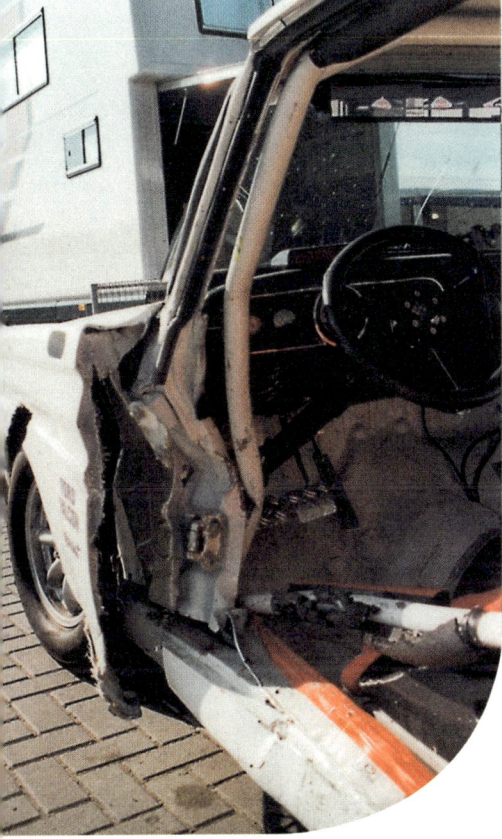

Glück gehabt

Dann war mal wieder Intensivstation angesagt. Dabei hatte ich schon auf Entlassung spekuliert und mir den Kalender mit Terminen vollgehauen.

»Entlassung?«, entgeisterte sich am nächsten Tag die Oberschwester. »Dat können Se knicken, Herr Dittmann, erst mal ein paar Tage auf der Intensiv, danach schieben wir Sie wieder auf Ihr Zimmer, und irgendwann ist dann Reha dran!«

»Gucken wir mal«, dachte ich.

Sie hatte natürlich recht: Der »Football« wurde noch dicker und sah mit der hellblauen Schnürung, die sich durch die in die Haut geschossenen Metallösen schlängelte, ziemlich echt aus. Die Finger meiner linken Hand konnte ich nur unter großen Schmerzen bewegen – da half nur Training. Erst mit Fingerbiegen und Hand-gegen-die-Wand-Drücken, natürlich alles heimlich und viel zu früh. Dann ließ ich mir einen Tennisball ins Zimmer schmuggeln und intensivierte die Gymnastik, immer bis hart an die Schmerzgrenze.

Eine Woche später kommt die Physiotherapeutin.

»Nehm' Se mal die Krücken und versuchen Se mal zu laufen.«

Ich latsche ohne Krücken durchs Zimmer.

»Na gut, dann eben die Hand. Versuchen Se mal, diesen Gummiball festzuhalten.«

Ich knete das Ding, was das Zeug hält.

»Ganz ehrlich, Herr Dittmann, ich hab auch noch andere Patienten zu versorgen.«

Kapitel 14

Sinkflug
Münster, 2001–2003

Wahr-Zeichen

So lange alles gut war, war ja alles gut. Wir eilten von Erfolg zu Erfolg, von Expo zu Fernsehshow zu Ladeneröffnung zur Mastership in der Westfalenhalle. Die Goldenen Jahre hatten begonnen. Niemand beachtete die kleinen Warnsignale – und wenn sie jemand registrierte, dann wurden sie wegerklärt oder ins Positive umgedeutet, bis es am Ende statt warnender Zeigefinger immer nur gegenseitiges Schulterklopfen gab.

Der Gewinn zum Beispiel. Bereits 2001 sank er um 60 Prozent gegenüber dem Vorjahr. Grund zur Panik? Von wegen, Grund zum Jubeln! Denn weniger Gewinn konnte nur bedeuten, dass wir investierten und expandierten, was das Zeug hielt. Bei der neu gegründeten TITUS AG wurde offensichtlich am ganz großen Rad gedreht. Der sinkende Gewinn würde durch den Börsengang doppelt und dreißigfach aufgewogen werden. Die Wahrheit war: Unser Kerngeschäft erodierte rasant.

Die Investoren zum Beispiel. Schon beim Crash des Neuen Marktes 2000 wurde ihnen unbehaglich. Als die anderen Börsensegmente folgten, wurde aus

Unbehagen Mulmigkeit – und das ließen sie uns auch spüren. Grund für uns, um den Bestand der AG zu fürchten? So 'n Quatsch! Das schwieriger werdende Umfeld würde alle nur noch mehr anspornen, einen erfolgreichen Börsengang hinzulegen. Die Wahrheit war: Zum ersten Mal wurden die komplett unterschiedlichen Interessen von Finanzinvestoren und Familienunternehmern sichtbar, die am Ende die TITUS AG fast zerstören würden.

Die Zeichen waren da. Jeder hätte sehen können, dass wir auf einem gigantischen Kartenhaus saßen, das auf genau zwei Annahmen basierte: Der Börsengang würde ein Erfolg werden und unser Geschäftsmodell ein Erfolg bleiben. Beide Annahmen erwiesen sich als falsch.

So war das nicht geplant

2003 hatte sich der Börsengang erst mal endgültig erledigt. Wir hatten bereits Millionen in die Umwandlung zur AG, in Buchhaltung, Berichtswesen und Dokumentenerstellung investiert, als herauskam, dass unsere Bilanzen der vergangenen Jahre nicht den formellen Anforderungen genügten. Die Nacharbeiten bedeuteten ein weiteres halbes Jahr Verzögerung für den IPO. In dieser Zeit sagte die Börse leise Servus, krachte endgültig zusammen, und unsere Chance war dahin. Für uns als langfristig denkende Familienunternehmer war das doof, aber nicht tödlich. Wir würden andere Wege finden, um voranzukommen. Für die Investoren dagegen war das eine Katastrophe: In dem Moment, als die Börse crashte, ging ihnen auf, die kurzfristige Denke funktionierte jetzt nicht mehr. Bislang hatte sie nur interessiert, wie lange wir noch bis zum Börsengang brauchten. Dann würden sie ihre Gewinne einstreichen und aussteigen. Diese Option war auf absehbare Zeit tot.

Und jetzt? Natürlich einmal mehr *back to the roots*, Besinnung aufs Kerngeschäft. Aber auch in unserem Kerngeschäft war nichts mehr so, wie es mal war: Der Umsatz stagnierte und die Gewinne schrumpften in atemberaubender Geschwindigkeit. Die Investoren konnten immer weniger auf anständige Verzinsung ihres Kapitals hoffen. Im Gegenteil, ihre *burn rate* stieg fast täglich, keine schöne Perspektive fürs *venture capital*.

Schuld und Bühne

Heute weiß ich, wer unter anderem an allem schuld war: Ich.

In den Augen der Zielgruppe war ich nicht mehr cool, nicht mehr glaubwürdig, nicht mehr radikal. Und damit galt natürlich das Gleiche für TITUS:

nicht cool, nicht glaubwürdig, nicht radikal – oder noch böser formuliert: Mainstream.

Diese Entwicklung hatte schon Anfang der 90er begonnen, als Jörg und Christian ihren neuen Großhandel Urban Supplies mit dem Argument bewarben, sie seien die frechen, ehrlichen Typen und Titus schiele eh nur auf die Kohle. Unser versuchter Börsengang war der finale Beweis für diese Behauptung und der letzte Nagel in meinen Image-Sarg: »Siehste, ham wer doch gesagt: Titus will nur Kasse machen!«

Mein Rollenwechsel vom Skateboard-Verkäufer zum Aktienverkäufer half auch nicht wirklich, sosehr ich meine neue *job description* auch liebte: Ich musste nicht mehr im Büro hocken, sondern mich nur noch auf Bühnen und in TV-Studios beklatschen lassen – ein Traumjob für einen Kirchener Spätzünder wie mich. Aber je öfter ich in den Medien mit meiner »Underdog wird Börsenstar«-Story auftauchte, je mehr ich in der Geschäftswelt anerkannt und hofiert wurde, desto unglaubwürdiger wurde ich für die Skateboarder. Für sie war Titus auf einmal nicht mehr bei jedem Feld-Wald-und-Wiesen-Contest präsent, sondern nur noch auf der Mattscheibe und wollte offensichtlich bei den Erwachsenen den dicken Macker machen, statt sich wie früher um die Szene zu kümmern. Und sie hatten recht damit: Was ich da gerade öffentlich zelebrierte, war das totale Gegenteil von Abgrenzung und Rebellion. Das war die Umarmung des Establishments. Und als wäre das noch nicht genug, war unser Firmengeflecht durch die Expansion so komplex geworden, dass ich, wenn ich nicht gerade für einen Fernsehauftritt geschminkt wurde, dauernd in Meetings mit irgendwelchen Investoren und Bankern saß. Für die Operative hatte ich schließlich genauso wenig Zeit wie für die Szene, was bedeutete: Auch unser Marketing verlor seine Authentizität, obwohl es immer professioneller wurde – oder gerade deshalb? Plötzlich standen überall bei der TITUS AG Leute im Vordergrund, die keine Skateboard-History mitbrachten. Da erzählten dann irgendwelche Uni-Absolventen gestandenen, in der Szene verwurzelten TITUS-Franchisenehmern, wo es langging. Das konnte nicht funktionieren.

In der Zange

Börse war nicht, Business lief nicht. Was tun?

Zuerst haben wir immerhin noch gemeinsam mit den Investoren die Ärmel hochgekrempelt. Allmählich ging aber auch uns auf, dass sie andere Interessen verfolgten als wir. Brigitta und ich wollten unser Baby retten und wieder aufbauen, egal wie schmerzhaft das werden würde. Die Investoren hingegen wollten so schnell wie möglich so viel wie möglich von ihrem Geld zurück. Und das hieß: Zerschlagung, Verkauf einzelner Assets und Marken. Mit mir an der Spitze würde das nicht so leicht zu machen sein, aber mal sehen, wie lange ich noch an der Spitze war.

Zwei Umstände spielten den Investoren und später den Banken dabei in die Hände. Erstens hatte ich aus Unerfahrenheit und Selbstüberschätzung jedem Investor einen Aufsichtsratsposten zugestanden, was bei drei Aufsichtsräten eine satte Zweidrittelmehrheit für BCF und ECM ergab. Damit hatten die Investoren zwar noch keine direkte Macht über die TITUSAG, 70 Prozent der Aktien gehörten ja nach wie vor uns, aber der Aufsichtsrat eines Unternehmens bestimmt den Vorstand und kann einem auch ansonsten das Leben zur Hölle machen, wie ich heute weiß. Zweitens wurde mir meine Unfähigkeit, Selbstbewusstsein vorzutäuschen, fast zum Verhängnis: Je schlechter der Laden lief, desto mehr zweifelte ich an mir und meinen Fähigkeiten. Spätestens als wir nach dem gescheiterten Börsengang plötzlich und zum ersten Mal rote Zahlen schrieben, war es vorbei mit meinen Auftritten als souveränes Alphatierchen. »Titus«, sagte ich mir, »du hast dich immer in die erste Reihe gedrängt, wenn es darum ging, die Lorbeeren einzusammeln. Jetzt, wo alles scheiße läuft, kannst du nicht sagen: ›Das waren die anderen!‹« Stattdessen habe ich offen zugegeben, wo ich Scheiße gebaut habe, und mich damit selbst zum Loser gestempelt. Menschlich war das vielleicht sauber, in den Schlachten, die da kommen sollten, hieß das aber: Ich kämpfte immer mit einer Hand auf dem Rücken.

Die Investoren machten mir klar:

»Titus, die Werthaltigkeit schrumpft! Wenn die Banken von dieser Schieflage erfahren, dann gibt das richtig Theater bis hin zu gekürzten Kreditlinien oder sogar Insolvenz.«

Das war zwar ein realistisches Szenario, vor allem aber sollte ich Angst vor den Banken bekommen, damit ich tat, was die Investoren von mir wollten. Dazu war ich sowieso bereit: Der »Erfolg« gab mir so offensichtlich unrecht, wer war ich, mich gegen neue Ideen zu sperren? »Der Aufsichtsrat will einen externen Berater holen? Klar, warum nicht, kann nur besser werden«, meinte ich. Der Aufsichtsrat freute sich.

Das Personalkarussell fing an, sich zu drehen. Unsere Entmachtung hatte begonnen.

Kapitel 15

Beraten und beklaut
Münster, 2003–2006

Zum Psychologen

Der erste Berater war der ehemalige Karstadt-Vorstand Schuchardt, der Ende 2003 von BCF mit großen Vorschusslorbeeren – »Der Typ ist ein Supermann, Deutschlands führender Experte für Versandhandel!« – verpflichtet wurde. Ob er wirklich Ahnung hatte von einem Versandhandel, der sich wie TITUS rasant vom Katalog- zum Internetanbieter mauserte, hab ich nie herausbekommen. Aber dass er ein Pseudopsychologe vor dem Herrn war, das wurde im Laufe der Zeit immer klarer. »Wenn sich jeder bei mir über jeden auskotzt, dann kenne ich die Schwächen von allen und kann den Laden steuern«, lautete sein Motto. Anfangs war diese Strategie extrem erfolgreich. Jeder hatte das Gefühl, einen Vertrauten und Interessenvertreter gefunden zu haben, und Schuchardt bekam tiefe Einblicke in das Seelenleben der Führungskräfte.

Zu Beginn war ich auch ein echter Fan von ihm und hab ihn mit Infos gefüttert. Er konnte das gut, mich mit Männergesprächen locker machen, indem er mir pseudointime Einblicke in sein Leben gewährte – immer in der Hoffnung, auch von mir private Informationen zu bekommen, die er später nutzen konnte. Bis ich endlich merkte, dass ausnahmslos jeder das Gefühl hatte, Schuchardt wäre sein bester Freund, während er uns geschickt gegeneinander ausspielte, dauerte es eine ganze Weile.

Unser von Schuchardt ausgesuchtes Klausur-Schloss

Die Augen geöffnet hat mir ein Vorfall auf einem von Schuchardt organisierten Klausurwochenende: zwei Tage mit 15 Geschäftsführern und fünf Vorständen im wunderschönen *Parkhotel Wasserburg Anholt*. Gezahlt hat das natürlich die TITUS AG, denn wenn es um Beraterhonorare oder Beraterevents ging, spielten Kosten ja keine Rolle. Jedenfalls nicht für die Berater.

Was wir da nicht alles machen: Theaterspielchen, kreative Gruppenarbeit, »Du, ich erzähl dir mal, wie es mir wirklich geht«-Sitzungen … ich komme mir zeitweise vor wie in einer Sekte, deren Anführer ich nicht mehr bin. Die Stimmung im Team ist wegen der zunehmend schlechten Geschäftslage sowieso gereizt, und Schuchardt schafft es schließlich, dass die Leute direkt aufeinander losgehen. Irgendwann trifft es sogar Brigitta, die sich sonst eigentlich immer im Griff hat.

»Ey«, sagt Stefan Puriss vom Online-Versandhändler Frontline sinngemäß, »die TITUS AG hält 75 Prozent an Frontline und wir bloß 25 – und jetzt sollen wir den ganzen Laden unterstützen? Das ist so ungerecht!«

Als wenn das Kind zu seinen alternden Eltern sagt:

»So eine Scheiße, jetzt kann ich auch noch für euer Altenheim blechen!«

Von links nach rechts: Finanzvorstand Torsten Brinkmann, Frontline-Geschäftsführer Stefan Puriss, Titus-Mailorder-Chef Thommy Fricke

Auch bei Brigitta liegen nach zwei Tagen Psychodauerfeuer die Nerven blank, sie schafft es gerade noch, aus dem Raum zu stürzen, steht an der Brüstung über dem Burggraben und starrt in die Ferne, während ihr die Tränen nur so runterlaufen.

»Ungerecht? Ungerecht?«, denke ich nur, während ich neben ihr stehe. »Wir haben diesen Scheißladen Frontline doch in dem Glauben gekauft, dass der funktioniert und Geld bringt. Und was war? Frontline war ein Schrotthaufen, ein Sanierungsfall, die Jungs haben uns schon etliche Millionen gekostet. Wenn überhaupt irgendwas ungerecht ist, dann …«

In dem Moment kommt Puriss raus.

»Brigitta ...«, er schnieft, während er sich wortreich entschuldigt. Schließlich fängt er selbst an zu heulen.

»Na, prost Mahlzeit«, denke ich, »und wir Heulsusen wollen die TITUS AG retten.«

Wenn es nur die Verzweiflung und das Heulen gewesen wären. Der eigentliche Effekt von Schuchardts Methoden war, dass langsam ein Keil zwischen uns und den Rest des Managements getrieben wurde. Wenn das keine Absicht war, dann passte es auf jeden Fall rein zufällig perfekt in die Pläne der Investoren: Die hatten inzwischen das Gefühl, sie kamen mit Brigitta und mir nicht wirklich weiter, und wollten direkter in die Operative eingreifen. Dafür mussten sie die Loyalität der restlichen Führung haben – und genau dafür sorgte Schuchardt.

In den folgenden Monaten bemerkten Brigitta und ich: Die eigentliche Führungsperson wurde mehr und mehr Schuchardt. Natürlich hätten wir sagen können: »Alle Mann Schnauze halten, das ist unsere Firma und unser Geld, da geht's lang!«, doch dafür waren wir nicht mehr selbstbewusst genug. Schuchardt konnte weitermachen.

Die Drei Bs

Und wie er weitermachte. Ab Mitte 2004 installierte Schuchardt mit unserem Einverständnis zwei neue Leute in der Führungsebene: Bernd Behrens und Stefan Bollert. Zusammen mit Torsten Brinkmann bildeten sie »Die Big Bs«, auch wenn Brigitta und ich die drei irgendwann nur noch das Trio infernale nannten, wobei ihre persönlichen Qualitäten und ihre Rolle in der sich jetzt anbahnenden TITUS-Katastrophe sehr unterschiedlich waren.

Torsten Brinkmann, 1999–2004, war sicherlich mit Abstand der Fähigste und Integerste des Trios. 1999 hatten wir ihn als Berater für den Börsengang angeheuert und seitdem intensiv und vertrauensvoll mit ihm zusammengearbeitet. Die drei erfolgreichsten TITUS-Jahre, 1999–2001, hatten wir gemeinsam hingelegt. Torsten wechselte erst die Fronten, als das Spiel für »unsere« Seite verloren schien. Dass ausgerechnet der sorgfältige und korrekte Herr Brinkmann sich am Ende mit Manipulationen und getürkten Zahlen selbst aus der Firma schoss, zeugte nicht so sehr von seinem Charakter als vielmehr davon, wie verzweifelt die Lage und wie hoch der Druck seitens der Investoren ab Mitte 2004 geworden waren.

Stefan Bollert, 2004–2005, war der klassische Hochstapler. Er hatte vom Business keinen blassen Schimmer, und allein das hätte uns fast den Todesstoß versetzt. Aber er wollte sich außerdem an der Firma bereichern und vertickte unter der Hand palettenweise Ware auf eigene Rechnung.

Bernd Behrens kam schließlich von 2004 bis 2006 als Retter und Erlöser an Bord, konnte aber nicht nur nicht zaubern, sondern verschärfte mit seinen Aktionen unsere Krise nur noch weiter. Er spekulierte lange darauf, die Macht bei TITUS zu übernehmen, und brachte, auch dank Schuchardts Vorarbeit, fast das ganze Team gegen Brigitta und mich in Stellung. Und selbst das reichte ihm nicht. Er schloss Knebelverträge zugunsten eines alten Kumpels ab, die uns noch lange Jahre viel Geld kosten sollten. Aber der Reihe nach.

Sandwich Man

Seit Torsten Brinkmann 1999 bei uns war, stand er zwischen den Stühlen. Wir hatten ihn geholt, damit er uns auf der Suche nach Investoren unterstützte, und das hatte er so perfekt gemacht, dass wir ihm Ende 2000 den Posten des Finanzvorstandes in der gerade gegründeten TITUS AG anboten. Er war jedoch nicht nur uns emotional und geschäftlich verbunden, auch den Investoren, die er zu uns gelotst hatte, fühlte er sich in gewisser Weise verpflichtet. Solange wir gemeinsam auf der Siegerstraße waren und die gleichen Ziele verfolgten, nämlich Expansion und Börsengang, war das nie ein Problem. Als aber nach dem abgesagten Börsengang und dank der freundlichen Unterstützung der zwei anderen Bs unsere Lage erst schlecht und schließlich fast aussichtslos wurde, war er eingekeilt zwischen uns und den Investoren, die ihm als Finanzchef heftig Druck machten. Diesem Druck hat er am Ende nicht standgehalten.

Das Jahr 2003 endete mit fast zwei Millionen Euro Verlust für uns, und Brinkmann entwickelte für 2004 einen mehr als ambitionierten Finanzplan, um die Investoren zu beruhigen. Aber der Plan ging nicht auf, das wurde ihm Mitte 2004 klar, als er das Halbjahresergebnis erarbeitete. Jetzt hatte er ein Problem, denn mit diesem Plan war auch seine Position in Gefahr. Was wollten die Investoren mit einem Finanzvorstand, der seine eigenen Zahlen nicht liefern konnte? Ob Torsten daran schuld war oder nicht, würde letzten Endes niemanden interessieren. Also fing er an zu tricksen in der Hoffnung, alles würde gut gehen. Als Herr und Gebieter des Controllings fiel ihm das leicht: Jeder hatte Angst um seinen Job, er musste nur seine Anweisungen reinrufen und konnte sicher sein, dass sie widerspruchslos umgesetzt wurden. Er lag eine halbe Million Euro unter Plan, und die holte er sich mit einem einfachen Kniff: Innerhalb der AG verkaufte er Ware im Wert von einer halben Million Euro von der einen GmbH an die andere. Das bedeutete für die eine GmbH 500000 Euro höhere Einnahmen. Die wurden gebucht. Für die andere GmbH bedeutete das eigentlich 500000 Euro höhere Ausgaben, aber die wurden einfach nicht gebucht.

Auf einen Schlag hatten sich die Verluste der TITUS AG um eine halbe Million reduziert – und Brinkmann lag wieder im Plan. Wenigstens hatte er sich nicht persönlich bereichert, im Gegensatz zu einem, vielleicht sogar zu den beiden anderen Bs.

Heute kann ich ihn sogar ein Stück weit verstehen. Die Investoren verloren zunehmend das Vertrauen in Brigitta und mich und suchten im Vorstand jemanden, auf den sie bauen konnten. Brinkmann war als Finanzmensch ihr natürlicher Verbündeter. Und er musste gedacht haben: »Titus und Brigitta gehört der Laden zwar, aber die kriegen das nicht mehr geregelt, denen erzähl ich mal lieber nichts von dem Manöver.« Mit seinem Überflieger-Selbstbewusstsein war er sich sicher, er bekäme das mit der halben Million im zweiten Halbjahr wieder hingebogen. Und natürlich hatte er Angst, an uns und mit uns zu scheitern. Unterm Strich jede Menge gute Gründe, erst an den Zahlen zu drehen und anschließend die Seiten zu wechseln.

Zahlenmäßige Unterlegenheit

»Wenn die Banken erfahren, wie schlecht der Laden läuft«, hatten die Investoren immer behauptet, »dann drehen die uns den Geldhahn zu! Deshalb müsst ihr jetzt dieser und jener Maßnahme zustimmen.«

Taten wir ja immer brav, aber jetzt kam ein neuer Berater hinzu, Herr Müller aus Wiesbaden. Bei Wiesbaden zuckten wir natürlich erst mal zusammen, denn das war der Standort von Urban Supplies, und als wir dann noch erfuhren, dass die Kinder von Herrn Müller und Jörg Ludewig in denselben Kindergarten gingen und die beiden sich gut kannten, hatten wir echte Bedenken. Zum Glück waren die unbegründet, Herr Müller war ein fairer, kompetenter Zahlenmensch, allerdings auch einer, der die Daumenschrauben eine volle Drehung weiter anzog.

Eines Tages stürmt er in mein Büro:

»Herr Dittmann, Sie sind überschuldet, hoffnungslos überschuldet. Sie müssen innerhalb von drei Tagen zum Amtsgericht gehen und Insolvenz anmelden, sonst machen Sie sich strafbar.«

Mir reicht's. Ich kann die Scheiße nicht mehr hören. In der Sekunde, in der Müller aus meinem Büro ist, greife ich zum Telefon. Das hier ist ein Fall für Marcus Geuting, Freund und Rechtsanwalt, Spezialist für Insolvenzrecht, ein intelligenter, sicher auftretender Mann mit Eiern.

»Insolvent? Ihr? Das wollen wir doch mal sehen. Schick mal die letzten Zahlen rüber.«

Eine halbe Stunde später sein Rückruf.

»Titus, ist doch ganz einfach: Wegen Überschuldung musste noch nie einer Insolvenz anmelden. Überschuldung ist ein reines Rechenergebnis. Das können wir neu rechnen. Solange du zahlen kannst, ist alles o.k. Kannst du?«

»Ja, ähm, geht schon irgendwie, dauert halt nur länger.«

»Siehste. Und jetzt lass mich mal ein bisschen rechnen.«

Und dann stellte Marcus eine Gegenrechnung auf. Ergebnis: Nicht insolvent. Das reichte aus, bis Müller ein paar Wochen später wieder mit seinem Insolvenz-Blaulicht auf dem Kopf in mein Büro stürmte und Marcus wieder gegenrechnen durfte. Ohne Risiko war das Ganze für mich nicht. Hätte ich doch irgendwann Insolvenz anmelden müssen, säße ich wahrscheinlich heute noch wegen fünffacher Insolvenzverschleppung im Knast. Aber diese ganze Insolvenznummer machte mir auch klar: Immer nur vor dem Aufsichtsrat kuschen, damit »die Bank« nichts merkte? Keinen Bock mehr. Dann lieber klare Kante und fertig. Und außerdem sah es wirtschaftlich gar nicht mal so katastrophal aus.

Wir wagten den Befreiungsschlag. Im Herbst 2004 gingen Brigitta und ich zur Sparkasse Münsterland Ost und legten rückhaltlos alle Zahlen auf den Tisch – Brinkmanns Zahlen, besser gesagt, inklusive der Luftbuchungen, von denen wir ja nichts wussten. Und wir präsentierten unsere Pläne, wie wir die Sache in den Griff bekommen wollten. Die Bank war beeindruckt von unserer Offenheit. Keine Rede von Geldhahn zu oder Insolvenz. Ging doch.

Kaum wieder in der Firma holten wir uns die Führung zurück. Rein faktisch hatte sich zwar überhaupt nichts geändert – wir waren vor dem Bank-Meeting Eigentümer und Vorstände und wir waren es hinterher –, aber psychologisch hatten sich die Blockaden gelöst: Wir hatten keine Angst mehr vor der Bank, und damit verlor der Aufsichtsrat seine gefühlte Macht über uns. Parallel dazu holten wir auch in Münster zum Befreiungsschlag aus. Wir trauten uns kaum noch in die Stadt, weil da draußen alle glaubten, TITUS gehe es spitze, während schon lange das Gegenteil der Fall war. Aber egal wem und wie oft ich von unseren Problemen erzählte, keiner glaubte mir: »Alles klar. Je mehr Kohle der hat, desto mehr jammert er.« Ich hielt das nicht länger aus. Auch hier wollte ich lieber klare Kante, als noch einen Tag länger unfreiwillig Hochstapler zu sein. Geht es mir gut, lasse ich das jeden wissen, der nicht bei drei auf den Bäumen ist, doch andersherum gilt das Gleiche: Ich habe die Krise? Das darf auch jeder wissen. Also haben wir ganz offiziell eine Pressekonferenz abgehalten, fünf Journalisten den Ernst der Lage geschildert und die roten Zahlen auf den Tisch gelegt. Am nächsten Tag stand alles in der Zeitung und ich konnte wieder selbstsicher durch Münster gehen – Image und Realität passten wieder zusammen.

Jetzt würden wir den Laden auf unsere Weise sanieren. Ich buddelte mich in Operative und Marketing rein, und Brigitta machte sich über Buchhaltung und Controlling her. Vollgas wie früher. Und es zahlte sich aus: Neben vielen anderen Projekten startete bald darauf *TITUS TV* auf MTV, die erste Sendung im Fernsehen überhaupt, in der es nur um Skateboarding ging. Das lief bis 2005 sehr erfolgreich mit vielen national und international bekannten Fahrern. Als MTV insgesamt eine neue Richtung einschlug und *TITUS TV* in Richtung Klamauk und Radau à la Jackass umstricken wollte, trennten wir uns in aller Freundschaft von den Briten. Wir wollten einfach nur eine reinrassige Skateboard-Sendung machen, was MTV, wie sie in der Kündigung schrieben, »zu anspruchsvoll« war.

»Zu anspruchsvoll?« – das Team johlte, als ich das Schreiben von MTV vorlas, aber o.k., im Vergleich zu den neuen Klingelton-Shows mochte das sogar stimmen. Leider hielt dieses kleine Zwischenhoch keine sechs Monate.

Anfang 2005 kommt Brigitta in mein Büro, blass und mit einem Zettel in der Hand.

»Titus, ich hab das dreimal durchgerechnet«, sagt sie nur.

»Was durchgerechnet?«, frage ich etwas ratlos.

»Die 9,8 Millionen.«

»Brigitta, welche 9,8 Millionen? Wovon redest du?«

»Die 9,8 Millionen Verlust für 2004.«

»9,8 Millionen ... Verlust?«, stottere ich. Bis jetzt hatte ich nur von einem moderaten Plus gewusst.

»Ja.«

Was für ein Desaster. Torsten Brinkmann hatte zwar seine Luftbuchungen inzwischen selbst storniert, doch es lagen noch etliche weitere Leichen wie etwa überbewertete Lagerbestände und uneinbringliche Forderungen bei den Franchisenehmern im Keller. Das einzig Gute daran war, dass wir hart aufgeräumt und diese Leichen entdeckt hatten – das war der Beweis, wie ernst wir es mit der Sanierung meinten.

Wir gingen also wieder zur Sparkasse Münsterland Ost und präsentierten stolz das Ergebnis unserer Radikaldurchleuchtung. Als wir wieder rausgingen, wussten wir, unsere Zeit als Alleinherrscher war gerade abrupt beendet worden.

»Frau Dittmann, Herr Dittmann«, hatten die Banker gesagt, »Sie haben jetzt die freie Wahl, wen wir bei Ihnen reinsetzen: Beraterfirma A oder Beraterfirma B.«

Wir entschieden uns für B: Struktur und Management. Und feuerten Brinkmann wegen der Luftbuchungen fristlos. Hätten wir gewusst, was sonst noch für Schweinereien liefen, wären zuallererst die anderen beiden Bs, Bollert und

Behrens, dran gewesen. Auf dem Rückweg von der Sparkasse glaubten wir allerdings noch, dass es ganz sicher nicht schlimmer kommen konnte.

Dabei war alles schon längst viel schlimmer.

Keine Ahnung, keine Skrupel

2003 hatten wir einen unserer besten Männer verloren, Heiner Ibing, Geschäftsführer unseres Großhandels und Verantwortlicher für die gesamten Lizenzproduktionen. Brigitta und ich hatten mit Heiner als Triumvirat die Firma sehr erfolgreich geführt, und als wir in Richtung AG marschierten, ging Heiner davon aus, dass er in den Vorstand kam – logische Sache, Vorstand war ja nur die AG-Bezeichnung für die oberste Führungsebene, in der er schon saß. Aber wir entschlossen uns, den dritten Vorstandssitz mit Torsten Brinkmann zu besetzen, weil Heiner ebenso brillant wie unersetzlich als Geschäftsführer der Operativen war. Er hingegen fühlte sich zurückgesetzt und von seiner Business-Familie verraten, sodass es beinahe zu einem weiteren, schmerzhaften Ablöseprozess gekommen wäre, inklusive Versuchen, loyale Mitarbeiter gegen uns zu benutzen und überlebenswichtige Lizenzverträge mitzunehmen. Letztendlich übernahm Heiner von uns dann den Brooks-Vertrieb samt den Mitarbeitern unserer Abteilung, die Brooks in Europa groß gemacht hatte, und schaffte uns obendrein den Lagerbestand der Amis vom Hals. Das verhalf uns zu Liquidität und mehr Zeit fürs Kerngeschäft, und Heiner macht seither als Geschäftsführer von Brooks Europa mit Sitz in Münster einen klasse Job.

Sein Nachfolger in der TITUS AG fiel vor allem durch Unauffälligkeit bei Ideen und Ergebnissen auf. Als wir uns von ihm trennen wollten, sagte Schuchardt Mitte 2004:

»Ich hab da jemanden. Stefan Bollert. Profi. Hammertyp. Müsst ihr nehmen.«

Machten wir natürlich. Egal was uns nach dem kleinen Zwischenhoch ehemalige Karstadt-Vorstände, Investoren und teure Berater nahelegten, Brigitta und ich nickten bloß, während ich mich wie immer fleißig selbst konditionierte: »Der muss ja gut sein, wenn ihn die Profis empfehlen. Wenn ich ihm nicht öffentlich mein Vertrauen schenke, dann kann er nix bewegen.« Also schenkte ich ihm öffentlich mein Vertrauen. Wieder und wieder. Das hat ihm sehr dabei geholfen, sein mieses Ding durchzuziehen. Außerdem hatte er, wie die meisten Hochstapler, die Nummer des Überfliegers so überzeugend drauf, dass wir ihm lange nicht auf die Schliche kamen. Wenn ich mit ihm über ein Problem im 50000-Euro-Bereich sprechen wollte, meinte er nur:

»Ey Titus, so kleinkariert wirst du den Arsch nie wieder hoch kriegen. Guck mal, hier geht's gerade um fünf Millionen, um so was musst du dich kümmern!«

Und dann kam er wieder mit irgendwelchem Quark, den er aus seinem neuesten Marketinghandbuch aufgeschnappt hatte, und mir fehlte der Mut, ihm zu widersprechen, auch wenn ich fest davon überzeugt war, dass er mal wieder Bullshit verzapfte.

Bollert spielte ein gefährliches Spiel. Er ignorierte die zentrale Balance jedes Unternehmens, die Balance zwischen Rentabilität und Liquidität, also zwischen den Faktoren »Wie viel verdiene ich pro Produkt?« und »Wie viel Geld habe ich flüssig?« – schon unter normalen Umständen eine der spannendsten Aufgaben im Management. Auf Dauer gesehen braucht man natürlich beides – aber Bollert hatte das irgendwie nicht verstanden. Er wusste nur, dass Rentabilität beim Einkauf beginnt. Und das stimmt: Je günstiger man seine Ware bekommt, desto mehr Marge bleibt letztlich hängen. Günstige Produktion ist aber nur bei großen Stückzahlen möglich, je mehr, desto günstiger. Deshalb ließ Bollert die Lizenzklamotten immer zum günstigsten Preis – also in irren Mengen – produzieren, und die Container rollten an. Bedenken, ob der Markt diese Stückzahlen vertragen konnte, wischte er mit »Sei nicht so kleinkariert!« vom Tisch. Der Effekt: Was wir verkauften, hatte eine prima Marge, nur verkauften wir nicht annähernd so viel, wie er bestellte, und die Kasse wurde immer leerer, weil die Kohle in Form von unverkauften Klamotten im Lager lag. Da man aber mit T-Shirts und Jeans keine Gehälter bezahlen kann, wurde eben die verbleibende Liquidität dafür eingesetzt, und uns fehlte das Geld für den weiteren Einkauf. Der Beginn eines klassischen Teufelskreises.

Außerdem hatte er einen neuen Designer eingestellt, der genauso wenig Ahnung von der Szene hatte wie Bollert vom Geschäft und außergewöhnliches Geschick darin bewies, an der Zielgruppe vorbei zu designen. Die beiden verstanden sich super. Irgendwann hatten wir etliche Container voller eigener und Lizenzware auf See, die wir weder brauchten (unsere Lager waren noch voll von alter Ware) noch bezahlen konnten (unsere Kasse war ja leer) – eine tödliche Kombination. Unsere weiter steigenden Verluste in den Jahren 2004 und 2005 hatten also nur zum Teil mit dem Imageverlust der Marke TITUS zu tun. Mindestens ebenso schwer wog Bollerts praxisferne Rentabilitätsgeilheit. Von der hatten wir allerdings noch keinen Wind bekommen, als wir Brinkmann vor die Tür setzten, denn Bollert ließ sich nie in die Karten schauen. Dass ich ihn schließlich doch rausschmiss, hatte einen anderen Grund.

Unsere Buchhaltung hatte Karstadt routinemäßig wegen noch nicht bezahlter Ware gemahnt.

»Unbezahlte Ware?«, rief Karstadt gleich zurück. »Wir haben von Ihnen keine Ware und keine Rechnung bekommen.«

Erst recherchierte unser Controlling, dann unser Anwalt. Bollert hatte der Firma seiner Frau eine stattliche Menge Schuhe geliefert und eine fingierte Rechnung ausgestellt, die behauptete, Karstadt wäre der Empfänger. Damit das nicht so schnell auflog, hatte er Karstadt sechs Monate Zahlungsziel eingeräumt. Kein Wunder, dass unsere Buchhaltung erst so spät reagierte. Weil das so gut funktionierte, verkaufte er unsere Ware beim nächsten Mal direkt an die Firma seiner Frau – zu Spottpreisen und wieder mit sechs Monaten Zahlungsziel. Seine Frau zahlte ebenfalls keinen Cent an uns, verkaufte den Stuff aber mit sattem Aufschlag an – lustige Idee! – Karstadt. Als alles rauskam, war er schon nicht mehr bei uns. Dass er auch einen Freund belieferte, dem unglaubliche Mengen Ware »vom Laster fielen«, spielte da schon fast keine Rolle mehr. Wir haben ihn verklagt und gewonnen. Aber es war für'n Arsch, trotz Mahnbescheid und Androhung von Beugehaft konnte er nicht alles zahlen.

Brigitta und ich schauten uns an: Schlimmer konnte es jetzt aber wirklich nicht mehr kommen.

Der nette Herr Behrens

Wieder Schuchardt, wieder 2004, wieder Lobeshymnen auf einen Hammertypen, wieder nickte ich alles ab, und Bernd Behrens kam als Geschäftsführer des Mailorders zu uns.

Bernd war das genaue Gegenteil von mir. Während ich bis heute zweimal am Tag »Alles Scheiße!« schreie, die ganze Welt doof finde und hin und wieder aus der Haut fahre, war Bernd die Ruhe selbst – der sprichwörtliche Mr. Nice Guy. Egal wie unfähig ein Mitarbeiter oder katastrophal die wirtschaftliche Lage war, er fand's »Toll, super, klasse!« und meinte: »Jetzt geht's richtig nach vorne!«

Das ist natürlich angenehmer, als mit einem sperrigen Typen wie mir zu arbeiten, und so schaffte er es mit seinem Feel-Good-Singsang tatsächlich, den Großteil des Teams auf seine Seite zu bringen. Saßen wir zusammen, beteuerte er mir, wie loyal er sei und wie sehr er Brigitta und mich bewundere. War ich aus dem Zimmer, erklärte er mich zum Auslaufmodell und versicherte allen, wie großartig sie, die Lage und vor allem die Zukunft seien – wenn man sich nur an ihn halte. Der Aufsichtsrat war begeistert und machte ihn zum Kronprinzen. Fortan wurde hinter den Kulissen gemeinsam an Strategien gefeilt, wie wir abserviert werden könnten.

Irgendwann fiel mir auf, dass ich, egal welche geile Idee ich hatte, egal was ich durchsetzen wollte, nur noch auf taube Ohren stieß. Ich konnte förmlich hören, was das Team dachte: »Oha, jetzt kommt der Titus wieder mit so 'ner Scheißidee.« Behrens' Dauerberieselung zeigte Wirkung. Und obwohl ich theoretisch als Eigentümer und Vorstand weit über Bernd stand, hatte ich effektiv kaum noch Einfluss. Mir den Einfluss einfach zurückholen? Das hatte ich nicht drauf.

Ich hab mein ganzes Leben nicht durch Befehlsgewalt geführt, sondern durch meine Präsenz (manche sagen auch: Dominanz). Titel sind mir wurscht, mir reicht es völlig, wenn freundschaftlicher Respekt da ist. Ich sage etwas, und jeder denkt positiv darüber nach, weil sie aus Erfahrung wissen: Was ich sage, hat meistens Hand und Fuß. Das ist die Art, wie ich am liebsten führe. Aber ohne den Respekt der anderen, nur weil ich auf dem Hierarchie-Chart Vorstandsvorsitzender war? Ging nicht.

Nach Bollerts Produktionswahnsinn musste irgendwo neue Liquidität her. Bernd kontaktierte seinen Freund August Beyer, und die beiden entwickelten die Idee, unverkaufte TITUS-Ware auf eBay zu versteigern, um damit die alten Lagerbestände zu reduzieren. Das ging zwar extrem auf Kosten des Ertrags, brachte aber wenigstens etwas Liquidität in die Firma, denn die war überlebenswichtig für uns, auch wegen der Beratungsfirma *Struktur und Management*. Die kostete uns eine Million Euro Honorar pro Jahr, Geld, das irgendwie aus der Firma kommen musste, und zwar 250000 Euro alle drei Monate. Im Voraus.

August Beyer machte sich schlau, wurde Powerseller bei eBay und nahm das Kürzel seines Namens als Firmennamen: aBey. Dann bekam er von Behrens den geilsten Vertrag, den man sich nur denken kann. Danach verpflichtete sich TITUS, jeden Monat große Mengen Altware an Beyer zu liefern – zu einem Preis, der allein vom erzielten Versteigerungspreis abhing. Wir sahen erst Geld, wenn die Ware verkauft und bei ihm bezahlt war. Das Schlimmste daran war: Wir mussten auch liefern, wenn wir gar keine Altware hatten, sondern nur Neuware, und das natürlich zu den gleichen Ramschpreisen.

Als das schon eine ganze Weile so läuft, sehe ich auf einer Autogrammstunde einen Jungen mit einem schicken, nigelnagelneuen TITUS-Kapuzenpulli.

»Geiler Hoodie!«, sage ich grinsend.

»Ja, ne?«, sagt er stolz, »Ein Euro bei eBay!«

Mir fällt die Kinnlade runter. Das Ding kostet im Einkauf, bis es bei uns im Lager liegt fast 18 Euro. Mit anderen Worten: Wir machten mit jedem von aBey bei eBay zu Ramschpreisen verkauften Stück nicht nur keinen Gewinn, sondern Megaverlust – nur um schnell Bargeld in die Kassen zu spülen. Dass das nicht gutgehen konnte, musste allen klar sein, bloß kümmerte es keinen, und die Verträge waren wasserdicht.

Aufsichtsratschläge

Behrens, Bollert, Brinkmann: Sie alle waren von Investorens und Sparkassens Gnaden, und dachten sie nicht gerade an ihren eigenen Vorteil, dann waren sie damit beschäftigt, uns aus der Firma herauszudrängen. Doch je länger die Krise dauerte, desto deutlicher wurde, wo unsere wahren Probleme lagen: beim von den Investoren beherrschten Aufsichtsrat in wechselnder, zunehmend feindseliger Besetzung und bei der immer nervöser werdenden Sparkasse Münsterland Ost. Am Anfang der Krise hatten wir noch viele Entscheidungen gemeinsam getroffen, die Ideen der Investoren klangen vernünftig und wir dachten: »Vielleicht haben die ja wirklich mehr Ahnung als wir?« Das kann man im Geschäftsleben oft erst nach ein paar Jahren beurteilen. Als die Investoren die Situation irgendwann für praktisch aussichtslos hielten, wollten sie die Firmengruppe am liebsten zerschlagen, um wenigstens noch einen Rest ihres Kapitals zu retten. Ihren einzigen wirksamen Hebel – uns als Vorstände abzusetzen – nutzten sie allerdings nicht. Mit ihrer Zweidrittelmehrheit wäre das kein Problem gewesen, doch dann hätten sie uns dicke Abfindungen zahlen müssen, was sie uns weder gegönnt haben, noch wollten sie auf Geld verzichten, das sie als ihr rechtmäßiges Eigentum betrachteten.

Stattdessen versuchten sie es auf die nette Tour.

»Frau Dittmann, Herr Dittmann, Sie haben sich ja jetzt wahrhaftig lange genug für die TITUS AG aufgerieben. Wir wollten Ihnen anbieten, dass Sie ab sofort gern von zu Hause aus weiterarbeiten können. Bei voller Bezahlung natürlich. Die Firma ist ja in besten Händen.«

So drückte es Mitte 2004 Stefan Rebmann, der ECM-Aufsichtsrat, im Beisein der Aufsichtsratsvorsitzenden Frau Kroll von BCF aus. Rebmann stand schmallippig lächelnd vor Brigittas Schreibtisch und machte, von der höflichen Wortwahl abgesehen, keinen Versuch, seinen Wunsch nach unserem baldigen Abmarsch zu verhehlen. Unser eigener Mann im Aufsichtsrat stand etwas bedröppelt daneben, die Mehrheitsverhältnisse und die Botschaft waren eindeutig: Die Investoren wollten endlich ihr Ding durchziehen, und das ging natürlich am besten, wenn wir zu Hause Däumchen drehten. Jetzt rächte sich meine Großkotzigkeit, den Investoren ohne Not die Zweidrittelmehrheit im Aufsichtsrat zu schenken. Mit dieser Mehrheit hatten sie die zwei anderen Bs einsetzen können, die uns wiederum das Leben zur Hölle machten, was letzten Endes dazu führte, dass wir das Angebot tatsächlich annahmen: Für drei Monate gingen wir in Halbtagsfrührente. Brigitta hat's genossen, glaube ich. Wir blieben jeden Morgen zu Hause, haben gemütlich gefrühstückt, Zeitung gelesen und sind dann spazieren gegangen, bis wir kurz vor Mittag in der Firma eintrudelten. Uns wollte da ja eh keiner sehen, und dennoch schleppten wir uns hin, weil wir wussten: Wenn wir vor Ort waren, konnten die anderen nicht so ungestört ihre Fäden ziehen.

Krise hin, Krise her: Zeit für den Nachwuchs im Skateboard-Camp ist immer.

Als Nächstes kam das *fact sheet*, ein Vertragsentwurf, der darauf hinauslief, die Eigentumsverhältnisse so umzugestalten, dass wir praktisch keine Macht mehr hätten und zum Ausgleich dafür jede Menge Geld verlieren würden. Ausgedacht hatte sich das Ding ausgerechnet ein Berater, den wir selbst geholt hatten: Hinrik Schünemann, genannt Henk. Wir hatten ihn haben wollen, weil er ein knüppelharter, emotionsloser, rationaler Typ war und auf das ganze zwischenmenschliche Intrigentheater, das inzwischen bei uns abging, nicht eingehen würde. Tat er auch wirklich nicht. Der kleine Nachteil seiner Emotionslosigkeit bestand darin, dass er auch uns gegenüber völlig emotionslos war. Henk rechnete alles durch, ließ die *soft facts* weg und sagte:

»Ihr braucht Geld. Das geb ich euch, indem ich als Aktionär einsteige – aber nur unter folgenden Bedingungen ...«

Was dann folgte, war ein knüppelharter Maßnahmenkatalog, vor allem für uns. Über den haben wir dann monatelang verhandelt. Mal sollten wir mit dem maroden Großhandel abgespeist werden, mal den Investoren und Henk die Marke TITUS überlassen, mal ganz rausgehen. Das mag sachlich vielleicht sinnvoll gewesen sein, ging ansonsten aber gar nicht. Immerhin, seine wirklich bleibende Leistung bestand darin, die heimlichen Hinterfotzigkeiten der anderen Beteiligten an die Oberfläche geholt zu haben und dass seit dem *fact sheet* offener Krieg mit dem Aufsichtsrat herrschte. Und zwar mit allem, was dazugehörte: Brigitta wurde die Unterschriftenvollmacht entzogen, ich musste wöchentliche E-Mail-Rapports abliefern, während unsere Hausjuristin angewiesen wurde, negative Gutachten zu Mietverträgen zu verfassen, die ich für die Firma abgeschlossen hatte. Das volle Programm.

Eines Tages, gut ein Jahr nachdem der ganze Horror vorbei ist und ich die Firma wieder allein leite, steht unsere Hausjuristin Jeannette Reder bei mir im Büro und bricht in Tränen aus.

»Titus, ich muss dir das jetzt erzählen. Ich halt das nicht mehr aus, das war alles so scheiße!«

Und dann erzählt sie: von den Meetings, bei denen diskutiert wurde, wie wir aus der Firma zu kicken wären, von den einseitigen juristischen Evaluierungen, die sie hatte schreiben müssen, davon, wie Torsten Brinkmann ihr nach jedem Meeting mit mir auf den Zahn fühlte, von der erzwungenen Doppelrolle, von ihrem schlechten Gewissen ...

Auf der Bank

Grabenkämpfe und Intrigen, offene und verdeckte Angriffe – die TITUS AG war dabei, sich von innen selbst zu zerfleischen. Und dann gab es da noch die Sparkasse Münsterland Ost. Sie hatte am Ende die wahre Macht. Sie konnte der TITUS AG jederzeit den Geldhahn zudrehen, die Investoreninvestitionen pulverisieren und unser Lebenswerk kassieren. Da wir mit unserem gesamten Privatvermögen hafteten, wären wir bei einer Insolvenz auch privat insolvent gegangen. Ein harter Schnitt, wenn man auf die 60 zugeht und sich ausmalen muss, wie es wäre, von Sozialhilfe zu leben. Genau diese Macht ließen sie mich bei jedem Gespräch genüsslich spüren. Allerdings braucht es immer zwei zum

»Druck Ausüben«. Wir waren nur deswegen »erpressbar« geworden, weil wir uns noch nicht von den äußeren Zeichen des Erfolgs gelöst hatten: Status, Image, ein großes Haus und große Autos. Ich fürchtete mich vor dem, »was die Leute sagen«, und wollte in den Augen der Münsteraner und der Szene auf gar keinen Fall ein Loser sein. Mit dieser Angst im Nacken kann man natürlich schwer Widerstand leisten.

Seitdem wir der Bank Ende 2004 mit stolzgeschwellter Brust die von uns aufgedeckten 9,8 Millionen Euro Verlust für 2004 präsentiert hatten, war dort die Stimmung gekippt. Vorbei die guten alten Zeiten, als ich in Kapuzenpulli und coolen Sneakers zum Jahresgespräch mit dem Kreditchef und seinem Team kam, die Banker in Anzug und Schlips verständnisvoll anmerkten, ich müsste als Skateboard-Unternehmer ja wohl so rumlaufen, und ich nur entgegnete:

»Ach, wissen Sie, inzwischen könnte ich auch so rumlaufen wie Sie.«

Struktur und Management stellte im August 2005 fest:

»Ihr braucht eine weitere Million frisches Geld, aber die Sparkasse rückt die nur raus, wenn ihr Sicherheiten für zwei Millionen vorlegt. Falls nicht ...«

Dabei war es gar nicht nötig zu erwähnen, was wäre, »falls nicht ...«. Sicherheiten bedeuteten in diesem Fall: unsere Altersversorgung mit allen Lebensversicherungen und das Wohnhaus zu verpfänden, also alles, was überhaupt noch werthaltig war.

Wir gingen zur Bank. Ich unterschrieb. Auf dem Weg nach Hause wollte ich nur noch kotzen. Den ganzen Abend saßen wir am Esstisch und fragten uns: »Sind wir eigentlich bescheuert? Wir geben privat über zwei Millionen und das letzte Hemd als Sicherheiten, um eine Million Kredit für die TITUS AG zu erhalten, an der wir lediglich 70 Prozent der Aktien besitzen?« Das war so ungerecht. Außerdem wurde uns plötzlich bewusst, dass wir damit noch weiter in die Abhängigkeit der Sparkasse rutschten. Und dann habe ich von der Widerrufsbelehrung Gebrauch gemacht und einen Brief geschrieben:

»Das mit den Sicherheiten könnt ihr vergessen!«, oder so ähnlich.

Ich hatte es so satt, Spielball der Mächtigen zu sein. So satt, zu den Bank-Meetings wie zu meiner eigenen Gerichtsverhandlung zu gehen und jedes Mal froh sein zu müssen, wenn zum Schluss das Todesurteil doch wieder nicht gesprochen wurde. So satt, in jeder freien Minute exzessiv Autorennen zu fahren oder Fallschirm zu springen, nur weil das die einzigen Dinge waren, bei denen ich noch mein eigener Herr war.

Es zählt nicht zu einer meiner rationalsten Eigenschaften, aber gerade wenn ich blutend am Boden liege und mich nicht mehr bewegen kann, neige ich dazu, noch ein letztes Mal die Hand hochzurecken und mit ersterbender Stimme zu sagen: »Euch mach ich fertig!« So war mein Brief gemeint, und die Sparkassen-Leute haben ihn auch genau so verstanden, allen voran Vorstandsmitglied Heiner Friemann.

Dann ist wieder Bank-Meeting. Äußerlich läuft es ab wie Dutzende Meetings vorher und nachher: Wir sind natürlich pünktlich. Die Sekretärin begrüßt uns mit ausgesuchter Höflichkeit und bittet uns schon einmal in den Konferenzraum.

»… die Herren brauchen noch einen Augenblick.«

Erzähl mir was Neues.

Wir gehen in den Raum. Doppelfenster bis zum Boden, edle Tische, Stäbchenparkett, Gemälde an den Wänden, minimalistischer Style, alles piekfein. Setzen darf man sich aber nicht, wir stehen uns wie immer die Beine in den Bauch, natürlich auf der »richtigen« Seite des Tisches, mit dem Rücken zu den Fenstern – die schöne Aussicht ist für den Vorstand reserviert. Am liebsten würde ich mich einfach hinsetzen und die Füße auf den Tisch legen, aber ich will geschäftlich überleben.

Nach fünf Minuten kommt unser Sachbearbeiter, wir plaudern nett und warten darauf, dass das Ritual seinen Lauf nimmt. Natürlich stehen wir nicht in einer kleinen Gruppe beieinander, sondern jeder hinter seinem Stuhl, während wir auf den großen Meister warten. Zuerst kommen aber noch ein paar andere wichtige Leute inklusive des Vorstands der WGZ Bank, den die Sparkasse noch schnell in das Engagement involviert hat, bevor wir in den freien Fall übergingen. Das findet die WGZ Bank inzwischen gar nicht mehr lustig; entsprechend steht es um die Stimmung unter den Vorständen beider Banken. Dann, endlich, öffnet sich die Tür und Er betritt den Raum. Natürlich zu spät. Im Schlepptau hat er seinen Spezialisten für harte Fälle, den Mann für die letzte finanzielle Ölung vor der Insolvenz. Brigitta und ich nennen ihn nur den »Totengräber«. Der hatte uns am Tag vorher beiseite genommen und freundschaftlich geraten, den Widerruf sofort zu widerrufen, bevor der Herr Vorstand davon Wind bekam:

»Ich kann Ihnen sagen: Wenn Herr Friemann davon erfährt, dann möchte ich persönlich nicht in der Nähe sein. Und die Konsequenzen, puh …«

Als Friemann, der natürlich längst alles wusste, die Sitzung eröffnet und von unserem Widerruf »erfährt«, sagt er nur:

»Lieber Herr Dittmann. Die da«, er nickt seinen Beratern zu, »entscheiden. Sie«, jetzt nickt er mir zu, »unterschreiben. Und ich ziehe den Stecker, wenn das nicht so läuft, wie es soll.«

Hat der natürlich nie so gesagt. Jedenfalls nicht wörtlich. Aber das war's dann mit unserem kleinen Aufbegehren. Die harmonische Zusammenarbeit mit der Sparkasse hat das Ganze nicht gerade gefördert.

Von den folgenden zwölf Monaten erinnere ich mich an kaum etwas. Behrens' Stimmungsmache gegen mich. Zahlen, die einfach nicht besser werden wollten. Das Gefühl, in dem Laden, den ich selbst aufgebaut hatte, unerwünscht zu sein. Lähmung.

Kapitel 16

Back to Omelette
Münster, November 2006

Stunde null

Ein herrlich lauer Herbstabend. Wir sitzen in den breiten Korbstühlen auf unserer Terrasse und schauen auf die weite, laubbedeckte Wiese.

»Ich brauch das nicht«, sagt Brigitta und weist mit dem Kopf hinüber zu dem kleinen Weiher mit Badesteg und malerischen Seerosen.

»Ich auch nicht«, sage ich und deute auf das Haus hinter uns.

»Auch keine Reetdachhütte. Nicht mal die ganzen Autos.«

»Nicht mal die Autos?«, sieht Brigitta mich überrascht an. »Du meinst es echt ernst!«

»Klar meine ich es ernst. Allerdings …«

»Ja?«

»… die neue Ente, die würd ich schon gern behalten.«

Sie lächelt. »Geht klar. Mit der fahren wir runter bis Gibraltar und dann rüber nach Marokko. Wie früher.«

»Und wenn's hart auf hart kommt«, grinse ich sie an, »essen wir wieder jeden Tag Omelette.«

»Und wenn das Geld alle ist?«, fragt Brigitta.

»Wieso, das Geld ist doch schon alle?«, frage ich zurück.

Wir schütten uns aus vor Lachen. Das haben wir seit Monaten nicht mehr getan. Es fühlt sich gut an.

»Wenn das Geld alle ist, dann reparier ich eben wieder Autos. Das reicht dicke für uns beide«, sage ich, als wir uns wieder etwas beruhigt haben.

»Titus, wieso haben wir uns eigentlich die letzten Jahre derart fremdbestimmen lassen?«

Gute Frage.

»Weil wir Angst hatten, den ganzen Krempel hier zu verlieren. Und vor der Bank. So was riechen die wie Bluthunde. Kein Wunder, dass die uns immer kleingekriegt haben.«

»Titus?«

»Ja?«

»Ich glaub, das wird lustig morgen.«

»Darauf kannst du einen lassen, Baby!«

Koffer zu

So gut geschlafen hab ich ewig nicht mehr. Am nächsten Morgen frühstücken wir in Ruhe und gehen alles noch mal durch. Dann fahren wir voller Vorfreude zum TITUS-Gelände in der Scheibenstraße für unser Meeting um 10 Uhr mit Herrn Fröhlich, dem Chef von Struktur und Management. Er und seine Jungs haben ein starkes Interesse daran, ihre eine Million Euro Honorar noch irgendwo in der Firma aufzutreiben, aber das klappt nicht mehr. Die TITUS AG ist leergelutscht, vom Markt bestraft, von den Bs ausgenommen und runtergewirtschaftet. Da ist nix mehr zu holen. Das weiß Struktur und Management sehr gut, und trotzdem sind sie in der Finanzplanung für 2007 auf einen für unsere Verhältnisse inzwischen moderaten Verlust von nur 800000 Euro gekommen, inklusive der einen Million Euro für ihr Honorar. Das wirft zwei interessante Fragen auf. Erstens: Keine Bank würde uns mehr etwas leihen. Wo zum Teufel also sollen die 800000 Euro herkommen? Zweitens – und diese Frage ist die eigentlich spannende: Wenn wir mit einer Million Euro Beraterhonorar 800000 Euro Miese machen und der Plan einigermaßen realistisch ist, wie sähe dann die Rechnung ohne Beraterhonorar aus? Wie gesagt, ich freue mich auf das Meeting, so wie man sich auf einen spannenden Film freut, dessen Ende man nicht kennt, außer dass es irgendwie ein Happy End sein wird.

Pünktlich um 10 Uhr starten wir im Exbüro von Brinkmann. Herr Fröhlich ist schon mit seinem Kollegen Herrn Luther da. Er ist nett und locker wie immer, und ich denke beim Warmplaudern nicht zum ersten Mal: »Berater sind irgendwie immer entspannt. Kein Wunder, die haben ja auch nichts zu verlieren.« Dann legt Herr Fröhlich los.

»Herr Dittmann, die Finanzplanung liegt Ihnen ja vor, deshalb gleich zu Beginn eine Frage: Haben Sie noch einen Bruder oder eine Schwester, die eine Million zuschießen könnten? Dann würden wir Ihnen noch ein weiteres Jahr helfen können.«

Was für eine Steilvorlage!

»Nö«, antworte ich nur.

Kurze Pause.

»Und außerdem haben wir eh keinen Bock mehr. Ihr könnt die Firma meinetwegen haben, für einen Euro oder so. Wenn ihr das alles besser hinbekommt – macht doch. Wir gehen nach Brasilien, Rinder züchten.«

Das hörte sich irgendwie besser an als: »Wir gehen nach Marokko, Omelettes essen.«

Jetzt ist es raus. Kein Rumgeschubse mehr, kein gefühltes Erpresstwerden, kein Einknicken vorm Sparkassen-Vorstand. Und vor allem keine Fremdbestimmung. Uns war in den letzten Tagen klar geworden, dass wir unser eigenes Leben nicht mehr mochten, diese ständige Angst, dass etwas passiert, das Zittern um unsere letzte Habe, um Image und Status. Scheiß drauf. Entweder wir erlangen die Kontrolle über die Firma zurück, oder wir würden nach Marokko gehen, wieder bei null anfangen und glücklich werden. Das war der Plan. Und er war absolut ernst gemeint. Seit diesem Entschluss ging es uns zum ersten Mal seit Jahren richtig gut.

Für ein paar Sekunden herrscht absolute Stille im Büro. Niemand hat mit diesem Schritt gerechnet, aber Fröhlich erfasst sofort die Lage. Wenn die Banken uns fallenließen, kam es unweigerlich zur Insolvenz. Und dann würden unsere ganzen privaten Haftungen eintreten, inklusive der Lebensversicherungen. Wir waren ja bekloppt genug, uns immer für alles verantwortlich zu fühlen, für streunende Kids auf der MMM, für Ost-Skater ohne Stuff und natürlich besonders für alles, was mit der TITUS AG zu tun hatte. Mit anderen Worten: Bei einer Insolvenz verloren wir alles und riskierten, Sozialhilfeempfänger zu werden.

Er sieht mich lange an. Ich sehe in seinem Gesicht, was er denkt. Erst: »Meinen die das ernst?« Dann: »Die meinen das ernst!« Fröhlich ist ein erfahrener Berater und ein souveräner Mensch. Er steht auf, klappt seinen Alukoffer zu und sagt an seinen Kollegen gewandt: »Herr Luther, damit handelt es sich um eine Abwicklung, nicht um eine Sanierung. Dafür sind wir nicht zuständig.«

Luther steht ebenfalls auf, klappt ebenfalls sein Köfferchen zu, die beiden verabschieden sich und gehen. Brigitta und ich sehen uns an. Ups, das ging aber schnell. Wir hatten erwartet, dass unserem Befreiungsschlag endlose Diskussionen folgen würden, die wir nur deshalb ertragen würden, weil wir wussten: Wenn es uns zu viel wird, packen wir einfach die Ente und gurken los. Aber Fröhlich sah auf einen Blick: »Die eine Million Honorar hole ich hier nie raus.« Seinen Aufsichtsratsposten, den er netterweise übernommen hatte, nachdem es schwierig wurde, noch jemanden für diesen Schleudersitz zu finden, legte er noch am gleichen Tag nieder.

Die entscheidende Frage war jetzt: Was würden die Banken dazu sagen?

Die Angst der anderen

Obwohl, eine Frage war das nicht wirklich. Die Bank würde uns über die Klinge springen lassen, die Frage war nur, wie sehr sie uns dabei quälen würde.

In den nächsten Tagen kramte ich die alten Fotos von meinen Ente-Umbauaktionen aus den 70ern raus, studierte unsere alten Marokkokarten, machte mich über die aktuellen Einreisebedingungen schlau und stöberte im Web nach Sandschaufeln, Benzinkanistern und Wassertanks. Unser Geld konnten die Wichser meinetwegen haben, aber unsere Lebensfreude, die würden wir uns jetzt zurückholen.

Dann ist Banktermin. Zu meiner großen Freude werde ich nicht nur von Marcus Geuting, unserem Familienanwalt – der Mann mit den Eiern –, und Herrn Fröhlich von Struktur und Management begleitet, der der Bank offenbar demonstrieren will, dass sein Unternehmen den Auftrag korrekt zu Ende bringt, sondern auch von Alexander Adelmund, einem bayerischen Unternehmensberater aus Holland, der uns schon seit einer Weile zur Seite steht. Alles wie immer, höfliche Sekretärin, belangloser Smalltalk, endloses Stehen. Dann: Auftritt des Vorstands. Aber ich traue meinen Augen nicht: Normalerweise signalisiert Friemann schon beim Reingehen mit seiner ganzen Haltung und Mimik, dass ich das arme Würstchen bin und er der große Macker, dass ich ihn nerve und er jetzt bitte endlich mal die Kohle sehen will. Nun kommt derselbe Mensch durch die Tür, und ich wachse augenblicklich ein paar Zentimeter, denn in seinem Gesicht steht deutlich: Angst. Ich werde ganz ruhig und gebe mir alle Mühe, so selbstzufrieden und arrogant rüberzukommen wie er die letzten Jahre.

»Wie Ihnen schon berichtet, hat sich die Lage dergestalt geändert, dass …« beginnt Herr Fröhlich seinen kurzen Vortrag. Als er fertig ist, herrscht betretenes Schweigen am Konferenztisch. Instinktiv erfassen die Banker, dass wir gerade ihrer Kontrolle entglitten sind. Die Wirkung ist spektakulär. Hat man selbst keine Angst mehr, bekommen die anderen Angst, weil man nicht mehr berechenbar und schon gar nicht steuerbar ist. Keine Angst zu haben ist ein Riesenvorteil, viel wertvoller als ein paar Millionen in der Tasche. Plötzlich ist der Vorstand der Sparkasse Münsterland Ost gesprächsbereit. Aber so was von.

»Herr Dittmann«, sagt er, »das ist ja eine, hm, überraschende, äh, Entwicklung, möchte ich mal sagen.«

Räuspern am Tisch, Friemanns Gefolge sieht irgendwohin, nur nicht zum Boss.

»Wie, hm, wie soll das denn jetzt, äh, weitergehen?«

Angst? Der hat keine Angst. Der hat Panik! Auf jeden Fall beschließe ich, seinen erstarrten Gesichtsausdruck so zu interpretieren.

»Ach, wissen Sie, Herr Friemann«, antworte ich in meiner entspanntesten Tonlage, »das liegt ganz bei Ihnen. Wir haben Kredit bei Ihnen, den würden wir gern weiter nutzen, aber das müssen Sie natürlich mittragen.«

Seiner Reaktion entnehme ich: Der will den Kredit gar nicht kündigen, weil er genau weiß, wenn er das tut, ist die ganze Kohle weg. Nach all den emotionalen Angriffen gegen mich in den letzten Jahren ist er plötzlich ganz rational.

»Sieh mal einer an!«, denke ich.

Natürlich haben wir mit Alexander Adelmund für den unwahrscheinlichen Fall, dass die Sparkasse uns doch nicht auf der Stelle killt, einen Plan durchgesprochen, sozusagen die Alternative zur Gründung von Titus Motor Repair Ltd. in der Nordsahara. Der Plan basiert auf einem Vorschlag von Struktur und Management, der schon öfter von Herrn Friemann verworfen worden war.

»Wir haben zwölf Millionen Euro bei Ihnen auf der Uhr«, sage ich, während ich mich zurücklehne. »Sie geben mir ein halbes Jahr Zeit, ich bringe Ihnen 9,5 Millionen, Sie verzichten auf 2,5 Millionen, fertig. Sie kennen den Vorschlag ja schon von Herrn Fröhlich.«

Gegenwehr?

Diesmal Fehlanzeige. Am Ende des Meetings hatten wir einen Deal. Die Marokkokarten konnte ich wieder einrollen, dafür musste ich jetzt 9,5 Millionen Euro Liquidität aus einem Laden ziehen, der praktisch insolvent war.

Nein

Aber wenn das hinhaute, würde TITUS wieder uns gehören! Doch wer sollte den Laden operativ führen? Ich? Das war naheliegend, aber irgendwie auch nicht. Immerhin war ich die letzten sechs Jahre Vorstandsvorsitzender der TITUS AG gewesen, und was hatte ich zustande gebracht? Einen Trümmerhaufen. Andererseits war ich schlicht die billigste Lösung. Bei der Sanierung würden wir jeden Cent brauchen, und jeder Manager, den ich einkaufte, würde den Turnaround noch schwieriger machen. Brigitta und ich waren die Einzigen, die den Job ohne Bezahlung machen würden, das allein würde jedes Jahr eine sechsstellige Summe sparen. Ein Killerargument. Und vakant war der Posten auch noch, denn Bernd Behrens hatte gekündigt.

Ihm dämmerte Mitte 2006, dass er es nicht schaffen würde, die Firma wieder auf Kurs zu bringen – wie auch, mit solchen Verträgen und Entscheidungen. Er begann, um seinen Ruf als fähiger Sanierer und Manager zu fürchten, und beschloss, »aus privaten Gründen« den Laden Richtung Norden zu verlassen, um nicht in den Strudel des Untergangs gerissen zu werden. Irgendein Ersatz musste also her. Das Entscheidende für mich war aber, dass ich es mir zutraute. Seit unserer Omelette-Entscheidung war ich wieder der Alte. Einen schlechteren Job als die ganzen Bs und ihre Beraterhorden konnte ich ja gar nicht machen, im Gegenteil. Ich glaubte zu wissen, wo unsere grundlegenden Probleme lagen und wie wir sie lösen könnten. Es war, als würde ich wieder oben in der Halfpipe stehen, hochkonzentriert, voller Adrenalin und hungrig. Da oben gilt: Wenn du in dem Moment, bevor du dich hinunterstürzen willst, Selbstzweifel hast, dann lass es bleiben. Reindroppen darfst du nur ohne Selbstzweifel. Und ich wollte droppen. Ich hatte keine Zweifel. Jemand anderes schon.

Alexander Adelmund ist zum Abendbrot bei uns eingeladen. Seit er uns beim Omelette-Putsch zur Seite gestanden hat, sind wir dicke Freunde. Brigitta hat ordentlich aufgetischt, und wir diskutieren den ganzen Abend, wie es mit der Firma weitergehen soll. Ich bringe, rein theoretisch natürlich, die Variante »Titus macht wieder Geschäftsführung« in die Diskussion ein und untermauere sie argumentativ. Alexander scheint das auch für das Vernünftigste zu halten. Er wendet sich zu Brigitta und stellt die Gretchenfrage:

»Brigitta, traust du Titus das zu?«

Brigitta sagt:

»Nein.«

Schweigen.

Ich schlucke, lasse mir nichts anmerken, aber in meinem Kopf rasen die Gefühle durcheinander: Wenn meine eigene Frau mir das nicht zutraut, wer auf dieser Erde soll mir das denn zutrauen? Selbst als keiner an mich geglaubt hat, Brigitta hat immer hinter mir gestanden. Und jetzt sagt sie Nein? Autsch! Das ist eine der härtesten Nüsse meines Lebens. Aber zugleich die bestmögliche Motivationsmaßnahme. Mir muss nur jemand, der mir wichtig ist, sagen: »Das schaffst du sowieso nicht«, und ich lege los. Mein nächster Gedanke ist: »Der werd ich's zeigen!«

Heute glaube ich, dass Brigittas Nein in diesem Moment genau die richtige Ansage war. Ich habe mich zwar komplett alleingelassen gefühlt – aber ganz alleingelassen zu werden hat den Riesenvorteil, dass man auf nichts und niemanden mehr Rücksicht nehmen muss. Von dem Abend an war ich kein Teamplayer mehr, weil ich kein Team mehr hatte, mit dem ich gemeinsam spielen konnte. Schluss mit Absprachen, Kompromissen, Diskussionen. Ich war so frei, als wäre ich allein in eine Halfpipe gedroppt. Wenn du droppst, gibt es kein Zurück mehr. Und dann hast du immer nur Sekundenbruchteile, um zu entscheiden, wie du den nächsten *trick* oder *move* angehst. Hast du dich entschieden, dann ziehst du das ganz cool durch bis zum Schluss. Und dann sofort weiter zum nächsten *trick*. Aufgeatmet wird erst, wenn du wieder aus der Halfpipe raus bist. So lange entscheidest du allein und bist allein für alles verantwortlich.

Genau so hab ich die nächsten Monate die Geschäfte geführt. Ein seltsam vertrautes Gefühl. Ich musste immer wieder an einen Fallschirmsprung vor gut zehn Jahren denken.

Abkoppeln

Gemeinsam mit meiner Sprunglehrerin steige ich auf dem Telgter Flugplatz bei Münster in eine Pilatus Porter, eine einmotorige Turboprop-Maschine, die die sardinenbüchsenartige Enge in ihrer Kabine durch eine sagenhafte Steigleistung wieder wettmacht. Im Handumdrehen sind wir auf 4000 Metern. Ich will mal wieder neue Erfahrungen sammeln, weil mich das Relativspringen (Ringelpiez mit Anfassen) nicht mehr reizt. *Freeflying* ist die Lösung. Da macht man die Tricks auch im Sitzen *(sitfly)*, Stehen *(stand-up)* und kopfüber *(headdown)*.

Heute möchte ich einen persönlichen Rekord aufstellen und erstmals im *headdown* über 300 km/h schnell werden. Ich habe strikte Anweisungen, mich, komme was wolle, an meiner Lehrerin festzuklammern. Auf dem Weg nach oben sitze ich wie immer mit geschlossenen Augen in der Maschine und gehe mental den Sprungverlauf durch. Nach der Sprungfreigabe durch den Piloten greifen wir gegenseitig unsere Schultergurte, pressen uns *face to face* aneinander und springen kopfüber aus der Maschine. Auf diese Weise lässt sich die normale Fallgeschwindigkeit deutlich übertreffen: Zwei eng aneinandergepresste Körper haben doppeltes Gewicht, aber nicht den doppelten Luftwiderstand. Nach wenigen Sekunden sind wir über 300 km/h schnell. Wir werden durchgerüttelt, der

Fahrtwind wird zum Orkan. Ich bin mal wieder im kontrollierten Grenzbereich und genieße es.

Plötzlich, auf ungefähr 3000 Metern, beginnt meine Instruktorin hektisch und aggressiv an mir herumzuhantieren und versucht, mich wegzustoßen. Ich habe ihre Anweisungen noch im Ohr: »Festhalten, Titus, egal was passiert: festhalten!« Anweisungen befolgen kann ich gut. Ich packe sie noch fester. Sie wird immer panischer, blickt mich an und deutet immer wieder gehetzt nach oben. Endlich komme ich auf die Idee, auch mal hochzusehen. Über mir trudelt wirkungslos mein Hauptfallschirm noch schön ordentlich im Pott verpackt, aber mit total verdrillten Leinen. Das ist nicht gut. Der hat da noch gar nichts zu suchen. Das enorme Flattern und Vibrieren bei über 300 km/h muss den Splint, der eigentlich durch das Werfen des Hilfsfallschirms gezogen wird, frühzeitig gelöst haben. Dadurch ist der Pott, in dem sich der gefaltete Hauptschirm befindet, aus dem Container des Gurtzeugs gefallen, ohne dass sich der Fallschirm geöffnet hat.

Ich verstehe endlich die Panik meiner Begleiterin: Wenn wir zusammenbleiben, schweben wir beide in Lebensgefahr. Ihr Schirm kann nicht sie und mich retten, und wenn sie ihn auslöst, reißt uns der Öffnungsstoß sowieso auseinander. Wer weiß, was bei ihr dabei alles beschädigt wird. Überleben können wir nur allein oder gar nicht. Ich lasse sie los, sie dreht sofort nach rechts ab.

Wir sind auf etwa 2700 Meter.

Ich gehe in Bauchlage, mache mich so breit und groß wie möglich, um die Geschwindigkeit auf deutlich unter 200 km/h abzubremsen, und gerate mental in eine Art Superslowmotion. Mit größter innerer Ruhe und fast hellsichtiger Geschwindigkeit spiele ich gedanklich ein Dutzend Szenarios durch: Wie lang hab ich noch? Wann ziehe ich was? Was, wenn es klemmt? Unglaublich, was der Körper in solchen Momenten an Stoffen ins Gehirn pumpt. Das Zeug in Pillenform – das wäre der Hammer …

Dann lege ich los. Zuerst ziehe ich den kleinen Schirm, der normalerweise den Hauptschirm rauszieht. Ändert nichts. Der Versuch, die Hauptleinen zu entwirren, ist auch für'n Arsch. Bleibt nur noch »die Reserve«, aber dafür müsste ich mich erst mal vom Hauptschirm lösen. Scheiße, wie ging das noch mal mit den beiden Griffen vorm Bauch? Schließlich nutzt man seine Reserve ja nicht täglich. Jetzt nur nicht die falsche Reihenfolge wählen. Ein kurzes Durchspielen der Theorie- und Trockenübungen und ich bin mir sicher: Auf keinen Fall zuerst den Metallgriff für die Reserve ziehen, sondern das weiche Pad mit dem Klett wegreißen, das wird mich vom Hauptschirm trennen. Es funktioniert. Der Hauptschirm trudelt ohne mich der Erde entgegen.

Mittlerweile falle ich stabil auf dem Bauch mit nur noch ungefähr 180 km/h Richtung Aufschlag und habe noch jede Menge Zeit. Viel zu viel Zeit, um ehrlich zu sein. Was soll ich mit den ganzen Sekunden bloß anfangen? Ich will jetzt noch gar nicht meinen Reserveschirm öffnen, will noch gar nicht wissen, ob der überhaupt funktioniert. Denn wenn die Reserve auch nicht aufgeht, habe ich noch mehr als 2000 Meter oder fast eine Minute den sicheren Tod vor Augen – na, vielen Dank. Dann lieber so lange wie möglich den freien Fall genießen und einfach davon ausgehen, dass die Reserve aufgehen wird.

Ich falle und falle.

Auch nicht ohne: »Skyskateboarden«

Dann, bei 1000 Metern, ziehe ich den Metallgriff. Ein Ruck, der Schirm geht auf, ich lege eine saubere Landung hin. Erst auf dem Boden beginne ich unkontrolliert zu zittern. Aber ich bin mir sicherer denn je: Wenn es hart auf hart kommt, bleibe ich ruhig. Keine Ahnung, wieso mir diese Geschichte gerade jetzt wieder einfällt.

Kapitel 17

Zurück an Board
Münster, 2006–2008

Kommen und Gehen

Mein Ziel war klar: TITUS sanieren. Dafür würde ich noch einmal so richtig Gas geben, bis der Laden wieder lief. Und dann raus aus der Nummer, Privatier werden und nur noch nette Hobbys haben: Reisen, Autorennen fahren, vielleicht eine kleine feine Spezialwerkstatt für Ford Mustangs aufmachen, das war der Plan. Dass Behrens von selbst den Abgang gemacht hatte, kam mir natürlich sehr gelegen, ich hätte ihn sonst wegbeißen müssen. Die Mitarbeiter wussten von beidem nichts, weder von seinem Abgang noch von meiner Rückkehr. Es wurde Zeit, dass alle erfuhren, wer wieder am Ruder war.

Die Mitarbeiterversammlung, in der wir beides verkünden wollen und ich offiziell wieder die Führung übernehme, beschert mir einen der bittersten Momente meines Berufslebens. Bernd steht auf der dritten Stufe der Wendeltreppe in der großen Halle, und ich neben der Treppe auf dem Boden. Rein optisch ist schon mal klar, wer hier der Boss ist, in solchen Sachen ist Bernd sehr geschickt. Ich ergreife das Wort als neuer Chef und informiere die Mitarbeiter, dass Bernd gekündigt hat und ich ab sofort wieder das Ruder übernehme. Schweigen.

Kein Wunder. Mein Ansehen ist, auch dank Bernd, komplett ruiniert. Dann meldet sich eine Mitarbeiterin und spricht aus, was Bernd dem Team seit Monaten eintrichtert:

»Titus, du warst doch jetzt drei Jahre nicht mehr in der Operativen, und die Firma hat sich weiterentwickelt. Wie soll das denn funktionieren?«

Keiner widerspricht.

Da bläht sich Bernd Behrens auf seiner dritten Stufe auf und sagt:

»Ich bin doch noch drei Monate hier, da kann ich Titus einarbeiten, das ist doch nicht so ein Problem.«

Ich hätte ihm am liebsten eins in die Fresse gehauen. Trotzdem war da was Wahres dran. Also machte ich mich für ein paar Monate zum Lehrling und fing wieder ganz unten an. Saß in Meetings und sprach mit Mitarbeitern, um ein Gefühl für den Laden und seine Abläufe zu bekommen. Auch die Mitarbeiterversammlungen übernahm ich wieder. Vor Kurzem noch hatte Bernd mitten in der drohenden Insolvenz versichert:

»Macht euch keine Sorgen!«

Dass die Firma kurz vor dem Absturz stand, das durfte ich der versammelten Mannschaft dann beibringen.

Paradigmenwechsel

Für die Sanierung hatte ich keinen festen Plan, weil ich sowieso ein gestörtes Verhältnis zu langfristigen Plänen habe. Lieber überlege ich mir die Grundsätze, nach denen ich handeln will, und mache dann jede Woche einen neuen Plan, je nachdem, wie sich alles entwickelt.

Zwei Dinge waren gefragt: Liquidität schaffen und Aufräumen. Obwohl, im Grunde war beides das Gleiche. Die Sparkasse wartete auf 9,5 Millionen von mir. Dann mal los.

Für unser Haus und unsere Lebensversicherungen bekamen wir bei der Privatbank Bankhaus Lampe eine Million Euro mehr Kredit als bei der Sparkasse. Guter Anfang, das reduzierte unsere Verbindlichkeiten bei der Sparkasse schon mal um fast drei Millionen. Dafür hatte ich die Schulden jetzt bloß privat am Arsch. Viele Lieferanten wandelten offene Posten in Kredite um und stimmten längeren Zahlungszielen zu. Das war vielversprechend. Dann verkauften wir unsere Lagerhallen, Regalsysteme und alles andere, was nicht völlig unentbehrlich war. Sogar von der geliebten Marke TSG habe ich mich getrennt und sie an meinen TSG-Brandmanager Ruedi Herger verkauft. Der machte aus »Titus« schnell »Technical« Safety Gear und ist mit TSG jetzt von der Schweiz aus weltweit erfolgreich unterwegs. Einige Lieferanten akzeptierten obendrein Besserungsscheine, wonach sie fürs Erste auf alle Forderungen verzichteten, um später, wenn der Laden wieder lief, ihr Geld vielleicht doch noch zu sehen – und es funktionierte.

Als ich nach dem halben Jahr erst 6,5 statt 9,5 Millionen zusammen hatte, verlängerten die Banker unser Zahlungsziel ohne großes Genöle um weitere drei Monate, sie sahen ja, dass stetig Geld hereinkam. Diesen Termin haben wir dann gehalten, indem wir einen stillen Teilhaber ins Unternehmen aufnahmen; allerdings hatten wir unsere Lektion gelernt und ihm nirgendwo eine Mehrheit eingeräumt.

Damit TITUS eine Zukunft haben würde, gab es parallel zur Geldbeschaffung noch zwei Themen: Wie bekomme ich den Umsatz wieder hoch? Und: Wie bekomme ich die Kosten runter? Um beides zu erreichen, musste sich enorm viel in allen Köpfen ändern, es ging um nicht weniger als drei Paradigmenwechsel.

Der erste war: Rentabilität statt Liquidität. In den letzten Jahren hatte der Versuch, um buchstäblich jeden Preis Geld in die Kassen zu bringen, die Substanz von TITUS fast aufgezehrt. Verkauft man ständig Ware mit Verlust, nur um liquide zu bleiben, führt das am Ende genauso sicher in die Pleite, als wenn man gar keine Waren an den Mann bringt. Es dauert nur etwas länger. Ab sofort galt die Ansage: Mit jedem Teil, das wir verkaufen, verdienen wir auch etwas. Klingt logisch, war aber lebensgefährlich. Um das nämlich zu erreichen, mussten wir nach jahrelangen Rabattschlachten die Preise deutlich erhöhen. Das würde uns jede Menge Umsatz kosten und die Gefahr der Zahlungsunfähigkeit stark erhöhen. Wir würden kurzfristig noch mehr leiden, in der Hoffnung, langfristig wieder auf die Beine zu kommen. Und in der Tat: 2007 hatten wir dramatische 35 Prozent Umsatzverlust gegenüber 2006. Das verschärfte unsere Liquiditätsprobleme weiter und ließ unseren Marktanteil in dem wieder wachsenden Markt extrem schrumpfen. Aber wenn wir jemals aus der Überschuldung raus wollten, dann mussten wir Gewinne einfahren, es half alles nichts.

Der zweite Paradigmenwechsel: Diese Firma würde ab sofort nicht mehr ihre Banken und Investoren glücklich machen, sondern wieder ihre Kunden. Gerade Skateboarder spüren sofort, wenn ein Laden nur noch von Rendite und Geld regiert wird, nicht von der Liebe zum Skateboarding. Und so weit war es mit TITUS inzwischen gekommen. Da herrschten die Theoretiker, und Leute wie Behrens drückten Dinge durch, die vielleicht beim Otto-Versand funktioniert hatten, in unserem Bereich jedoch Schwachsinn waren. Bestes Beispiel: der Magalog. Wir hatten ihn schon immer statistisch ausgewertet, Seite für Seite, Produkt für Produkt. Wir wussten, mit Hardware machten wir fünf Prozent

Umsatz, aber die belegt 30 Prozent im Magalog. Das war kein Problem, denn für uns ging es immer mehr um die Skateboard-Glaubwürdigkeit als um Umsatz-pro-Quadratzentimeter.

Behrens sah das anders: »30 Prozent Hardware? Raus damit!«

Ihm war scheißegal, ob wir Skateboards oder Damenbinden verkauften, er entschied nach rein wirtschaftlichen Gesichtspunkten.

»Was ist denn mit diesen T-Shirts hier? Die laufen ja wie blöde! Leute, hier müssen mehr Klamotten von dieser Marke rein!«

»Diese« Marken waren aber Mainstream-Marken wie Adidas, Nike oder Bench, die man überall kaufen konnte – wir waren auf dem besten Weg, ein stinknormaler Versandhändler mit wildem Logo und fünf Seiten Skateboards zu werden. Unsere Kunden spürten, dass man bei TITUS nicht mehr fürs Skateboarden brannte. Und die T-Shirts? Konnte man woanders sowieso billiger kaufen. Früher hatte das genau andersherum funktioniert: Die Skater kauften bei uns Schuhe oder T-Shirts, weil wir ihr Skateboard-Versand waren und sie uns deswegen mochten. Ich gab die Devise aus:

»Wir sind ›Home of Skateboarding‹«, was dann auch gleich unser Motto zum 30-jährigen Jubiläum 2008 wurde, »und wir benehmen uns auch so: Alles dreht sich bei uns um Skateboards, der Rest läuft nebenbei!«

Das Sortiment wurde wieder skateboardlastiger, der Magalog wieder glaubwürdig. Doch bis das alles bei den Kunden ankam, würde es dauern. Jahre, wenn wir Pech hatten.

Der dritte Paradigmenwechsel betraf die Kosten. Meine erste Sorge waren die Personalkosten. Allerdings löste sich das Problem von selbst, weil viele Behrens-Leute bei der Aussicht, mit einem Raubein wie mir arbeiten zu müssen, freiwillig das Weite suchten. Auch andere, die nicht glauben konnten, dass ich das hinbekomme, gingen weg. Geblieben sind die alten Hasen, die noch wussten, was ich draufhatte, und die loyalen Mitarbeiter, die es in den letzten Jahren unter Behrens nicht leicht gehabt hatten.

Nachdem wir uns durch die Zahlen gewühlt hatten, war klar: Neben dem Personal bildete das Onlinemarketing einen der größten Kostenblöcke. Von diesem Thema hatte ich keinen blassen Schimmer, also haben die beiden zuständigen Marketing-Damen mir das mal erklärt: Affiliate Marketing, Keyword Marketing, Search Engine Optimization und was es da so alles gibt. Ich hatte eigentlich nur eine Frage:

»Wie viel Umsatz bringt uns die eine Million Euro, die wir da jedes Jahr reinstecken?«

Konnte natürlich keiner beantworten. Da hab ich mich dann mit meiner

Kirchener Taschengeldlogik hingesetzt und so getan, als wäre alles ganz einfach: Eine Million fürs Onlinemarketing? Diese Million mussten wir ja erst mal erwirtschaften. Bei einem im Einzelhandel üblichen Gewinn von drei Prozent des Umsatzes würden wir dafür 33 Millionen Mehrumsatz brauchen. Selbst wenn ich mir alles schönrechnete und von zehn Prozent Gewinn ausging, wären immer noch 10 Millionen Mehrumsatz nötig, um das Onlinemarketing wieder einzuspielen. O.k., jetzt die Gegenrechnung: Wenn wir von heute auf morgen überhaupt kein Onlinemarketing mehr machen würden, wie viel Umsatz würden wir verlieren? Eine Menge, das war mir schon bewusst, aber zehn Millionen? No way.

Ich wieder hin zu den Damen: »Onlinemarketing für 2007 ist komplett gestrichen.«

Dass ich daraufhin zwei Kündigungen auf den Tisch bekam, war zu verkraften – die Mädels waren ohnehin Behrens-Buddies.

Brigitta sah all dem schweigend vom Spielfeldrand aus zu, aber ganz allein war ich trotzdem nicht. Wann immer ich bei schwierigen Entscheidungen einen Sparringspartner brauchte, kam Alexander Adelmund vorbei und war zuverlässig genau das, was er sein sollte: anderer Meinung. Wir diskutierten offen alles durch, und hinterher wusste ich immer, was ich wollte. Manchmal sogar das Gleiche wie Alexander.

Mit den Dealern dealen

Auch wenn es zu funktionieren schien: Die ganze Aktion war ein Tanz auf Messers Schneide. Manchmal waren wir nur ein paar tausend Euro von der Zahlungsunfähigkeit entfernt. Der Schlüssel zu allem waren natürlich unsere Lieferanten: Bei ihnen hatten wir die meisten Schulden, und ohne ihre Ware hatten wir nichts mehr zu verkaufen. Vor allem aber galt: Wenn auch nur ein einziger – ein einziger! – von ihnen darauf bestanden hätte, sofort sein Geld zu sehen, wären wir unweigerlich in die Insolvenz gegangen. Einer von hundert musste durchdrehen und wir wären geliefert gewesen – im Nachhinein erstaunlich, wie gut ich in dieser Zeit geschlafen habe.

Ich bin der Reihe nach zu allen hingegangen und habe gesagt:

»Ich werde nur in der Lage sein, euch das Geld irgendwann zurückzuzahlen, wenn ihr mich voll unterstützt und mich trotz der offenen Posten beliefert. Ich weiß, das tut weh. Aber es gibt keine andere Chance.«

Das war keine Forderung, das war eine flehentliche Bitte – würde ich jetzt irgendwen aggressiv angehen, wäre ich in null Komma nix erledigt.

Stattdessen habe ich allen meine offene Kehle hingehalten: »Wenn ihr wollt, könnt ihr mich jetzt killen. Aber wenn ihr mich leben lasst, dann habt ihr am Ende mehr davon.« Natürlich haben die erst mal geschluckt. Aber letztlich haben alle mitgemacht, ihre alten Forderungen zurückgestellt und mich weiter beliefert. Es hat zwar Versuche Einzelner gegeben, den Schuldnerdeal zu unterlaufen, aber ich wusste, hier durfte ich nicht nachgeben. Die Tatsache, dass die meisten in den letzten Jahrzehnten gutes Geld mit mir verdient hatten, machte es mir leichter. Bei der kleinsten Bemerkung à la »Titus, ich brauch das ganze Geld, und zwar schnell …« hab ich knallhart klargemacht: »Wir haben kein Geld – und wenn wir welches hätten, würde ich es dir trotzdem nicht geben, weil ich dann die 99 anderen Schuldner bescheißen würde!«

Was mir enorm bei den Verhandlungen geholfen hat, war unsere eigene, hochmoderne Warenwirtschafts- und Lagerverwaltungssoftware, die wir in der Boomzeit 1999/2000 selbst weiterentwickelt hatten. Diese Software war mandantenfähig. Das hieß: Wir konnten zum Beispiel 20 Decks in einem Fach lagern, auch wenn jedes davon einer anderen Firma gehörte. Diese Firmen konnten die Ware untereinander hin und her verkaufen, ohne dass ein Lagerist die Decks umpacken musste. So sparten wir jede Menge Zeit und Kosten. Noch wichtiger: Wir konnten in unserem Lager Außenlager der Lieferanten einrichten. Die unbezahlte Ware blieb, anders als sonst üblich, im Besitz des Lieferanten, bis wir sie verkauft hatten – selbst im Fall unserer Pleite hätte kein Konkursverwalter darauf zugreifen können. Und: Unsere Lieferanten sahen sofort Geld, wenn ihre Ware verkauft war. Das motivierte sie enorm, uns weiter zu beliefern, und gab uns eine reelle Chance, wieder auf die Beine kommen.

Weil das alles aber nicht reichen würde, habe ich zusätzlich mit jedem einzelnen Lieferanten Zahlungsverzichte ausgehandelt: »Du verzichtest auf 20 Prozent, bekommst dafür aber spätestens zum Termin x die restlichen 80 Prozent.« Das war auf den ersten Blick schmerzhaft für die Lieferanten, aber angesichts unserer drohenden Insolvenz ein großartiger Deal: Normalerweise erhält man als Lieferant in einer solchen Situation 30 oder 40 Prozent zurück, mehr nicht. Außerdem waren uns die Termine, die ich ausgehandelt hatte, heilig – wir haben jeden einzelnen eingehalten. Bis es so weit war, habe ich jedem Gläubiger zweimal die Woche eine persönliche E-Mail geschrieben und jede Woche einen Statusbericht mit Einblick in unsere Zahlen geliefert, damit alle wussten, wo wir standen und wie die Dinge sich entwickelten.

Eigentlich unglaublich, aber alles ging gut. Kein Gläubiger wollte sofort sein ganzes Geld sehen, die Bank blieb bei der Stange, nicht mal der Markt brach plötzlich ein. Die einzige echte Hürde war, letzten Endes nicht überraschend, Urban Supplies.

Kriegsende

Mit keinem habe ich so hart und lange verhandeln müssen, wie mit Jörg und Christian. Bei unserer Vorgeschichte kein Wunder. Die hatten mich verlassen, ich habe mich in die Eier getreten gefühlt, habe zurückgetreten und wie das in einem Krieg so ist: Zum Schluss erinnert sich keiner mehr, wie alles angefangen hat, jeder weiß nur noch, dass der andere das Arschloch war. Vielleicht brauchten die Jungs einfach mal das Gefühl, Macht über mich zu haben.

Die Stimmung wird besser: Filmpremiere von Til Schweigers Keinohrhasen im Dezember 2007. Julius, Brigitta, Til, Sarah und ich (von links nach rechts).

Nach den ersten Gesprächen auf der Bright Messe 2007 in Frankfurt sagte Alexander Adelmund mir:

»Mensch, Titus, so eine Härte und Aggressivität habe ich in meiner gesamten Beraterlaufbahn noch nicht erlebt. Bewundernswert, wie ruhig du geblieben bist!«

Kunststück. Hatte ich eine Wahl? Die Verhandlungen waren hart. Als deutlich wurde, dass bei uns schlicht nichts zu holen war, wurde es moralisch: Was ich für ein Arschloch sei, wie sie mich unterstützt hätten und dass ich sie jetzt so hängen ließe ... »Titus, jetzt nicht das Maul aufreißen«, sagte ich mir nur. Seitdem weiß ich, dass Schnauzehalten und Runterschlucken zu den wichtigsten Eigenschaften eines Sanierers gehören. Am Ende bin ich noch mal nach Wiesbaden gefahren.

Treffpunkt war eine Pizzeria. Holzofen, feste Bänke, 70er-Jahre-Style. Wir saßen auf der Empore am Geländer. Zuerst gab's noch ein letztes Mal moralisch eins auf die Fresse, aber mehr so aus Gewohnheit. Es war klar, Urban hatte sich zu einem Kompromiss durchgerungen, auch wenn der ihnen schwerfiel: Die alten Posten wurden eingefroren, dafür würde Urban als einziger Lieferant auf keinen Cent verzichten. Sei's drum, dafür kamen sie als Letzte dran und mussten länger warten. Als alles vorbei war und wir uns zum Abschied die Hand gaben, hatte ich das Gefühl, dass irgendetwas wieder ins Lot gekommen war.

Alles in allem sah es allmählich so aus, als könnte der Turnaround funktionieren. Und der Stress, den ich hatte, war positiv: Die größte Scheiße ist für mich kein Problem, wenn ich weiß, ich bin handlungsfähig und kann selbst entscheiden. Das ist auch der Grund, warum ich abends, wenn Brigitta im Wohnzimmer fernsieht, höchstens ein paar Minuten dabei bin – im Stehen. Wenn ich selbst irgendwelche Dramen, Abstürze mit dem Drachen oder Autounfälle erlebe, dann bin ich die Ruhe selbst. Aber wenn ich einen Film sehe und weiß, da passiert gleich was Schlimmes und ich kann es nicht verhindern, das macht mich krank. Da geh ich lieber wieder nach oben, arbeiten.

Fünfter Teil

2008–2011
Brett
für die Welt

Kapitel 18

Der Sinn vom Ganzen
Münster, Sommer 2008

In den Spiegel sehen

»Die Straßen von Kabul sind voller Kids, die Zigaretten verkaufen oder Telefonkarten. Wer alt genug war, zog in all die Kriege der vergangenen Jahre. Jetzt gibt es die erste Generation, die halbwegs im Frieden aufwächst. 70 Prozent der Bevölkerung, sagt Travis Beard, sind jünger als 25 Jahre. Die Jugend ist die größte Kraft im Land. Die Frage ist, was man mit dieser Jugend macht.«

So stand es in einem Artikel des *Spiegel*, Ende Juni 2008. Er war mit »Das Brett der Welt« überschrieben und erzählte von ein paar bekloppten Australiern in Kabul, die davon träumten, mitten in der zertrümmerten Stadt eine Skateboard-Schule aufzumachen. Als ich das Heft aus der Hand legte, hatten meine Ruhestandsfantasien nur noch Schrottwert. Ich fühlte mich zurückversetzt in unsere Abenteuerzeit im Studium, als wir ein bisschen Essen und Wasser in un- sere Ente warfen und dann drei Monate lang durch die Sahara kurvten, nach dem Motto: »Mal sehen, ob wir's bis zur nächsten Oase schaffen.« Diese Australier machten etwas Ähnliches, nur dass ihnen statt Tod durch Verdursten Tod durch

Sprengfallen oder Querschläger drohte. Vor allem aber hatten sie ein Ziel, das größer war als sie selbst – und so verrückt, dass es von der ersten Sekunde an Spaß machen würde, ihm hinterherzujagen, egal wie es ausging.

Bis zu diesem Moment hatte ich es nicht gewusst, aber genau so etwas hatte ich gesucht. Meine Aufgabe als Sanierer hatte ich inzwischen erfüllt, die Firma kam langsam in ruhigeres Fahrwasser, und Julius würde bald die Führung übernehmen. Den Rest meines Lebens an Autos herumzuschrauben und Eier zu schaukeln – irgendwie war das doch nicht die Lösung für alles. Aber das hier, das könnte es sein!

Hochamt

Erst mal bin ich aber mit Atmen beschäftigt. Ich werde dieses Jahr sechzig, TITUS dreißig, und das muss spektakulär gefeiert werden. Deshalb hänge ich seit sechs Wochen jeden Abend an der Sauerstoffmaske, während ich auf meinem Laufband – Einstellung: »Maximale Steigung« – vor mich hin trotte. Wobei die Bezeichnung »Zu-wenig-Sauerstoff-Maske« treffender wäre: Brigitta beschwert sich schon, dass sie nicht in Ruhe fernsehen kann, weil ich auf meinem Laufband keuche wie Darth Vader bei einem Asthmaanfall. Kein Wunder: Die Luft in meiner Maske entspricht – vom Sauerstoffgehalt her – jener in gut 5000 Metern Höhe.

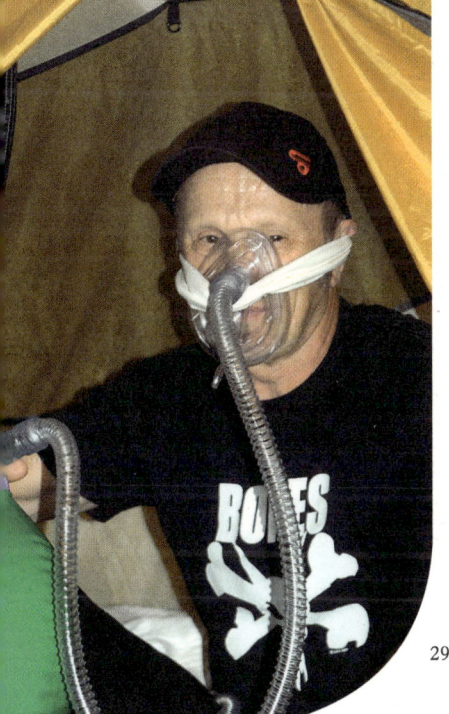

Höhentraining im Jugendzimmer

Ich will mit einer wild gemixten Truppe auf den Kilimandscharo, und wie immer, wenn ich mir was vorgenommen habe, bereite ich alles hundertprozentig vor. Diesmal sogar hundertzwanzigprozentig, denn der Aufstieg auf den höchsten Berg Afrikas wird jeden Morgen live vom *WDR Frühstücksfernsehen* übertragen werden, da blamiere ich mich mal besser nicht. 120 Prozent bedeuten, ich habe die deutsche Koryphäe für Blutbildanalyse, Dr. Michael Spitzbart, als Berater engagiert, mit ihm gemeinsam meinen roten Blutkörperchen durchs Mikroskop bei der Arbeit zugesehen und mir jede Menge Tipps für die Besteigung eines (fast) Sechstausenders von ihm geholt. Seitdem schlafe ich in Julius' altem Kinderzimmer in einem Einmannzelt, in das eine Apparatur sauerstoffarme Luft bläst. So gebe ich meinem Blut systematisch das Gefühl, zu wenig Sauerstoff zu bekommen, damit das Blut tut, was Blut in solchen Fällen tun soll: mehr rote Blutkörperchen produzieren. Die brauche ich zwar jetzt nicht, aber in weniger als zwei Wochen beginnt der Aufstieg, und dann werde ich jedem Extra-Blutkörperchen auf den Knien für seine Anwesenheit danken – das zumindest berichten Kilimandscharo-Bezwinger immer wieder. Übermorgen fahre ich in die Schweiz und schlage mein WLAN-Büro-Basislager auf 3100 Metern im höchstgelegenen Hotel Europas auf dem Gornergrat auf und werde eine Woche lang in Sichtweite des Matterhorns wandern. Dann geht es direkt nach Afrika.

Kurze Pause, bevor es zum Titus-Flip auf den höchsten Gipfel geht.

Im Nachhinein betrachtet zeigt die Kilimandscharo-Besteigung das Grundmuster meines Lebens, zusammengeschnürt auf ein paar Wochen: akribische Vorbereitung, rasche Erfolge, selbstsichere Sorglosigkeit, Beinahe-Sturz und dann doch noch Happy End. So bin ich Autofahrer geworden; vom Bettdecken-Training über Nürburgring-Unfall zum übervollen Pokalregal in meiner Garage. So hat sich TITUS entwickelt; vom Küchentisch zum 100-Millionen-Beinahe-Börsengang über Beinahe-Privatinsolvenz bis zur Rettung. Und so habe ich den Kili bezwungen: Durch Sauerstoffzelt und Schweizer Höhenlager perfekt vorbereitet, lief ich tagelang wie ein Spaziergänger bis auf 5500 Meter Höhe, während alle um mich herum keuchten und stöhnten – ich hatte rote Blutkörperchen für drei. Dann kam die Selbstsicherheitsphase, in der ich unvorsichtig wurde, die letzten 300 Höhenmeter bergauf sprintete, weil ich wegen eines technischen Defekts hinterherhing und natürlich der Erste am Gipfel sein wollte, brach fast zusammen und schaffte es nur durch gutes Zureden und freundliche Hände, doch noch den höchsten der drei Gipfel zu erreichen. Um dort schließlich zu tun, weswegen ich gekommen war: auf 5895 Metern den Titus-Flip zu stehen und damit den – gemessen an Höhenmetern – höchsten Skateboard-Trick der Welt zu machen. *Happy birthday to me*, vorträglich.

Der Videobeweis: Titus-Flip in 5895 Metern Höhe

Der Sinn vom Ganzen –
Münster, Sommer 2008

Zwei Wochen Kabul

Kaum zurück, lud ich den deutsch-australischen Skateistan-Anführer Oliver Percovich zu unserer Charity-Gala im November nach Münster ein. Diese Gala war ein Kind der TITUS-Krisenzeit: 2005, mit der drohenden Insolvenz im Nacken, war ich nicht mehr in der Lage, den Verein zur Förderung der Jugendkultur e.V., den ich zwölf Jahre zuvor mitgegründet hatte, finanziell nennenswert zu unterstützen. Damit geriet aber auch das Jugendkulturzentrum *Skaters Palace*, eine wilde Mischung aus Skate-Park, Jugendherberge, Konzertsaal und Café, in Schwierigkeiten. Mit Geld konnte ich nicht helfen, also rief ich die Charity Night ins Leben. Die ersten drei Jahre stand sie unter dem Motto »Save the Palace«, doch Percovichs Besuch 2008 setzte eine Evolution in Gang: Ab sofort sammelten wir nicht mehr nur für den *Palace*, sondern für Skateboard-Projekte in Afghanistan und anderswo. Olivers Besuch bei uns war ein voller Erfolg. Wir verstanden uns prächtig und nur zwei Monate später, im Januar 2009, startete ich zum Gegenbesuch nach Kabul. Im Gepäck hatte ich zwei Tonnen Skateboard-Stuff, den TITUS-Kunden gespendet hatten, und der kostenlos von DHL transportiert wurde. Später folgten noch 13000 Euro Geldspenden.

Kabul war, natürlich, ein Schock. Dass alles zerschossen und zerbombt sein würde, hatte ich erwartet, auch Dreck und Matsch und das ständige Gefühl der Bedrohung kamen nicht überraschend. Doch wie das Leben hier funktionierte – das war noch viel spezieller, als ich gedacht hatte. Olli Percovich und Max Henniger, beide Mitgründer des Vereins Skateistan, hatten entsprechend Spaß daran, Greenhorn Titus in »The Afghan Way of Life« einzuführen.

Wir starteten mit einem Stadtrundgang. Überall Stacheldraht und hohe Mauern, überall Ford-Ranger-Pick-ups mit aufgepflanzten Maschinengewehren, Soldaten oder Polizisten auf der Ladefläche, jeweils schwer bewaffnet und im Zweifelsfall nur an der Uniformfarbe zu unterscheiden. Dazu überall, an fast jeder Ecke, Straßensperren. Dann die Verhaltensregeln: In Afghanistan kann kaum jemand von seinem offiziellen Gehalt leben und sucht deshalb nach Möglichkeiten, von Leuten, die Geld haben, etwas für sich abzuzwacken. Das galt besonders für die unterbezahlten Polizisten, die eine Vorliebe für unerfahren aussehende Touristen hatten – Leute wie mich. Die wurden dann gern mal fest- gesetzt, man behauptete, mit dem Pass oder dem Visum stimme etwas nicht, ihnen wurde ein bisschen Angst eingejagt und schließlich durch die Blume erklärt, ein paar Dollar würden alle Probleme lösen. Die oberste Regel war deshalb: niemals stehen bleiben, wirklich niemals! O.k., ich war also vorgewarnt, mein Dickkopf würde ein Übriges tun.

Nach dem Stadtrundgang muss Olli zu einem Termin, Titus ist allein zu

Haus und denkt: »Kann mir genauso gut mal das Viertel auf eigene Faust anschauen. Weiß ja jetzt, wie's geht.« Und stiefelt los, ohne Erfahrung, ohne Begleitung, ohne ein Wort Dari zu sprechen, allein durch einen Vorort von Kabul. Ich hab mich schon überall in der Welt durchgeschlagen, so schwer konnte das jetzt wirklich nicht sein. Ich habe Jeans und Jacke vom Allerneuesten an und falle damit in der Menge auf, obwohl hier nur die wenigsten traditionell gekleidet sind – schließlich will niemand für einen Taliban gehalten werden. An einem riesigen Kreisverkehr will ich an einem Polizeiposten vorbeigehen und betrete dabei unwissentlich die »Rote Zone« rund um den Posten. Das sollte man normalerweise nicht tun, es sein denn, man hat einen Sprenggürtel und finstere Absichten. Mir ist das nicht klar und außerdem lächelt mich der Polizist im Posten so freundlich an. Hätte ich ahnen können, dass das Leuchten in seinen Augen Dollarzeichen sind, weil ich dämlicher Tourist mich ihm gerade als Beute an den Hals werfe? Ja, hätte ich.

Sofort werde ich angehalten, mein Pass verlangt, der Chef herbeigeholt und ein großes Palaver setzt ein. Die Polizisten können kein Englisch, ich kein Dari, aber irgendwann hält der Chef meinen Fotoapparat in der Hand und ich begreife, dass er den kassieren will. Ich tue so, als wäre ich der größte Vollidiot am Hindukusch, posiere mit seinem Kollegen vor ihm und gestikuliere, er könne jetzt das gewünschte Foto machen. Dann nehme ich ihm die Kamera ab und schieße ein paar Bilder von ihm. Er ist so verdutzt, dass er es geschehen lässt. Aber das ändert nichts daran, dass ich hier festsitze – und bezahlen will ich auf keinen Fall. Einziger Ausweg: Olli anrufen. Der kommt dann auch breit grinsend auf seinem Moped angedüst und paukt mich wortreich und dollarlos aus den Klauen der Ordnungshüter.

Später kann ich mir bei den Profis abgucken, wie man's richtig macht. Mit Olli und Max komme ich an einer Polizeisperre vorbei, wir werden angesprochen, aber Olli und Max gehen einfach geradeaus weiter. Ich als wohlerzogener Münsteraner reagiere ohne nachzudenken auf den Polizisten und falle allein dadurch drei, vier Schritte hinter Olli und Max zurück. Der Polizist wittert Dollars, will meinen Pass sehen und hält mich am Arm fest. Jetzt sind Olli und Max schon zehn Schritte weg. Ich versuche zaghaft, den Polizisten abzuschütteln. Zwölf Schritte. Allein hierbleiben? Nicht schon wieder! 15 Schritte. Was die zwei können, kann ich schon lange! Ich reiße mich los. Zuerst gehen die Polizisten noch wild rufend und gestikulierend hinter mir her, dann ist der Spuk vorbei.

Aufgeatmet habe ich trotzdem erst, als wir wieder in Ollis Haus ankamen, nach afghanischen Verhältnissen eine absolute Luxusvilla: Die Räume waren leer und kahl, die Fenster gegen die Kälte zusätzlich mit Plastikfolie abgeklebt, zum Waschen gab es eine Schüssel und etwas eiskaltes Wasser, Strom nur ein paar Stunden pro Tag – wann genau, wusste niemand im Voraus –, es gab keine Einschusslöcher in den Wänden und das Dach war tatsächlich dicht – und für »günstige« 400 Dollar im Monat funktionierte sogar ab und zu das Internet. In der Mitte meines Zimmers bollerte Tag und Nacht ein kleiner Kanonenofen vor sich hin, der mich zwar vorm Erfrieren rettete, dafür aber konstant mit Rauchvergiftung oder Erstickungstod durch Kohlenmonoxid drohte; keine so seltene Todesart in Kabul, es musste nur mal das Ofenrohr verrutschen. Aus Angst vor diesem leisen Tod habe ich in der ersten Nacht sehr leicht geschlafen.

In einer dieser Nächte setzt es plötzlich einen Riesenschlag, und ich stehe sofort im Bett. Durch die Fenster sehe ich Blitze und Feuerschein und weiß sofort: »Scheiße, die Taliban greifen an!« Immer wieder gibt es Explosionen und hohe Stichflammen, ich versuche zu lokalisieren, woher der Angriff kommt und ob wir auf seiner Linie liegen, doch der Schlachtenlärm dröhnt aus allen Richtungen. Irgendwann aber geht beiden Seiten offensichtlich die Munition aus und es wird wieder ruhig.

Erst am nächsten Morgen erfahre ich: Der heftige Schlag war ein Erdbeben der Stärke 7,5, und die Feuer und Explosionen kamen von umgestürzten Gasflaschen, nicht von radikal-islamistischen Raketenwerfern. Was nicht hieß, dass die andere Variante unwahrscheinlich gewesen wäre.

Ein paar Tage später, ich trug inzwischen landesübliche Kleidung, den kittelähnlichen *shalwar kamiz* und den Hut des Nationalhelden *pakol*, tourten wir im schussicheren Wagen durch Kabul. Zuerst zu dem von den Russen als Geschenk an das afghanische Volk erbauten, wundervoll gelegenen Schwimmbad auf einem Hügel hoch über der Stadt. Während der Taliban-Herrschaft war es zur Hinrichtungsstätte umfunktioniert worden, jetzt aber nutzten es die Kids der Stadt als Skatespot und Fußball-Pool. Anschließend ging es zu dem Gelände, auf dem Olli die Skateboard-Halle erbauen wollte. Noch gab es wegen der endlosen Formalitäten keine Genehmigung, und Geld für den Bau fehlt auch noch, aber Ollis Enthusiasmus ließ keinen Zweifel daran: Die Halle würde kommen. Dann fuhren wir mit sechs Boards unterm Arm, die anderen hingen noch im Zoll fest, zum Waisenhaus von Kufa. Die Begeisterung, mit der die Waisenkinder nur in Sandalen und auf schlechtestem Untergrund zu skaten begannen, war unglaublich. Kein deutscher Skateboarder würde auf die Idee kommen, bei solchen Verhältnissen überhaupt aufs Brett zu steigen. Der Boden war so dreckig, dass die Boards nach jeder Session akribisch gesäubert und das Grip abgeschrubbt werden mussten, damit der nächste auch noch Spaß haben konnte.

Heute mussten unsere sechs Boards für über vierzig Kinder reichen, und damit war klar, was wir morgen früh als Erstes tun würden: Leute bestechen – Postbeamte und Zöllner, genauer gesagt.

Unsere mitgebrachten Skateboards bekamen wir nach alter Väter Sitte nur mit Schmiergeld durch den Zoll, 700 Dollar für 70 Pakete, aber das hatten wir einkalkuliert. Wir erhielten sogar einen in Dari handbeschriebenen Fetzen Papier, der uns als offizielle Quittung verkauft wurde. Wer's glaubt ... Als wir nach achtstündigem Kampf endlich vom Postgelände runter waren, schwang ich mich mit Olli auf die Ladefläche des Lasters und passte auf, dass während der Fahrt durch die Millionenmetropole niemand die wertvolle Ladung ungefragt »umpackte«. Erste Station war ein leerer Springbrunnen im Stadtteil Makroyan, die Geburtsstätte Skateistans. Auch an diesem Skate-Hotspot der Stadt haben die Taliban, wie vor ihnen die Russen, ihre Spuren hinterlassen, und auch hier war die Begeisterung der Kids so ansteckend wie Windpocken. Ich machte mir eine mentale Notiz auf meiner langen Liste von Dingen, die Skateboarden hinbekommt: »Dämonen austreiben.«

Mit Olli Percovich im Kabuler Schwimmbad

Foto: Max Henninger

Am letzten Tag besuchten wir noch einmal das Waisenhaus von Kufa, wo Skateistan jeden Freitag eine Skateboard-Schulung organisierte. Heute hatten sie zum ersten Mal ausreichend Stuff für alle, denn wir brachten vom Zoll 22 komplette Boards mit. Die Freude der Kids war überwältigend. Alles passte: Das Wetter war sonnig und trocken, der Platz zum Skaten groß und gut befahrbar, und um die Stimmung musste man sich hier sowieso keine Sorgen machen: unglaublich, wie schmerzfrei diese Kinder waren. Einer fuhr in (ganz schnell blutigen) Socken, die anderen trotz der Minusgrade barfuß, selbst dem Ruf zum Mittagessen folgte niemand, lieber wurde gehungert und weiter gefahren. Olli und seine Kollegen brachten den älteren Kids, die selbst später unterrichten sollen, etliche Tricks bei. Selbst ich wurde aufgefordert, meinen Titus-Flip zu zeigen, obwohl sich früher kein Mensch für den interessiert hat und er alles andere als zeitgemäß war. Nach drei Stunden sind wir geschafft, denn die kleinen Rotznasen, denen der Rotz tatsächlich in Strömen lief, waren verdammt anstrengend.

Der ganze Sicherheits-Check-Marathon am nächsten Morgen, bis wir endlich im Flughafen waren, war inzwischen Routine für mich, inklusive der üblichen Spielchen der Sicherheitskräfte: böse gucken, Probleme ankündigen, nach dem Beruf fragen, um dann dezent klarzumachen, dass mit einem kleinen Dollarbetrag … Nach meinen zwei Wochen fühlte ich mich schon als Afghanistan-Veteran und antwortete bei der ersten Kontrolle auf die Frage nach dem Beruf natürlich nicht »stinkreicher Geschäftsmann aus Deutschland«, sondern »armer Rentner, der nach Kabul gekommen ist, um afghanischen Waisenkindern zu helfen«. Das wirkte immer. Bei der zweiten Kontrolle hatte ich das Glück, dass hinter mir eine attraktive Flugbegleiterin stand, deren optische Qualitäten die Polizisten lautstark diskutieren. Ich wurde um meine Meinung gebeten und gefragt, ob dieses hübsche Wesen auch in Deutschland als attraktive Frau gelten würde. Natürlich bejahte ich, was die Kontrolle extrem beschleunigte. Wir trennten uns mit Handschlag als Freunde, nach Dollars fragte niemand. Endlich saß ich im arschkalten Warteraum des einzigen internationalen Gates. Um 10:30 Uhr stand auf der Anzeigetafel immer noch unser für 8:30 Uhr angesetzter Flug.

Große Pläne

Den ganzen Rückflug über schwirrt es in meinem Kopf: »Skateistan wird der Hammer!« Stunde um Stunde habe ich in Kabul mit Olli am Esszimmertisch seines Hauses gehockt und Businesspläne geschmiedet. Das Ding hatte weltweit Potenzial, kein Zweifel. Überall gab es Kids, die in Slums und Bürgerkriegsgebieten ohne Chance auf ihr eigenes Ding aufwuchsen, von Drogen und Gewalt mal abgesehen. Ich habe meine ganze Business-Erfahrung ins Spiel gebracht und ihn beraten, wie so ein Non-profit-Business funktioniert, auf was für eine rechtliche Grundlage man das Projekt stellen kann, wie man finanziell sauber bleibt, was man tun kann, um an Spenden zu kommen, das volle Programm. Ich bot ihm sogar an, alle Verwaltungskosten mit meiner TITUS GmbH (Nach dem Scheitern des Börsengangs hatte ich die TITUS AG in eine GmbH rückabgewickelt.) und auch die Kosten für die weltweite Anmeldung der Marke Skateistan zu übernehmen, um die Spendengelder zu 100 Prozent in die Arbeit in Kabul stecken zu können. Da niemand sonst bei Skateistan von juristischen Angelegenheiten wirklich Ahnung hatte und ich mich wenigstens mit den deutschen Rechtsformen auskannte, schlug ich vor, eine gGmbH zu gründen, eine gemeinnützige GmbH mit Basis in Deutschland. Wir würden ganz normal wirtschaften und die Spenden komplett nach Kabul überweisen. Oliver, so unser gemeinsamer Entschluss, würde 40 Prozent der gGmbH halten, seine Freundin, Max Henninger und ich jeweils 20 Prozent. Olli wäre also der unangefochtene Boss gewesen. Heute bin ich froh, dass es dazu nicht gekommen ist. Ich hätte mich mit voller Power eingebracht, wäre aber nur einer von vielen gewesen mit meinen 20 Prozent.

Nachdem die rechtliche und finanzielle Seite geklärt war, suchten wir nach Ansätzen, wie wir mit Skateistan mehr machen konnten, als Skate-Parks zu errichten.

»Ist doch klar: Wir bauen hier in Afghanistan eine Board-Produktion auf! Das schafft Arbeitsplätze für Einheimische und kurbelt die Wirtschaft an. Wenn alles läuft, sorge ich mit meinen Verbindungen dafür, dass die Boards weltweit verkauft werden. ›Boards aus Afghanistan‹ – das ist eine Wahnsinnsstory, die werden uns aus den Händen gerissen!«

»Board-Produktion?«, meinte Olli. »Guck dich mal um. Hast du hier schon mal einen Wald gesehen?«

Ups. Holz ist in Afghanistan inzwischen totale Mangelware. Aus Not wurde hier alles abgeholzt. O.k., doofe Idee.

»Und was ist mit Metall?«, improvisierte ich weiter. »Das liegt doch hier überall in rauen Mengen rum: Munition, zerstörte Russenpanzer, der ganze Kriegsmüll.«

Allgemeines Nicken.

»Ist doch ganz einfach: Die Kids sammeln das Metall ein, wir machen eine Aluminiumgießerei auf und gießen unsere eigenen Achsen.«

Keiner meckerte.

»Und Schuhe, was ist mit Schuhen? Skateistan ist eine geile Marke, wir suchen uns eine Schuhmarke und launchen den Skateistan-Schuh. Und T-Shirts. Und ...«

Ich war mal wieder kaum zu stoppen.

Skateistan erhält den ISPO Social Awareness Award.

Kaum zurück in Münster, ließ ich den Gesellschaftsvertrag unterschriftsreif ausarbeiten. Dann habe ich die Marke Skateistan inklusive der Domain von mir weltweit auf meine Kosten schützen lassen. Als Oliver im Sommer 2009 zur ISPO nach München kam, war alles vorbereitet.

Kleine Geister

Vom ersten Moment an war allerdings irgendwas komisch. Er hielt Distanz zu mir, und nach all der Scheiße, die ich in den letzten Jahren durchgemacht hatte, wusste ich ziemlich schnell: Hier ist mächtig was im Busch. Er hat trotzdem alles mitgenommen, was er kriegen konnte. Ich habe ihn auf der Messe bei meinen Lieferanten eingeführt, ihm Zugang zu meinem gesamten Netzwerk gewährt und überall für ihn geworben. Nach der ISPO kam er dann nach Münster und ließ endlich die Katze aus dem Sack.

»Titus, ab sofort gehörst du nicht mehr zu Skateistan.«

Punkt. Einfach so. Er verbot mir, den Begriff Skateistan noch einmal in den Mund zu nehmen, verlangte, dass ich sofort alles, was ich rechtlich geschützt hatte, rausrückte, ihm die Domain gab und alle Links von unserer Website.

»Kein Problem«, sagte ich, »machen wir sofort.«

Die Kämpfe der letzten zehn Jahre hatten mir die Lust, verlorene Schlachten zu schlagen, gründlich ausgetrieben.

»Meine Tür steht dir immer offen«, sagte ich. »Ich finde Skateistan gut, und wenn du meine Hilfe brauchst, melde dich einfach.«

Bis dahin hatten wir die erwähnten 13000 Euro und zwei Tonnen Skateboard-Stuff für Skateistan gesammelt, die in seinen Augen aber nicht das brachten, was er sich erwartet hatte. Zwar war ich nicht der Erste und auch nicht der Letzte, den er aus seinem Team rauskickte oder der sich inmitten von immer wieder aufkeimenden Korruptionsvorwürfen von ihm abwandte. Der Kern des Problems war in meinem Fall aber ein anderer: Oliver wollte uneingeschränkter Herrscher sein, der niemanden neben sich duldete. Das kam mir bekannt vor – in der Rolle hatte ich einige Erfahrung. Und so ging ich besonders freundlich mit ihm und seinen Forderungen um, gab allem nach und bot immer wieder meine Unterstützung an, egal ob es um meine Connection zu DHL, um die Promotion von Skateistan über unsere TITUS-Kanäle oder um meine Pressekontakte ging. Aber er wollte nicht. Ganz besonders mich in der Presse wollte er nicht. Es war egal, wie oft ich Skateistan pro Absatz erwähnt hatte, wie stark ich in jedem Interview seine Rolle hervorhob – jeder Artikel, jeder Fernsehbeitrag mit meiner Präsenz war ihm ein Dorn im Auge. Dass ich in der *New York Times* erwähnt wurde, ein Kamerateam von N24 nicht nur Skateistan, sondern auch Titus als Teil von Skateistan porträtierte – all das hatte es vorher mit seinen an- deren Partnern nie gegeben.

Zugegeben: Ich wirke natürlich manchmal wie eine Dampfwalze. Wenn ich ein Ziel vor Augen habe, merke ich oft nicht, dass ich links und rechts gelegentlich einen überfahre – nicht absichtlich, sondern weil ich so gebannt aufs große Ziel starre. Und wenn einem die Dampfwalze so oft vorgeworfen wird, dann muss da wohl etwas dran sein.

In diesem Fall hieß das Ziel, Skateistan groß zu machen. Richtig groß. Und wenn ich in etwas gut war, dann in meinen Medienkontakten. Was lag da näher, als meine Connections zu nutzen? Allerdings war Olivers »Gegenwehr« auch nicht von schlechten Eltern.

»Lass dich nie wieder in Afghanistan blicken«, sagte er mir. »Das ist Skateistan-Territorium. Du hast hier nichts zu suchen.«

Als wäre das Land sein Wohnzimmer. Bei meiner nächsten Afghanistan-Reise war mir deutlich mulmiger als normal zumute. Wenn dir in einem solchen Land jemand so offen droht, dann weißt du, dass du dir Sorgen machen solltest. Aber ich würde weiter in Afghanistan aktiv sein, das stand fest.

Kapitel 19

Stiften gehen
Deutschland/Afghanistan, ab 2010

Kein Monopol

Dann also ohne Olli und ohne Skateistan. Rausschmeißen konnte er mich – aber nicht verhindern, dass ich mein eigenes Ding startete beziehungsweise reaktivierte: Wir hatten schon einmal, in den 90ern, ein Skateboard-Projekt in einem südafrikanischen Township begonnen. Dieses Projekt war trotz des großen Einsatzes von Torben Oberhellmann aus diversen Gründen wieder eingeschlafen. Jetzt sollte es der Startpunkt meiner Stiftung werden, denn eine Stiftung würde ich ins Leben rufen – eine Dachorganisation, die überall, wo Not und Gelegenheit war, das Skateboardfahren pushen würde, um der vergessenen, pubertierenden Generation zu helfen. Torben war natürlich meine erste Wahl und Idealbesetzung für den Stiftungsvorstand, und er sagte zum Glück sofort zu. Einen Namen hatten wir auch schnell gefunden: skate-aid.

Der Rest des Herbstes 2009 ging für die Planungen und das Gründungsverfahren der Stiftung drauf. Am 1. Januar 2010 war es dann so weit: Die Titus Dittmann Stiftung wurde staatlich anerkannt und meldete skate-aid als Marke an, unter der seitdem alle Hilfsprojekte laufen. Zugleich wurde sie mein neuer Lebensinhalt. Geplant hatte ich das alles nicht, aber die Skateistan-Idee hatte mich total elektrisiert. Es war, als hätte etwas in mir nur darauf gewartet, noch einmal richtig durchzustarten, während andere in meinem Alter anfingen, den Herbst des Lebens zu genießen.

Das Vorgehen war simpel: Ich würde unermüdlich Kohle und Stuff zusammenschnorren und dann das Beste draus machen. Niemand konnte mir jetzt mehr vorwerfen: »Das macht der ja alles nur für sich!« Obwohl genau das der Fall war, ehrlich gesagt. Ich wollte etwas Sinnvolles mit meiner Erfahrung anstellen, etwas Bleibendes hinterlassen. Auch weiterhin ab und zu im Rampenlicht stehen. In Erinnerung bleiben, nachdem der Deckel auf meinen Sarg genagelt war. Den Kids in Afghanistan und Kapstadt und Nairobi konnte es ja völlig wurscht sein, warum ich tat, was ich tat, solange es ihnen half. Selbst Mutter Teresa wollte sicherlich bei aller Nächstenliebe etwas für sich bekommen: einen Platz schön nah beim lieben Gott – deswegen war ja nicht schlecht, was sie für andere getan hat.

Außerdem war skate-aid der logische nächste Schritt einer langen Entwicklung: Zuerst war ich einfach ein engagierter Referendar und Lehrer, der hauptberuflich Jugendliche fürs Skateboarden begeistern wollte. Geschäfte machte ich nur, um günstig an Skateboards zu kommen. Anfang der 90er-Jahre kamen sich das wachsende Geschäft und mein Engagement für die Jugendlichen zunehmend ins Gehege, und wir gründeten 1993 den Verein zur Förderung der Jugendkultur e.V., um beides sauber zu trennen. Gut 15 Jahre später schloss sich der Kreis: Mit meinem Ausstieg bei TITUS und Gründung der Stiftung wurde mein Engagement für Jugendliche wieder mein Fulltime-Job – diesmal jedoch auf professioneller Basis.

Ich hätte diesen letzten Schritt liebend gern mit Skateistan gemacht. Nun musste es ohne den Verein weitergehen – aber das hieß für mich nicht automatisch »gegen Skateistan«, im Gegenteil. Ich gründete, was ich eigentlich aus Skateistan machen wollte: eine weltweite Hilfsorganisation, die Projektpartner mit Infrastruktur vor Ort unterstützt. Auf diese Weise blieb sogar Skateistan für uns ein potenzielles Projekt. Und wir konzentrierten uns sehr schnell auf Afrika, um unsere Strategie deutlich zu machen. Oliver, das hörte ich zumindest, ging trotzdem die Wände hoch, als er von skate-aid erfuhr. Die Kinder, die wir in den nächsten Jahren auf drei Kontinenten mit Skateparks, Unterricht, Boards und Helmen versorgten, taten das auch, aber ihre Wände waren rund und die Kids lachten, wenn sie wieder runterrollten. Sollte sich der Australier doch aufregen, wie er wollte.

Oliver glaubt nach wie vor, ich hätte versucht, Skateistan zu unterwandern, und als das nicht klappte, hätte ich seine Idee eben geklaut. Die Wahrheit ist: Wir haben uns gegenseitig befruchtet und er hat viele meiner Ideen für sich umgesetzt. Sogar die Skateistan-Schuhe, die ich ihm in Kabul vorgeschlagen habe, gibt es heute. Natürlich habe ich durch ihn viel über Afghanistan gelernt und zweifellos hat Skateistan die Titus Dittmann Stiftung inspiriert – aber dafür habe ich ihn freizügig mit Businessideen versorgt, ihm mein Netzwerk geöffnet und eine Menge anderer Dinge in Skateistan eingebracht, nicht zuletzt Geld und Ressourcen. Unterm Strich sind wir mehr als quitt.

Ruprecht und Rupert

Nur ein paar Wochen nach dem offiziellen skate-aid-Start im Januar sprach mich Ruprecht Polenz, seinerzeit Vorsitzender des Auswärtigen Ausschusses des Bundestages, auf dem Neujahrsempfang 2010 des Bundesverbandes mittelständische Wirtschaft in Münster an. Ich kannte ihn noch aus seiner Zeit als Chef der Industrieund Handelskammer Münster. Er hatte den Skateistan-Artikel in der *New York Times* gelesen, klopfte mir am Stehtisch mit der Hand auf die Schulter und sagte:

»Mensch, Titus! Du bist, glaube ich, der erste Münsteraner, der in der *New York Times* steht! Weißt du was? Du musst unbedingt Rupert Neudeck kennenlernen, ihr beide passt perfekt zusammen!«

Rupert war, seitdem er mit der *Cap Anamur* Tausende Boatpeople aus dem Südchinesischen Meer gerettet hatte, so etwas wie der *elder statesman* der humanitären Szene in Deutschland. Bei nächster Gelegenheit traf ich mich mit ihm in Bonn. Skate-aid stand zwar bereits mitten in den Planungen für Projekte in Afrika, aber Rupert konzentrierte sich mit seinen Grünhelmen auf Afghanistan und besaß etwas, was für unsere Arbeitsweise lebensnotwendig war: eigene, erfahrene Leute vor Ort und beste Verbindungen. »Dann soll es wohl so sein«, dachte ich, »auf nach Afghanistan.«

Er war angetan von unserem Ansatz, und noch 2010 flogen wir mehrere Male hinunter, um einen passenden Schulhof an einer seiner 40 Grünhelme-Schulen für unseren ersten Skate-Park zu finden. Auf diesen Reisen mit Rupert lernte ich Afghanistan erst wirklich kennen – so weit man das in ein paar Wochen als Westler überhaupt kann. Unter der Leitung von Zobair Akhi, einem Afghanen, der in Heidelberg studiert hatte, bauten die Grünhelme überall in den vernachlässigten ländlichen Regionen der Provinz Herat Schulen, und wir beschlossen bald, unseren Skate-Park an der Schule in Karokh zu errichten. Für Rupert war

Bildung der entscheidende Hebel gegen alle Geißeln Afghanistans: gegen Armut, gegen Unterdrückung der Frauen, gegen Fanatismus jeder Art.

»Afghanistan«, sagte Rupert, »ist seit Jahrzehnten gewöhnt an Korruption, blutige Stammesfehden und endlose Kriege. Da kann man nur über einen Generationswechsel etwas bewegen.«

Ich verfolgte den gleichen Ansatz – nur mit Skateboards: Auch unbekehrbare Radikale leben ja nicht ewig, und wenn man den Jugendlichen beibringt, dass man auch ohne Kalaschnikow in der Hand Stolz und Selbstwertgefühl besitzen kann, dann gibt es vielleicht nicht mehr solche Szenen, wie ich sie am Ende des Ramadanfestes in Herat erlebt habe, einem Feiertag, der im Islam ungefähr so wichtig ist wie Weihnachten bei uns:

Die ganze Stadt war auf den Beinen, die Männer in neuen, strahlenden Kitteln und sauberen Lederschuhen, die Mädchen bunt herausgeputzt und die Jungs alle mit Knarre, Sturmgewehr oder sonstigen Schnellfeuerwaffen aus Plastik in der Hand. Überall gab es provisorische Schießstände für die älteren Kinder, während für die jüngeren an jeder Ecke Decken ausgebreitet waren, auf denen unzählige Knarren und Gewehre auf das Feiertagstaschengeld warteten. Wer nicht gerade an einem der Stände schoss oder sich eine neue Waffe aussuchte, der spielte, was ihm am vertrautesten war: Krieg, jeder gegen jeden. Zunächst wirkte das harmlos, aber nachdem wir schmerzhafte Treffer auf Rücken und Beinen hatten einstecken müssen, wurde uns klar: Die zielten tatsächlich direkt aufeinander! Zwar nur mit Erbsen und Plastikkugeln, aber Zobair Akhi kommentierte trocken:

»Morgen steht wie jedes Jahr in der Zeitung, dass zehn Kinder ihr Augenlicht verloren haben. Keiner kapiert, dass der Krieg so nie zu Ende geht.«

Nach ein paar Tagen mit Zobair ist mir klar: Was Ruperts Grünhelme und insbesondere dieser Mann selbst für Afghanistan schon geleistet hatten und immer noch leisteten, war gigantisch. Da würden wir noch eine Menge Skateparks hochziehen müssen, um auch nur annähernd in deren Liga mitzuspielen. Rupert ist bewundernswert kompromisslos und konsequent in allem, was er tut. Angefangen von der Landung in Herat, wo er den aufdringlichen halbwüchsigen Kofferträgern sein Gepäck und damit ein paar Cent Trinkgeld verweigerte – weil er nicht will, dass diese Kinder ohne Schule und Ausbildung über die Runden kommen –, bis hin zu seiner Haltung den Medien gegenüber. Für ihn stellen Zeitungen und Fernsehen ein nur selten notwendiges Übel dar. Wenn überhaupt, dann lässt er *Spiegel* oder ARD und ZDF an sich heran. Da ticke ich ja völlig anders: Je mehr wir in den Medien sind, desto mehr Spendengelder können wir sammeln und desto mehr Gleichgesinnte ziehen wir an – was spricht dagegen?

Ist doch für eine gute Sache ... Das sah er nicht so, was uns einmal hart an den Rand des Bruchs geführt hat.

Schulinspektion mit Rupert

Mit Ruprecht Polenz' Hilfe hatte ich Kontakt zum ZDF geknüpft. Im Herbst 2010 wollten die Mainzer mit einem Team in Afghanistan unsere gemeinsamen Projekte für das *Auslandsjournal* filmen. Ich fand das großartig, etwas Besseres konnte uns publicitymäßig ja gar nicht passieren, und da das ZDF ein seriöser öffentlich-rechtlicher Sender war, würde Rupert Neudeck bestimmt nichts dagegen haben. Dachte ich wenigstens und flog für den Dreh rüber. Doch das Gegenteil war der Fall. Rupert hielt mich wohl zuerst für ein Großmaul, denn bisher war es noch niemandem gelungen, ein TV-Team der Öffentlich-Rechtlichen von den üblichen *Tagesschau*-Schauplätzen Kabul und Masar-e-Sharif ins Nachrichtenniemandsland von Herat wegzulocken. Als aber in der Nähe ein mit TNT beladener Lkw entdeckt wurde, war Herat plötzlich *hot*, und das *Auslandsjournal* schickte tatsächlich ein Team los. Kaum war das unter Dach und Fach, wies Rupert Zobair Akhi, ohne den hier praktisch nichts lief, sehr deutlich darauf hin, er sei Mitarbeiter der Grünhelme und solle sich doch bitte nach abgeschlossenem Joint Venture mit skate-aid wieder dem Bau von Schulen widmen, statt Filmcrews zu pimpen. Der Grund dafür war, glaube ich, weniger Ruperts Medienscheu als vielmehr ein anderer, nur allzu vertrauter: Er befürchtete, dass der ZDF-Bericht am Ende ausschließlich ein Bericht über den großen Helden Titus sein würde, in dem am Rande mit etwas Glück vielleicht noch die Grünhelme auftauchten. Dafür würde Titus schon sorgen.

»Nicht schon wieder, Titus«, sagte ich mir, als mir das zugetragen wurde, »nicht schon wieder ein Freund, der sich von dir erdrückt und an den Rand gedrängt fühlt. Nicht schon wieder Stress und Streit, weil du deine dominante Fresse einfach nicht halten kannst. Nicht schon wieder, Titus!« Und zum ersten Mal in meinem Leben hab ich auf mich gehört.

Als Rupert dann den ZDF-Bericht sah, gab er Zobair Akhi wieder grünes Licht, seine Zeit unserem gemeinsamen Skateboard-Projekt zu widmen. Und bald sprachen Rupert und ich wieder über neue Projekte, sogar außerhalb Afghanistans. Die Grünhelme waren die Helden des ZDF-Berichts geworden. Nicht ich.

14 Tonnen Beton

Vorerst war Karokh nur eine Idee, mehr nicht. Unser Ziel bei skate-aid war immer, möglichst alle Material und Transportkosten für unsere geplanten Skateparks durch Sponsoren finanzieren zu lassen, um die Spendengelder in Ausrüstung und Unterricht stecken zu können. Also rief ich auf einer meiner ersten Schnorrertouren durch mein Adressbuch auch meinen alten Weggefährten Ingo Naschold an, ein immer noch aktiver Skateboarder, der mittlerweile als Bauberater für Skateboard-Parks unterwegs war. Ingo entwarf für die Firma Concrete Rudolph Skateboard-Bahnen aus Beton-Fertigelementen. Ohne großes Zögern sagte sein Auftraggeber uns tatsächlich 14 Tonnen Fertigelemente für unseren ersten Skate-Park in Afghanistan zu. Karokh, wir konnten kommen!

Aber es war wie immer: Gerade wenn man denkt, man hat den schwierigsten Teil hinter sich, kommt der schwierigste Teil. DHL war nach zähen Verhandlungen tatsächlich bereit, unsere 14 Tonnen Beton von Deutschland nach Karokh zu bringen: Zuerst per Schiff um die halbe Welt bis in einen pakistanischen Hafen, von dort weiter auf zehn Sattelschleppern quer durch das pakistanische Krisengebiet und zum Schluss einmal quer durch Afghanistan.

»Prima, es klappt!«, war mein erster Gedanke, doch nach einigen Expertengesprächen wurde mir klar: Von den zehn Lkw kommen mit viel Glück vielleicht fünf am Ende an ihr Ziel. Die übrigen würden ausbrennen, geklaut, beschlagnahmt, überfallen werden oder einfach so verschwinden. Und jeder Truck würde Hunderte Euro Schmiergeld an Bord haben müssen, um die zahllosen regulären und irregulären Kontrollposten zu überstehen. Dafür war unser Stiftungsgeld definitiv zu schade. Und dann noch die ökologische Seite der Aktion: Wir ließen 14 Tonnen Betonelemente in Deutschland gießen und verfrachteten die quer über den Globus? Das war auch nicht viel besser, als im Januar kenianische Erdbeeren nach Oslo zu fliegen.

Marc Zanger und Zobair Akhi bei der Planung des Skate-Parks in Karokh

Der Ausweg aus dem Dilemma war bestechend simpel: Wir bauten die Anlage aus Ortbeton einfach direkt in Karokh und gaben damit 40 Dorfbewohnern für drei Monate einen Job, der nichts mit Mohnanbau zu tun hatte. Der BMXer und Landschaftsarchitekt Ralf Maier plante den Park ehrenamtlich, der Skateboarder Marc Zanger sorgte monatelang ebenso ehrenamtlich vor Ort mit Zobair Akhi dafür, dass man in dieser Betonlandschaft anschließend auch skaten konnte. Und der Skateboarder Maurice Ressel nahm sich dann einige Monate frei, um die Skateboard-Schulungen anzuschieben – auch er ehrenamtlich. Schließlich haben wir sogar noch eine hohe Mauer um den Skate-Park gezogen, damit auch die Mädchen unbekümmert aufs Board stiegen – unter den Blicken der Jungs trauen sich nicht alle. Das kostete uns zwar alles in allem 20000 Euro, aber bei dieser Variante bekamen wenigstens die Richtigen das Geld und nicht irgendwelche korrupten pakistanischen Grenzer.

Und die zugesagten 14 Tonnen Betonelemente? Es wäre ein Jammer gewesen, sie nicht zu nutzen. Zum Glück stellte sich heraus, dass es nicht nur in Afghanistan Kids ohne Skate-Park gab. Unsere nächste Anlage entstand etwa 5150 Kilometer nordwestlich von Kabul, in Datteln an der Schlei.

Im Sommer 2009 sprach mich Dr. Martina Klein auf einer Veranstaltung an, die Marketingleiterin und Spezialistin fürs Fundraising des Kinderpalliativzentrums der Caritas in Datteln. Sie hatte unseren skate-aid-Flyer gelesen und fragte mich, ob ich so etwas nicht auch für ihre Kinderpatienten machen könnte.

Karokh:
Es ist vollbracht.

»So etwas wie einen Skate-Park? Klar«, sagte ich, »eine kleine Bowl auf jeden Fall, ich weiß auch schon, wo ich die herbekomme.«

Ich hoffte, Concrete Rudolph würde es wurscht sein, wo wir seine Elemente aufbauten. Die Kombination Kinderklinik und die Titus Dittmann Stiftung, die auch in Afghanistan aktiv ist, wirkte wie ein Sesam-öffne-dich. Bald hatte Martina einen Spediteur und einen Landschaftsarchitekten, dazu Gärtner und Maurer und andere Handwerker, die alle ehrenamtlich für Transport und Aufbau sorgten.

Roller Coaster

Meine nächste große Afghanistan-Reise im September 2010 verdeutlichte mir noch einmal, wie sehr das Land Hilfe brauchte – und nicht solche Ego-Clashs wie den zwischen Rupert und mir, den ich gerade noch hatte abwenden können. Als Maurice und ich in Herat ankamen, war gerade eine Ministerin samt enger Familie enthauptet worden, weil die Taliban öffentliche Rollen für Frauen als nicht schicklich erachteten. In Karokh herrschte Sorge, weil im Nachbardorf der Polizeichef exekutiert worden war. Man spürte überall die zunehmende Spannung. Selbst Zobair Akhi trug sich mit dem Gedanken, nach der Geburt seiner Zwillinge mit der gesamten Familie in seinen Studienort Heidelberg umzusiedeln.

Zurück in Kabul holt uns Mirwais Mohsen vom Flughafen ab. Er war Mitgründer Skateistans, wurde dann von Olli gefeuert und ist jetzt unser Mann vor Ort. Erst mal fahren wir tanken. Während der Tankwart den Rüssel in den Tank steckt, unterhält er sich mit Mirwais auf Dari. Ich spüre, dass die über Maurice und mich reden!

»Was hat denn der Tankwart gefragt?«, frage ich ihn, als wir weiterfahren.

»Der? Ach, der wollte nur wissen, wo ich die zwei Mullahs herhabe«, sagt er grinsend.

Maurice und ich tragen die traditionelle afghanische Kleidung inklusive Turban. Das ist in Herat und besonders in Karokh notwendig, um nicht aufzufallen, denn dort trägt – im Gegensatz zu Kabul – kaum einer Jeans und T-Shirts. Ein paar Stunden später sorgt unsere Kleidung dennoch für Irritationen, und ich beschließe, beim Rückflug bereits in Kabul zurück in WestKlamotten zu wechseln, nicht erst in Frankfurt.

Mirwais bringt uns in einem Hotel für Westler unter, einem Geheimtipp für Botschaftsangehörige und all die anderen in Kabul lebenden Ausländer, weil es da das ansonsten strengstens verbotene Bier und die dazu passenden Partys gab. Wie alle potenziellen Ziele ist es schwer bewacht mit stacheldrahtbewehrten Mauern, Wachhäuschen und Sicherheitsschleuse. Nach der Leibesvisitation gehen wir an einer Reihe von großen und kleinen Schließfächern vorbei, jedes mit einem imposanten Vorhängeschloss gesichert. Noch ein kurzer, schmaler Gang, und dann ist plötzlich alles Friede, Freude, Eierkuchen: Vor uns liegt ein wunderschöner Innenhof mit Sonnensegeln, Rasen und Springbrunnen in der Mitte, überall gibt es gemütliche Ruheecken und weiche Matratzenlager mit Tischen in der Mitte. Schon im Gang haben wir das entspannte Stimmengewirr gehört, doch als wir den Hof betreten, brechen die Gespräche abrupt ab, und alle Augen wenden sich zu uns, manche nur irritiert, viele besorgt, ein paar sogar fast panisch. Wir sind die Einzigen in Turban und Kittel, und offenbar fragt sich jeder, ob sich unter unseren Gewändern Bombengürtel verbergen. Als wir eine halbe Stunde später frischgemacht und in Jeans und T-Shirt wieder von unserem Zimmer kommen, erkennt uns zuerst niemand, bevor sich dann die Spannung löst:

»Ach, *ihr* wart das eben ...«

Wer denn sonst? Aber ich kann ihnen das Misstrauen nicht verdenken, dafür höre ich selbst viel zu oft die Explosionen oder die Berichte darüber am Tag danach.

Wenig später fährt ein zerbeulter Pick-up durchs Tor und hält hinter großen Tüchern, die wie zufällig auf einer Wäscheleine aufgereiht sind. Diesmal ist niemand auch nur im Geringsten beunruhigt. Ich sehe etwas Grünes aufblitzen und habe da so ein Gefühl. Wir gehen hinüber.

»Können wir auch ein Bier haben?«, frage ich auf Englisch.

Der Fahrer und sein Helfer starren uns verdutzt an, aber da sie gerade die Arme voller Heineken-Paletten haben – Volltreffer! –, versuchen sie gar nicht erst zu leugnen, und zehn Dollar später halten wir zwei Dosen in der Hand.

Irgendwann habe ich dann auch herausbekommen, wofür die Schränke mit den Vorhängeschlössern an der Eingangsschleuse waren: Hier schloss man als Gast seine Waffen weg – in die großen Schränke die Kalaschnikows, normale Handfeuerwaffen in die kleinen.

Bürgerkriegsalltag und herzliche Gastfreundschaft – Afghanistan ist voller Gegensätze. Das gilt auch für die Kids: Einerseits hatten sie eine unglaubliche Lebenslust und Freude am Skaten, andererseits eine knallharte, patriarchalische Einstellung Autoritäten gegenüber. Als ich zum ersten Mal Skateboard-Unterricht gab, hatte ich massive Probleme, ernst genommen zu werden. Ich machte den Kids Tricks vor, einfache Sachen und natürlich aus meinem Oldschool-Repertoire, denn durch Abgucken lernt man am schnellsten. Ich hätte ihnen ja sowieso nichts erklären können, ohne Dari-Kenntnisse. Trotz der nicht totzukriegenden Gerüchte, dass ich mal Skateboard-Weltmeister gewesen bin (in Wahrheit habe ich nur einen einzigen echten Contest gewonnen, irgendwann in den 80ern die letzte Landesmeisterschaft im Slalom), fuhr ich natürlich nicht fehlerfrei: Nicht jeder *oldschool kick flip* klappte und einmal landete ich sogar auf allen vieren. Für einen Skateboarder normal – aber die Kids hatten ein Riesenproblem damit, weil sie das als Schwäche auslegten. Bei jedem Fehler verlor ich in ihren Augen das Gesicht. Ich musste mich den pädagogischen Gepflogenheiten anpassen, laut werden, böse gucken, Entschlossenheit zeigen und schließlich Schläge androhen, bis die Kids mich endlich respektierten. Die kumpelige, antiautoritäre 68er-Masche zog hier definitiv nicht. Jetzt verstand ich auch, warum unsere afghanischen Skateboard-Lehrer wie Mirwais Mohsen immer nur Anweisungen gaben und nie selbst fuhren. Da könnte ja was schiefgehen ...

Dieser Dorfälteste ist uns wohlgesinnt ...

Inzwischen glaube ich, dass die Angst vor Fehlern einer der wichtigsten Gründe dafür ist, warum Veränderungen in Afghanistan so mühsam sind. Hier um jeden Preis das Gesicht gewahrt, Respekt erzwungen, die Fassade erhalten werden. Skateboarden aber lernt man nicht, indem man das Gesicht wahrt.

Skateboarden lernt man durch Auf-die-Fresse-Fliegen, Blut-Abwischen, Immerwieder-Aufstehen und Trick-noch-mal-Versuchen – mit anderen Worten, indem man Fehler macht. Jeder Skateboarder weiß das. Und das ist der nächste Eintrag auf meiner stetig wachsenden Liste an erstaunlichen Dingen, die das Skateboarden einem beibringt: Fehlertoleranz. Eine verkrustete Gesellschaft wie die afghanische hat natürlich genau das bitter nötig, denn ohne Fehlertoleranz traut sich niemand, etwas Neues auszuprobieren. Ohne sie bleibt alles, wie es immer war. Und dass der Status quo hier die Hölle ist und die alten Methoden schon lange nicht mehr funktionieren, das wissen sogar die Afghanen selbst. Zumindest die 95 Prozent von ihnen, die jeden Besuch mit ihrer liebenswerten und gastfreundlichen Art zu einem Erlebnis machen. Die übrigen fünf Prozent, die das Land mit all seiner Schönheit in die Steinzeit zurückbomben wollen, werden wohl nie ein Skate- board in die Hand nehmen – aber vielleicht hilft es schon, wenn eine kleine, aber wachsende Armee von Skateboardern lernt, sich mehr für alte Konventionen zu schämen, als für neue Fehler.

... die Kids sind es sowieso.

Epilog

Südwestlich von Karokh, 14. Januar 2011

Als wir nach der Einweihung in Karokh wieder in unserem uralten, vom afghanischen Alltag schwer gezeichneten Toyota Corolla sitzen, um noch vor Anbruch der Dunkelheit zurück in Herat zu sein, steht mir wieder der Kampfhubschrauber von heute Mittag vor Augen. Je länger ich darüber nachdenke, desto vertrauter kommt mir das Gefühl vor, das diese bullige Kampfmaschine mit dem Dröhnen der Rotoren und ihrem drohenden Schwebeflug in mir auslöst. Das kenne ich. Inund auswendig. Dieses Gefühl, dass fremde Mächte mich misstrauisch beäugen. Dass selbst ernannte Autoritäten immer irgendwo in der Nähe lauern, bereit, Klein-Titus in die Schranken zu weisen. Die Kirchen in Kirchen mit ihrer Moral, die über jeder Mädchengeschichte kreisten wie der amerikanische Blackhawk über Karokh. Mein Lateinlehrer am Are, der auf der Jagd nach dem Geheimnis meiner Latein-Zensuren bei jeder Klausur nervös um mein Pult patrouillierte. Der Spieß beim BGS, der die ganze Zeit in der Nähe schwebte, ahnend, dass der Dittmann irgendwas Wehrkraftzersetzendes mit seinem Haar anstellte. Später die gestandenen Sporthändler, die uns während der Messen geringschätzig aus der Ferne musterten. Noch später die Legionen von Beratern, die von oben herab und aus sicherer Entfernung eine Managementsau nach der nächsten durchs sterbende TITUS-Dorf trieben. Und schließlich: die Sparkassen-Banker, die geglaubt hatten, mich mit hochgezogenen Augenbrauen und Salven von Bankersprech unter Kontrolle halten zu können. Sie alle waren nur Variationen ein und desselben Themas: »Die da oben« gegen Titus.

Und jetzt rolle ich in einer abgewrackten Karre durch karge afghanische Berge, schaue verschwitzt und bis auf die Knochen erschöpft durch das staubbedeckte Seitenfenster und weiß: Irgendetwas ist anders.

Nein, nicht irgendetwas.

Ich bin anders.

Innerlich so glücklich wie selten in meinem Leben. Erfüllt von einem Tag voller Kinderlachen, von der Begeisterung, mit der die kleinen Afghanen sich um die Bretter gebalgt und in die Miniramp gestürzt haben. Davon, dass weder blutende Zehen noch Schrammen an den Händen die neugeborenen Skater davon abgehalten haben, sofort wieder aufs Brett zu steigen. Aber das kenne ich schon – aus Uganda und Kenia und Südafrika. Und vom Parkplatz am Hallenbad Ost in Münster. Das ist nicht der Punkt.

Jetzt klappen schon die ersten Tricks in der Miniramp.

Der Punkt ist, dass ich zum ersten Mal in meinem Leben das Gefühl habe, niemandem mehr etwas beweisen zu müssen. Keinem Lehrer, keinem Banker, keinem Prediger, keinem Coolness-Experten, nicht einmal mir selbst. »Die da oben« in ihren Talaren und Designeranzügen und Hubschraubern haben endlich ihre Macht über mich verloren.

Der Wagen rüttelt durch die Schlaglöcher. Zobair reicht mir die Wasserflasche, in der Ferne taucht immer öfter Herat in der Abendsonne zwischen den Berghängen auf. In diesem Moment weiß ich noch nicht, dass ich bald einen Lehrauftrag meiner Alma Mater, der Universität Münster, haben werde – für das neu geschaffene Fach Skateboarding. Weiß noch nicht, dass ich in fast genau einem Jahr die ersten Prüfungen in diesem Fach abnehmen werde; damit möglichst viele angehende Sportlehrer die pädagogische Kraft des Skateboardens verstehen lernen. Weiß noch nicht, wie vielen Schülern das Skateboard mit dem selbstbestimmten Lernen helfen wird, ihr eigenes Ding zu machen. Weiß noch nicht, dass weltweit in vielen skate-aid Projekten Kinder mit dem Skateboard so stark werden, dass sie hoffentlich keinen Bock mehr haben, die Kriege der »Alten Männer« auszufechten. Aber ich weiß, womit ich den Rest meines Lebens zubringen will: damit, anderen zu zeigen, wie das geht – mit einem Skateboard unter den Füßen auf die Füße zu kommen.

Versunken in meinen Gedanken sitze ich auf der Rückbank mit Zobair Akhi am Steuer auf dem Rückweg nach Herat. Hin und wieder lausche ich jedoch den Erkenntnissen des Gründers der Grünhelme, Rupert Neudeck, der auf unseren gemeinsamen Afghanistanreisen für mich ein wertvoller Lehrmeister geworden ist.

Sechster Teil

2011–2023
Appendix

Kapitel 20

Internationale skate-aid-Projekte
Hier die wichtigsten: Uganda, Tansania, Kenia, Namibia, Palästina, Syrien, Nepal

Münster, 2023

Mehr als dreizehn Jahre ist es jetzt her, dass ich mich im letzten Satz des Buchs auf ein »Leben ohne Helikopter« gefreut habe, und tatsächlich spüre ich die erhoffte innere Ruhe mit zunehmendem Alter immer häufiger. Die Überholspur benutze ich nun seltener, mit dem Ergebnis: Mir tut es gut und auf die Welt von skate-aid wirkt es sich auch positiv aus.

Zugegeben: In den ersten drei Jahren wollte ich noch so viele Projekte wie möglich unterstützen, auch um Skateistan zu beweisen, dass ich es verdammt ernst meine mit meinem Ziel, Kinder stark machen zu wollen und ihnen zu zeigen, wie das geht: mit einem Skateboard unter den Füßen auf die Beine zu kommen. Deshalb hat sich skate-aid zunächst nicht auf das Afghanistan-Projekt mit den Grünhelmen beschränkt, sondern ist vielen Hilferufen anderer Initiativen aus aller Welt gefolgt und hat bis 2013 nach Kräften andere Organisationen und Privatpersonen unterstützt. Sie alle passten mit ihren Visionen und ihrer Mission zu skate-aid, waren aber nicht in der Lage, ihre Projekte allein umzusetzen. Dazu zählten Don Bosco in Südafrika, eine Studentin der Afrikanistik und Islamwissenschaft in Khartum (Sudan), ein engagierter Skateboarder des Friedenschorps in Albanien, der Frente Polisario in der algerischen Sahara, die Organisation »Make Life Skate Life« in Bolivien und die deutsche Initiative »Pura Vida«, die in Costa Rica aktiv ist. Schnell kam jedoch die Erkenntnis, dass skate-aid seine pädagogischen Ziele noch effizienter in eigenen, langfristigen Projekten erreichen kann.

Hier geht's zu den skate-aid Magazinen, in denen alle wichtigen Aktivitäten seit 2010 zu finden sind.

Foto: Maik Giersch / skate-aid

Als Lehrbeauftragter für Skateboarding an der Universität Münster habe ich in den letzten zehn Jahren immer wieder erfahren, wie effektiv selbstbestimmtes Lernen durch Skateboarden gefördert wird; darüber hinaus habe ich ein Forschungsprojekt zum Thema »Skaten statt Ritalin« initiiert. Die pädagogischen Erkenntnisse aus dieser Arbeit haben dazu beigetragen, die Ziele von skate-aid noch klarer zu formulieren; sie helfen mir auch persönlich weiter. Ein »Leben ohne Hubschrauber« ist möglich!

Inzwischen nehme ich mir sogar Zeit, mich zurückzulehnen und über die emotionalen und wundervollen Momente meines Lebens nachzudenken. Dank der Arbeit in den skate-aid-Projekten bin ich in diesen letzten dreizehn Jahren vielen tollen Menschen aus unterschiedlichen Kulturen begegnet. Da Bilder bekanntlich mehr als tausend Worte sagen, werde ich die Highlights auf den folgenden Seiten in Form von Fotos präsentieren.

Uganda 2010–heute:

Das skate-aid-Projekt in der ugandische Hauptstadt Kampala ist heute unser ältestes und es entwickelt sich fantastisch. Dabei liegt der Skatepark in einem der härtesten Slums Ostafrikas. Er nennt sich Kitintale und beherbergt rund 20.000 Menschen. Ich will die Erfolgsgeschichte dieses Projekts von seinen Anfängen bis heute kurz zusammenfassen:

2006 gründet Jack Mubiru zusammen mit anderen Skateboardern die Uganda Skateboard Union (USU). Sie sammeln Spenden, bauen mitten in Kitintale einen kleinen Skatepark und schaffen so gleichzeitig einen sicheren Ort in ihrer Gemeinde.

Foto: Kuckuck Artworks

Der Skatepark hat sich bis 2023 zu einem weltweiten Vorbild entwickelt. Neben den Workshops in Minirampen, Streetpark, Flat-Area und Scullbowl gibt es auch eine Library, Graffitiflächen, Bastelecken und vieles mehr für die Kids dieses Slums.

Unsere Betreuer von skate-aid sind inzwischen mehr Freund und Buddy für die Kids.

Jack Mubiru und Tochter Tita zeigen mir ihre Gemeinde Kitintale und ich genieße die Freundlichkeit und Herzenswärme der Slumbewohner.

Bevor skate-aid Hilfe brachte, mussten sich die Kids teilweise die Skateboards aus Müll selbst zusammenbasteln.

2012 besuche ich Kitintale zum ersten Mal. Ich will prüfen, wie aussichtsreich eine Zusammenarbeit mit der USU wäre, und bin begeistert von den brennenden Herzen, der Leidenschaft und dem Optimismus der Menschen.
2013 wird der Skatepark mit Hilfe von skate-aid erweitert.
2014 tritt die USU sogar international in Erscheinung – sie gewinnt den mit 5000 Euro dotierten skate-aid Charity Award auf der Bright Tradeshow in Berlin. Mit dem Geld werden ein Büro und ein Lager für Skateboards gebaut. Skate-aid ermöglicht Praktikanten, die Kids von Kitintale pädagogisch zu betreuen.
2018 erweitert skate-aid den Skatepark mit Hilfe der Skater vor Ort auf fast die doppelte Größe.
2019 finanziert skate-aid den ersten großen Contest Afrikas. Als Preis gibt es zum Beispiel das Schulgeld für ein ganzes Jahr. Eine Flutlichtanlage erweitert die Nutzungszeiten, außerdem wird ein ständiger skate-aid-Coach eingestellt.

Internationale skate-aid-Projekte

Vor der offiziellen Übergabe des Bowls an die Skateboarder wurde die Regenzeit genutzt und der Abfluss verstopft. Viele Kids waren das erste Mal in ihrem Leben so richtig im Wasser. Großes Abenteuer!

Immer wieder begeistert mich der Spaß, den ich bei meinen Besuchen mit diesen offenen, fröhlichen, positiven, neugierigen und lernbegierigen Kids habe.

Der Park entwickelt sich zu einem kulturellen Hotspot, der selbst VIPs aus Kampala-City anzieht. Ein gefährlicher und gemiedener Slum wird zu einem Treffpunkt für Arme und Reiche, Alte und Junge.

2021 baut skate-aid mit Unterstützung der Firma Betonlandschaften in Köln einen großen Skull Bowl. Er wird mit einer Zeremonie in Anwesenheit von Regierungsmitgliedern und Sportfunktionären eingeweiht, TV und Presse berichten.

2023 kommen eine Flat Area, eine Miniramp und eine Library dazu. Hier können Kids ihre ersten Bilderbücher lesen, Schulkinder in Ruhe ihre Hausaufgaben machen und Interessierte lernen, einen Laptop zu bedienen. Außerdem hat die IBS Foundation auf Initiative der Locals ein klimafreundliches Freiwilligenhaus errichtet.

Hier geht's zu einem sehr tollen und informativen Video zur Eröffnung des Skull Bowls 2021 in Uganda.

Von der Entwicklung dieses Projekts bin ich voll und ganz begeistert, denn jetzt wird dieser Skatepark seiner Rolle als Community Center gerecht und kann den Kids Angebote machen, die über das Skateboarden hinausgehen. Mittlerweile schauen sogar Skateboarder aus aller Welt vorbei, ohne sich von kriminellen Gangs bedroht fühlen zu müssen. Ich selbst wurde übrigens bei den Einweihungsfeierlichkeiten mit größter Herzlichkeit wie ein verehrter Freund empfangen. Ein Mädchen, dem skate-aid zu einer Bäckerlehre verholfen hatte, war auf die Idee gekommen, einen Kuchen mit skate-aid-Logo und dem Schriftzug »Titus« zu backen – er war in nullkommanichts verspeist, denn Kuchen ist im Slum immer noch etwas ganz Besonderes …

Hier geht's zu einem sehr berührenden Video über die Uganda Skateboard Union (Projektpartner von skate-aid international e.V. und skate-aid Uganda e.V.).

2018 wurde der Skatepark von TAIYO HIVE mit Flutlicht ausgestattet. Danke, liebe Sophie Schnorf aus der Schweiz!

Tansania 2011–heute:

Auf dem Gelände des katholischen Ordens Don Bosco hat skate-aid einen Betonskatepark gebaut und 2011 mit der pädagogischen Arbeit begonnen. Auch wenn die Zusammenarbeit mit Don Bosco zeitweilig schleppend verlief und vorübergehend sogar zum Erliegen kam, konnten wir mit Hilfe der skate-aid-Aktivistin Lydia Lehan-Fisk und dem internationalen skate-aid-Projektleiter Gabu Santo den Skatepark renovieren. Die Workshops wurden in Eigenregie wieder aufgenommen. Mittlerweile organisieren unsere beiden Locals Simon und Abu mehrere Workshops pro Woche.

Unser Projektleiter Gabu freut sich über die Begeisterung der Kids.

Ja, auch schrauben gehört dazu.

Mittlerweile regeln die Locals fast alles eigenständig.

Internationale skate-aid-Projekte

Kenia 2013–heute:

2013 wurde für mich ein Traum wahr: Ich durfte den ersten Skatepark Kenias eröffnen. In Zusammenarbeit mit der deutschen Organisation Shangilia und mit finanzieller Unterstützung der Dirk Nowitzki-Stiftung hat skate-aid nämlich einen Skatepark auf dem Gelände eines Waisenhauses mit angeschlossener Schule angelegt, auf der Grenze zwischen einem Slum und einem wohlhabenden Viertel. Inzwischen hat skate-aid dieses Projekt in die Hände von Shangilia gelegt, die auch das Waisenhaus und die Schule betreiben. Es läuft also in Eigenregie weiter, sodass wir schon mit Hochdruck in Kooperation mit dem RTL Spendenmarathon an der Finanzierung des nächsten Projekts in Kenia arbeiten. Die Initiative geht von Auma Obama, die skate-aid und unseren treuen Unterstützer Wotan Wilke Möhring letztes Jahr beim RTL Spendenmarathon kennengelernt hat, und von Oliver Noack, dem Vorstand des skate-aid e.V. Essen, aus. Auma möchte mithilfe von skate-aid im Geburtsort ihres Vaters und somit auch des Vaters von Barack Obama einen Skatepark ermöglichen, in dem sich skate-aid um die Kinder des Dorfes kümmern wird.

Ollie hat tatsächlich schon einen TV-Clip auf die Beine gestellt, in dem Henning Baum zu Spenden für dieses Projekt aufruft. Dieser Clip läuft schon als Vorspann in Kinos und wird zu besten Sendezeiten von RTL ausgestrahlt.

Hier der Spendenaufruf von RTL «Wir helfen Kindern» und dem Schauspieler Henning Baum für unser geplantes Projekt in Kenia in Kooperation mit Auma Obama.

Meine Slum-Bodyguards

Foto: Torben Oberkellmann / skate-aid

Projektleiter Gabu
mit dem Local Coach

Zum kreativen Skaten
gehört auch der kreative
Umgang mit Farbe.

Internationale
skate-aid-Projekte

Namibia 2018–heute:

Das Schiller-Gymnasium in Münster war der Initiator dieses Projekts. Große Beharrlichkeit war nötig, aber nach drei Jahren Vorbereitungszeit konnte skate-aid mit dem Bau dieses inklusiven Skateparks endlich beginnen. 2018 wurde er mit einem Staatsakt feierlich eröffnet. Der Skatepark auf dem NISE-Gelände erfüllt eine besondere Aufgabe, da sich hier drei Internatsschulen für hör-, seh- und geistig behinderte Kinder befinden. Gerade an diesem Ort zeigt sich die enorme Kraft des Skateboardens. Kinder mit unterschiedlichen Behinderungen erleben hier gemeinsam, was Begeisterung ist, lernen voneinander und miteinander und ergänzen sich mit ihren unterschiedlichen Schwächen und Stärken perfekt.

Starke Kinder durch selbstbestimmtes Lernen! Trotz Behinderung

Sunsetsession

Wie aufmerksam diese Kids sind – trotz oder vielleicht gerade wegen ihrer Behinderung.

Nikon hat uns von einem Filmteam nach Namibia begleiten lassen und ein sehr professionelles Video vom ersten inklusiven Skatepark für Kids mit Handicap produziert. Danke an Nikon!

Hier kann man seine Behinderung fast vergessen. Mit brennendem Herzen gelingt die Inklusion eben leichter.

Internationale skate-aid-Projekte

Palästina 2015–heute:

Skate-aid und SOS-Kinderdörfer int. machen es möglich! Gemeinsam haben wir den ersten Skatepark in Bethlehem realisiert. Nach nur vier Monaten Bauzeit fand die feierliche Eröffnung im SOS-Kinderdorf statt. Beim Bau des Skateparks durften die Kinder des Dorfs die Bauarbeiten tatkräftig unterstützen. Auf diese Weise konnten sie ganz nebenbei grundlegende Handwerkstechniken selbstbestimmt erlernen und es entwickelte sich von Anfang an eine positive Beziehung zu ihrem Skatepark. Seither steht eine enge Verknüpfung von formeller und informeller Bildung, also Freizeit und Sport, im Fokus.

Wenn ich im SOS-Kinderdorf Arafat genannt werde, ist es zweifellos liebevoll und bewundernd gemeint.

Foto: skate-aid

Zur Feier der Eröffnung bemalen Kinder den Beton. Richtig so – schließlich ist es ihr Skatepark.

Foto: skate-aid

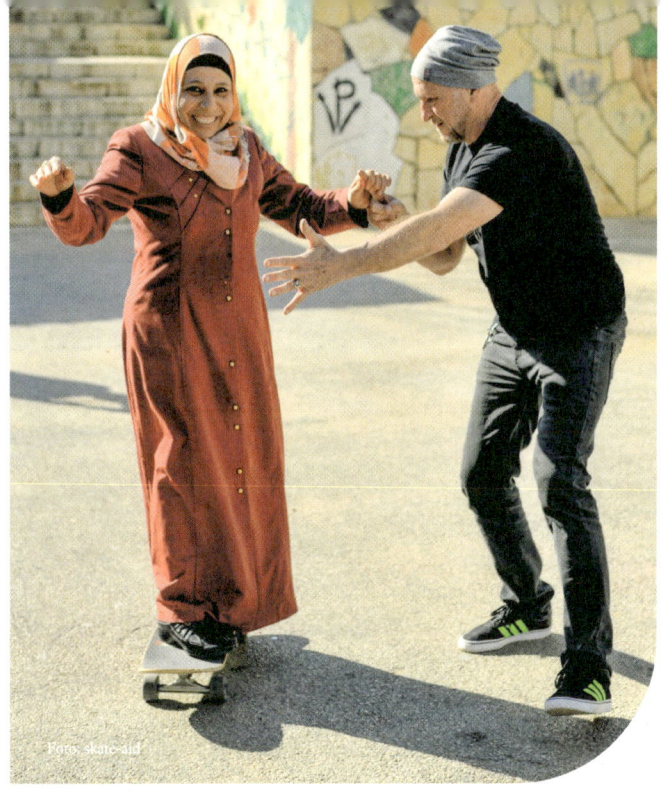

Der traumatisierte Junge dieser SOS-Kinderdorf-Mutter hat durch das Skateboarden seine Sprache zurückgefunden. Ihre Freude darüber ist so groß, dass sie es auch lernen will. Für mich ein bewegender Höhepunkt unserer Arbeit in Bethlehem.

Nachts wurden Muster mit einem Projektor auf den Skatepark geworfen. Die Kids des SOS-Kinderdorfs Bethlehem haben diese Muster dann ausgemalt.

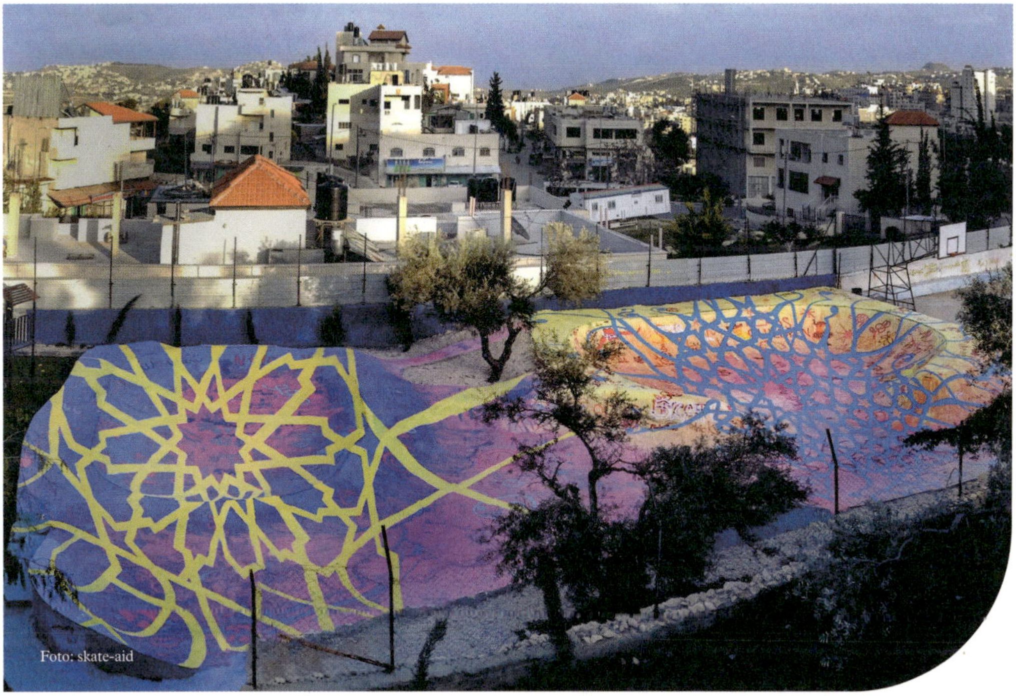

Foto: skate-aid

Syrien 2019–heute:

Leicht war es nicht. Wir wollten dieser Aufgabe aber nicht aus dem Weg gehen und den vom Krieg traumatisierten Kindern Syriens eine Oase des unbekümmerten, selbstbestimmten Lernens bieten – natürlich in Form eines Skateparks. Welcher Partner eignete sich dazu besser als die SOS-Kinderdörfer int., die in Syrien hervorragende Arbeit leisten, indem sie sich speziell um Kriegswaisen kümmern. Das Skateboarden in unseren Workshops hilft ihnen enorm, es macht sie stark und auch glücklich.

Der Skatepark unseres Workshops befindet sich im öffentlichen Raum. Er wird deshalb nicht nur von dem SOS-Kinderdorf Damaskus genutzt. Er bietet auch allen anderen Kindern in diesem Vorort von Damaskus eine sinnstiftende Beschäftigung, wie sie nach vielen Jahren Krieg anderswo in Syrien nicht leicht zu finden ist.

Den Kids helfen macht mich glücklich.

Sie kamen aber auch super alleine klar.

Foto: Maik Giersch / skate-aid

Ein Video voller
Hoffnung und starken
Kids aus dem von
Krieg und Terror
gezeichneten Syrien

Eine Skatepark-Eröffnung, gerade in einem Kriegs- oder Krisengebiet, ist immer eine große Herausforderung und ein tolles Abenteuer für mich.

Foto: Maik Giersch / skate-aid

In Syrien wird bis heute intensiv und kontinuierlich geskatet. Das ist nicht selbstverständlich angesichts ständiger Störungen und Entbehrungen. Stundenlange Stromunterbrechungen, hohe Arbeitslosigkeit und strikte Einfuhrbeschränkungen verhindern, dass sich die Zivilbevölkerung und insbesondere die Kinder vom Krieg erholen können. Allen Widrigkeiten zum Trotz arbeitet unser Team weiter mit ganzem Herzen daran, den teilweise traumatisierten Kindern einen sicheren Raum zu bieten, einen Ort, wo sie Kind sein dürfen und sich zu starken Erwachsenen entwickeln können.

Internationale skate-aid-Projekte

Nepal 2022–heute:

Im März 2022 haben wir die Eröffnung unseres neusten skate-aid-Parks in Butwal (Nepal) gefeiert. Die Skateboarder vor Ort hatten einen unglaublich engagierten und professionellen Job gemacht; er überzeugte auch die vielen Regierungsvertreter, die aus Katmandu angereist waren. Zahllose Kids, die freiwilligen Helfer, unser Architekt Ralf sowie das gesamte skate-aid-Team konnten es kaum erwarten, dass ich das grüne Band durchschneide. Alle hatten sich um ein gutes Karma bemüht, auch wir Europäer, und das war tatsächlich das Schönste: Man fühlt sich hinterher richtig wohl in seiner Haut.

Das Besondere an diesem Betonpark ist, dass er aus der Vogelperspektive die Form unseres Logos hat. Eine Hammeridee! Wir werden sie weiterverfolgen. Davon abgesehen ist er multifunktional ausgerichtet. Schon im ersten Jahr wurden 234 Workshops durchgeführt, an denen mehr als 2000 Kinder und Jugendliche teilgenommen haben, 38 Prozent davon Mädchen! Diese Anlage ist nicht nur Skatepark, sondern auch Spielplatz, Jugendtreff und Ort der Kultur, vor allem aber ein sicherer Ort für junge Menschen, die selbstbestimmt lernen und dabei Spaß haben und Erfüllung verspüren wollen.

Ein großer Augenblick für mich

Wenig später der große Augenblick für die Skateboarder Nepals

Und so kam es zu skate-aid Nepal e.V.

Ein Herz und eine Seele mit unseren nepalesischen skate-aid-Freunden

Von oben erkennt man, dass der Park die Form des skate-aid-Logos hat.

Die pädagogischen skate-aid-Workshops wurden vom ersten Tag an gut angenommen.

Internationale skate-aid-Projekte

Kapitel 21

Nationale skate-aid-Projekte

Lernen muss nicht scheiße sein, Across the bo(a)rders, Skate & Create, Skate-aid@school, Girls Skate, Skaten statt Ritalin

Deutschland 2011– heute:

Flüchtlingskrise, Pandemie, ADHS, Ukraine-Krieg, Lehrermangel – es gibt so einiges, was das Leben von Kindern und Jugendlichen in Deutschland überschattet. Wir von skate-aid wissen, dass Kinder in Not nicht nur materielle Hilfe benötigen, sondern auch eine Gesellschaft, in der sie sich sicher fühlen und Anerkennung für ihre Leistungen erfahren – beides extrem wichtig für ihre Persönlichkeitsentfaltung. Deshalb verstärken wir in Deutschland permanent unser Engagement und laden betroffene Kinder ein, mit uns zusammen im Skaters Palace oder auf unseren mobilen Minirampenanhängern Spaß beim selbstbestimmten Lernen zu haben, denn:
LERNEN MUSS NICHT SCHEISSE SEIN!

Das ist auch der Titel meines zweiten Buchs, das bei BENEVENTO erschienen ist (ISBN 978-3-7109-0068-6).

Hier lässt sich das Buch ganz einfach online bei skate-aid bestellen.

Zum Inhalt:

»Als Kind war es mein größter Wunsch gewesen, mir die Erwachsenen vom Leib zu halten. Alle. Es war auch mein einziger Wunsch gewesen, weitere Wünsche hatte ich nicht, denn wo kein Erwachsener war, ging es mir blendend. Da fühlte ich mich frei und konnte Blödsinn machen – wie es dieselben Erwachsenen nannten, wenn ein Kind seine Fantasie ins Kraut schießen ließ und einfach tat, was man sich gerade ausgedacht hatte. Genau das also erschien mir als größtes anzunehmendes Glück: ungestört mein Ding zu machen. Was hätte es darüber hinaus noch zu wünschen gegeben? Nichts.«

So ging es mir, so ging es auch meinen Spiel- und Klassenkameraden damals, in den Fünfzigerjahren. Gibt es solche Kinder heute nicht mehr? Ich glaube: Es gibt solche Erwachsenen nicht mehr. Eltern, Betreuer, Lehrer, die ein Kind einfach mal machen lassen, unbeaufsichtigt, auf eigenes Risiko.

Unbeobachtet sein – daran ist heute nicht mehr zu denken. Rund um die Uhr werden Kinder von der Erwachsenenwelt vereinnahmt und auf Linie gebracht. Wir erleben eine Zeit der großen Einmischung, ein Maximum an Betreuung, eine Welt aus Sicherheitsvorkehrungen, mit katastrophalen Folgen, denn:

Wo Kinder aus Liebe gegängelt werden, gibt es keinen Platz mehr für Neugier, selbstbestimmtes Denken und freie Entfaltung. Und das Schlimmste: Schule und Elternhaus bilden ein geschlossenes System. Es gibt kein Entkommen mehr, wo Schule zum Lebensraum und Zensuren zum Lebensinhalt werden. Folglich hat der Stress für unsere Kinder ungeahnte Dimensionen angenommen. Meine Befürchtung ist, dass Kinder unter diesen Bedingungen um lebenswichtige Erfahrungen betrogen werden. Nichts bereitet sie mehr auf ein Leben in Selbstständigkeit vor. Wer seine Stärken nicht kennt, hat dem Druck der Erwachsenen auch nichts mehr entgegenzusetzen.

Ich plädiere in meinem Buch deshalb für mehr erwachsenenfreie Räume in Kindheit und Jugend. Ich plädiere für mehr beiläufiges Lernen und lehrplanlose Selbstverwirklichung. Für mich ist Lernen vor allem ein Dazulernen in Sachen Persönlichkeit. Mein Motto lautet: Weniger ist mehr – gerade in der Erziehung. Und meine Erfahrung ist: Was für uns als Kinder damals die selbstbestimmten Abenteuer waren, die erwachsenenfreie Zeit draußen in der Natur, ist heute, in einer veränderten Welt, das Skateboardfahren.

Denn Skateboarden ist keine gewöhnliche Sportart. Es verändert Menschen. Es macht sie stark, widerstandsfähig und selbstbewusst. Da im Skateboarden nichts ohne Mut und Selbstüberwindung läuft, befreit es auch von der Angst. Und der erwachsenenfreie Raum ist hier garantiert, denn beim Skateboarden lässt sich nichts von außen erzwingen. Kein Erwachsener kann einem dabei helfen, keiner kann einem reinreden – Skateboarden spielt sich in einer Welt ab, aus der Erwachsene verbannt sind.

Nehmen wir also Abschied von der Vorstellung, man könnte junge Menschen zu ihrem Glück zwingen. Auf die innere Motivation kommt es an. Auf die Begeisterung. Und auf die Erfahrung, der Welt aus eigener Kraft gewachsen zu sein.

Across the Bo(a)rders:

Gleich zu Beginn der Flüchtlingswelle 2015 hat skate-aid in vielen Städten Deutschlands Integrations-Workshops für Kinder und Jugendliche auf der Flucht unter dem Namen »Across the Bo(a)rders« angeboten. Dieses Vorhaben erschien uns konsequent, vor allem im Hinblick auf Kinder aus jenen Ländern, in denen wir mit unseren Projekten schon erfolgreich tätig sind. Auch hier geht es darum, Kinder durch das selbstbestimmte Lernen beim Skateboarden stark zu machen; wir sehen darin eine wesentliche Voraussetzung für ihre Integration. Unser offenes Angebot erlaubt Refugees und Local Kids, gemeinsam an den kostenfreien Workshops teilzunehmen. Dabei haben wir festgestellt: Für Kinder, die das Interesse am Skateboarden mit anderen teilen, spielen kulturelle Unterschiede kaum noch eine Rolle. Deutsche und nicht-deutsche Skater schließen untereinander Freundschaften, und wer unsere Sprache noch nicht spricht, lernt sie hier ganz nebenbei. Viele haben sich in der neuen Skateboarderfamilie schnell wohlgefühlt und auch andere Workshopangebote wie »skate and create« wahrgenommen.

Mein neben mir sitzender Freund, Schauspieler Wotan Wilke Möhring, unterstützt skate-aid seit vielen Jahren mit allen Kräften und kommt sogar mit zu Workshops, wie hier auf dem Kölnberg, dem sozialen Brennpunkt Kölns.

Bald wurde uns klar, dass diese Workshops über die Grenzen von Münster hinaus gebraucht werden. Der Bedarf ist an vielen Orten in Deutschland extrem groß. Also entwickelten wir mit Ralf Maier, der mit seiner Firma Betonlandschaften schon den Betonpark in Afghanistan ehrenamtlich für skate-aid geplant hat, die Idee »Skatepark in a Box«. Das ist ein umgebauter Überseecontainer mit Ausgabetheke für 25 Leihskateboards mit Schutzausrüstung, in dem die Elemente eines vollwertigen Skateparks sicher gelagert und bei Bedarf in kürzester Zeit an jedem beliebigen Ort aufgestellt werden können. Aktuell (2023) stehen 6 Container in Deutschland von Berlin bis Köln sowie in Moldawien an der Grenze zur Ukraine.

»Across the Bo(a)rders«-Workshop in einem Flüchtlingslager in Moldawien an der Grenze zur Ukraine, um Kinder auf der Flucht stark zu machen. Ausnahmsweise haben wir die Farben des skate-aid Logos auf dem Shirt hier angepasst.

»Skatepark in a Box« auf dem ehemaligen Flughafen Tegel in Berlin, wo regelmäßig Workshops »Across the Bo(a)rders« angeboten werden.

Skate & Create:

Skate & Create bietet Kindern mit und ohne Behinderung die Möglichkeit, das Skateboarden zu erlernen, natürlich selbstbestimmt, aber von unseren pädagogischen Betreuern mit der gebotenen Zurückhaltung angeleitet. Vorher bekommen sie die Gelegenheit, ihre Skateboards zu bemalen, zu besprühen oder auf andere Art zu gestalten – später gehen diese Skateboards dann in ihren Besitz über. In jedem Fall setzen sich die Kids ihre Ziele selbst, beim Gestalten wie beim Lernen. Wenn was schiefgeht, wird's eben noch mal versucht. So lernen sie das Wichtigste im Leben: Nach dem Hinfallen kommt das Aufstehen, und das nicht nur einmal, sondern wieder und wieder. Auf diese Weise entwickeln sie Frustrationstoleranz und Resilienz.

Flüchtlingskinder aus dem Libanon – unschwer an ihrem Board mit der Landesflagge zu erkennen.

Die Motive auf den Skateboards sagen einiges aus über die Erlebnisse auf ihrer Flucht.

Fotos: skate-aid

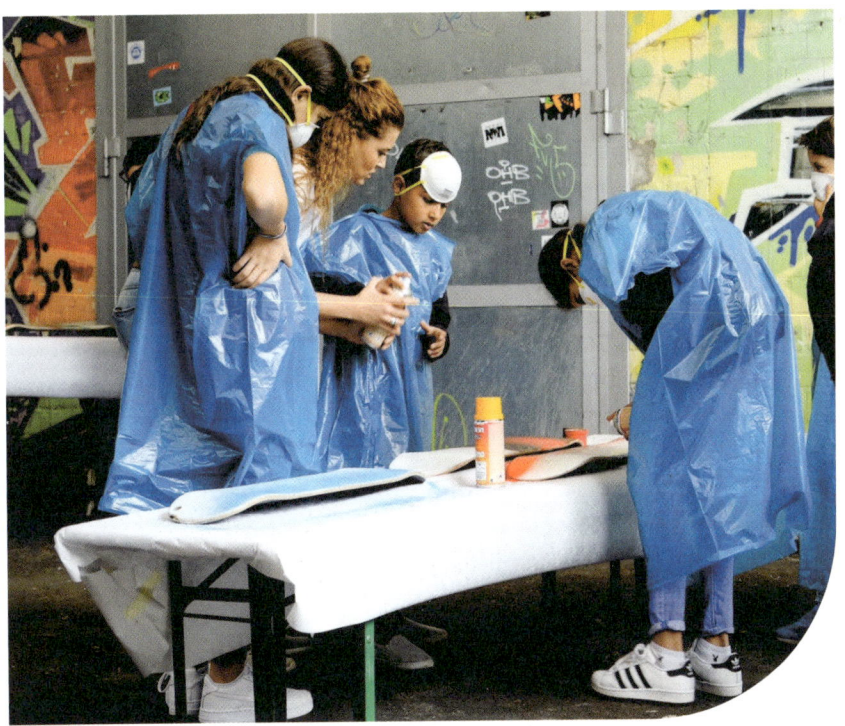

Voll konzentriert und durch übergezogene Mülltüten und Masken vor dem Spray aus ihren Dosen geschützt

Stolz zeigen die Kinder ihre Meisterwerke. Oft wird skate-aid von bekannten Künstlern unterstutzt – hier im Bild der Maler und Bildhauer Otmar Alt (mit Pfeife).

skate-aid @ school:

Um unsere pädagogischen Workshops auch ambulant durchführen zu können, haben wir mit skate-aid zwei Minirampenanhänger entwickelt und bauen lassen. Das Besondere daran ist: Die Minirampe selbst braucht nicht aufgebaut zu werden, es reicht, die Plane vom Hänger zu nehmen und die Seiten auszuklappen. Einer der beiden Anhänger kann sogar bei Regen eingesetzt werden, weil die Rampe von der Plane überspannt wird. Jetzt müssen Schulklassen nicht mehr zu uns in den Skaters Palace kommen, jetzt kommen wir mit unserem Konzept des selbstbestimmten Lernens zu ihnen in die Schule.

Aus Erfahrung wissen wir, dass Schulkinder vor allem in ihren Projektwochen ganz heiß auf unsere Workshops sind. Wenn Kinder das Skateboarden mit Begeisterung erlernen, motivieren sie sich selbst, was wiederum ihr Selbstvertrauen stärkt. Kein Zufall also, dass unser Claim lautet: »Wir machen Kinder stark«. Der Pädagoge bezeichnet das, was Kinder beim Skaten erleben, als »Selbstwirksamkeit«, er spricht dann vom »Anheben des Selbstkonzepts«, und das fördert sowohl die kognitiven Fähigkeiten als auch die Sozialkompetenz der Kinder nachhaltig. Mit anderen Worten: Weil sie sich in der Gemeinschaft der Skateboarder wohlfühlen, gehen sie verständnisvoller miteinander um und lernen auch besser.

So sieht unser zweiter Minirampenanhänger aus. Beide Minirampen stehen skate-fertig auf einem Anhänger. Lediglich die Plane muss hochgekurbelt und die Seitenteile ausgeklappt werden. So können die Workshops schon einige Minuten nach der Ankunft des skate-aid-Teams starten. Schulen nutzen dieses Angebot intensiv für ihre Projektwochen.

Foto: Henning Timmes / skate-aid

Projektwoche auf dem Schulhof einer Grundschule in Münster Handorf

Projektwoche auf dem Schulhof einer Grundschule in Münster Handorf

Nationale skate-aid-Projekte

Girls Skate:

Seit 2020 führt skate-aid auch spezielle Workshops für Girls durch, denn viele Mädels fühlen sich in reinen Girls-Workshops wohler. Der unterschwellige Leistungsdruck durch den Vergleich mit den Jungs fällt hier weg und die Girls können entspannt ihre Träume verwirklichen und sich auf ihr eigenes Ding konzentrieren. Natürlich bleibt es auch in diesen Workshops dabei: Es geht ums selbstbestimmte Lernen und den Kampf mit sich selbst. Der Leistungsvergleich und der Anspruch, besser als andere zu sein, steht bei skate-aid ja nie im Vordergrund.

Hier wird in einem Hammervideo erklärt, warum Skateboarden auch gerade den Girls so viel gibt.

Skaten statt Ritalin:

Der Projektname »Skaten statt Ritalin« war 2012 ein spontaner Einfall. Nicht, dass ich etwas gegen das Medikament Ritalin gehabt hätte, aber im Hinblick auf Kommunikation und Marketing sprach einiges dafür: Der Name sollte ja aufrütteln und provozieren und die Aufmerksamkeit auf diese spezielle Arbeit von skate-aid lenken. Und es hat funktioniert. Entrüstete Eltern von betroffenen Kindern bestürmten uns regelrecht. Damit war immerhin die öffentliche Diskussion des Tabuthemas ADHS losgetreten. Die offensichtlichen Erfolge unserer Workshops brachten bald alle Kritiker zum Schweigen. Dennoch haben wir unser Konzept mit dem neuen Motto »ADHS! Na und?« 2018 sogar als Forschungsprojekt der Universität Münster in die Praxis umgesetzt.

ADHS! Na und?:
Was die Wissenschaft 2023 dazu sagt

Oft kommt der Impuls zu einem neuen Projekt von außen. In diesem Fall war der Auslöser der Skateboarder Ali Krick. Er hat als skate-aid-Aktivist monatelang in Kenia gelebt und in der Hauptstadt Nairobi den Bau des Shangilia skate-aid-Parks für skate-aid umgesetzt. Später, während seines Studiums, war er Praktikant in der Münsteraner Arztpraxis Dr. Dirksen & Franke, die sich auf Kinder mit ADHS-Diagnose spezialisiert hat. Was lag für Ali näher, als den Ärzten Skateboardfahren als Therapie zu empfehlen? Schon sein Gefühl sagte ihm, dass Skaten genau das Richtige für diese Kids sein könnte.

ADHS äußert sich nämlich nicht nur durch innere Unruhe, äußeren Bewegungsdrang und Unaufmerksamkeit bei Aufgaben, die einem von Erwachsenen vorgegeben werden. Fremdbestimmung ertragen ADHS-Kinder tatsächlich schlecht. Zudem sind sie extremen Gefühlsschwankungen ausgesetzt, da kann die Stimmung innerhalb von Sekunden von totaler Lustlosigkeit in überschwängliche Begeisterung umschlagen. Auch die Impulskontrolle funktioniert nicht immer. Diesen Kindern fällt es deshalb nicht leicht, sich in den stark reglementierten Ablauf des täglichen Schulgeschehens einzuordnen, und dasselbe gilt für viele andere Bereiche des durchorganisierten Kinderlebens unserer Tage.

Skateboarden passt da super! Hier entscheiden die Kinder selbstbestimmt, ohne Druck von außen, wann, wo und mit wem sie lernen wollen. Die Begeisterung, die sie beim Skateboarden erleben, sorgt außerdem für jede Menge intrinsische Motivation. Kein Wunder, dass sich die Selbststeuerung und Selbstregulierung der Kinder verbessert und Eltern bestätigen, dass dieser Effekt im Alltag lange anhält, dass er sich sogar auf alle anderen Lebensbereiche auswirken kann.

Daher war ich sofort begeistert von Alis Idee, ADHS-Kids mit dem Skateboard unter den Füßen auf die Beine zu helfen. Wohl auch deshalb, weil ich mich selbst im Verdacht hatte, zu den Betroffenen zu gehören, und das Skateboard auch mir geholfen hatte, Tritt zu fassen.

Deshalb war bei mir ein starkes Bedürfnis vorhanden, diese positive Praxiserfahrung wissenschaftlich belegen zu lassen. Als Lehrbeauftragter der Uni Münster gelang es mir, einige Professoren und Doktoren für ein Forschungsprojekt zu diesem Thema zu begeistern. Mir lag daran, auch den wissenschaftlichen Beweis zu erbringen, dass pädagogische Skateboard-Workshops geeignet sind, ADHS-Symptome zu lindern und im besten Fall Ritalin tatsächlich zu ersetzen. Das Forscherteam bestand aus Professor Heiko Wagner und Dr. Christina Bohn vom Institut für Sportwissenschaft sowie Professor Dr. Patricia Ohrmann vom Universitätsklinikum (Psychiatrie und Psychotherapie); als Vertreter der Titus Dittmann-Stiftung gehörte auch ich diesem Team an.

Wir wollten wissen: Lässt sich nach vier Monaten Skaten eine Entwicklung feststellen? Hat sich die Feinmotorik verbessert? Die Konzentrationsfähigkeit? Die Körperkontrolle? Die Selbststeuerung? Die mentale Stärke? So lauteten die Fragen, die wir mit unserem Projekt beantworten wollten, und im Sommer 2023 war es endlich so weit: Das Forscherteam der Universität Münster legte seine Ergebnisse vor.

Um es vorwegzunehmen: Die Auswertung der Forschungsergebnisse bestätigen die Arbeit von skate-aid. Sie untermauern unseren Anspruch, Kinder stark zu machen. Unsere praktischen Erfahrungen sind jetzt wissenschaftlich belegt: Skateboarden eignet sich tatsächlich als pädagogisches Werkzeug, weil es das selbstbestimmte Lernen in den Vordergrund stellt. Aber wie sind die beteiligten Wissenschaftler vorgegangen? Hier zunächst die Rahmenbedingungen:

Teilgenommen haben Kinder im Alter von acht bis dreizehn Jahren, denen ein Facharzt für Kinder- und Jugendpsychiatrie eine ADHS-Diagnose gestellt hatte. Jeder Skateboard-Workshop bestand aus einer Doppelstunde pro Woche und lief über vier Monate. Alle Teilnehmer waren Anfänger, keines der Kinder hatte bis dahin auf einem Skateboard gestanden. Zusätzliches Skaten außerhalb der Projektstunden war erlaubt; den Teilnehmern wurden zu diesem Zweck ein Skateboard und eine komplette Schutzausrüstung von skate-aid zur Verfügung gestellt. Übrigens: Die Ritalin-Medikation der teilnehmenden

Von wegen Aufmerksamkeitsdefizit. Wenn Kinder mit einer ADHS-Diagnose selbstbestimmt ein Ziel für sich erreichen wollen, sind sie hoch konzentriert und fokussiert.

Kinder wurde beibehalten, um die Messergebnisse nicht durch Absetzen zu beeinflussen.

Jetzt ging es darum, mögliche Veränderungen im Verhalten der Kinder zu messen. Zu diesem Zweck wurden vor Beginn und nach Beendigung der Workshop-Serie standardisierte Fragebögen ausgefüllt, und zwar sowohl von den Eltern als auch von den Kindern; die Fragen zielten auf die Selbstbeurteilung und die Fremdbeurteilung im Hinblick auf Selbstwert und Emotionssteuerung

Wenn es um selbst gesteckte Ziele geht, ist auch bei Kindern mit ADHS-Diagnose Aufmerksamkeit überhaupt kein Problem. Wo ist hier das »AD« = »Aufmerksamkeitsdefizit«? Wo ist das »H«= »Hyperaktivität«?

Das Forschungsprojekt »Skaten statt Ritalin« wurde von der Universitätsgesellschaft als Leuchtturm ausgezeichnet und mit 12600 Euro gefördert.

> FÖRDERUNG VON FORSCHUNG, LEHRE UND KULTUR

ab. Zusätzlich füllten die Eltern Tagesprofilbögen aus. Um Veränderungen in der Motorik der Teilnehmer zu erfassen, wurden zu Beginn und nach Ablauf der vier Monate außerdem Bewegungsabläufe mit mehreren Highspeedkameras aufgenommen und mit speziellen Software-Programmen ausgewertet. Auf diese Weise ließen sich folgende Fähigkeiten beurteilen: Erstens: Die Zielgenauigkeit durch dosierten Sprungkrafteinsatz bei Standweitsprüngen auf eine Zielmarke. Zweitens: Das Gleichgewicht durch Einbeinstand auf einer Kraftmessplatte zur Erfassung der Auslenkung des Körperschwerpunkts und der Quantifizierung der Körperschwankung. Drittens: Die Bewegungsqualität beim Balancieren auf einem Schwebebalken. Mit Hilfe eines Handkraftmessgeräts wurde zusätzlich die Abschätzung der gezielten Kraftdosierung gemessen.

Zwei Jahre haben sich die Wissenschaftler für eine gründliche Auswertung der umfangreichen Daten Zeit genommen, und hier nun die Ergebnisse: Auf sämtliche Teilenehmer bezogen ergibt sich eine Reduzierung der ADHS-Symptomatik von 30 Prozent. Das ist eine deutliche, eine spürbare Verbesserung, und ähnlich sieht es bei den kognitiven Fähigkeiten aus, die für die Kontrolle und Selbstregulierung des eigenen Verhaltens von Bedeutung sind: Erhöhung der Aufmerksamkeit um 25 Prozent; Erhöhung der Konzentration um 20 Prozent; Reduzierung der Unruhe um 33 Prozent; Reduzierung der Impulsivität um 28 Prozent, und schließlich: Reduzierung der Aggressivität sogar um 60 Prozent! Was das konkret für die Beteiligten bedeutet, machen die folgenden Zitate klar: »Es klappt jetzt mit den Hausaufgaben«, sagte der Vater eines teilnehmenden Kindes zu mir. Der Kommentar einer Mutter lautete: »Er kommt jetzt die Treppe ohne zu stolpern hoch.« Und eine weitere Mutter bestätigte, dass die positive Wirkung bei ihrem Sohn mindestens zwei Tage lang anhält: »Er ist ausgeglichener am Tag des Workshops und auch am Tag danach.« Es sind sich also alle einig: Die Skateboard-Therapie funktioniert!

Damit nimmt meine Vision konkrete Gestalt an. Die Vision, dass Ärzte eines Tages für Kinder mit ADHS-Diagnose von skate-aid zertifizierte therapeutische Skateboard-Workshops verschreiben können – an Stelle von Ritalin oder auch zusätzlich –, und die Krankenkassen die Kosten dafür übernehmen. Die Vision, dass Lehrer an Schulen oder Übungsleiter von Vereinen bei skate-aid eine Zusatzausbildung zum Skateboard-Therapeuten machen können. Die Vision, dass alle in Deutschland entstehenden skate-aid-Vereine im Bereich Sonderpädagogik tätig werden und die Kommunen in der Jugendarbeit unterstützen können.

Diese skate-aid-Vision zieht in Deutschland derzeit immer weitere Kreise. Schon jetzt wollen Skateboard-Initiativen und Vereine, die sich der Jugendarbeit und nicht dem Leistungssport verpflichtet haben, unter dem Namen »skate-aid« weiterarbeiten, und ich bin sicher, dass sich noch viele anschließen werden, wenn unsere Vision des therapeutischen Skateboardens erst einmal Wirklichkeit geworden ist. Im Übrigen: Ich selbst habe an den therapeutischen Effekt des Skatens schon immer geglaubt. Das Ergebnis der Studie bestätigt meine eigene Erfahrung, und die werde ich im letzten Abschnitt dieses Buches noch einmal zusammenfassen.

TV-Beitrag über Jannis, der am Workshop »Skaten statt Ritalin« und am Forschungsprojekt teilgenommen hat und vom WDR zu Hause besucht wurde.

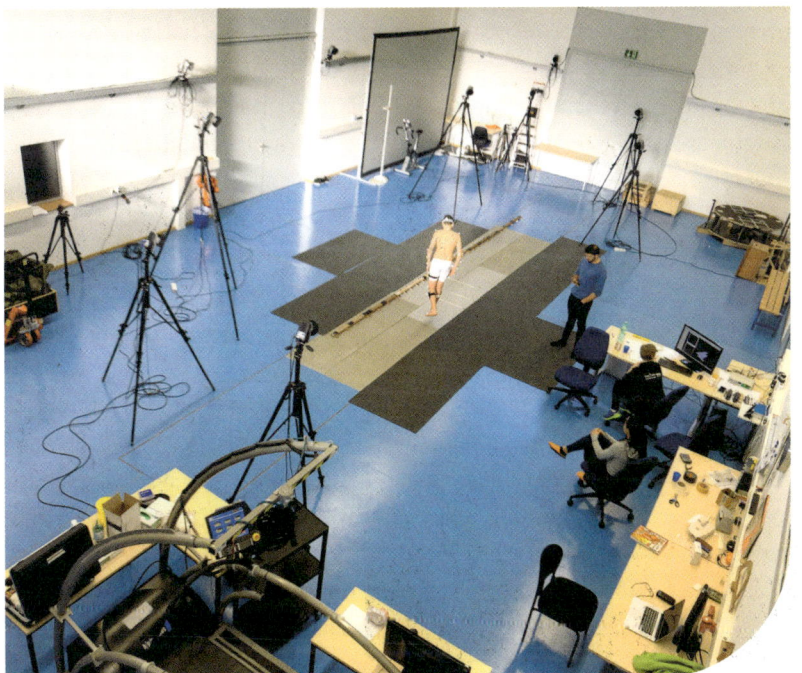

Sehr viele Highspeedkameras erfassen Bewegungsqualität, Zielgenauigkeit und Kraftdosierung vor und nach dem Workshopprogramm »Skaten statt Ritalin«. Speziell entwickelte Softwareprogramme werten die Daten aus, die Wissenschaftler dann gründlich analysieren.

Die Projekte kommen gut an:

Die Gründung der »Titus Dittmann Stiftung« und die Projektarbeit in den Vereinen unter dem Social Brand »skate-aid« haben sich sehr schnell herumgesprochen und nicht nur die Presse wurde aufmerksam auf uns. Sehr viele Auszeichnungen, Preise und Ehrungen meiner Person wurden mir insbesondere aufgrund dieses sozialen Engagements zuteil. Auch bei den Wirtschafts- und Unternehmerpreisen spielte mein brennendes Herz für skate-aid immer eine große Rolle.

Hier eine kleine Zusammenfassung der wichtigsten Ehrungen:

LAUREUS Medien Award

Tribute to Bambi mit großer Spende für skate-aid

Bundesverdienstkreuz am Bande

Auszeichnung zum Bildungsbotschafter

Entrepreneur of the Year

Deutscher Gründerpreis

Selbst der Bundespräsident interessiert sich für skate-aid.

Verleihung des Verdienstordens des Landes NRW

Brigitta ist stolz auf ihren Titus, der in Palm Springs in der Hall of Fame, nominiert zum World Entrepreneur, hing.

Kapitel 22

Wo die Kohle herkommt

Klassische Spende, Ehrenamt, Charity, Festival, »Wir rollen für skate-aid«, Doppelte Gemeinnützigkeit

Klassische Spende

Natürlich kommt eine Menge Kohle für die Projekte über den klassischen Weg der Spende bei skate-aid an. Das war nicht immer so. In der Anfangszeit habe ich viele andere Wege beschritten, um Projekte zu finanzieren – die Spende war für mich also ein komplett neues Feld, in das ich mich erst einarbeiten musste. Allein die Tatsache, dass der Begriff »Gemeinnützigkeit« ein rein steuerrechtlicher Begriff ist, muss man erst einmal begreifen, und am Anfang ist mir mancher Fehler unterlaufen.

Hier ein Beispiel: Um Spendengelder steuerfrei annehmen und einsetzen zu dürfen, benötigt man eine vom Fiskus anerkannte Gemeinnützigkeit. Das Finanzamt erteilt diese Gemeinnützigkeit aber nur unter zwei Bedingungen.

Erstens: Es darf keine Gegenleistung geben. Wobei schon ein gepostetes »Dankeschön« mit einem Link zur Internetseite des Spenders unter Gegenleistung fällt und nach sich zieht, dass die Spende versteuert werden muss. Aber wer gab vor 13 Jahren einem Titus mit seinem Image eines erfolgreichen Unternehmers Geld ohne Gegenleistungen wie diese?

Und zweitens: Man braucht eine Satzung, die vom Finanzamt als gemeinnützig anerkannt ist. Diese Satzung muss aber keinerlei wohltätige Zwecke ausweisen. Es reicht völlig aus, die Förderung der Briefmarkensammler oder die

Erhaltung eines Kulturguts wie Bier, Wein oder Auto in die Satzung hineinzuschreiben, schon wird die Gemeinnützigkeit anerkannt. Hauptsache, es werden keine wirtschaftlichen Zwecke verfolgt.

Ich dachte anfangs viel zu inhaltlich. Ich war der Meinung, man müsse die Spenden für einen guten Zweck oder die Wohltätigkeit verwenden, um Gemeinnützigkeit nachzuweisen. Nach fünf Jahren Erfahrung als Vollblut-Familienunternehmer musste ich verdammt viel dazulernen und bin ausgesprochen kreative Wege gegangen, um die notwendige Kohle für die Umsetzung von skate-aid-Projekten zu besorgen. Wie ich dieses Problem gelöst habe, werde ich später in diesem Kapitel beschreiben.

Zum Spenden selbst brauche ich vermutlich nicht viele Worte zu verlieren. Auch bei skate-aid gibt es ein Spendenkonto, auf das der Spender einzahlt. Auf Wunsch erhält er eine Quittung, die er beim Finanzamt zum Zweck der Steuerersparnis geltend machen kann. Wer möchte, kann es gleich hier ausprobieren:

Dieser QR Code macht das Spenden ganz einfach.

Spendenkonto / Donation Account

KONTOINHABER / ACCOUNT HOLDER
skate-aid international e.V.

IBAN
DE82 1005 0000 0190 8260 96

SWIFT-BIC
BELADEBEXXX

KREDITINSTITUT / BANK
Berliner Sparkasse

VERWENDUNGSZWECK / REFERENCE
Spende skate-aid / Donation skate-aid

✉: skate-aid international e.V., Wallstr. 86, 10179 Berlin, info@skate-aid.org

Ehrenamt: Werde aktiv!

Es gibt viele Wege, bei skate-aid aktiv zu werden. Und Hilfe können wir immer gebrauchen, egal ob in der Schule oder bei der Arbeit, bei Festivals und Konzerten oder im Internet. Beim Helfen als Freiwilliger geht es um das Engagement jedes Einzelnen, den persönlichen Einsatz und das Herzblut, die Begeisterung, mit der man hinter einer Sache steht. Deshalb freuen wir uns über jede Form der Unterstützung! Es wird ja nichts Unmögliches verlangt – bei uns kann jeder ganz einfach und ohne großen (finanziellen) Aufwand mitmachen. Be part of our mission! Gemeinsam machen wir Kinder stark!

Und hier einige Beispiele, wie eure Beteiligung aussehen kann:
- Unterstützung auf Events beim Spendensammeln und dem Verkauf gespendeter Ware
- Aufmerksam machen auf skate-aid durch das Verteilen von Flyern und die Spendendosen-Betreuung
- Ein Volontariat in unseren Auslandsprojekten
- Coachen bei den skate-aid-Workshops

Mehr Infos auf www.skate-aid.org

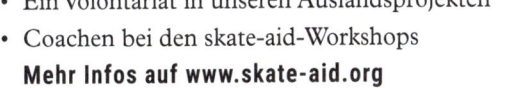

skate-aid-night:

Seit fünf Jahren kommt die skate-aid-Familie zur großen Charity-Gala im einmaligen Ambiente des Skaters Palace zusammen. Unser Wohltätigkeitsabend ist mittlerweile Tradition und ein beliebtes, immer ausverkauftes Fest geworden. An den festlich gedeckten Tischen zwischen Skateboard-Rampen und Graffiti genießen alle den unvergesslichen Abend – unsere zur skate-aid-Familie zusammengewachsenen Gäste wie unsere zu Freunden gewordenen Sponsoren, Künstler und Moderatoren, zu denen viele bekannte Gesichter zählen, Wotan Wilke Möhring zum Beispiel, aber auch Henning Wehland, André Gatzke, Lisa Feller, Lina van de Mars, Maria Bergmann, Ralf Möller, Simon Gosejohann, Steffi Stephan und Adam Riese, um nur einige zu nennen.

Die skate-aid-night fühlt sich inzwischen an wie ein jährliches Sippentreffen bei Kerzenschein, kulinarischen Genüssen, bewegenden Stories aus den Projekten und einer fesselnden Bühnenshow. Natürlich achtet skate-aid darauf, dass die Kosten möglichst von Sponsoren übernommen werden, sodass alle Spenden des Abends voll und ganz in die Projekte fließen.

Videoimpressionen von der skate-aid-night 2022

Foto: Ludger Aundrup

Es ist kaum zu glauben, aber ich habe jedes Mal richtig Lampenfieber vor der Begrüßung der Gäste und der Ankündigung unserer Moderatoren des Abends. Hier übergebe ich an unseren langjährigen und treuen Freund, Kinderstar und TV-Moderator André Gatzke und seine Co-Moderatorin, die gute Laune versprühende und geniale Komikerin Lisa Feller. Die beiden passen so was von gut zu skate-aid, und ich hoffe, dass sie der skate-aid-Familie noch lange erhalten bleiben werden.

Foto: Ludger Aundrup

Foto: Ludger Aundrup

Foto: Ludger Aundrup

Auch Ralf Möller stellt gelegentlich den Roten Teppich der skate-aid-night vor Hollywood.

Vor laufender Kamera muss auch ein Oldschool-Kickflip im Anzug gelingen.

Eine skate-aid-night ohne meinen Freund Wotan Wilke Möhring ist keine skate-aid-night. Wotan gibt alles für skate-aid und hat als unser Pate beim RTL Spendenmarathon eine fette Spendensumme eingesammelt. Auch bei anderen TV-Shows gibt er seine erspielte Spendensumme an skate-aid. Das macht Kinder stark!

Das Finale mit Glitzerkonfettiregen, den Akteueren auf der Bühne und dem hochemotionalen, inzwischen traditionellen Schlusslied »With a Little Help from My Friends« zum Mitsingen geht allen schon heftig unter die Haut.

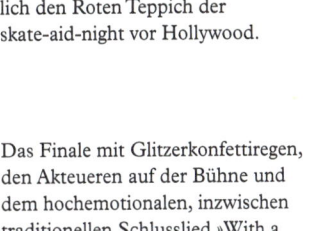

Foto: Ludger Aundrup

Die Dittmann Matinee:

Seit 2021 laden Brigitta und ich zu einer Matinee in unseren weitläufigen Garten ein. Was unsere Gäste dann erwartet, ist ein entspannter Tag unter Freunden in wunderschöner, parkähnlicher Umgebung – sogar ein Weiher ist vorhanden. Und niemand wird in ein Programm gepresst, aber für Spaß und Unterhaltung ist gesorgt: Autofans dürfen meinen Oldtimern zu Leibe rücken, Speisen und Getränke für jeden Geschmack sind reichlich vorhanden, ausgezeichnete Bands verwandeln den Garten in einen chilligen Beach-Club, und auch Skateboarder kommen nicht zu kurz – unsere Miniramp ist für alle da: die Könner und solche, die es werden wollen. Natürlich gibt es auch zahlreiche Informationsstände zum Thema skate-aid, aber am wichtigsten ist es Brigitta und mir, ein ungezwungenes Ambiente zu schaffen, in dem sich jeder wohlfühlt. Wenn aus Unbekannten dann Bekannte werden, wenn alte Freunde endlich mal wieder zusammensitzen – umso besser. Und natürlich freuen wir uns, wenn an diesem Nachmittag ein ordentlicher Spendenbetrag für skate-aid zusammenkommt. Für uns ist die Matinee jedenfalls einer der Höhepunkte des Jahres.

Foto: Ludger Aundrup

Selbst bei 300 Gästen findet man immer ein lauschiges Plätzchen zum Chillen in unserem weitläufigen Garten, aber vor der Küche knubbelt es sich.

Alle Fotos: Ludger Aundrup

Fundraising auf Festivals:

Abgesehen von den eigentlichen Charitys ist skate-aid auf vielen Musikfestivals mit einem Info- oder Verkaufsstand präsent. Dort bieten wir den Stuff an, den skate-aid als Sachspenden erhält, darunter Fehlproduktionen und Überhänge von Skateboard- oder Streetware-Produzenten, aber auch Freiware von Getränkefirmen und sogar gebrauchte Klamotten von Privatleuten. Dies alles tauscht skate-aid gegen Geld, das zur Finanzierung unserer Projekte verwendet wird.

Vainstream Festival in Münster

Southside Festival am Airport Weeze

Stammgäste seit vielen Jahren bei Rock am Ring und Wacken

»Wir rollen für skate-aid!«

So lautet mein Motto seit der Gründung von skate-aid, wann immer es um Autorennen oder Oldtimertreffen geht. Und begonnen hat alles mit dem Einsatz der Grüngasviper beim 24h-Rennen.

24h-Rennen 2010 bis 2019

Über meine Rennleidenschaft habe ich mich ja schon in Kapitel drei dieses Buchs ausführlich ausgelassen. Dabei handelte es sich allerdings ausschließlich um Autorennen mit Tourenwagen oder GT-Rennwagen aus den 60er-Jahren. Da ging es zwar auch schon zur Sache, aber 24h-Rennen sind moderner Profirennsport und noch mal deutlich härter. Die Krönung in dieser Disziplin ist das 24h-Rennen auf dem Nürburgring, das über die Grand-Prix-Strecke und die Nordschleife geht. Eine legendäre Veranstaltung, schon wegen der Nordschleife, die Jackie Stewart einmal gegenüber seinem Fahrerkollegen Graham Hill als »grüne Hölle« bezeichnete. Diese Bezeichnung ist heute noch genauso berechtigt, denn die Nordschleife ist nach wie vor die längste, schwierigste und gefährlichste Rennstrecke der Welt. Mit über 100 Startern, 400 Fahrern und mehr als 250.000 Zuschauern ist es auch das größte Rennen der Welt. Außerdem wird es weltweit live im Fernsehen übertragen.

Wir hatten zwar nie die Chance auf einen Gesamtsieg, wurden aber sehr oft die Sieger der Herzen. Deshalb lautete unser Motto: Wir fahren nicht fürs Podest, sondern für die Aufmerksamkeit für skate-aid.

In der ersten Kurve nach dem Start kommen wir uns schon sehr nahe.

Nachts sind alle Schlangen grau. Die Viper beim Boxenstopp.

Die alte grüne Lady mit Kultstatus und großer Fangemeinde im harten Einsatz für skate-aid auf der Nordschleife des Nürburgrings.
Der erste Rennwagen im Profirennsport, der absolut CO_2-neutral unterwegs war. Gasumbau und Emissionsdeal mit TÜV-Zertifikat machten es möglich.

Das siegreiche Viper-Team nach einem spannenden Tag am Ring.

Und genau dieses Rennen hatten wir uns als Bühne für unsere Grüngasviper ausgeguckt. »Wenn schon, denn schon«, haben wir uns gesagt – wobei uns klar war, dass Julius und ich als Amateurteam mit kleinem Budget und einer 90er-Jahre-Straßenviper keine Chance auf eine gute Platzierung besaßen. Wir mussten uns also etwas einfallen lassen – etwas, das uns über den reinen Rennerfolg hinaus interessant machen würde.

Die Lösung bestand einmal darin, zugunsten von skate-aid an den Start zu gehen und für die gute Sache zu fahren. Noch mehr Aufsehen aber erregten wir mit der Idee, unsere Viper auf Autogas umzubauen und mit einem vom TÜV zertifizierten Emissionsdeal als erstes Rennteam in der Geschichte des Profirennsports ein 24h-Rennen absolut CO_2-neutral zu bestreiten. Also eine gute, überzeugende Story, die uns vom ersten Rennen an zahlreiche Presseberichte und viele Sponsoren eingetragen hat sowie mehr als 40 ehrenamtliche Helfer für Aufbau, Betreuung des Rennwagens und Boxenstopps, darunter auch etliche Profis.

Unser erster Auftritt 2010 endete bei Einbruch der Nacht mit einem schweren Unfall, der uns aus der Wertung katapultierte. Trotzdem wurden die Grüngasviper und unser Team von Presse und TV als »Sieger der Herzen« gefeiert – wir hatten nämlich nicht aufgegeben, sondern die ganze Nacht durchgeschraubt, sodass unsere Viper die letzte Runde doch noch mitfahren konnte, von Tape und Spanngurten zusammengehalten.

Das ist Skateboarding: brennende Herzen, Begeisterung, Schmerzfreiheit, nach dem Hinfallen sofort wieder aufstehen und am Ende die Euphorie des Erfolgs genießen. Nach diesem Erlebnis haben wir uns ein zweites Motto zugelegt: »Wir fahren nicht fürs Podium, sondern für die Aufmerksamkeit für skate-aid« – und im Laufe der Zeit wurde unsere grüne skate-aid-Viper zum Kultrennwagen des 24h-Rennens mit einem riesigen Fanclub.

Jubiläumsfilm vom Einsatz der grünen Viper beim 24h Rennen: Zehn Jahre »Wir rollen für skate-aid« Dieser Film wurde 2020 in einer wetterbedingten Rennunterbrechung bei der weltweiten Live-Übertragung eingespielt.

Auf ein Team mit brennenden Herzen ist immer Verlass.

Gute Storys und die TÜV-Bestätigung, durch einen Emissionstausch über 100.000 kw/h absolut CO2-frei Rennen zu fahren. Diese Kombination erlaubte es uns jahrelang, alle Rennkosten über Sponsoren zu decken und hundert Prozent der am Ring gesammelten Spenden in die Projekte von skate-aid fließen zu lassen. Da wird es fast zur Nebensache, dass wir 2015 auch den Pokal für den zweiten Platz in der AT-Klasse (alternativer Treibstoff) auf dem Podium entgegennehmen konnten.

Die Idee, als Rennteam beim 24h-Rennen für die gute Sache an den Start zu gehen und Spenden zu sammeln, war neu und außergewöhnlich. Wir verfügten damit über ein Alleinstellungsmerkmal, das große Aufmerksamkeit garantierte und zu einem hohen Spendenaufkommen führte. Aber gute Ideen muss man skalieren, deshalb habe ich nicht nur die Rennviper zum Spendensammeln eingesetzt, sondern auch meine Oldtimer. So hat mein Ford GT 40 beim Osnabrücker Bergrennen und auf vielen Track Days als Renntaxi Dienst getan, gegen eine skate-aid-Spende natürlich, und auf Oldtimertreffen hat der eine oder andere meiner eigenen Oldtimer den Eyecatcher für unseren skate-aid-Spendensammelstand abgegeben.

Großzügige Spender dürfen mit mir in den Pausen eines Bergrennens die Strecke hochjagen. Hier ein unerschrockener Gast, der vom Beifahrersitz meines Rennmustangs aus die Fahrt trotz Renntempo auf Video festhält.

Doppelte Gemeinnützigkeit:

Was liegt nach fast fünf Jahrzehnten Knowhow im Skateboard-Business näher, als meinen enormen Unternehmer-Erfahrungsschatz auch für skate-aid zu nutzen? Berührungspunkte gibt es ja genug:
- skate-aid setzt das Skateboard als pädagogisches Werkzeug ein, um Kinder stark zu machen. Im Skateboard-Business war das nur ein Nebeneffekt, bei skate-aid läuft alles darauf hinaus.
- Die Zielgruppe der pubertierenden Jugendlichen ist in beiden Fällen dieselbe.
- Das weltweite Netzwerk von Produzenten und Lieferanten ist vorhanden. Warum es nicht zum Kohlemachen für skate-aid nutzen?
- Die Marketing-Abteilungen aller Firmen sind heutzutage an CSR (Corporate Social Responsibility) interessiert. Mit skate-aid können wir auch Firmen außerhalb des Skateboard-Business diese CSR liefern, z.B. Energieversorgern, Getränkeherstellern und Produzenten aller Art.

Und hier ein Überblick über die vier Bereiche, in denen gemeinnützige Stiftungen oder eingetragene Vereine nach dem deutschen Steuerrecht aktiv werden können:
- Gemeinnütziger Bereich: Hier ist man von jeglicher Steuer befreit, solange man dem Spender keine Gegenleistung gibt und sich bei der Verwendung der Spende an seine vom Finanzamt anerkannte gemeinnützige Satzung hält.
- Zweckbetrieb: Hier gibt es Steuervergünstigungen, wenn die Geschäfte für die Erfüllung der Gemeinnützigkeit notwendig sind. Diesen Bereich nutzen wir bei skate-aid nicht, da er für uns keinen Sinn ergibt.
- Vermögensverwaltung: Hier bleibt man von der Steuer befreit, wenn mit den Renditen aus der Vermögensverwaltung die in der Satzung als gemeinnützig anerkannten Projekte finanziert werden.
- Wirtschaftlicher Bereich: Hier kann man uneingeschränkt Geschäfte mit Gegenleistung machen, so wie jede normale wirtschaftlich tätige Firma. Auch mit diesem Geld kann man gemeinnützige Projekte finanzieren, muss aber trotzdem ganz normal Steuern zahlen, wie sie jede andere Firma auch zahlen muss.

Im letzten Bereich kenne ich mich natürlich durch den Aufbau der Titus GmbH bestens aus und er hat sich deshalb bei **skate-aid** auch sehr schnell sehr gut entwickelt. Kontinuierlich kam immer mehr Kohle für skate-aid im wirtschaftlichen Bereich zusammen. Das lag auch daran, dass ich mehr Erfahrung im Business habe als im klassischen Fundraising – aber nicht nur: Auch skate-aid unterstützende Firmen ist es lieber, eine Gegenleistung für ihr Geld zu bekommen. Für diese Firmen ist es steuerlich nämlich kein Unterschied, ob sie Spenden mit Spendenquittung oder Sponsorenkosten mit Rechnung beim Finanzamt geltend machen. Als Sponsoren haben sie den Vorteil, von skate-aid eine Gegenleistung erhalten zu dürfen.

Dieses Verfahren hat für skate-aid den Nachteil, dass alle Gewinne aus Sponsor-, Lizenz- und Verkaufserlösen ganz normal versteuert werden müssen. Dennoch profitiert skate-aid letztlich davon, denn da Firmen sich leichter auf Sponsorendeals einlassen als auf Spenden, steht insgesamt mehr Kohle für die Projektumsetzung zur Verfügung. Das ist gut für die Kinder in unseren weltweiten skate-aid-Projekten.

Kurz gesagt: Die Projekte mit ehrlich verdientem und versteuertem Geld zu finanzieren, finde ich perfekt. Was soll daran schlechter sein, als sie mit Spendengeldern aus dem gemeinnützigen Bereich zu finanzieren? Deshalb spreche ich gern von »doppelter Gemeinnützigkeit«, denn Steuernzahlen ist schließlich auch ein gemeinnütziger Akt.

Zum Schluss das beste Beispiel dafür, wie kreativ wir Geld für die gute Sache generieren: Damit die vom Finanzamt anerkannte Gemeinnützigkeit im skate-aid-e.V. nicht durch einen zu starken wirtschaftlichen Bereich gefährdet wird, wickeln wir diesen Bereich in einer ganz normalen Firma ab, in der skate-aid-support GmbH. Sie vergibt Lizenzen, vereinbart Kooperationen mit anderen Marken und verkauft gespendete oder selbst produzierte Waren in ihrem Outlet. Natürlich gehört diese GmbH keiner Privatperson, sondern der Titus Dittmann Stiftung, die auch die Markenrechte von skate-aid hält. Sie ist hundertprozentiger Gesellschafter der skate-aid-support GmbH. Die Stiftung wiederum ist per Satzung verpflichtet, ihre Einnahmen – egal ob aus Spenden oder Gewinnen – zur Finanzierung der skate-aid-Projekte zu verwenden. Dadurch ist gewährleistet, dass das gesamte erwirtschaftete Geld in das eine große Projekt fließt, Kids auf der ganzen Welt stark zu machen.

Hier einige praktische Beispiele dafür, wie skate-aid im wirtschaftlichen Bereich Kohle für die gute Sache macht.

Skate-aid-support GmbH

Diese 100%ige Tochter der Titus Dittmann Stiftung ist sozusagen der ausgelagerte wirtschaftliche Bereich der Stiftung. Sie zahlt Steuern wie jede andere GmbH und die Gewinne gehen hoch in die Stiftung zur Finanzierung der Projekte. Deshalb nenne ich sie gerne »doppelt gemeinnützig«. Hier einige Beispiele von Lizenz- und Kollabo-Produkten:

Die skate-aid-support GmbH verkauft nicht nur Produkte, sondern auch Dienstleistung. Hier ein Video von einem Skateboard-Workshop den Westenergie für die Kinder der Kunden gekauft hat. Auch das ist doppelt gemeinnützig: skate-aid erhält Geld zur Finanzierung der Projekte und macht dabei gleichzeitig Kinder stark.

Kapitel 23

Dieses Brett kann mehr als rollen

Dieses Brett macht Kinder stark! Aber wie funktioniert das?

Skateboarding ist der einzige Sport, in dem Kinder fast immer besser sind als Eltern und Lehrer.
Das macht Kinder stark.
Skateboarding ist Selbstbestimmung pur. Hier treffen Kinder selbst alle Entscheidungen: Wann? Wo? Welcher Trick? Mit wem?
Das macht Kinder stark.
Skateboarding ist mehr als Sport. Es ist bewegungsorientierte Jugendkultur und ästhetische Gesinnungsgenossenschaft. Es hat mit Wertesystem und Haltung zu tun.
Das macht Kinder stark.
Skateboarding ist einer der wenigen verbliebenen Freiräume, in denen Kinder Selbstsozialisation erleben und selbstbestimmt lernen können.
Das macht Kinder stark.
Skateboarding ist intrinsische Motivation, die vieles zum Kinderspiel werden lässt, was von außen motiviert zur Qual mutieren kann wie das Entwickeln von Zielstrebigkeit, Fokussieren, Biss, Selbstdisziplin, fester Willensbildung, Standfestigkeit, Kreativität, Selbstverantwortung, Ausdauer, Resilienz, Frustrationstoleranz.
Das macht Kinder stark.

Auf diesem Bild (Damaskus, Syrien) sieht man sehr schön, was beim selbstbestimmten Lernen passiert. Wenn wir Erwachsenen uns zurückhalten und Kindern ermöglichen, die Verantwortung für sich selbst zu übernehmen, entwickelt sich bei ihnen ganz schnell auch das Übernehmen von Verantwortung für andere in ihrer Gruppe.
Sie werden Buddys, geben gerne das selbstständig Gelernte weiter und unterstützen sich gegenseitig bei ihrem gemeinsamen Ziel, Skaten zu lernen.

Grundsätzlich ist »Menschwerdung« ein Mix aus Fremdsozialisation und Selbstsozialisation. Es kommt auf die Balance des »Sozialisations-Mixes« an, und die ist in unserer westlichen Gesellschaft nicht mehr gegeben. D.h. bei vielen Kindern verläuft die Sozialisation hauptsächlich fremdbestimmt. Schule geht inzwischen bis nachmittags oder abends. Freiräume für selbstbestimmtes Tun sind knapper geworden und werden durch gut gemeinte Förderbemühungen vieler Eltern noch weiter reduziert. Verstärkt wird dies durch folgende Entwicklung: Eltern haben für immer weniger Kinder pro Familie immer mehr Zeit. Die Folge: Immer mehr »Elterntaxen« bringen Kinder von Verein zu Verein und von Förderkurs zu Förderkurs. Sogar der kleine tägliche Freiraum des Schulwegs wird vielen Kindern genommen.

Vorschulkindern geht es oft nicht besser. Auch sie erleben inzwischen überwiegend Fremdbestimmung, weil auch gut gemeinte Förderung die selbstbestimmten Freiräume von Kindern immer mehr verdrängt.

Wir alle kennen den Begriff »work-life-balance« und meinen damit die Ausgewogenheit von fremdbestimmtem Tun (work) und selbstbestimmtem Tun in Freiräumen (life).

Übertriebene Fürsorge nimmt Kindern die »work-life-balance«. Denn wenn Erwachsene mit pädagogischen Zielen auf Kinder aktiv einwirken, ist das Fremdbestimmung und damit »work« für die Kinder. Ist das schlimm? Ja, es ist schlimm. Es ist schlimm, weil Kinder in einer fremdbestimmten Welt kaum die Möglichkeit haben, frühzeitig Verantwortung für sich selbst zu übernehmen. Es ist auch deshalb schlimm, weil sich lebenswichtige Fähigkeiten und lebensnotwendige Eigenschaften nur in selbstbestimmten Freiräumen entwickeln – fremdbestimmt vermitteln lassen sie sich nicht. Skateboarden aber ist selbstbestimmtes Tun, das in erwachsenenfreien Räumen stattfindet – ideal, um Kinder stark zu machen!

Wir machen Kinder stark! Und was ist mit »stark« gemeint?

Was vielen Kindern heute fehlt, ist Willensstärke. Damit meine ich keine Bockigkeit und kein anerzogenes »Nein«. Willensstärke ist das, womit wir Herausforderungen meistern, Krisen durchstehen, Ziele erreichen. Willensstärke ist die Kraft, die uns durchs Leben trägt, auch wenn es mal eng wird. Willensstärke entwickelt sich intrinsisch. Das kann kein Lehrer von außen vermitteln, das muss selbstbestimmt von innen kommen. Deshalb ist das Skateboarden so gut dafür geeignet – hier treffen Kids alle Entscheidungen selbst: Wann? Wo? Welcher Trick? Mit wem?

Doch wie entwickelt sich Willensstärke?

Voraussetzung dafür ist »intrinsische Motivation«. Das ist mehr als Bock und mehr als Spaß. Es ist das starke Bedürfnis, mit Begeisterung ein selbst gestecktes Ziel zu erreichen. Menschen und gerade Kinder sind imstande, Unglaubliches zu leisten, wenn sie motiviert sind – und die stärkste Form der Motivation kommt niemals von außen, sondern von innen. Kein äußerer Ansporn, schon gar kein äußerer Druck beflügelt uns dermaßen wie die Motivation, die aus uns selbst kommt. Frei von Fremdbestimmung und Fremdeinfluss produzieren wir unsere Antriebskraft selbst – und genau das passiert beim Skateboarding! Ich sage dazu gerne: Das Herz muss brennen!! Dann wird nämlich vieles zum Kinderspiel, was ohne intrinsische Motivation eine Qual wäre. Um nur die zehn wichtigsten Eigenschaften und Fähigkeiten zu nennen: Leistungsbereitschaft, Zielstrebigkeit,

So ein Skull Bowl verändert die Kids im Slum von Kampala-Uganda und damit die gesamt Community. Skaten macht Kinder stark und Eltern stolz.

Beim Skateboarding spielen Herkunft, Hautfarbe, religiöse Zugehörigkeit und der soziale Status keine Rolle, solange sich die Erwachsenen raushalten.

Dieses Brett kann mehr als rollen

Himmel auf Erden
mitten im Krieg

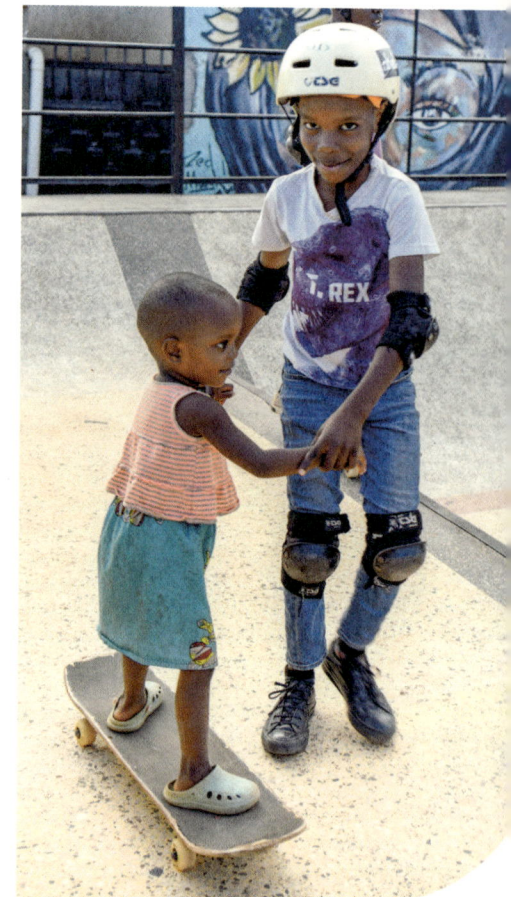

Beim selbstbestimmten
Lernen spielt Alter keine
Rolle. Auch Kinder haben
ein Selbstkonzept und
wissen genau, was sie sich
zutrauen.

Fokus, Biss, Selbstdisziplin, Leidensfähigkeit, Standfestigkeit, Kreativität, Selbstverantwortung und Ausdauer. Sehen wir uns jede einzelne mal an.

Leistungsbereitschaft
Ohne sie geht gar nix. Sie ist die Voraussetzung dafür, etwas zu leisten, wie groß oder klein auch immer, entsprechend seiner Leistungsfähigkeit. Skateboarden ohne Leistungsbereitschaft gibt es nicht.

Zielstrebigkeit
Also die Fähigkeit, sich von seinem Ziel nicht abbringen zu lassen. Denn Loslegen ist gut, aber sein Ziel niemals aus dem Auge zu verlieren, noch besser. Man erkennt dann schneller Umwege und Irrwege und wird effizienter. Klar, dass man überhaupt erst mal ein Ziel haben muss, nach Möglichkeit ein eigenes, selbstbestimmtes Ziel – wie beim Skateboarden.

Fokus
Das ist der besondere Punkt, in dem sich bei einer Linse alle Strahlen schneiden und in einem Brennpunkt vereinen. Auf die Willensstärke übertragen bedeutet das die Kombination aus Konzentration und Reduktion. Keine einfache Kombi, denn sie verlangt von uns Entscheidungen: Was ist wirklich wichtig, was kann ich weglassen? Was ist das Kernproblem, das gelöst werden muss, was bloßes Drumherum? Erst wenn wir diese Entscheidungen getroffen haben, können wir uns wirklich konzentrieren. Und dann kann etwas ganz Erstaunliches (und sehr Effizientes) passieren: Wir versenken uns in unsere Aufgabe. Nur mit Fokussierung gelingen neue Skateboard-Tricks.

Biss
Man könnte es auch »Never give up« nennen. Biss haben wir, wenn wir unbedingt wollen, unbedingt denken und handeln. Wenn wir konsequent sind, uns nicht beirren lassen und immer wieder nachfassen. Biss setzt die Flexibilität voraus, auf veränderte Bedingungen zu reagieren, Chancen zu erkennen und zu nutzen. Biss versetzt dich auch in die Lage, ein Zwischenziel zu akzeptieren, ohne das eigentliche Ziel aus den Augen zu verlieren. Skateboarding ohne Biss ist undenkbar.

Selbstdisziplin
Selbstdisziplin ist der stolze große Bruder der vergleichsweise mickrigen, weil von anderen aufgezwungenen Disziplin. Die Selbstdisziplin hilft dir durchzuhalten,

weil du dich selbst für das Ziel entschieden hast, zu dem du unterwegs bist. Sie ermöglicht dir, aus freien Stücken Dinge auch dann anzugehen, wenn du sie nicht so toll findest. Denn Gründe aufzugeben, gibt es immer, und Durststrecken erlebt jeder. Auch beim Skaten gibt es Durststrecken, also Phasen, in denen es richtig wehtut. Aber da muss man durch und mit Selbstdisziplin kommt man auch durch – nur um hinterher festzustellen: Ohne das ständige »auf die Schnauze Fallen« hätte ich mein Ziel nie erreicht.

Leidensfähigkeit
Alles hat seinen Preis und auch das Skateboarderglück gibt's nicht umsonst. Also die Zähne zusammenbeißen, Schmerzen aushalten, Rückschläge weg- und Niederlagen einstecken – kurz gesagt: Leidensfähigkeit beweisen. Sie hilft uns auszuhalten, was wehtut. No pain, no gain ... Das ist Skateboarding!

Standhaftigkeit
Nur Standhaftigkeit hilft gegen den »inneren Schweinehund«. Und der ist extrem groß, wenn du es allein schaffen musst, weil kein anderer zu dir und deinem Ziel steht! Du kannst dann einknicken – oder du kannst weitermachen, weil mehr als bloß ein Ziel auf dem Spiel steht.

Kreativität
Sie ist nicht am Werk, wenn Kids im Kindergarten dazu animiert werden, bunte Bildchen zu malen, nach dem Motto »Jeder ist doch irgendwie kreativ...«. Die Kreativität, die ich meine, entwickelt sich wie nebenbei, wenn man junge Menschen mit Anleitungen und guten Ratschlägen verschont. Sie stellt sich von selbst ein, beim Skaten zum Beispiel.

Selbstverantwortung
Vorhaben und Projekte gelingen uns dann am besten, wenn wir selbstbestimmt die Verantwortung für sie übernehmen. Das wiederum fällt uns umso leichter, je früher wir lernen, Verantwortung für uns selbst zu übernehmen – oder mit anderen Worten: die Konsequenzen unseres Handelns selbst zu tragen. Dazu gehört Mut. Viel bequemer ist es, die Verantwortung auf andere abzuwälzen. Wenn wir diesen Mut aber aufbringen, machen wir entscheidende Fortschritte. Wir lernen dann nämlich, Risiken einzuschätzen und vorauszusehen, was unser Handeln (oder Nichthandeln) bewirken könnte. Nur wer bereit ist, die Folgen seines Handelns selbst auszubaden, ist mit vollem Ernst dabei. So funktioniert Skateboarding.

Ausdauer

Wenn ein Skater Tag für Tag stundenlang versucht, mit dem Skateboard auf ein Treppengeländer zu springen, um dann auf dem Skateboard balancierend die Treppe zu überwinden, und ihm dies erst nach einem Monat und vielen schmerzhaften Stürzen gelingt, dann nennt man das Ausdauer. Woher kommt so viel Ausdauer? Und weshalb merkt man diesem Skater keine Verbissenheit an, weshalb spürt man bei ihm eher Leichtigkeit und Freude? Die Antwort ist einfach: Er hat ein selbst gestecktes Ziel vor Augen und niemand treibt ihn an. Dass er selbst es will, reicht völlig. Eine stärkere Motivation gibt es nicht.

Das also ist Willensstärke: eine Kombination einzelner, aber untereinander verwobener Fähigkeiten. In ihrer Summe sorgen sie dafür, dass wir das Leben bewältigen können. Biss gehört dazu und Leidensfähigkeit, Fokus und Ausdauer, Selbstdisziplin und Kreativität – und all dies können Kinder beim Skateboarden lernen!

Beim selbstbestimmten Lernen fühlen sich die Kids wie Pioniere, und Pioniere haben und brauchen keine Lehrer, nur brennende Herzen und Begeisterung.

Dieses Brett macht auch mich stark

Als die Tagesschau Anfang der 70er-Jahre zum ersten Mal über Skateboardfahrer berichtete, klang es, als ob Aliens unklarer Herkunft und mit fragwürdigen Absichten unsere Städte infiltrieren würden. Die deutsche Öffentlichkeit war befremdet und das Befremdliche daran war keine Einbildung – Skateboarden unterscheidet sich tatsächlich von allen bekannten Sportarten. Allein, dass sich die Kids auf ihren rollenden Brettern unter die Passanten mischen. Allein, dass sie für ihre Auftritte keine andere Bühne brauchten als das, was eine Stadt an Straßen und Plätzen, Treppen und Mäuerchen so zu bieten hatte. Dann aber auch, was jeder Skateboarder natürlich wusste, uns Älteren aber erst nach und nach klar wurde: wie eng dieser merkwürdige »Sport« mit dem Leben verbunden ist – enger, behaupte ich, als jede andere Sportart.

Anfangs wusste ja niemand, was alles in einem Skateboard steckt. Also wurde ausprobiert und drauflosexperimentiert und siehe da: Das Skateboard belohnte die Unerschrockenen und Leistungsbereiten. Und es belohnte sie nicht nur, es beflügelte sie auch, es inspirierte sie geradezu, sodass das Skateboard bald zum Wahrzeichen einer bestimmten Lebenseinstellung wurde: freiheitsliebend, selbstbewusst, unangepasst, womöglich rebellisch. Das Skateboard war damit zur rollenden Unabhängigkeitserklärung einer Jugend auf der Suche nach Eigenständigkeit geworden. Zu einer Gesinnung.

Mit anderen Worten: Skateboardfahren verändert einen jungen Menschen. Wen es gepackt hat, der bleibt nicht derselbe. Ich bin das beste Beispiel dafür. Dabei war ich schon Ende zwanzig, als ich 1977 auf einem Spaziergang in Münster beim Anblick einer Gruppe Skateboardfahrer die Luft anhielt. Es war keine Erkenntnis, die mich da traf. Es war eine Art instinktive Faszination. Damals hätte ich keine Worte dafür gefunden, aber heute würde ich sagen: Der leicht verpeilte Studienreferendar Titus Dittmann war für das Freiheitsversprechen der rollenden Bretter außerordentlich empfänglich.

Heute weiß ich, was ich dem Skateboarden verdanke. Woher kommt denn mein Engagement für Kinder mit ADHS-Diagnose, warum wollte ich das Forschungsprojekt an der Universität Münster unbedingt realisieren? Nun, ich hatte den Verdacht, selbst ein Zappelphilipp zu sein. Schließlich wurde ich in den 50er- und 60er-Jahren schon so genannt und von meinen Lehrern der Klasse als abschreckendes Beispiel vorgeführt »Wenn aus euch im Leben nichts werden soll, müsst ihr nur so sein wie Titus hier« – dieser Satz klingt mir immer noch in den Ohren.

Als ich meinen Verdacht in der Runde der Forscher äußerte, wurde mir dringend empfohlen, mich einem wissenschaftlichen Test zu unterziehen. Prof. Dr. med. Patricia Ohrmann war dafür genau die Richtige. Sie war Oberärztin am Universitätsklinikum Münster für Psychiatrie, spezialisiert auf ADHS bei Erwachsenen, und sollte später eine wichtige Rolle bei der Entwicklung und Auswertung der Tests unseres Forschungsprojekts »Skaten statt Ritalin« spielen. Anfangs zögerte sie. Ein so erfolgreicher Mensch wie Titus Dittmann – und ADHS? Der Test erschien ihr nicht notwendig. Aber dann hat sie mich doch getestet und war verblüfft: Das Ergebnis war eindeutig.

Es waren zwei Tests und sie dauerten lange. Meine Reaktionen, meine Konzentrationsfähigkeit und mein Gedächtnis wurden geprüft. Beim zweiten Durchgang erhielt ich Ritalin und der Unterschied zum ersten Durchgang war enorm: Meine innere Unruhe war weg und keine Spur mehr von Versagensangst. Ich konnte es kaum glauben, aber meine Leistungen hatten sich noch einmal verbessert. Wobei man wissen muss: So wirkt Ritalin nur bei Menschen mit ADHS. Bei allen anderen wirkt es wie ein normales Aufputschmittel und führt in den seltensten Fällen zu echter Leistungssteigerung.

Der Verlauf dieses Tests erinnerte mich sofort an die ersten Jahre meines Skateboarderlebens. Von 1978 an hat das Skaten auf mich ganz ähnlich gewirkt – nicht so schnell wie Ritalin, aber auf längere Zeit gesehen mit demselben Ergebnis. Dazu kam, dass ich rund 15 Jahre älter war als alle Skateboarder, mit denen ich zu tun hatte; deshalb blieb mir gar nichts anderes übrig, als die Verantwortung für sie zu übernehmen. Und da das Skateboard allen anderen Erwachsenen total fremd war, konnte ich diese Verantwortung auf niemanden abschieben. Vor allem aber: Ich war keinem mehr Rechenschaft schuldig. Ich hatte plötzlich eine Aufgabe, die ich mir selbst gestellt hatte, und kein Vorgesetzter erwartete von mir Ergebnisse. Ich war voll in der Spirale der Selbstwirksamkeit, ich war im Engelskreis, der unser inneres Belohnungszentrum mit Dopamin, Endorphin, Adrenalin und anderen körpereigenen »Glücksdrogen« versorgt und dazu führt, dass wir über uns selbst hinauswachsen. Ich spreche gern vom Engelskreis, denn den gibt es eben auch – als Gegenstück zum Teufelskreis.

Und er machte sich bei mir in allen Lebensbereichen bemerkbar. Große Bühnenauftritte waren mir früher ein Graus. Auch vor der Kamera habe ich mich nicht wohlgefühlt. Ohne meine Erlebnisse mit dem Skateboard hätte ich mich gar nicht ins Licht der Öffentlichkeit getraut. Aber Mut ist eben, wenn man's trotzdem macht ... Ich erinnere mich noch an meinen ersten Auftritt bei einem Vereinsfest der Drachenflieger im Sauerland. Ich sollte nur ein paar Begrüßungsworte sprechen, aber als man mich auf die Bühne schob, war ich

Auch TV-Shows bereiten mir inzwischen sichtlich sehr viel Freude. Schaut nur in mein Gesicht.

wie gelähmt. Meine Rettung war ein Freund, der sich neben mich stellte und mir jeden Satz zuflüsterte ... Erst die Erfahrung der Selbstwirksamkeit beim Skateboarden hat mich mutiger gemacht, mutig genug, um trotzdem ein ums andere Mal auf die Bühne zu gehen, und mittlerweile bewege ich mich frei auf diesen Brettern, die auch für mich die Welt bedeuten – danke, liebes Skateboard!

**Skateboardfahren ist eben keine gewöhnliche »Sportart«.
Es verändert uns.**